大学赤本シリーズ

443

愛知淑徳大学

は　し　が　き

おかげさまで，大学入試の「赤本」は，今年で創刊70周年を迎えました。

これまで，入試問題や資料をご提供いただいた大学関係者各位，掲載許可をいただいた著作権者の皆様，各科目の解答や対策の執筆にあたられた先生方，そして，赤本を使用してくださったすべての読者の皆様に，厚く御礼を申し上げます。

以下に，創刊初期の「赤本」のはしがきを引用します。これからも引き続き，受験生の目標の達成や，夢の実現を応援してまいります。

本書を活用して，入試本番では持てる力を存分に発揮されることを心より願っています。

編者しるす

＊　＊　＊

学問の塔にあこがれのまなざしをもって，それぞれの志望する大学の門をたたかんとしている受験生諸君！　人間として生まれてきた私たちは，自己の欲するままに，美しく，強く，そして何よりも人間らしく生きることをねがっている。しかし，一朝一夕にして，この純粋なのぞみが達せられることはない。私たちの行く手には，絶えずさまざまな試練がまちかまえている。この試練を克服していくところに，私たちのねがう真に人間的な世界がはじめて開かれてくるのである。

人生最初の最大の試練として，諸君の眼前に大学入試がある。この大学入試は，精神的にも身体的にも，大きな苦痛を感ぜしめるであろう。あるスポーツに熟達するには，たゆみなき，はげしい練習を積み重ねることが必要であるように，私たちは，計画的・持続的な努力を払うことによって，この試練を克服し，次の一歩を踏みだすことができる。厳しい試練を経たのちに，はじめて満足すべき成果を獲得できるのである。

本書は最近の入学試験の問題に，それぞれ解答を付し，さらに問題をふかく分析することによって，その大学独特の傾向や対策をさぐろうとした。本書を一般の参考書とあわせて使用し，まとはずれのない，効果的な受験勉強をされるよう期待したい。

（昭和35年版「赤本」はしがきより）

挑む人の、いちばんの味方

1954年に大学入試の過去問題集を刊行してから70年。赤本は大学に入りたいと思う受験生を応援しつづけてきました。これからも，苦しいとき落ち込むときにそばで支える存在でいたいと思います。

そして，勉強をすること，自分で道を決めること，努力が実ること，これらの喜びを読者の皆さんが感じることができるよう，伴走をつづけます。

そもそも赤本とは…

受験生のための大学入試の過去問題集！

70年の歴史を誇る赤本は，500点を超える刊行点数で全都道府県の370大学以上を網羅しており，過去問の代名詞として受験生の必須アイテムとなっています。

なぜ受験に過去問が必要なのか？

大学入試は大学によって問題形式や頻出分野が大きく異なるからです。

赤本の掲載内容

傾向と対策

これまでの出題内容から，問題の「**傾向**」を分析し，来年度の入試に向けて具体的な「**対策**」の方法を紹介しています。

問題編・解答編

- 年度ごとに問題とその解答を掲載しています。
- 「**問題編**」ではその年度の試験概要を確認したうえで，実際に出題された過去問に取り組むことができます。
- 「**解答編**」には高校・予備校の先生方による解答が載っています。

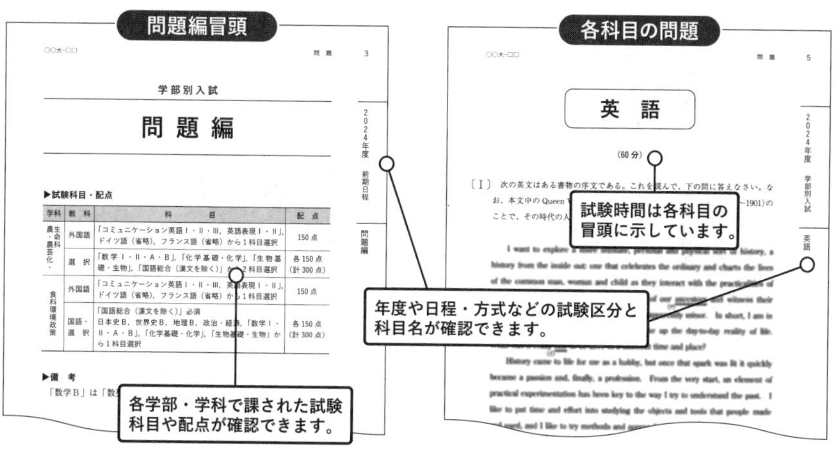

他にも，大学の基本情報や，先輩受験生の合格体験記，在学生からのメッセージなどが載っていることがあります。

2024年度から見やすいデザインに！ NEW

掲載内容について

著作権上の理由やその他編集上の都合により問題や解答の一部を割愛している場合があります。なお，指定校推薦入試，社会人入試，編入学試験，帰国生入試などの特別入試，英語以外の外国語科目，商業・工業科目は，原則として掲載しておりません。また試験科目は変更される場合がありますので，あらかじめご了承ください。

受験勉強は

過去問に始まり，

STEP 1

なにはともあれ

まずは解いてみる

しずかに…
今，自分の心と
向き合ってるんだから
ムーン
それは
問題を解いて
からだホン!

過去問は，**できるだけ早いうちに解く**のがオススメ！
実際に解くことで，**出題の傾向，問題のレベル，今の自分の実力**がつかめます。

STEP 2

じっくり具体的に

弱点を分析する

分析の結果だけど
英・数・国が苦手みたい
スリー
必須科目だホン
頑張るホン

間違いは自分の弱点を教えてくれる**貴重な情報源**。
弱点から自己分析することで，**今の自分に足りない力や苦手な分野**が見えてくるはず！

合格者があかす 赤本の使い方

傾向と対策を熟読
(Fさん／国立大合格)

大学の出題傾向を調べるために，赤本に載っている「傾向と対策」を熟読しました。

繰り返し解く
(Tさん／国立大合格)

1周目は問題のレベル確認，2周目は苦手や頻出分野の確認に，3周目は合格点を目指して，と過去問は繰り返し解くことが大切です。

赤本の使い方 解説

過去問に終わる。

STEP 3

志望校にあわせて

苦手分野の重点対策

明日からはみんなで頑張るよ！
参考書も！ 問題集も！
よろしくね！
呼んだ？
なにを!?
どこから!?
グッ
グッ

参考書や問題集を活用して，苦手分野の**重点対策**をしていきます。**過去問を指針**に，合格へ向けた具体的な学習計画を立てましょう！

STEP 1 ▶ 2 ▶ 3

サイクルが大事！

実践を繰り返す

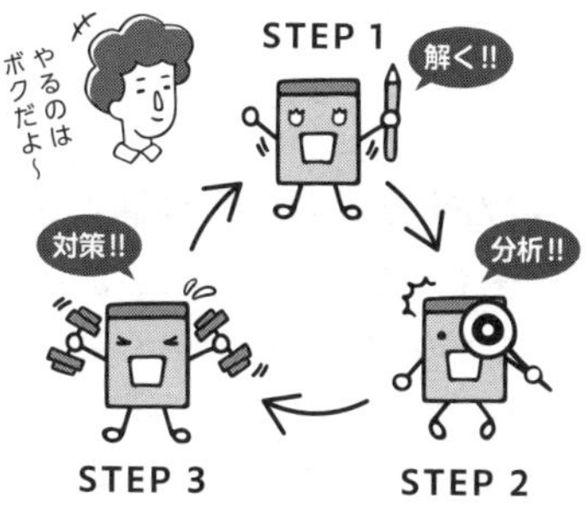

STEP 1～3を繰り返し，実力アップにつなげましょう！
出題形式に慣れることや，**時間配分を考えること**も大切です。

目標点を決める
(Yさん／私立大合格)
赤本によっては合格者最低点が載っているので，それを見て目標点を決めるのもよいです。

時間配分を確認
(Kさん／私立大学合格)
赤本は時間配分や解く順番を決めるために使いました。

添削してもらう
(Sさん／私立大学合格)
記述式の問題は先生に添削してもらうことで自分の弱点に気づけると思います。

新課程入試 Q&A

2022年度から新しい学習指導要領（新課程）での授業が始まり，2025年度の入試は，新課程に基づいて行われる最初の入試となります。ここでは，赤本での新課程入試の対策について，よくある疑問にお答えします。

Q1. 赤本は新課程入試の対策に使えますか？

A. もちろん使えます！

旧課程入試の過去問が新課程入試の対策に役に立つのか疑問に思う人もいるかもしれませんが，心配することはありません。旧課程入試の過去問が役立つのには次のような理由があります。

● 学習する内容はそれほど変わらない

新課程は旧課程と比べて科目名を中心とした変更はありますが，学習する内容そのものはそれほど大きく変わっていません。また，多くの大学で，既卒生が不利にならないよう「経過措置」がとられます（Q３参照）。したがって，出題内容が大きく変更されることは少ないとみられます。

● 大学ごとに出題の特徴がある

これまでに課程が変わったときも，各大学の出題の特徴は大きく変わらないことがほとんどでした。入試問題は各大学のアドミッション・ポリシーに沿って出題されており，過去問にはその特徴がよく表れています。過去問を研究してその大学に特有の傾向をつかめば，最適な対策をとることができます。

出題の特徴の例	・英作文問題の出題の有無 ・論述問題の出題（字数制限の有無や長さ） ・計算過程の記述の有無

新課程入試の対策も，赤本で過去問に取り組むところから始めましょう。

Q2. 赤本を使う上での注意点はありますか？

A. 志望大学の入試科目を確認しましょう。

過去問を解く前に，過去の出題科目（問題編冒頭の表）と 2025 年度の募集要項とを比べて，課される内容に変更がないかを確認しましょう。ポイントは以下のとおりです。科目名が変わっていても，実際は旧課程の内容とほとんど同様のものもあります。

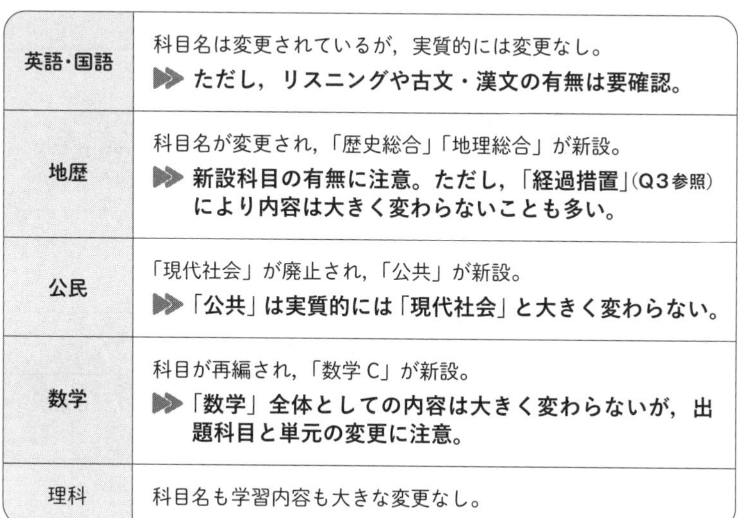

英語・国語	科目名は変更されているが，実質的には変更なし。 ▶▶ **ただし，リスニングや古文・漢文の有無は要確認。**
地歴	科目名が変更され，「歴史総合」「地理総合」が新設。 ▶▶ **新設科目の有無に注意。ただし，「経過措置」(Q３参照)により内容は大きく変わらないことも多い。**
公民	「現代社会」が廃止され，「公共」が新設。 ▶▶ **「公共」は実質的には「現代社会」と大きく変わらない。**
数学	科目が再編され，「数学 C」が新設。 ▶▶ **「数学」全体としての内容は大きく変わらないが，出題科目と単元の変更に注意。**
理科	科目名も学習内容も大きな変更なし。

数学については，科目名だけでなく，どの単元が含まれているかも確認が必要です。例えば，出題科目が次のように変わったとします。

旧課程	「数学Ⅰ・数学Ⅱ・数学 A・数学 B（数列・ベクトル）」
新課程	「数学Ⅰ・数学Ⅱ・数学 A・**数学 B（数列）**・**数学 C（ベクトル）**」

この場合，新課程では「数学C」が増えていますが，単元は「ベクトル」のみのため，実質的には旧課程とほぼ同じであり，過去問をそのまま役立てることができます。

Q3. 「経過措置」とは何ですか？

A. 既卒の旧課程履修者への対応です。

多くの大学では，既卒の旧課程履修者が不利にならないように，出題において「経過措置」が実施されます。措置の有無や内容は大学によって異なるので，募集要項や大学のウェブサイトなどで確認しておきましょう。

○旧課程履修者への経過措置の例

- 旧課程履修者にも配慮した出題を行う。
- 新・旧課程の共通の範囲から出題する。
- 新課程と旧課程の共通の内容を出題し，共通範囲のみでの出題が困難な場合は，旧課程の範囲からの問題を用意し，選択解答とする。

例えば，地歴の出題科目が次のように変わったとします。

旧課程	「日本史 B」「世界史 B」から１科目選択
新課程	「**歴史総合**，日本史探究」「**歴史総合**，世界史探究」から１科目選択※ ※旧課程履修者に不利益が生じることのないように配慮する。

「歴史総合」は新課程で新設された科目で，旧課程履修者には見慣れないものですが，上記のような経過措置がとられた場合，新課程入試でも旧課程と同様の学習内容で受験することができます。

新課程の情報は WEB もチェック！
より詳しい解説が赤本ウェブサイトで見られます。
https://akahon.net/shinkatei/

科目名が変更される教科・科目

	旧課程	新課程
国語	国語総合 国語表現 現代文A 現代文B 古典A 古典B	現代の国語 言語文化 論理国語 文学国語 国語表現 古典探究
地歴	日本史A 日本史B 世界史A 世界史B 地理A 地理B	歴史総合 日本史探究 世界史探究 地理総合 地理探究
公民	現代社会 倫理 政治・経済	公共 倫理 政治・経済
数学	数学Ⅰ 数学Ⅱ 数学Ⅲ 数学A 数学B 数学活用	数学Ⅰ 数学Ⅱ 数学Ⅲ 数学A 数学B 数学C
外国語	コミュニケーション英語基礎 コミュニケーション英語Ⅰ コミュニケーション英語Ⅱ コミュニケーション英語Ⅲ 英語表現Ⅰ 英語表現Ⅱ 英語会話	英語コミュニケーションⅠ 英語コミュニケーションⅡ 英語コミュニケーションⅢ 論理・表現Ⅰ 論理・表現Ⅱ 論理・表現Ⅲ
情報	社会と情報 情報の科学	情報Ⅰ 情報Ⅱ

目　次

2023年度 問題と解答

●一般入試前期３教科型・２教科型・共通テストプラス型：２月１日実施分

●一般入試前期３教科型・２教科型・共通テストプラス型：２月２日実施分

●一般入試後期（１教科型）

掲載内容についてのお断り

- 推薦入試は掲載していません。
- 一般入試前期（３教科型・２教科型）・共通テストプラス型は，５日程のうち２日程を掲載しています。

基本情報

学部・学科の構成

大　学

●**文学部**　長久手キャンパス
　国文学科
●**教育学部**※　長久手キャンパス
　教育学科※
※　2025 年 4 月開設
●**人間情報学部**　長久手キャンパス
　人間情報学科（感性工学専攻，データサイエンス専攻）
●**心理学部**　長久手キャンパス
　心理学科
●**創造表現学部**　長久手キャンパス
　創造表現学科（創作表現専攻，メディアプロデュース専攻）

●**建築学部**※ 長久手キャンパス
建築学科※（建築・まちづくり専攻，住居・インテリアデザイン専攻）
※ 2025 年 4 月開設
●**健康医療科学部** 長久手キャンパス
医療貢献学科（言語聴覚学専攻，視覚科学専攻，理学療法学専攻，臨床検査学専攻）
スポーツ・健康医科学科（スポーツ・健康科学専攻，救急救命学専攻）
●**食健康科学部** 長久手キャンパス
健康栄養学科
食創造科学科
●**福祉貢献学部** 長久手キャンパス
福祉貢献学科（社会福祉専攻，子ども福祉専攻）
●**交流文化学部** 星が丘キャンパス
交流文化学科（ランゲージ専攻，国際交流・観光専攻）
●**ビジネス学部** 星が丘キャンパス
ビジネス学科
●**グローバル・コミュニケーション学部** 星が丘キャンパス
グローバル・コミュニケーション学科

大学院

文化創造研究科 / 教育学研究科 / 心理医療科学研究科 / 健康栄養科学研究科 / グローバルカルチャー・コミュニケーション研究科 / ビジネス研究科

大学所在地

長久手キャンパス

星が丘キャンパス

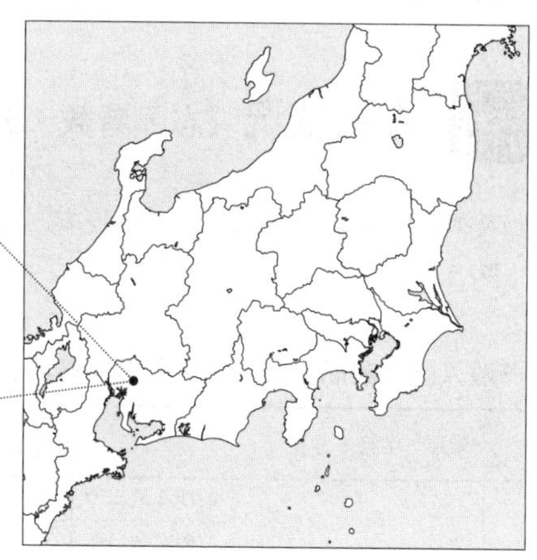

長久手キャンパス　〒480-1197　愛知県長久手市片平二丁目9
星が丘キャンパス　〒464-8671　名古屋市千種区桜が丘23

2024 年度入試データ

入試状況（志願者数・競争率など）

○競争率は受験者数（共通テスト利用入試，大学理念・違いを共に生きる入試は志願者数）÷合格者数で算出。

一般入試（前期 3 教科型・前期 2 教科型・共通テストプラス型・後期）

学部・学科・専攻			方式	募集人員	志願者数	受験者数	合格者数	競争率
文	国文		前期 3 教科型	19	219	214	119	1.8
			前期 2 教科型	7	170	165	70	2.4
			共通テストプラス型	5	155	155	85	1.8
			後期	2	35	32	12	2.7
	教育		前期 3 教科型	19	267	264	122	2.2
			前期 2 教科型	7	199	197	58	3.4
			共通テストプラス型	6	210	210	70	3.0
			後期	2	33	33	6	5.5
人間情報	人間情報	感性工学	前期 3 教科型	23	156	152	103	1.5
			前期 2 教科型	9	168	162	99	1.6
			共通テストプラス型	8	150	150	113	1.3
			後期	3	47	44	3	14.7
		データサイエンス	前期 3 教科型	14	111	110	84	1.3
			前期 2 教科型	5	106	105	80	1.3
			共通テストプラス型	4	89	89	77	1.2
			後期	2	59	56	28	2.0
心理	心理		前期 3 教科型	36	395	389	163	2.4
			前期 2 教科型	15	324	318	155	2.1
			共通テストプラス型	12	271	271	132	2.1
			後期	5	75	68	12	5.7

（表つづく）

学部・学科・専攻			方式	募集人員	志願者数	受験者数	合格者数	競争率
創造表現	創造表現	創作表現	前期3教科型	19	115	112	84	1.3
			前期2教科型	6	117	114	51	2.2
			共通テストプラス型	5	100	100	93	1.1
			後期	2	16	14	2	7.0
		メディアプロデュース	前期3教科型	25	114	114	86	1.3
			前期2教科型	9	111	110	61	1.8
			共通テストプラス型	8	99	99	87	1.1
			後期	3	33	29	6	4.8
		建築・インテリアデザイン	前期3教科型	14	141	137	57	2.4
			前期2教科型	6	130	126	32	3.9
			共通テストプラス型	4	109	109	56	1.9
			後期	2	40	35	2	17.5
健康医療科学	医療貢献	言語聴覚学	前期3教科型	7	40	39	23	1.7
			前期2教科型	3	35	32	27	1.2
			共通テストプラス型	2	24	24	20	1.2
			後期	1	2	2	1	2.0
		視覚科学	前期3教科型	7	37	37	22	1.7
			前期2教科型	3	30	30	23	1.3
			共通テストプラス型	2	26	26	20	1.3
			後期	1	4	4	3	1.3
		理学療法学	前期3教科型	7	63	63	14	4.5
			前期2教科型	3	60	60	15	4.0
			共通テストプラス型	2	47	47	20	2.4
			後期	1	11	11	6	1.8
		臨床検査学	前期3教科型	7	104	102	23	4.4
			前期2教科型	3	108	107	46	2.3
			共通テストプラス型	2	90	90	19	4.7
			後期	1	41	36	1	36.0

（表つづく）

学部・学科・専攻			方式	募集人員	志願者数	受験者数	合格者数	競争率
健康医療科学	スポーツ・健康医科学	スポーツ・健康科学	前期3教科型	16	169	167	41	4.1
			前期2教科型	7	164	163	29	5.6
			共通テストプラス型	6	108	108	38	2.8
			後期	3	71	70	3	23.3
		救急救命学	前期3教科型	5	69	68	14	4.9
			前期2教科型	3	78	76	28	2.7
			共通テストプラス型	2	53	53	19	2.8
			後期	1	8	7	2	3.5
食健康科学	健康栄養		前期3教科型	17	141	139	79	1.8
			前期2教科型	7	132	131	30	4.4
			共通テストプラス型	5	88	88	62	1.4
			後期	2	21	19	3	6.3
	食創造科学		前期3教科型	18	53	52	45	1.2
			前期2教科型	7	49	47	44	1.1
			共通テストプラス型	7	49	49	46	1.1
			後期	3	31	27	20	1.4
福祉貢献	福祉貢献	社会福祉	前期3教科型	14	107	105	79	1.3
			前期2教科型	5	84	81	47	1.7
			共通テストプラス型	4	72	72	67	1.1
			後期	3	15	15	3	5.0
		子ども福祉	前期3教科型	10	142	141	48	2.9
			前期2教科型	3	130	129	30	4.3
			共通テストプラス型	3	96	96	49	2.0
			後期	2	9	9	2	4.5
交流文化	交流文化	ランゲージ	前期3教科型	23	143	142	115	1.2
			前期2教科型	10	100	99	84	1.2
			共通テストプラス型	8	101	101	95	1.1
			後期	4	42	37	32	1.2

（表つづく）

学部・学科・専攻			方式	募集人員	志願者数	受験者数	合格者数	競争率
交流文化	交流文化	国際交流・観光	前期3教科型	32	144	141	111	1.3
			前期2教科型	12	110	108	90	1.2
			共通テストプラス型	11	118	118	107	1.1
			後期	5	53	48	42	1.1
ビジネス	ビジネス		前期3教科型	44	635	629	173	3.6
			前期2教科型	18	549	544	112	4.9
			共通テストプラス型	14	402	402	108	3.7
			後期	7	122	106	39	2.7
グローバル・コミュニケーション	グローバル・コミュニケーション		前期3教科型	12	115	113	101	1.1
			前期2教科型	4	73	72	59	1.2
			共通テストプラス型	3	59	59	56	1.1
			後期	2	27	25	2	12.5

共通テスト利用入試（前期３教科型・前期４教科型・後期）

学部	学科	専攻	方式	募集人員	志願者数	合格者数	競争率
文	国文		前期３教科型	5	40	14	2.9
			前期４教科型	3	28	20	1.4
			後期	2	8	2	4.0
	教育		前期３教科型	5	41	29	1.4
			前期４教科型	4	31	22	1.4
			後期	2	9	2	4.5
人間情報	人間情報	感性工学	前期３教科型	6	50	31	1.6
			前期４教科型	4	19	11	1.7
			後期	3	8	3	2.7
		データサイエンス	前期３教科型	3	52	39	1.3
			前期４教科型	3	20	14	1.4
			後期	2	11	2	5.5
心理	心理		前期３教科型	8	40	17	2.4
			前期４教科型	6	23	15	1.5
			後期	6	14	7	2.0
創造表現	創造表現	創作表現	前期３教科型	5	31	19	1.6
			前期４教科型	3	18	14	1.3
			後期	2	1	0	－
		メディアプロデュース	前期３教科型	6	35	27	1.3
			前期４教科型	5	14	11	1.3
			後期	3	3	3	1.0
		建築・インテリアデザイン	前期３教科型	3	29	10	2.9
			前期４教科型	2	11	3	3.7
			後期	2	7	2	3.5
健康医療科学	医療貢献	言語聴覚学	前期３教科型	2	10	6	1.7
			前期４教科型	2	7	5	1.4
			後期	2	2	1	2.0
		視覚科学	前期３教科型	2	8	4	2.0
			前期４教科型	2	2	1	2.0
			後期	2	2	2	1.0
		理学療法学	前期３教科型	2	16	13	1.2
			前期４教科型	2	12	11	1.1
			後期	2	1	1	1.0
		臨床検査学	前期３教科型	2	39	20	2.0
			前期４教科型	2	23	16	1.4
			後期	2	6	2	3.0

（表つづく）

<table>
<tr><th colspan="3">学部・学科・専攻</th><th>方式</th><th>募集人員</th><th>志願者数</th><th>合格者数</th><th>競争率</th></tr>
<tr><td rowspan="6">健康医療科学</td><td rowspan="6">スポーツ・健康医科学</td><td rowspan="3">スポーツ・健康科学</td><td>前期3教科型</td><td>4</td><td>42</td><td>30</td><td>1.4</td></tr>
<tr><td>前期4教科型</td><td>3</td><td>21</td><td>17</td><td>1.2</td></tr>
<tr><td>後期</td><td>2</td><td>6</td><td>2</td><td>3.0</td></tr>
<tr><td rowspan="3">救急救命学</td><td>前期3教科型</td><td>1</td><td>17</td><td>5</td><td>3.4</td></tr>
<tr><td>前期4教科型</td><td>1</td><td>8</td><td>3</td><td>2.7</td></tr>
<tr><td>後期</td><td>1</td><td>2</td><td>1</td><td>2.0</td></tr>
<tr><td rowspan="6">食健康科学</td><td rowspan="3" colspan="2">健康栄養</td><td>前期3教科型</td><td>2</td><td>19</td><td>9</td><td>2.1</td></tr>
<tr><td>前期4教科型</td><td>2</td><td>14</td><td>7</td><td>2.0</td></tr>
<tr><td>後期</td><td>2</td><td>5</td><td>2</td><td>2.5</td></tr>
<tr><td rowspan="3" colspan="2">食創造科学</td><td>前期3教科型</td><td>6</td><td>14</td><td>9</td><td>1.6</td></tr>
<tr><td>前期4教科型</td><td>4</td><td>8</td><td>6</td><td>1.3</td></tr>
<tr><td>後期</td><td>3</td><td>6</td><td>5</td><td>1.2</td></tr>
<tr><td rowspan="6">福祉貢献</td><td rowspan="6">福祉貢献</td><td rowspan="3">社会福祉</td><td>前期3教科型</td><td>3</td><td>15</td><td>7</td><td>2.1</td></tr>
<tr><td>前期4教科型</td><td>2</td><td>6</td><td>3</td><td>2.0</td></tr>
<tr><td>後期</td><td>2</td><td>1</td><td>1</td><td>1.0</td></tr>
<tr><td rowspan="3">子ども福祉</td><td>前期3教科型</td><td>3</td><td>23</td><td>16</td><td>1.4</td></tr>
<tr><td>前期4教科型</td><td>2</td><td>15</td><td>7</td><td>2.1</td></tr>
<tr><td>後期</td><td>2</td><td>5</td><td>2</td><td>2.5</td></tr>
<tr><td rowspan="6">交流文化</td><td rowspan="6">交流文化</td><td rowspan="3">ランゲージ</td><td>前期3教科型</td><td>4</td><td>36</td><td>29</td><td>1.2</td></tr>
<tr><td>前期4教科型</td><td>3</td><td>17</td><td>13</td><td>1.3</td></tr>
<tr><td>後期</td><td>3</td><td>8</td><td>3</td><td>2.7</td></tr>
<tr><td rowspan="3">国際交流・観光</td><td>前期3教科型</td><td>5</td><td>87</td><td>76</td><td>1.1</td></tr>
<tr><td>前期4教科型</td><td>3</td><td>25</td><td>23</td><td>1.1</td></tr>
<tr><td>後期</td><td>3</td><td>11</td><td>5</td><td>2.2</td></tr>
<tr><td rowspan="3">ビジネス</td><td rowspan="3" colspan="2">ビジネス</td><td>前期3教科型</td><td>8</td><td>85</td><td>37</td><td>2.3</td></tr>
<tr><td>前期4教科型</td><td>7</td><td>32</td><td>17</td><td>1.9</td></tr>
<tr><td>後期</td><td>6</td><td>19</td><td>6</td><td>3.2</td></tr>
<tr><td rowspan="3">グローバル・コミュニケーション</td><td rowspan="3" colspan="2">グローバル・コミュニケーション</td><td>前期3教科型</td><td>2</td><td>52</td><td>43</td><td>1.2</td></tr>
<tr><td>前期4教科型</td><td>2</td><td>19</td><td>17</td><td>1.1</td></tr>
<tr><td>後期</td><td>2</td><td>7</td><td>2</td><td>3.5</td></tr>
</table>

公募制推薦入試

学部・学科・専攻			募集人員	志願者数	受験者数	合格者数	競争率
文	国文		15	93	93	73	1.3
	教育		16	108	108	89	1.2
人間情報	人間情報	感性工学	24	51	51	42	1.2
		データサイエンス	14	51	51	40	1.3
心理	心理		30	274	274	134	2.0
創造表現	創造表現	創作表現	16	75	75	61	1.2
		メディアプロデュース	22	124	124	74	1.7
		建築・インテリアデザイン	11	77	76	42	1.8
健康医療科学	医療貢献	言語聴覚学	7	59	57	43	1.3
		視覚科学	7	40	40	33	1.2
		理学療法学	7	91	90	33	2.7
		臨床検査学	7	53	53	36	1.5
	スポーツ・健康医科学	スポーツ・健康科学	16	110	110	84	1.3
		救急救命学	7	79	79	16	4.9
食健康科学	健康栄養		13	119	117	55	2.1
	食創造科学		21	29	28	26	1.1
福祉貢献	福祉貢献	社会福祉	14	85	85	65	1.3
		子ども福祉	8	77	77	46	1.7
交流文化	交流文化	ランゲージ	19	70	70	60	1.2
		国際交流・観光	28	104	102	90	1.1
ビジネス	ビジネス		39	307	305	177	1.7
グローバル・コミュニケーション	グローバル・コミュニケーション		10	61	61	53	1.2

大学理念・違いを共に生きる入試

学部	学科	専攻	募集人員	志願者数	第1次選考合格者数	第2次選考受験者数	最終合格者数	競争率
文	国文		3	7	6	6	4	1.8
	教育		3	12	6	3	3	4.0
人間情報	人間情報	感性工学	5	15	11	8	5	3.0
		データサイエンス	3	9	7	6	4	2.3
心理	心理		5	34	11	10	5	6.8
創造表現	創造表現	創作表現	3	11	6	6	3	3.7
		メディアプロデュース	4	24	8	7	4	6.0
		建築・インテリアデザイン	2	16	5	5	2	8.0
健康医療科学	医療貢献	言語聴覚学	1	5	3	3	1	5.0
		視覚科学	1	5	3	3	1	5.0
		理学療法学	1	5	3	3	1	5.0
		臨床検査学	1	7	4	4	1	7.0
	スポーツ・健康医科学	スポーツ・健康科学	3	15	6	5	3	5.0
		救急救命学	1	15	4	4	1	15.0
食健康科学	健康栄養		2	10	5	5	2	5.0
	食創造科学		5	5	5	4	3	1.7
福祉貢献	福祉貢献	社会福祉	2	11	5	5	2	5.5
		子ども福祉	1	11	3	3	1	11.0
交流文化	交流文化	ランゲージ	4	16	9	8	4	4.0
		国際交流・観光	6	24	12	11	6	4.0
ビジネス	ビジネス		7	43	14	13	7	6.1
グローバル・コミュニケーション	グローバル・コミュニケーション		2	3	3	3	2	1.5

活動実績入試

学部・学科・専攻			募集人員	志願者数	受験者数	合格者数	競争率
文	国文		3	2	2	2	1.0
	教育		4	0	0	0	—
人間情報	人間情報	感性工学	5	8	8	5	1.6
		データサイエンス	3	0	0	0	—
心理	心理		7	9	9	8	1.1
創造表現	創造表現	創作表現	3	4	4	3	1.3
		メディアプロデュース	5	8	8	6	1.3
		建築・インテリアデザイン	2	7	7	2	3.5
健康医療科学	医療貢献	言語聴覚学	2	6	6	2	3.0
		視覚科学	2	6	6	2	3.0
		理学療法学	2	3	3	2	1.5
		臨床検査学	2	3	3	2	1.5
	スポーツ・健康医科学	スポーツ・健康科学	4	7	7	4	1.8
		救急救命学	1	7	7	1	7.0
食健康科学	健康栄養		3	8	8	4	2.0
	食創造科学		5	4	4	4	1.0
福祉貢献	福祉貢献	社会福祉	2	2	2	2	1.0
		子ども福祉	2	10	10	2	5.0
交流文化	交流文化	ランゲージ	5	8	8	5	1.6
		国際交流・観光	6	11	11	7	1.6
ビジネス	ビジネス		9	18	18	10	1.8
グローバル・コミュニケーション	グローバル・コミュニケーション		3	2	2	2	1.0

学科・専攻適性入試

学部	学科	専攻	募集人員	志願者数	受験者数	合格者数	競争率
文	国文		16	25	25	19	1.3
	教育		16	17	16	15	1.1
人間情報	人間情報	感性工学	20	27	25	25	1.0
		データサイエンス	12	8	8	8	1.0
心理	心理		29	77	73	39	1.9
創造表現	創造表現	創作表現	16	30	29	22	1.3
		メディアプロデュース	21	44	43	25	1.7
		建築・インテリアデザイン	12	36	35	13	2.7
健康医療科学	医療貢献	言語聴覚学	6	19	19	7	2.7
		視覚科学	6	19	19	8	2.4
		理学療法学	6	21	20	6	3.3
		臨床検査学	6	8	8	7	1.1
	スポーツ・健康医科学	スポーツ・健康科学	16	37	37	19	1.9
		救急救命学	4	25	24	5	4.8
食健康科学	健康栄養		13	28	28	15	1.9
	食創造科学		19	11	11	11	1.0
福祉貢献	福祉貢献	社会福祉	12	24	24	15	1.6
		子ども福祉	8	17	17	10	1.7
交流文化	交流文化	ランゲージ	19	34	31	24	1.3
		国際交流・観光	26	35	35	34	1.0
ビジネス	ビジネス		37	75	72	47	1.5
グローバル・コミュニケーション	グローバル・コミュニケーション		9	9	9	9	1.0

募集要項（出願書類）の入手方法

インターネット出願が導入されています。募集要項は，大学 WEB サイトで確認およびダウンロードできるほか，冊子を請求することも可能です。また，テレメールからも請求できます。

問い合わせ先

愛知淑徳大学　アドミッションセンター
〒 464-8671　愛知県名古屋市千種区桜が丘 23
TEL　052-781-7084
URL　https://www.aasa.ac.jp/

愛知淑徳大学のテレメールによる資料請求方法

スマートフォンから　QRコードからアクセスしガイダンスに従ってご請求ください。
パソコンから　教学社 赤本ウェブサイト(akahon.net)から請求できます。

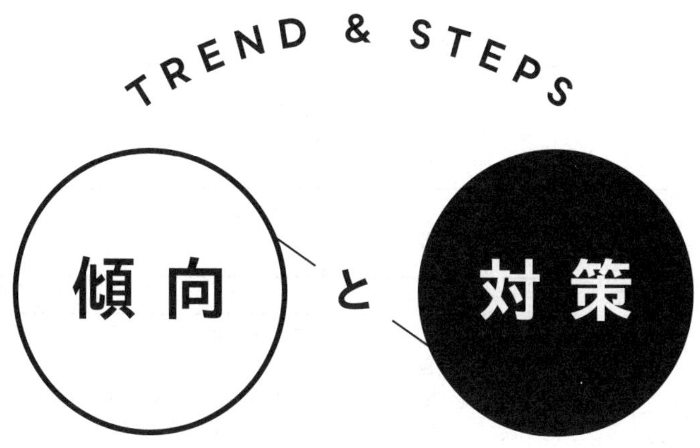

科目ごとに問題の「傾向」を分析し，具体的にどのような「対策」をすればよいか紹介しています。まずは出題内容をまとめた分析表を見て，試験の概要を把握しましょう。

注　意

「傾向と対策」で示している，出題科目・出題範囲・試験時間等については，2024 年度までに実施された入試の内容に基づいています。2025 年度入試の選抜方法については，各大学が発表する学生募集要項を必ずご確認ください。

掲載日程・方式・学部

2024 年 4 月，健康医療科学部健康栄養学科を改組し，食健康科学部健康栄養学科・食創造科学科を開設。

来年度の変更点

2025 年度入試では，以下の変更が予定されている（本書編集時点）。

- 一般入試の理科に「物理基礎」が追加される予定である。ただし食健康科学部健康栄養学科は選択不可。

英　語

年度	方式		番号	項　目	内　容
2024 ●	一般前期	2月1日	〔1〕	文法・語彙	定義に当てはまる語，語の定義
			〔2〕	文法・語彙	空所補充
			〔3〕	会　話　文	空所補充，内容説明，同意表現，内容真偽
			〔4〕	読　　　解	内容説明，内容真偽，空所補充
		2月5日	〔1〕	文法・語彙	定義に当てはまる語，語の定義
			〔2〕	文法・語彙	空所補充
			〔3〕	会　話　文	空所補充，内容説明，同意表現
			〔4〕	読　　　解	内容説明，内容真偽，空所補充
	一般後期		〔1〕	文法・語彙	定義に当てはまる語，語の定義
			〔2〕	文法・語彙	空所補充
			〔3〕	会　話　文	内容説明，空所補充，内容真偽
			〔4〕	読　　　解	同意表現，空所補充，同一用法，内容真偽，内容説明，アクセント
2023 ●	一般前期	2月1日	〔1〕	文法・語彙	定義に当てはまる語，語の定義
			〔2〕	文法・語彙	空所補充
			〔3〕	会　話　文	内容説明，空所補充，同意表現，内容真偽
			〔4〕	読　　　解	内容説明，空所補充，内容真偽
		2月2日	〔1〕	文法・語彙	定義に当てはまる語，語の定義
			〔2〕	文法・語彙	空所補充
			〔3〕	会　話　文	空所補充，同意表現，内容説明
			〔4〕	読　　　解	内容説明，同意表現，空所補充，内容真偽
	一般後期		〔1〕	文法・語彙	定義に当てはまる語，語の定義
			〔2〕	文法・語彙	空所補充
			〔3〕	会　話　文	内容説明，空所補充，同意表現，内容真偽
			〔4〕	読　　　解	内容説明，内容真偽，同意表現

（注）●印は全問，◐印は一部マークシート式採用であることを表す。

文法・語彙，会話文，読解がバランスよく出題！

01 出題形式は？

いずれの方式・日程も大問4題で，全問マークシート式である。文法・語彙問題2題，会話文問題1題，読解問題1題の出題で，試験時間は60分。

02 出題内容はどうか？

文法・語彙問題は，〔1〕が定義に当てはまる語および語の定義を答えるもの，〔2〕が短文の完成となっている。会話文問題は読解の形式。読解問題の英文は基礎的な英文から高度なものまで幅広く出題されている。設問は大半が標準的な出題だが，紛らわしいものもある。

03 難易度は？

読解・会話文を中心にして総合的な英語力をみる内容である。文法・語彙と会話文は基本的な出題が中心なので確実に正解したい。読解の英文・設問ともに難しいものもあるが，60分という試験時間を考えると，合格するためには難しい設問に時間を取られることなく，解ける問題を確実に解けばよい。

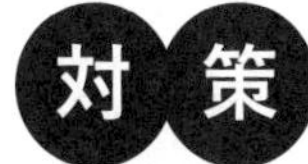

01 文法・語彙対策

文法問題以外でも，長文や会話文の設問に文法力が要求されている。文法力に自信がなければ，まず学校で使用している文法の参考書をじっくりと読み返すこと。基礎固めが終わったら，『UPGRADE 英文法・語法問題』（数研出版）や『Next Stage 英文法・語法問題』（桐原書店）などを1冊仕上げるとよい。語彙学習に関しては，日頃から単語帳と『英語を英語で理解する 英英英単語 初級編』（ジャパンタイムズ出版）などを使用して語彙力を増強しよう。

02 読解問題対策

まず，授業の予習で新しいLessonに入る前に，辞書を使わずに話の流れを追いながら，一息にそのLessonを読み切る練習をしよう。その後で不明瞭な箇所について内容を予想しながら辞書で調べ，難しい文はきちんと和訳して，授業に臨むようにするとよい。また『基礎 英語長文問題精講』（旺文社）などの参考書や，左ページに英文，右ページに設問があるような長文問題集を，本番のつもりで1題20分以内をめどにこなしていくこと。ただし，大問を1つやり終えるごとに単語，熟語，構文などを何度も復習して完璧に覚えていくことが大切である。

03 会話文対策

過去問や他大学の会話文の問題に数多く当たり，会話文に慣れておくこと。また，『英会話問題のトレーニング』（Z会）などを利用して，日頃から基礎的な英文を多読する習慣を身につけ，会話文で使用される会話特有の表現の使い方を文脈を通して覚えることが大切である。

日本史

年度	日程	番号	内容	形式
2024 ●	2月1日	〔1〕	「三世一身法」「二条河原落書」ほか－奈良～江戸期の政治・外交 ⊘**史料**	選　択
		〔2〕	鎌倉～明治期の政治・文化	選　択
		〔3〕	奈良～鎌倉期の政治・文化 ⊘**系図・年表**	選　択
		〔4〕	原始～昭和戦後の小問集合	選　択
		〔5〕	白鳳～昭和戦前の小問集合 ⊘**視覚資料**	選　択
	2月5日	〔1〕	「改新の詔」「ポツダム宣言」ほか－古代～昭和戦中の政治・文化 ⊘**史料**	選　択
		〔2〕	奈良～平成の総合問題	選　択
		〔3〕	室町～明治の総合問題 ⊘**年表**	選　択
		〔4〕	原始～昭和戦後の政治・文化史の小問集合	選　択
		〔5〕	白鳳～昭和戦前の文化・政治史の小問集合 ⊘**視覚資料**	選　択
2023 ●	2月1日	〔1〕	「日本書紀」「愚管抄」ほか－飛鳥～大正期の政治・文化 ⊘**史料**	選　択
		〔2〕	平安～昭和戦後の政治	選　択
		〔3〕	原始～大正期の小問集合	選　択
		〔4〕	明治期の外交 ⊘**年表**	選　択
		〔5〕	平安～大正期の政治・文化史の小問集合 ⊘**視覚資料**	選　択
	2月2日	〔1〕	「神皇正統記」「国体明徴声明」ほか－平安～昭和戦前期の政治・文化史 ⊘**史料**	選　択
		〔2〕	飛鳥～大正期の総合問題	選　択
		〔3〕	原始～昭和戦後までの政治・文化史の小問集合	選　択
		〔4〕	平安～昭和戦前までの文化・政治史の小問集合 ⊘**視覚資料**	選　択

（注）●印は全問，◑印は一部マークシート式採用であることを表す。

史料問題の比重が増加
歴史事項の正確な理解が必須

01 出題形式は？

全問マークシート式で，大問は年度によって４，５題と異なっているが，解答個数は50個で定着している。試験時間は60分。語句と文章の選択法が大部分であるが，過去には２つの文章の正誤の組み合わせを問う正誤法が出題されたこともある。

なお，2025年度は出題科目が「日本史探究」となる予定である（本書編集時点）。

02 出題内容はどうか？

時代別では，原始，古代からも出題されており，出題範囲は広い。例年，近現代からの出題が多く，戦後史も出題されている。

分野別では，政治・文化を中心に，外交・経済と幅広く出題されている。

史料問題は，１つの大問の中で複数出題されることが多く，それぞれの史料を読ませ，空所補充や下線部の意味，史料の成立年代や内容などを問う問題が出題されている。また視覚資料・年表などが用いられることもあり，美術作品の視覚資料については，それが誰の何という作品でいつの時代のものかといった知識がないと解けない問題もみられる。教科書に準拠している図説で，文化財についてしっかり学習する必要がある。

03 難易度は？

基本的には教科書レベルの標準問題が大半であるが，なかには難度の高い文章選択問題も出題されている。教科書を精読し，歴史用語や文章の正誤を識別できるだけの正確な知識を身につけておきたい。また，史料や系図などを用いた応用力を試す問題もみられ，史料問題は，他の問題より難度がやや高い傾向がある。まずは標準問題を着実に解答し，残りの時間で難問をじっくり検討するなど，時間配分を工夫しよう。

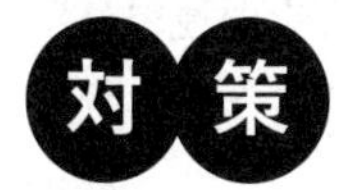

01 教科書・用語集中心の学習を

基本的には，歴史の流れに対する理解度を確認する問題が多いが，文章選択問題には教科書の内容の細部を問う難問も含まれている。したがって，教科書を精読して基本的な用語をきっちり理解・暗記しておくこと。『日本史用語集』（山川出版社）などを利用して，他の分野や時代とも関連づけ，知識を深めることが大切である。また，テーマ史についても政治・文化を基軸としつつ，しっかりと対策を立てておこう。なお，身につけた知識の確認には，一問一答形式の問題集を活用した隙間時間の学習が有効である。

02 史料・資料問題対策

史料問題が毎年出題されている。受験生になじみの薄い史料も出題されているが，設問や史料を丹念に読めば正解にたどりつける。まずは教科書にある史料に目を通しておくほか，『詳説日本史史料集』（山川出版社）などを用いて，各史料の年代や社会背景などを把握しておきたい。

また，視覚資料・年表などを用いた問題もみられるので，教科書や資料集などで確認するとともに，資料関連の問題集を解くことによって，こうした問題形式に慣れておきたい。

03 過去問研究

解答個数が50個で，複数の史料が用いられ，正誤問題が出題されることもある。試験時間が60分なので，効率よく解くことが求められる。ただ，文章選択問題では，一部に難度が高く，解答に時間のかかる問題がある。また，解答を急ぎすぎて，思わぬミスで失点することもある。歴史の流れをしっかりと把握した上で，人物や事件の内容などを落ち着いて整理し，正答を導くようにしたい。過去問の類題が出題されているので，過去問を多く解いて，出題傾向を理解するとともに，問題の内容を関連項目にまで拡大して復習することで，当該分野の知識を深めておくことも大切である。

世界史

年度	日程	番号	内　容	形　式
2024 ●	2月1日	〔1〕	ローマ史と中世・近世ヨーロッパ史	選　択
		〔2〕	中世から近代のヨーロッパ各国史	選　択
		〔3〕	産業革命関連史	選　択
		〔4〕	ヨーロッパ現代史	選　択
		〔5〕	先史から秦までの中国史	選　択
		〔6〕	漢王朝の滅亡から隋・唐王朝までの中国史	選　択
		〔7〕	清末の歴史と帝国主義時代のアジア	選　択
		〔8〕	ヨーロッパの都市関連史	選　択
	2月5日	〔1〕	古代オリエント・ギリシア史	選　択
		〔2〕	ハプスブルク家関連史	選　択
		〔3〕	ナポレオンとウィーン体制	選択・正誤
		〔4〕	世界恐慌と欧米各国史	選　択
		〔5〕	冷戦の終結とヨーロッパ	選　択
		〔6〕	古代・中世のインド史	選　択
		〔7〕	16 世紀から戦後までのアジア史	選　択
		〔8〕	東西交流関係史	選　択
2023 ●	2月1日	〔1〕	ヘレニズム　**⊘視覚資料**	選　択
		〔2〕	ルネサンスと宗教改革	選　択
		〔3〕	16〜18 世紀のヨーロッパ	選　択
		〔4〕	アルザス地方の歴史	選択・配列
		〔5〕	秦から唐までの中国　**⊘史料**	選　択
		〔6〕	明代の中国	選　択
		〔7〕	清朝から現代の中国	選択・配列
	2月2日	〔1〕	古代ギリシアの文化	選　択
		〔2〕	中世のヨーロッパ	選　択
		〔3〕	遠藤周作を話題とした小問集合	選択・配列
		〔4〕	近・現代のヨーロッパ	正誤・選択
		〔5〕	3〜6 世紀の東アジア	選　択
		〔6〕	イスラーム世界の分裂と拡大	選　択
		〔7〕	ヨーロッパの文化	選　択

（注）●印は全問，◑印は一部マークシート式採用であることを表す。

年代を重視した問題形式
現代史に注意

01 出題形式は？

大問は7～8題，解答個数は全体で50個で，全問マークシート式である。正文・誤文を選択する問題が多い。また，年度によっては，配列法など「年代」を重視した問題形式もあり，「○○世紀（○○時代・○○年代）の出来事」や「古いものから年代順に並べた時，3番目に当たるもの」を選ばせる出題がみられる。加えて，史料や視覚資料を用いた問題も出題されている。試験時間は60分。

なお，2025年度は出題科目が「世界史探究」となる予定である（本書編集時点）。

02 出題内容はどうか？

地域別では，欧米地域とアジア地域からほぼ半々の割合で出題されている。1つの大問もしくは小問の中で，欧米地域・アジア地域両方が出題される場合もある。一国史や地域史からの出題もみられる。欧米地域ではヨーロッパを中心に出題されている。アジア地域では中国史を中心にアジア各地から出題されている。また，アフリカなど，受験生の注意が届きにくい地域から出題されることもある。

時代別では，第二次世界大戦後を含めて全体として時代のバランスに配慮した構成となっている。

分野別では，政治・外交史を中心に，文化史，社会・経済史を含めて幅広く出題されている。

03 難易度は？

多くは教科書に準拠した問題であるが，教科書の綿密な読み込みが必要であったり，選択肢の中に教科書にない事項が含まれたりするなど，詳細な知識が要求される場合もみられる。60分という試験時間と問題数の多さを考えると，全体的な難度はやや高めである。確実に解答できる問題から解いていき，余った時間で判断に迷う問題に取りかかろう。

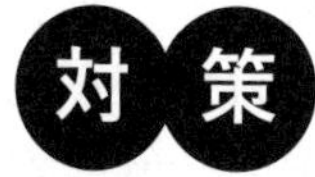

01 教科書の精読を

まずは教科書を，本文と脚注を含めて丁寧に読み込むことが大切である。『世界史用語集』（山川出版社）などを活用して細かい知識をつけ足していけば，史料問題への対策にもなる。なお，歴史上の出来事を起きた順にしっかり把握した上で，教科書の本文にある重要年代も覚えておきたい。

02 古代から現代までの幅広い学習を

先史時代から第二次世界大戦後まで幅広く出題されている。時代や地域に偏らない緻密な学習が求められているといえる。また，最近の出来事が出題されることもあるので，世界の時事問題にも注意を払っておくべきである。

03 同時代の他地域の把握を

同時代の状況について問う出題が多いので，重要年代はおさえ，ある程度年代の目安をつけられるようにしておきたい。年表を用いて，特定の世紀や年代の他地域の動向を把握する習慣をつけておくとよいだろう。

04 歴史地図・図説の活用を

教科書や図説などの地図や写真・模式図などには十分注意しよう。こうした学習は歴史理解にとても役立つ。

05 過去問の研究と問題演習を

問題形式が一定しており，類似した問題が出されることも多いので，過去問に取り組むことは重要である。また，同時代の複数地域について問う問題への対策として，資料集や市販の参考書に当たっておくのもよいだろう。

数　学

年度	日程		番号	項　目	内　容
2024 ●	一般前期	2月1日	〔1〕	小問4問	(1)指数の計算　(2)2項展開式の係数　(3)次数下げによる式の値　(4)恒等式，整式の割り算
			〔2〕	図形と方程式	x 軸に関する対称な点，平行な直線，直交する直線，直線が通る定点
			〔3〕	三角関数，微分法	三角関数の式の計算，三角関数の合成，3次関数の最大・最小
			〔4〕	対数関数	対数方程式，対数と式の値
			〔5〕	微・積分法	定積分を含む関数，微分係数の定義
			〔6〕	確　率	1枚のコインを複数回投げるときの確率
		2月5日	〔1〕	小問4問	(1)複素数の計算　(2)2次方程式　(3)絶対値を含む式の計算　(4)対数の大小関係
			〔2〕	図形と方程式	直線が通る定点，定点を通る直線が第2象限を通らないための条件
			〔3〕	三角関数	三角方程式，三角比の式の値，倍角の公式
			〔4〕	対数関数	対数の計算，対数関数の最大・最小，相加・相乗平均の関係
			〔5〕	微・積分法	微分係数の定義，2つの放物線で囲まれる部分の面積
			〔6〕	確　率	1枚の硬貨を複数回投げて，正五角形上の頂点を動かすときの確率
	一般後期		〔1〕	小問4問	(1)指数の計算　(2)相加・相乗平均　(3)因数定理　(4)極値をもたない条件
			〔2〕	図形と方程式	2直線の交点を通る直線，3直線が三角形を作らない条件
			〔3〕	図形と計量	比を用いての三角形の面積，正四面体上の4点を通る最短経路，展開図
			〔4〕	対数関数	対数関数の置換，2次関数の最大・最小
			〔5〕	微分法	円柱の表面積が一定なときの体積の立式，3次関数の最大値
			〔6〕	場合の数	4つの奇数と3つの偶数があるときの，種々の並べ方の場合の数

2023 ●	一般前期	2月1日	〔1〕	小問4問	(1)絶対値を含む2次不等式　(2)2次方程式と式の値　(3)無理数の整数部分・小数部分および無理数の計算　(4)2次方程式の共通解
			〔2〕	図形と方程式	点の直線に関する対称移動，円の点に関する対称移動
			〔3〕	三角関数	三角方程式，三角不等式
			〔4〕	対数関数	対数関数の最小値，対数方程式
			〔5〕	微分法	2つの2次関数のグラフの共有点での共通接線
			〔6〕	確率	25個の赤玉・白玉から2個の玉を取り出すときの確率
		2月2日	〔1〕	小問4問	(1)因数分解　(2)平方根を含む計算　(3)二項定理　(4)方程式を満たす整数解
			〔2〕	図形と方程式	点の直線に関する対称移動，直線上の点を経由したときの距離の和の最小となる点
			〔3〕	三角関数	三角関数の最大・最小，三角方程式の実数解の個数
			〔4〕	指数・対数関数	指数不等式，変域があるときの対数関数の最大・最小
			〔5〕	微・積分法	導関数，3次関数の決定
			〔6〕	確率	工場で製造された製品の不良品の確率，条件付き確率
	一般後期		〔1〕	小問3問	(1)無理数と分数式　(2)分母の有理化　(3)虚数の計算
			〔2〕	数と式	無理数の整数部分・小数部分の値に関する式の計算
			〔3〕	図形と計量	三角比を用いた三角形の面積，角の二等分線の性質
			〔4〕	指数関数	指数関数の置換，2次関数の最大・最小
			〔5〕	微・積分法	交点での2接線の直交，2つの放物線で囲まれた部分の面積
			〔6〕	場合の数	正七角形の2つの対角線に関する場合の数

(注)　●印は全問，◑印は一部マークシート式採用であることを表す。

出題範囲の変更

2025年度入試より，数学は新教育課程での実施となります。詳細については，大学から発表される募集要項等で必ずご確認ください（以下は本書編集時点の情報）。

2024年度（旧教育課程）	2025年度（新教育課程）
数学Ⅰ・Ⅱ・A	数学Ⅰ・Ⅱ・A（図形の性質，場合の数と確率）

思考力と計算力を試す問題あり 確実で迅速な計算処理能力を養おう

01 出題形式は？

いずれの方式・日程も，例年，大問6題が出題されている。全問マークシート式で，符号・数字をマークして解答する形である。試験時間は60分。

02 出題内容はどうか？

出題範囲の全範囲から満遍なく出題されている。特に微・積分法と場合の数・確率，指数・対数関数，図形と計量の各分野は，いずれの日程でもよく出題されているので注意したい。

03 難易度は？

教科書の練習問題や章末問題程度の出題が中心であるが，やや高いレベルの応用力，思考力を問うものも出題されている。試験時間に対して問題数が多めなので，どの問題を先に解いていくかの見極めも，合否の鍵になると思われる。

対策

01 定理や公式をしっかり身につけ，基本例題に習熟する

定理・公式は覚えるだけでなく，さまざまな運用の方法について習熟しておくことが重要である。教科書や参考書を用いて代表的な基本例題を理解した上で，覚えるくらい繰り返し練習しておこう。また，図形が絡む公式については，式だけでなく図形的なイメージもしっかりと定着させておくことが大切である。

02 応用力を養成する

必ずしも標準的な問題ばかりではない。より広い問題群に対応できるよう，基本例題の変形，発展，組み合わせ，さらには今まで知らなかった新しい考え方について，問題集で経験を積んでおきたい。

03 グラフ・図の利用

2次関数や図形と計量などは，条件に合うグラフ・図を描けるように練習を積んでおこう。視覚化すると，解決の糸口を発見しやすくなるものである。

04 頻出単元に注意しよう

微・積分法，場合の数・確率，指数・対数関数，図形と計量はよく出題されているので，基礎～標準レベルの問題集を用いて，多くの問題をこなしておこう。場合の数・確率の問題は，数え上げるときに落ち着いて考えないと，重複して数えたり，数えもらしたりするので，注意したい。年度によってはかなりの難問も出題されるため，先に取り組むか，最後に回すかを見極める力もつけておきたい。

化　学

年度	日程	番号	項　目	内　容
2024 ●	2月1日	〔1〕	理　論	単体と元素，物質の分類，同素体，物質の分離
		〔2〕	総　合	物質の結合，イオン化エネルギー，電子式，配位結合，原子の構成，高分子化合物，原子・イオンの大きさ
		〔3〕	理　論	溶解度曲線と溶解度計算，モル濃度と混合物の成分比　⊘計算
		〔4〕	変化・理論	中和滴定の器具と操作　⊘計算
		〔5〕	理論・変化	酸化数の変化，酸化還元反応に使用する酸，物質量と化学反応の量的関係，酸化還元反応における溶液の変化　⊘計算
	2月5日	〔1〕	構　造	原子の構成，周期表と元素の性質
		〔2〕	構造・変化	原子半径・イオン半径，半減期，原子価，化学結合　⊘計算
		〔3〕	変化・構造	混合気体の燃焼と量的関係，硫酸銅(Ⅱ)五水和物　⊘計算
		〔4〕	変化・理論	酸・塩基の定義と分類，塩の水溶液の液性，pH，酸の種類と水素イオン濃度，滴定曲線　⊘計算
		〔5〕	理論・無機	金属の反応性，不動態，電池の仕組み・分類と実用電池
2023 ●	2月1日	〔1〕	総　合	化学と人間生活，物質の探求　⊘計算
		〔2〕	構　造	主な分子の性質と特徴，物質名と化学結合・結晶の性質
		〔3〕	変化・構造	物質量と化学反応式　⊘計算
		〔4〕	変　化	酸と塩基　⊘計算
		〔5〕	変　化	酸化還元反応　⊘計算
	2月2日	〔1〕	構造・無機	物質の成分と構成元素，元素の周期表
		〔2〕	構　造	電子配置と元素の性質，金属結合
		〔3〕	変化・構造	物質量と化学反応式の量的関係　⊘計算
		〔4〕	変　化	酸と塩基　⊘計算
		〔5〕	変　化	酸化還元反応　⊘計算

（注）●印は全問，◑印は一部マークシート式採用であることを表す。

教科書中心の基本問題 教科書の細部にも注意を！

01 出題形式は？

例年，問題数は大問 5 題，解答個数は 40 個程度で，全問マークシート式である。試験時間は 60 分。

02 出題内容はどうか？

出題範囲は「化学基礎」である。化学基礎の教科書の各分野ごとにバランスよく出題されている。

03 難易度は？

基本問題が中心であるが，実用電池といった教科書の図表に出てくる物質や，プラスチックや鉄といった序章に出てくる物質に絡めた出題などがなされているので，細部まで学習が必要である。中和や酸化還元における量的関係などの基本的計算も必出である。試験時間と問題数を考慮すると，1 題あたり 12 分程度で解くことになり，時間的な余裕はあまりないと思われる。

対策

01 教科書中心の学習を進める

化学基礎の教科書をよく読んで理解し，教科書準拠の問題集で練習しておく必要がある。計算問題が出題されているので，計算力も必要となる。普段から計算機を使わずに問題を解く練習をしておこう。また，実験に関する問題も出題されているので，教科書の実験に関する説明を読んで理解しておきたい。

02 理論分野

原子の構造，化学結合，物質量，溶液の濃度，結晶，化学反応式の係数，酸・塩基，中和滴定，酸化還元反応，電池，金属の反応性（イオン化傾向）などをしっかり勉強しておく必要がある。特に，反応の量的関係を計算する問題には十分慣れておきたい。また，教科書の序章もよく読み込んでおくこと。化学の基本法則や学者の名前などにも注意が必要である。

生　物

年度	日程	番号	項　目	内　容	
2024 ●	2月1日	〔1〕	代　謝	ATP と代謝	
		〔2〕	遺伝情報	形質転換・ヒトゲノム	
		〔3〕	体内環境	体液の塩類濃度調節	
		〔4〕	体内環境	肝臓の構造とはたらき	
		〔5〕	体内環境	ヒトの水分量調節	
		〔6〕	体内環境	適応免疫	
		〔7〕	生　態	植生の分布と生活形	
		〔8〕	生　態	生物濃縮・食物連鎖	⊘計算
	2月5日	〔1〕	細　胞	細胞小器官	
		〔2〕	遺伝情報	遺伝子とそのはたらき	
		〔3〕	体内環境	ヒトの体液	
		〔4〕	体内環境	体液濃度の調節	
		〔5〕	体内環境	ヒトのホルモン	
		〔6〕	体内環境	予防接種と血清療法	
		〔7〕	生　態	日本の植生と遷移	
		〔8〕	生　態	生物濃縮・地球温暖化	
2023 ●	2月1日	〔1〕	代　謝	酵素のはたらき	
		〔2〕	細　胞	細胞の観察と細胞周期	⊘計算
		〔3〕	体内環境	体内の塩類濃度調節	
		〔4〕	体内環境	ヒトの循環系	
		〔5〕	体内環境	免疫のしくみ	
		〔6〕	体内環境	体温調節	
		〔7〕	生　態	遷移とバイオーム	
		〔8〕	生　態	生態系	⊘計算
	2月2日	〔1〕	細　胞	細胞の観察とミクロメーター	⊘計算
		〔2〕	遺伝情報	細胞周期	⊘計算
		〔3〕	体内環境	ヒトの心臓と血液の循環	
		〔4〕	体内環境	腎臓のはたらきと尿生成	⊘計算
		〔5〕	体内環境	自律神経系のはたらき	
		〔6〕	体内環境	ヒトの免疫，ABO 式血液型	
		〔7〕	生　態	森林の構造と遷移	
		〔8〕	生　態	生態系と人間の活動	

（注）●印は全問，◐印は一部マークシート式採用であることを表す。

教科書内容の十分な理解を！

01 出題形式は？

大問８題の出題で，解答個数は 40 個，全問マークシート式の出題である。空所補充問題や正文・誤文選択問題，計算問題などが出題されている。試験時間は 60 分。

02 出題内容はどうか？

出題範囲は「生物基礎」である。体内環境からの出題がやや多いが，各分野から幅広く出題されている。近年，生態からの出題が増えており，実験や図をもとに考察させるような問題も出題されている。

03 難易度は？

教科書レベルの問題がほとんどで，各分野の代表的な内容の出題が多く，問われている知識も基礎的なものが多い。計算問題も出題されているが，一般的な問題集にみられるような標準的なものである。問題数が多いので，時間配分に気をつけたい。

対策

01 教科書中心に学習を進める

教科書を中心に出題されているので，教科書の理解ができていればよい。まず教科書を分野ごとにじっくり読んで，生物現象や生物用語を確認し，合わせてグラフや図も覚えよう。実験については，材料，方法，手順などをしっかりチェックしておこう。一通りの学習が終了したら，教科書の索引部分を利用して，一つ一つの生物用語を自分で説明できるか確認していくのもよい。また，大きな発見をした研究者の名前も記憶しておきたい。『スクエア最新図説生物』（第一学習社）などを使いながら教科書の学習を進めるとよい。

02 練習問題で理解と知識を確実に

教科書の学習が終わったら，『必修整理ノート 生物基礎』（文英堂）などの基本問題を確実に解けるよう繰り返し練習していこう。間違った問題には印をつけ，なぜ間違ったかを分析し，理解を深めるようにしよう。また，過去問を時間を計って解くことも必要である。

03 計算問題対策

典型的な計算問題は，『問題タイプ別 大学入学共通テスト対策問題集 生物基礎』（実教出版）などを使って対策に万全を期したい。ミクロメーター，細胞周期，暖かさの指数などは解き方をきちんとマスターしておこう。

国 語

年度	方式		番号	種 類	類別	内 容	出 典
2024 ●	一般前期	2月1日	〔1〕	現代文	評論	書き取り，内容説明，空所補充，文学史，熟語，内容真偽	「植物考」 藤原辰史
			〔2〕	古 文	説話	文法，口語訳，語意，内容説明，慣用表現，内容真偽，文学史	「閑居友」 慶政
			〔3〕	現代文	評論	欠文挿入箇所，慣用表現，内容説明，空所補充，文整序，内容真偽	「民主主義を直感するために」 國分功一郎
		2月5日	〔1〕	現代文	評論	欠文挿入箇所，書き取り，内容説明，空所補充，語意，文整序，内容真偽	「『覚える』と『わかる』」 信原幸弘
			〔2〕	古 文	説話	敬語，語意，口語訳，人物指摘，内容説明，文法，内容真偽，文学史	「十訓抄」
			〔3〕	現代文	評論	欠文挿入箇所，空所補充，内容説明，内容真偽	「カオスなSDGs」 酒井敏
	一般後期		〔1〕	現代文	評論	欠文挿入箇所，書き取り，内容説明，空所補充，文整序，内容真偽	「社会的な身体」 荻上チキ
			〔2〕	古 文	軍記物語	文法，口語訳，語意，内容説明，内容真偽，文学史	「太平記」
			〔3〕	現代文	評論	段落挿入箇所，内容説明，語意，表現効果，書き取り，空所補充，内容真偽	「はみだしの人類学」 松村圭一郎

年度	区分	日程	番号	区分	類別	内容	出典
2023 ●	一般前期	2月1日	〔1〕	現代文	評論	書き取り，文整序，語意，内容説明，空所補充，内容真偽	「世界文明史の試み」山崎正和
			〔2〕	古　文	歴史物語	語意，文法，口語訳，敬語，和歌解釈，内容真偽，文学史	「増鏡」
			〔3〕	漢　文	〈省略〉		
			〔4〕	現代文	評論	空所補充，内容説明，書き取り，語意，内容真偽	「希望のつくり方」　玄田有史
		2月2日	〔1〕	現代文	評論	欠文挿入箇所，書き取り，内容説明，空所補充，内容真偽	「〈身〉の構造」市川浩
			〔2〕	古　文	説話	口語訳，文法，内容説明，敬語，空所補充，人物指摘，文学史	「古今著聞集」橘成季
			〔3〕	漢　文	〈省略〉		
			〔4〕	現代文	評論	欠文挿入箇所，指示内容，内容説明，空所補充，語意，内容真偽	「写真のなかの『わたし』」鳥原学
	一般後期		〔1〕	現代文	評論	欠文挿入箇所，書き取り，内容説明，空所補充，語意，内容真偽	「人権と国家」筒井清輝
			〔2〕	古　文	説話	人物指摘，内容説明，語意，文法，口語訳，指示内容，空所補充，箇所指摘，内容真偽，文学史	「宇治拾遺物語」
			〔3〕	漢　文	〈省略〉		
			〔4〕	現代文	評論	欠文挿入箇所，内容説明，空所補充，内容真偽	「思いがけず利他」　中島岳志

（注）　●印は全問，◑印は一部マークシート式採用であることを表す。
2023 年度：〔1〕〔2〕は必須，〔3〕〔4〕はいずれか1題を選択して解答。

傾向　多い設問数　スピーディーな処理が勝利への鍵

01　出題形式は？

2023 年度までは，〔1〕現代文と〔2〕古文の2題が必須で，〔3〕漢文と〔4〕現代文のいずれか1題を選択する方式であったが，2024 年度入試からは漢文の出題がなくなり，いずれの方式・日程も，現代文2題と古文1題の出題となった。解答形式は全問マークシート式で，試験時間は 60 分。

02 出題内容はどうか？

現代文は，ここ数年は2題とも評論であることが多い。文章量はいずれも標準的である。設問は空所補充・内容説明・欠文挿入箇所・文整序・内容真偽など文脈を読み取らせる問題が主で，さらに書き取り・語意などの基本的な知識を問う問題が加わる。

古文は説話・軍記物語・仮名草子など種々のジャンルから出題されている。本文は短く，内容も平易なものが多い。設問は語意・文法・敬語・和歌修辞・文学史などの基本知識を問うものと，人物指摘・内容説明・口語訳など文脈を読み取らせるものがある。

いずれの大問においても設問数は10問前後と多く，出題内容にも工夫があってバラエティーに富んでいる。

03 難易度は？

試験時間が60分しかないことを考えると，どの方式・日程も，文章を読解した上ですべての設問に解答するためには，かなりのスピードが要求される。紛らわしい選択肢をもつ設問も散見されるので，そこでとまどっていては最後まで解答できずに終わってしまう。見極めが肝心である。試験時間と文章量・設問数を勘案すると，標準ないしやや難のレベルである。時間配分は1題15～20分で切り上げて，残りの時間で迷ったところの見直しをするとよい。〔対策〕にも記すが，時間配分をうまく行うという点では古文がポイントになる。

対策

01 現代文

知識を問う問題は基本的なものばかりなので，漢字や慣用句，ことわざに関する問題集をやっておくとよい。また，マーク式の問題集での練習を積むことで，選択肢の見極めに習熟しておきたい。問題がバラエティーに富むので，問題集は，マーク式のものに加えて，『大学入試 全レベル問題集 現代文』（旺文社）の３（私大標準レベル），４（私大上位レベル）などの出題傾向の違うものを２，３冊こなしておくことを薦める。それから，時間内に設問を解き切ることを意識して，速読の練習にも取り組むこと。

02 古文

国語の問題を攻略するにあたって鍵を握るのは，古文問題をいかにスピーディーに処理するかである。そのためには古語の語彙力が欠かせない。初級（基礎）レベルの古語の単語集を用いてしっかりと身につけておくこと。また，文法の問題集は，初級ないし中級レベルのものを１冊じっくりとやりこんでおきたい。出題される文章は教科書のレベルとほぼ同等なので，まずは教科書と授業内容をきちんと習得することから始めて，マーク式の問題集や『大学入試 全レベル問題集 古文』（旺文社）の３（私大標準レベル）などの標準的な問題集を何冊かこなしていこう。さらに文学史の出題に備えて，「国語要覧（国語便覧）」などを用いて知識の整理をしておきたい。

2024年度

問題と解答

一般入試 前期３教科型・２教科型・共通テストプラス型：２月１日実施分

問題編

▶試験科目・配点

〔前期３教科型〕

<table>
<tr><th>学部・学科</th><th>教　科</th><th colspan="2">科　　　　目</th><th>配　点</th></tr>
<tr><td rowspan="4">文（国文／教育）</td><td>国　語</td><td colspan="2">国語総合・現代文Ｂ・古典Ｂ（漢文を除く）</td><td>100 点</td></tr>
<tr><td>英　語</td><td colspan="2">コミュニケーション英語Ⅰ・Ⅱ，英語表現Ⅰ・Ⅱ</td><td>100 点</td></tr>
<tr><td>数　学</td><td>数学Ⅰ・Ⅱ・Ａ</td><td rowspan="2">１教科選択</td><td rowspan="2">100 点</td></tr>
<tr><td>地歴・理　科</td><td>日本史Ｂ，世界史Ｂ，化学基礎，生物基礎より１科目選択</td></tr>
<tr><td rowspan="4">文（総合英語）／交流文化／グローバル・コミュニケーション</td><td>英　語</td><td colspan="2">コミュニケーション英語Ⅰ・Ⅱ，英語表現Ⅰ・Ⅱ</td><td>100 点</td></tr>
<tr><td>国　語</td><td>国語総合・現代文Ｂ・古典Ｂ（漢文を除く）</td><td rowspan="3">２教科選択</td><td rowspan="3">各 100 点</td></tr>
<tr><td>数　学</td><td>数学Ⅰ・Ⅱ・Ａ</td></tr>
<tr><td>地歴・理　科</td><td>日本史Ｂ，世界史Ｂ，化学基礎，生物基礎より１科目選択</td></tr>
<tr><td rowspan="4">創造表現（創造表現〈創作表現〉）</td><td>国　語</td><td colspan="2">国語総合・現代文Ｂ・古典Ｂ（漢文を除く）</td><td>100 点</td></tr>
<tr><td>英　語</td><td>コミュニケーション英語Ⅰ・Ⅱ，英語表現Ⅰ・Ⅱ</td><td rowspan="3">２教科選択</td><td rowspan="3">各 100 点</td></tr>
<tr><td>数　学</td><td>数学Ⅰ・Ⅱ・Ａ</td></tr>
<tr><td>地歴・理　科</td><td>日本史Ｂ，世界史Ｂ，化学基礎，生物基礎より１科目選択</td></tr>
</table>

食健康科（健康栄養）	理　科	化学基礎，生物基礎より１科目選択		100 点
	国　語	国語総合・現代文Ｂ・古典Ｂ（漢文を除く）	２教科選択	各 100 点
	英　語	コミュニケーション英語Ⅰ・Ⅱ，英語表現Ⅰ・Ⅱ		
	数　学	数学Ⅰ・Ⅱ・Ａ		
上記以外の学部・学科	国　語	国語総合・現代文Ｂ・古典Ｂ（漢文を除く）	３教科選択	各 100 点
	英　語	コミュニケーション英語Ⅰ・Ⅱ，英語表現Ⅰ・Ⅱ		
	数　学	数学Ⅰ・Ⅱ・Ａ		
	地歴・理　科	日本史Ｂ，世界史Ｂ，化学基礎，生物基礎より１科目選択		

〔前期２教科型〕

学部・学科	教　科	科　　目		配　点
文（国文）	国　語	国語総合・現代文Ｂ・古典Ｂ（漢文を除く）		100 点
	英　語	コミュニケーション英語Ⅰ・Ⅱ，英語表現Ⅰ・Ⅱ	１教科選択	100 点
	数　学	数学Ⅰ・Ⅱ・Ａ		
	地歴・理　科	日本史Ｂ，世界史Ｂ，化学基礎，生物基礎より１科目選択		
文（総合英語）／グローバル・コミュニケーション	英　語	コミュニケーション英語Ⅰ・Ⅱ，英語表現Ⅰ・Ⅱ		100 点
	国　語	国語総合・現代文Ｂ・古典Ｂ（漢文を除く）	１教科選択	100 点
	数　学	数学Ⅰ・Ⅱ・Ａ		
	地歴・理　科	日本史Ｂ，世界史Ｂ，化学基礎，生物基礎より１科目選択		

	教科	科目		配点
食健康科（健康栄養）	理　科	化学基礎，生物基礎より1科目選択		100点
	国　語	国語総合・現代文B・古典B（漢文を除く）	1教科選択	100点
	英　語	コミュニケーション英語Ⅰ・Ⅱ，英語表現Ⅰ・Ⅱ		
	数　学	数学Ⅰ・Ⅱ・A		
上記以外の学部・学科	国　語	国語総合・現代文B・古典B（漢文を除く）	2教科選択	各100点
	英　語	コミュニケーション英語Ⅰ・Ⅱ，英語表現Ⅰ・Ⅱ		
	数　学	数学Ⅰ・Ⅱ・A		
	地歴・理　科	日本史B，世界史B，化学基礎，生物基礎より1科目選択		

▶備　考

- 同一試験日において，前期3教科型と前期2教科型を併願した場合，前期2教科型は前期3教科型で受験した教科のうち高得点の2教科（一部の学科・専攻は必須教科あり）を採用する。

〔共通テストプラス型〕

一般入試前期3教科型または前期2教科型を出願する際に，共通テストプラス型も同時に出願できる。前期3教科型または前期2教科型で受験した教科（科目）のうち高得点1教科（科目）+大学入学共通テストの高得点2教科（科目）の成績で判定する。ただし，国文学科，総合英語学科，健康栄養学科，グローバル・コミュニケーション学科の大学独自試験は下記の指定科目の得点を利用する。

〈指定科目〉

国文学科：国語

総合英語学科，グローバル・コミュニケーション学科：英語

健康栄養学科：理科

〔「英語の資格・検定試験」を利用した「みなし満点」制度について〕

一般入試〔前期３教科型〕〔前期２教科型〕〔共通テストプラス型〕において，大学が認定する「英語の資格・検定試験」の基準スコア（CEFR B2以上）を満たし，スコア取得の証明書を提出した場合は，大学独自試験の「英語」の得点が満点になる。試験当日の「英語」を受験する必要はない。

英語

（60分）

I　次の問1～問3については，説明にあう単語として最も適当なものを，問4～問6については，単語の説明として最も適当なものを，それぞれの①～④のうちから一つずつ選べ。

問 1　to do what you are told to do　［1］

① consume　② grow

③ inform　④ obey

問 2　an official group of people created for a particular purpose　［2］

① development　② investigation

③ investment　④ organization

問 3　successful and working in the way that was intended　［3］

① effective　② technical

③ informative　④ radical

問 4　assemble　［4］

① to operate an automobile

② to put various parts together

③ to speak to God aloud

④ to take goods to a particular place

問 5　habit　［5］

① something that you do regularly or usually

② something that is considered to be true

③ the natural state of resting your mind and body

④ the act of thinking deeply and seriously

問 6 brave [6]

① free from passion

② not showing fear in dangerous situations

③ old and no longer used

④ very large in size

Ⅱ 次の [7] ～ [20] について，空欄に入る語句として最も適当なものを，それぞれの①～④のうちから一つずつ選べ。

問 1 This bag will [7] your blue jacket.

① go with　② look to

③ agree to　④ match with

問 2 I've been sick in bed for days. It seems I can't [8] this headache.

① carry over　② get rid of

③ give in　④ take off

問 3 There is [9] chance that you will see Mr. Johnson again.

① a number of　② few

③ little　④ many

問 4 This tea tastes a bit [10] the other.

① more bitter than　② bitterest among

③ bitter any of　④ bitter and bitter

問 5 I want to pass the exam, so I [11] very hard all week.

① have being worked　② have been worked

③ have being working　④ have been working

問 6 [12] at a low temperature, the meat is so tender.

① Cooked ② Cooking
③ To cook ④ Have cooked

問 7 They said they were going to have twins, [13] surprised everybody.

① that ② where
③ who ④ which

問 8 The suitcase over there [14] be mine. It is the wrong color.

① may ② must
③ should ④ cannot

問 9 Steve was listening to music with [15].

① his eyes are closed ② being closed his eyes
③ his eyes closed ④ closing his eyes

問10 Fortunately, there was a table for us at the restaurant [16] we didn't have a reservation.

① even though ② just
③ unless ④ before

問11 After a series of failures, we have finally achieved a [17] result.

① satisfaction ② satisfactory
③ satisfied ④ satisfyingly

問12 [18] some extent, I understand why you want to quit, but I think you would regret it.

① At ② By
③ To ④ With

問13 If I [19] up ten minutes earlier, I would have arrived on time.

① get　② will have got
③ had got　④ have got

問14 My father will not let me [20] with you.

① come　② to come
③ came　④ to have come

Ⅲ 次の会話文を読んで，設問に答えよ。

Janice is talking to Francisco after meeting him by chance in a local shop.

Janice: Francisco! I haven't seen you around for a few weeks now. Have you been sick or something?

Francisco: Hi, Janice. Actually, I was away on business for almost a month. I just got back a few days ago.

Janice: A whole month? What took so much time?

Francisco: The company I work for is establishing an office in Japan. It's my job to oversee this. Since I am [21] setting it up, I have to be over there a lot. In fact, once this work is completed, I will be transferred to Japan to run the office for a few years.

Janice: Japan! That sounds exciting.

Francisco: It is. Still, it can be a little stressful sometimes.

Janice: I can imagine(ア). But, overall, [23] ?

Francisco: Pretty well, actually. And, despite the occasional difficulties, I enjoy working there. In fact, [24a] time I spend in Japan, [24b] I like it.

Janice: What do you mean by "occasional difficulties," exactly?

Francisco: For one thing, decision making there is slower than here, but things get done pretty quickly after decisions have been made. And the language is a pretty big barrier. Fortunately, the people I work with over there speak English well enough that we can get things done without much trouble. I'm happy about that(イ) because my

Japanese language ability is terrible.

Janice: [26] ?

Francisco: Not really. The problems may be a bit frustrating but, (ウ)then again, things generally go smoothly. I really shouldn't complain.

Janice: That's interesting. It sounds like you have fewer problems in Japan than I have working here at a company in our own home country!

Francisco: (エ)Tell me about it! I also seem to have more difficulties at work now that I got back than I ever have in Japan. It's possible that the time I will spend working over there will be more pleasant than the time I spend working over here.

問 1 空欄 [21] に入れる語句として**不適当なもの**を，次の①～④のうちから一つ選べ。 [21]

① in charge of ② in control of

③ responsible for ④ dependent on

問 2 下線部(ア) I can imagineが表す内容として最も適当なものを，次の①～④のうちから一つ選べ。 [22]

① I think that I can reasonably guess what your feelings are.

② I think that you need to think about your opinions again.

③ I have to guess at what you mean because you did not express it clearly.

④ What you said makes me imagine my own future.

問 3 空欄 [23] に入れるのに最も適当なものを，次の①～④のうちから一つ選べ。 [23]

① how often ② how will it be

③ how do you do ④ how is it going

問 4 空欄 [24a] と [24b] に入る組み合わせとして最も適当なものを，次の①～④のうちから一つ選べ。 [24]

① [24a] the most [24b] the most

② 24a the more　24b the less
③ 24a the more　24b the more
④ 24a the most　24b the least

問 5　下線部(イ) thatが表す内容として最も適当なものを，次の①～④のうちから一つ選べ。　25

① the decision-making process
② things getting done quickly after decisions are made
③ people Francisco works with speaking English well enough
④ Fransisco's Japanese language ability

問 6　空欄 26 に入れるのに最も適当なものを，次の①～④のうちから一つ選べ。　26

① Anything else　② Such as
③ To be clear　④ As you said

問 7　下線部(ウ) then againを言い換えた表現として最も適当なものを，次の①～④のうちから一つ選べ。　27

① for example　② on the other hand
③ what is worse　④ at this time

問 8　下線部(エ) Tell me about it! が表す内容として最も適当なものを，次の①～④のうちから一つ選べ。　28

① You have said enough.
② I understand completely.
③ Tell me more.
④ I don't understand what you mean.

問 9　本文の内容として最も適当なものを，次の①～④のうちから一つ選べ。　29

① Francisco wants to return to Japan when decision making there improves so that he will not face difficulties.

② Janice envies Francisco and imagines that she would also do well working in Japan because her Japanese language ability is better than Francisco's.

③ Although Francisco has experienced some difficulties in his work in Japan, he thinks that, in some ways, working in Japan is easier for him than working in his home country.

④ Janice imagines that Francisco's work involves so many difficulties that she would not want to have his job even though she thinks being in Japan is exciting.

問10 本文の内容および今後予想されることとして最も適当なものを，次の①～④のうちから一つ選べ。 30

① Francisco has a positive attitude about his work in Japan and the conditions overall, so his work there will probably go fairly smoothly.

② Janice is so unhappy with the problems at work that she will probably quit.

③ Francisco feels sorry for Janice and will try to get her a job in his company's Japanese branch office.

④ Francisco will probably ask for someone else to take over his work at the branch office in Japan because he cannot bear to be homesick.

Ⅳ 次の英文を読んで，設問に答えよ。＊印のついた語句には文末に注がある。英文の左にある(1)〜(11)は段落の番号を表している。

(1) Freshly baked cookies. Warm vanilla. Flowers. Citrus. Barbecue. Clean laundry. Smells are one of the simple pleasures in life. On a deeper level, scent is special because it has the keen ability to capture magical moments and transform them into meaningful memories. (ア)<u>It's a crucial part of the human experience and who we are as individuals</u>.

(2) "We process information through smell," says Saskia Wilson-Brown, director of The Institute for Art and Olfaction. "[Smell] goes to our olfactory bulb*, which sends it along to the brain and allows recognition." Like sight, sound, taste, and touch, scent is a sensory input that can trigger memory and emotion. "It's a little bit different than other senses because it bypasses the reasonable part of our mind and goes straight to the parts that process memory and learned response. For that reason, it's more primal than, say, sight, which we're more able to analyze."

(3) Smell is also linked closely to [33]. While orthonasal olfaction* is when we smell through our nose, retronasal olfaction* is when we smell through the back of our mouth. (イ)<u>In fact, the melting pot of flavors we're experiencing is smell</u>. In a Harvard Gazette article, life sciences professor Venkatesh Murthy explains that you can test this theory by pinching your nose when eating something like ice cream. Instead of tasting the [35a] flavor, he says, "All you can taste is sweet." That's why scent, like foods from childhood, can help us happily recollect the good ol' times*.

(4) "Everyone's scent memories are pretty [35b] to them," Wilson-Brown says. "For instance, people often say, 'Lavender is soothing*.' What they forget in that statement is that they have been conditioned to believe that lavender is soothing through social input and through their own experience."

(5) If a family member lovingly put lavender on your pillowcase when you were stressed, you might have a positive association with the fragrance. If you were a day worker on a lavender farm or had less-pleasant associations

with lavender, it might not be as relaxing. "Personal experience," Wilson-Brown says, "has so much to bear in it(ウ)."

(6) There are all types of cultural and personal insights that feed into the idea of a smell being appealing or appalling*. Throughout life, we can play with and create our own exciting stories through this sensory experience(エ). Here's how you can jog old memories* or create ones with your nose — and the power of scent.

(7) Wilson-Brown encourages everyone to stop only smelling the roses. "Be more conscious about how we process smell," she advises. Start jotting down* your scent impressions during the day and what certain scents make you feel or think of — from a spicy curry to an extravagant* essential oil.

(8) "Developing the [39a] awareness of this more [39b] process is a way of upping the awareness of the scent-memory connection," Wilson-Brown adds. It also allows you to reflect on significant times in your life and what might be important to you now.

(9) (オ)"Try using a small notebook or a note-taking app to list the smells that you encounter throughout your day or even just part of your day," Jessica Murphy, a fragrance lecturer, suggests, like during your morning commute, a bike ride or run, or a round of shopping errands. "You may be surprised by what you notice ... and then notice again the next time around."

(10) When it comes to smell, sometimes it's fun to let the memories come to you following an experience. You can also be in charge of forging* your own scent memories. "If you want to consciously create a memory in an environment," Wilson-Brown says, "make sure you scent that environment in a consistent way."

(11) At home, you can light certain candles, get plug-ins, light incense, or use essential oils to support that sense memory in a safe space. At work, you can do the same. For special events like a wedding or childbirth, pick a perfume or cologne to help you remember that day. "It comes down to consciousness," she says, "and being cognizant of* your impressions."

〔Adapted from Mia Brabham, *How to Tap Into Memories You Can Smell*, (2023)〕

注：olfactory bulb　嗅球(きゅうきゅう)：嗅覚の情報処理に関わる脳の組織
orthonasal olfaction　正鼻腔性嗅覚
retronasal olfaction　逆鼻腔性嗅覚
the good ol' times　古き良き時代
soothing　心が落ち着く
appalling　不快な，ゾッとする
jog old memories　古い記憶を呼び覚ます
jot down　素早く書き留める
extravagant　高価な
forge　～を形成する
cognizant of　～を認識する

問 1　下線部(ア)が表す内容として最も適当なものを，次の①～④のうちから一つ選べ。　31

① Smell is one of the five human senses.
② Smell is closely connected to our memories and personality.
③ There are various types of smells around the world.
④ The sensory system works in a deeper level.

問 2　第2段落の内容と一致するものを，次の①～④のうちから一つ選べ。　32

① Only smell can bring about emotional reactions.
② Sight is the most fundamental sensory tool of all the senses.
③ In evolutionary history, smell is simpler and more basic than sight.
④ We usually perceive information through the nose.

問 3　空欄 33 に入れるのに最も適当なものを，次の①～④のうちから一つ選べ。　33

① taste　② nose
③ scent　④ ice cream

問 4 下線部(イ)が表す内容として最も適当なものを，次の①～④のうちから一つ選べ。 34

① A combination of flavors produces various aromas.

② If you pinch your nose, you can still perceive flavors in food.

③ Smell can contribute to our sense of taste.

④ Wonderful memories are processed in the melting pot.

問 5 空欄 35a と 35b には同じ語が入る。最も適当なものを，次の①～④のうちから一つ選べ。 35

① better ② equal

③ specific ④ unusual

問 6 下線部(ウ) itが指す内容として最も適当なものを，次の①～④のうちから一つ選べ。 36

① how we react to smells

② negative associations with working

③ positive associations with working

④ how often we feel stressed from smells

問 7 第4，5段落の内容と一致するものを，次の①～④のうちから一つ選べ。 37

① Nothing is more soothing for people experiencing stress than the scent of lavender.

② Day workers on a lavender farm never have a positive association with lavender.

③ Types of smell are free from social input.

④ The perception of scent varies based on one's experience.

問 8 下線部(エ) this sensory experience が表す内容に最も近いものを，次の①～④のうちから一つ選べ。 38

① connecting scent with experiences

② finding your favorite foods

③ smelling roses for a healthier life

④ strong fragrance of lavender

問 9 空欄 [39a] と [39b] に入る語の組み合わせとして最も適当なものを，次の①～④のうちから一つ選べ。 [39]

① [39a] conscious [39b] conscious

② [39a] conscious [39b] unconscious

③ [39a] unconscious [39b] unconscious

④ [39a] unconscious [39b] conscious

問10 Jessica Murphyの考える下線部(オ)のメリットとして最も適当なものを，次の①～④のうちから一つ選べ。 [40]

① You can make good use of your spare time during your commute to work.

② Taking notes can assist in preventing memory loss.

③ You can efficiently associate experience with smell.

④ Keeping a record of fragrances enables the recognition only of pleasant scents.

問11 本文の内容を表すものとして最も適当なものを，次の①～④のうちから一つ選べ。 [41]

① We can reduce stress by taking notes of our daily scent experiences.

② Wilson-Brown first discovered the interactions between smell and taste.

③ Tasting has a big impact on emotions.

④ Scent experiences trigger significant memories.

日本史

（60分）

I　次の史料A～Cを読み，後の問いに答えよ。

史料A

(養老七年(1)四月) 辛亥，太政官奏すらく，「頃者，百姓漸く多くして，田池窄狭なり。……其の新たに溝池を造り，開墾を営む者有らば，多少を限らず，給ひて三世に伝へしめん。若し旧き溝池を逐はば，其の一身に給せん」と。奏可す。

問 1　下線部(1)にあたる西暦年として最も適当なものを，次の①～④のうちから一つ選べ。　1

①　722年　②　723年　③　743年　④　765年

問 2　史料Aの法令を発布した天皇として最も適当なものを，次の①～④のうちから一つ選べ。　2

①　元正天皇　②　元明天皇　③　聖武天皇　④　桓武天皇

問 3　史料Aの内容について述べたものとして最も適当なものを，次の①～④のうちから一つ選べ。　3

①　古い溝や池を利用して開墾した時は，本人一代に限り所有を認めた。
②　新たに溝や池を造って未開地を開墾した場合は，永久に所有を認めた。
③　役職に応じ，一定の範囲内での墾田の永久使用を認めた。
④　貴族や寺院の開墾は奨励されたが，民間の開墾は禁止された。

史料B

此比(1)　都(2)ニハヤル物　　夜討強盗謀綸旨(3)
召人早馬虚騒動　　生頸還俗自由出家　……

問 4　下線部(1)はいつの時期を指すか。最も適当なものを，次の①～④のうちから一つ選べ。　4

①　13世紀後半　②　14世紀前半　③　14世紀後半　④　15世紀前半

問 5　下線部(2)はどこを指すか。最も適当なものを，次の①～④のうちから一つ選べ。　5

①　奈　良　②　京　都　③　鎌　倉　④　吉　野

問 6　下線部(3)に関する説明として最も適当なものを，次の①～④のうちから一つ選べ。　6

①　天皇の意向を伝える文書で，蔵人が書いた。

②　上皇の命令として，院庁より直接下される文書であった。

③　天皇の子が出す書簡であった。

④　摂政・関白の私的な書簡であった。

問 7　史料Bの出典として最も適当なものを，次の①～④のうちから一つ選べ。　7

①　『太平記』　②　『梅松論』　③　『建武年間記』　④　『吾妻鏡』

史料C

神奈川御開港(1)，外国貿易仰せ出され候ニ付，諸商人共一己の利徳ニ泥み，競而相場糶上げ，荷元を買受け，直ニ御開港場所江相廻し候ニ付，……，当分の内左の通り仰せ出され候。

一　雑穀　一　水油　一　蠟　一（　ア　）　一　糸

右の品々ニ限り，貿易荷物の分者，都而御府内より相廻し候筈ニ候間，在々より決而神奈川表江積出し申す間敷候。……。

問 8　空欄アに入るものとして最も適当なものを，次の①～④のうちから一つ選べ。　8

①　米　②　銅　③　鉄　砲　④　呉　服

問 9　下線部(1)を決めた日米修好通商条約に関する説明として最も適当なものを，次の①～④のうちから一つ選べ。 9

① この条約で得撫島以北を日本領とした。

② この条約で下田・箱館の2港を開いて領事の駐在を認めた。

③ オランダ・ロシア・イギリス・フランスとも同様の条約を結んだ。

④ 老中首座堀田正睦がこの条約に調印した。

問10　史料Cの法令の名称として最も適当なものを，次の①～④のうちから一つ選べ。 10

① 海舶互市新例　　② 天保薪水給与令

③ 五大改革指令　　④ 五品江戸廻送令

Ⅱ　次のA～Eの文章を読み，後の問いに答えよ。

文章A

鎌倉幕府(1)の支配権が全国的に強化されていく中で，北条氏(2)の権力はさらに拡大し，なかでも家督をつぐ得宗の勢力が巨大となった。それとともに得宗の家臣である御内人と本来の御家人との対立(3)が激しくなった。

問 1　下線部(1)に関する説明として最も適当なものを，次の①～④のうちから一つ選べ。 11

① 御家人を組織し統制する問注所を置いた。

② 1192年に政所にかえて公文所を置いた。

③ 西国に九州探題を置いた。

④ 承久の乱後に六波羅探題を置いた。

問 2　下線部(2)に関する説明として最も適当なものを，次の①～④のうちから一選べ。 12

① 北条義時が執権の時に御成敗式目を制定した。

② 北条時頼は皇族(親王)将軍として宗尊親王を鎌倉に迎えた。

③ 北条泰時は評定衆の下に引付を設置した。

④ 北条高時は文永の役に対応した。

問3 下線部(3)に関連して，安達泰盛が内管領平頼綱と争った戦闘を何と言うか。最も適当なものを，次の①～④のうちから一つ選べ。 13

① 宝治合戦　② 霜月騒動　③ 和田合戦　④ 観応の擾乱

文章B

室町幕府6代将軍足利義教は，将軍権力の強化を狙って専制的な政治をおこなった。足利義教が将軍に決まった1428年は飢饉の発生した年で，最初の大規模な土一揆である正長の土一揆(1)が起こった。1438年，義教は関東へ討伐軍を送り，翌年，幕府に反抗的な鎌倉公方足利持氏を滅ぼした(2)。義教はその後も有力守護を弾圧したため，1441年，有力守護の（　ア　）が義教を殺害した。

問4 下線部(1)に関する説明として最も適当なものを，次の①～④のうちから一つ選べ。 14

① 畠山氏の軍を国外に退去させた。

② 近江坂本の馬借が徳政を要求して起こした。

③ 本願寺の門徒を中心に起こった。

④ 守護富樫氏の家臣の国外追放を要求した。

問5 下線部(2)の出来事は何と呼ばれているか最も適当なものを，次の①～④のうちから一つ選べ。 15

① 永享の乱　② 嘉吉の変　③ 寧波の乱　④ 応永の乱

問6 空欄アに入る人物として最も適当なものを，次の①～④のうちから一つ選べ。 16

① 上杉憲忠　② 細川勝元　③ 赤松満祐　④ 北畠親房

文章C

織田信長・豊臣秀吉(1)の時代をその居城の地名にちなんで安土・桃山時代と呼

び，この文化を桃山文化という。桃山文化の特徴は，(2)この文化を代表する城郭建築や建造物の内部を飾る障壁画，欄間彫刻などに表れている。障壁画では，(　ア　)が豊かな色彩と力強い線描，雄大な構図を持つ新しい装飾画を大成した。

問 7　下線部(1)に関する説明として最も適当なものを，次の①～④のうちから一つ選べ。 17

① 織田信長は天正大判を鋳造した。
② 織田信長はオランダ風説書によって海外の事情を知った。
③ 豊臣秀吉は北野大茶湯を開いた。
④ 豊臣秀吉は女歌舞伎・若衆歌舞伎を禁止した。

問 8　下線部(2)に関する説明として最も適当なものを，次の①～④のうちから一つ選べ。 18

① 桂離宮は豊臣秀吉によって造営された。
② 大坂に瑠璃光寺五重塔が建立された。
③ この時代の代表的城郭に安土城・大坂城・伏見城などがあった。
④ 山の斜面を利用して土塁や空堀を造ったため，石垣がなかった。

問 9　空欄アに入る人物として最も適当なものを，次の①～④のうちから一つ選べ。 19

① 本阿弥光悦　② 狩野永徳　③ 円山応挙　④ 尾形光琳

文章Ｄ

(1)寛政の改革は一時的に幕政を引き締め，幕府の権威を高めるかにみえたが，厳しい統制や倹約令は民衆の反発をまねいた。(2)1789年，朝廷は光格天皇の実父である閑院宮典仁親王に，太上天皇の尊号を宣下したいと幕府に同意を求めたが却下された。また諸藩でも，田畑の荒廃や年貢収入の減少による財政危機は幕府と同様であった。このため寛政期を中心に，(3)藩主みずから指揮して，藩政改革を行った。

問10　下線部(1)に関する説明として最も適当なものを，次の①～④のうちから一つ選べ。　20

① 徳川吉宗が行った。

② 旧里帰農令が出された。

③ 風俗取締令で為永春水が処罰された。

④ 小石川養生所がつくられた。

問11　下線部(2)の出来事を何と言うか。最も適当なものを，次の①～④のうちから一つ選べ。　21

① 禁門の変　② 宝暦事件　③ 紫衣事件　④ 尊号一件

問12　下線部(3)に関連して，佐竹義和が藩政改革を行った藩として最も適当なものを，次の①～④のうちから一つ選べ。　22

① 熊本藩　② 松江藩　③ 米沢藩　④ 秋田藩

文章E

1880年代から90年代にかけて，自由民権論(1)・アジア情勢・条約改正(2)などを巡って世論が高まる中で，政治評論中心の新聞(大新聞)があいついで創刊された。明治初期の『明六雑誌』を先駆けとする雑誌は，1880年代後半の『国民之友』や『日本人』の創刊から本格的な発達が始まった。さらに明治後期には『太陽』や『中央公論』などの総合雑誌があいついで創刊された。

問13　下線部(1)に関連する1880年代の出来事として最も適当なものを，次の①～④のうちから一つ選べ。　23

① 板垣退助を党首とする自由党が結成された。

② 大阪で愛国社が結成された。

③ 片岡健吉らが民撰議院設立建白書を提出した。

④ 自由民権運動を弾圧するため，政府は新聞紙条例を発布した。

問14　下線部(2)に関連して，明治政府の条約改正に関する説明として最も適当なものを，次の①～④のうちから一つ選べ。　24

① 大隈重信外相は治外法権の撤廃に成功した。

② 陸奥宗光外相は日英通商航海条約の調印に成功した。

③ 寺島宗則外相のもとで関税自主権の回復に成功した。

④ 松方正義外相は条約改正のために鹿鳴館外交を行った。

問15　文章E中の雑誌に関する説明として最も適当なものを，次の①～④のうちから一つ選べ。　25

① 『国民之友』は徳富蘇峰が創刊した民友社の機関誌である。

② 『日本人』は小林多喜二の『蟹工船』を掲載した。

③ 『太陽』は北村透谷が創刊した。

④ 『中央公論』は日本最初の本格的な女性雑誌として創刊された。

Ⅲ　次のA～Cをみて，後の問いに答えよ。

A　藤原氏の系図

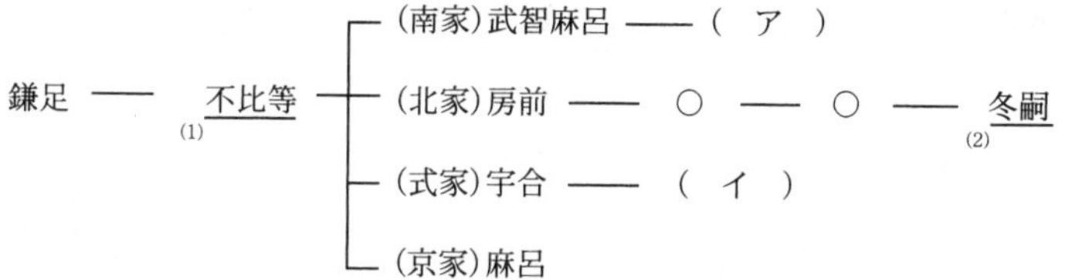

問1　空欄ア・イに入る人名の組み合わせとして最も適当なものを，次の①～④のうちから一つ選べ。　26

① アー百川　イー仲成　　② アー百川　イー薬子

③ アー仲麻呂　イー広嗣　　④ アー仲麻呂　イー種継

問2　下線部(1)の人物に関する説明として最も適当なものを，次の①～④のうちから一つ選べ。　27

① 平等院鳳凰堂を建立した。

② 中大兄皇子とともに乙巳の変を起こした。

③ 娘宮子が文武天皇夫人となり聖武天皇を産んだ。

④ 意見封事十二箇条を天皇に提出した。

問3 下線部(2)の人物に関する説明として最も適当なものを，次の①～④のうちから一つ選べ。 28

① 菅野真道と徳政論争を行った。
② 『御堂関白記』を書いた。
③ 阿衡の紛議によって地位を確立した。
④ 嵯峨天皇の信任を得て蔵人頭になった。

B 鎌倉新仏教

宗　派	開　祖	主要著書など	中心寺院
浄土宗	法　然	『選択本願念仏集』	知恩院
浄土真宗	親　鸞	『教行信証』	本願寺
時　宗	一　遍	『一遍上人語録』	清浄光寺
日蓮宗	日　蓮	（　ア　）	久遠寺
臨済宗	栄　西	『興禅護国論』	建仁寺
曹洞宗	道　元	『正法眼蔵』	（　イ　）

問4 空欄アに入る著書として最も適当なものを，次の①～④のうちから一つ選べ。 29

① 『立正安国論』　② 『歎異抄』
③ 『顕戒論』　④ 『三教指帰』

問5 空欄イに入る寺院として最も適当なものを，次の①～④のうちから一つ選べ。 30

① 大徳寺　② 永平寺　③ 増上寺　④ 建長寺

問6 表B中の人物に関する説明として最も適当なものを，次の①～④のうちから一つ選べ。 31

① 法然は悪人正機説を唱えた。
② 親鸞は南無妙法蓮華経と唱えることによってのみ救われると説いた。

③　一遍は踊念仏によって教えを広めていった。

④　日蓮は只管打坐を唱えた。

C　院政関係年表

西暦年	事　項
（　ア　）	白河上皇の院政開始
1156	保元の乱
1158	後白河上皇の院政開始
1159	平治の乱
1167	平清盛(1)，太政大臣に就任
1177	鹿ケ谷の陰謀
1180	以仁王，源頼政が挙兵 源頼朝，源義仲(2)が挙兵
1185	壇の浦の戦い，平氏滅亡

問 7　下線部(1)の人物に関する説明として最も適当なものを，次の①～④のうちから一つ選べ。　32

①　娘徳子（建礼門院）を鳥羽天皇の中宮に入れた。

②　堺を修築して日明貿易を行った。

③　保元の乱では，崇徳上皇側で参戦した。

④　後白河法皇を幽閉し政治の実権をうばった。

問 8　下線部(2)の人物に関する説明として最も適当なものを，次の①～④のうちから一つ選べ。　33

①　源頼朝は平治の乱の後に佐渡に流された。

②　源頼朝は後白河法皇から征夷大将軍に任じられた。

③　源義仲は倶利伽羅峠の戦いで平氏に勝利した。

④　源義仲は源頼朝の弟である。

問 9　空欄アに入る西暦年として最も適当なものを，次の①～④のうちから一つ選べ。　34

① 1051　② 1069　③ 1086　④ 1129

問10　表C中の事項に関する説明として最も適当なものを，次の①～④のうちから一つ選べ。　35

① 保元の乱は鳥羽上皇が藤原信頼と結んで起こした。
② 平治の乱は崇徳上皇と後白河天皇の対立から起こった。
③ 鹿ケ谷の陰謀とは，藤原成親・僧俊寛らによる平氏打倒の密議をいう。
④ 壇の浦の戦いでは平重盛が戦死した。

Ⅳ　次の問1～問10の主題に関連する説明として最も適当なものを，①～④のうちからそれぞれ一つ選べ。

問1　古墳　36

① 岩戸山古墳は福岡県にある。
② 江田船山古墳は大阪府にある。
③ 大仙陵古墳は岡山県にある。
④ 造山古墳は埼玉県にある。

問2　中世の文学　37

① 『愚管抄』は慈円の作である。
② 『金槐和歌集』は西行の作である。
③ 『山家集』は後鳥羽上皇の命で編まれた。
④ 『十六夜日記』は紀貫之によって書かれた。

問3　中世の都市　38

① 越前一乗谷は北条氏の城下町である。
② 薩摩鹿児島は島津氏の城下町である。
③ 大和奈良は善光寺の門前町である。
④ 信濃長野は春日大社の門前町である。

問 4 承平・天慶の乱 39

① 藤原頼通の政権下で起こった。

② 10世紀前半に起こった。

③ 平貞盛が東国に新しい国をつくった。

④ 奥州を中心に起こった。

問 5 由井正雪の乱 40

① 将軍徳川家光の時代に起こった。

② 乱のあと，末期養子の禁止が緩和された。

③ 明暦の大火による民衆の不満を背景にして起こった。

④ 大坂で起こった。

問 6 明治の初期議会 41

① 第一議会では，民党が「民力休養・政費節減」をスローガンにした。

② 第二議会では，甲午農民戦争への出兵を決定した。

③ 第四議会では，品川弥二郎内相が「蛮勇演説」をおこなった。

④ 第五議会では，立憲改進党が超然主義を唱えた。

問 7 田中義一内閣と浜口雄幸内閣 42

① 田中義一内閣は重要産業統制法を制定した。

② 田中義一内閣は井上準之助を起用し金解禁を実施した。

③ 浜口雄幸内閣はロンドン海軍軍縮会議に若槻礼次郎らを全権として派遣した。

④ 浜口雄幸内閣は治安維持法を改定した。

問 8 第2～5次吉田茂内閣 43

① 日ソ共同宣言に調印した。

② 「日本列島改造論」を発表した。

③ 国際連合に加盟した。

④ 1ドル＝360円の単一為替レートを設定した。

問 9　琉球と沖縄　44

① 15世紀に中山王尚寧が三山を統一して琉球王国が誕生した。

② 将軍の代替わりに謝恩使を江戸に派遣した。

③ 第二次世界大戦後に琉球県から沖縄県になった。

④ 佐藤栄作内閣の時に沖縄が日本に復帰した。

問10　第二次世界大戦後の日本経済　45

① 1956年度の『経済白書』に「もはや戦後ではない」と書かれた。

② 岩戸景気は朝鮮特需によってもたらされた。

③ 1964年の東京オリンピックの後に神武景気が起こった。

④ 第2次石油危機の後，財閥解体が行われた。

V　次の図版A～Eをみて，後の問いに答えよ。

問 1　Aの壁画に関する説明として最も適当なものを，次の①～④のうちから一つ選べ。　46

A

① キトラ古墳の壁画である。

② インドの女性の正装した姿が描かれている。

③ 奈良県明日香村にある。

④ 5世紀に描かれた壁画である。

問 2　Bの人物に関する説明として最も適当なものを，次の①～④のうちから一つ選べ。　47

B

① 遣隋使に同行して日本に来た。

② 日本で戒律を伝えた後，唐に帰った。

③ 東大寺に戒壇を築いた。

④ 延暦寺を創建した。

問 3　Cの絵画の作者として最も適当なものを，次の①～④のうちから一つ選べ。　**48**

C

① 葛飾北斎

② 歌川広重

③ 喜多川歌麿

④ 横山大観

問 4　Dの通貨に関する説明として最も適当なものを，次の①～④のうちから一つ選べ。　**49**

D

① 明で作られた通貨である。

② 新貨条例によって鋳造された。

③ 天保小判である。

④ 田沼意次が老中の時代に鋳造された。

ColBase（https://colbase.nich.go.jp/）
著作権の都合により，類似の写真と差し替えています。

問 5　Eは大東亜会議に参加した首脳たちの写真である。この会議の説明として最も適当なものを，次の①～④のうちから一つ選べ。　50

E

① この会議に出席した南京国民政府の主席は汪兆銘である。

② この会議を主催した日本の首相は鈴木貫太郎である。

③ この会議は北京で開かれた。

④ この会議はハワイの真珠湾攻撃の前に開かれた。

世界史

(60分)

Ⅰ　次の文章は淑子さんの旅行記である。設問にしたがって解答せよ。

大学3年生の淑子さんは，春休みにゼミの仲間とイタリア旅行に出かけた。歴史の好きな淑子さんは，憧れのローマ(ア)，ポンペイ，ヴェネツィア，フィレンツェを訪れ，たくさんの遺跡や芸術作品を観ることができた。初めに訪れたローマでは，古代ローマ帝国の広大な遺跡群が残るフォロ＝ロマーノ(イ)やパラティーノの丘，その近くにあるコロッセウムを中心に見学した。紀元79年8月24日に起きたとされる火山の大噴火により火山灰の下に埋まってしまったポンペイは，日常生活の基本的な部分で現代とあまり変わらない町づくりがなされており驚いた。水の都といわれるヴェネツィア(ウ)で観光の目玉になっているのがゴンドラ。運河を巡り，見どころを回るとかつての勢力を誇ったヴェネツィア共和国を思い浮かべることができた。ルネサンス(エ)の中心地であったフィレンツェは，当時の権力者一族が財力を結集して(オ)集めた美術品を展示しているウフィツィ美術館を見学し，天才によって制作された数々の絵画や彫刻に感動した。たくさんの歴史的建造物や芸術に触れ，淑子さんは充実したイタリア旅行を終えるとともに多くの学びを得ることができた。次の旅行にはスペイン・ポルトガル(カ)を予定している。

(1)　下線部(ア)に関連して，古代ローマがタレントゥムを征服し，イタリア半島を支配下に置いたのは何年か。正しいものを，次の①～④のうちから一つ選べ。

1

①　前272年　　②　前216年

③　前202年　　④　前146年

(2)　下線部(イ)に関連して，以下の設問A・B・C・Dに答えよ。

A　フォロ＝ロマーノは古代ローマの政治，経済，宗教の中心地跡である。紀元前1世紀から紀元1世紀の間の出来事について正しいものを，次の①～④のう

ちから一つ選べ。 2

① カエサルは第1回三頭政治を行ない，その後独裁官となった。

② ブルートゥスはカエサルを殺害し，第2回三頭政治を始めた。

③ アントニウス・クレオパトラ連合軍がギリシア西岸沖でローマ軍を撃破した。

④ オクタウィアヌスは元老院からプリンケプスの称号を受け，帝政を開始した。

B 1世紀末から2世紀後半にかけて「五賢帝」と呼ばれる皇帝たちのもとでローマ帝国は最盛期を迎えた。五賢帝について述べた文として正しいものを，次の①～④のうちから一つ選べ。 3

① ハドリアヌス帝は『後漢書』に記された大秦王安敦とされる。

② ネルウァ帝はアントニヌス＝ピウスを養子にした。

③ トラヤヌス帝の時にダキアを属州とし，ローマ帝国の領土は最大となった。

④ カラカラ帝は帝国内に多くの大浴場をつくり，娯楽を楽しんだ。

C 284年に即位したディオクレティアヌス帝は，帝国危機克服のために様々な改革を行なった。改革の内容として**誤っているもの**を，次の①～④のうちから一つ選べ。 4

① 四帝分治制(テトラルキア)を開始して政治を安定させた。

② 政治の安定のため『ローマ法大全』を公布した。

③ 専制君主政を始め，元老院など共和政の伝統を否定した。

④ 皇帝崇拝を強制し，キリスト教徒に対する大迫害を行なった。

D ローマ帝国におけるキリスト教について述べた文として正しいものを，次の①～④のうちから一つ選べ。 5

① コンスタンティヌス帝はキリスト教徒を迫害した。

② ネロ帝はミラノ勅令でキリスト教を公認した。

③ ユリアヌス帝はニケーアの公会議でアリウス派を正統教義とした。

④ テオドシウス帝は他の宗教を禁止し，キリスト教を国教化した。

⑶ 下線部(ウ)は十字軍と深い関係にある都市である。以下の設問A・Bに答えよ。

A 第1回十字軍を提唱した教皇として正しいものを，次の①～④のうちから一つ選べ。 6

① グレゴリウス1世　② グレゴリウス7世
③ ウルバヌス2世　④ インノケンティウス3世

B 十字軍に関して述べた文として正しいものを，次の①～④のうちから一つ選べ。 7

① マムルーク朝の建国者サラディンは，第4回十字軍と戦った。
② 第3回十字軍は商業圏拡大をねらうジェノヴァが主導した。
③ フランス王フィリップ2世は第2回十字軍を主導し，チュニスで病死した。
④ 第1回十字軍はイェルサレムを占領し，イェルサレム王国を建設した。

⑷ 下線部(エ)に関連して，代表的な作品とその作者の組み合わせとして正しいものを，次の①～④のうちから一つ選べ。 8

作品 A―「最後の晩餐」　B―「最後の審判」
C―「アテネの学堂」　D―「ヴィーナスの誕生」

人物 あ―ラファエロ　い―ボッティチェリ
う―レオナルド＝ダ＝ヴィンチ　え―ミケランジェロ

① A―え　B―う　C―あ　D―い
② A―う　B―え　C―あ　D―い
③ A―う　B―え　C―い　D―あ
④ A―え　B―う　C―い　D―あ

⑸ 下線部(オ)に関連して，この一族の名称として正しいものを，次の①～④のうちから一つ選べ。 9

① フッガー家　② ハプスブルク家
③ ブルボン家　④ メディチ家

⑹ 下線部(カ)に関連して，15・16世紀の大航海時代の出来事について述べた文と

して正しいものを，次の①～④のうちから一つ選べ。　10

① マゼランは，アメリカ大陸を南下して海峡を発見し，部下が世界周航に成功した。

② コロンブスは，ポルトガル王の支援を受け，西インド諸島に到達した。

③ バルボアは，ニューファンドランド・ニューイングランド沿岸に到達した。

④ カボットは，パナマ地峡を横断して太平洋に到達した最初のヨーロッパ人である。

Ⅱ 次の文章は童話作家アンデルセン(1805～1875)に関するものである。設問にしたがって解答せよ。

短く愛すべき童話をたくさん書いたアンデルセン(ア)がたいへんな冒険家だったことは，あまり知られていない。彼は鉄道がほとんどなかったころヨーロッパ旅行を繰り返した。彼の足跡は，北はスウェーデン(イ)から，西はイギリス(ウ)，ポルトガル(エ)に及び，南はシシリー，マルタ島(オ)に，東はイスタンブール，黒海に達している。1831年，26歳のときから，1873年，68歳まで，30回にわたってヨーロッパ各地を旅行している。当時としては抜群の大旅行家であった。それはかなり大きな危険をともなう冒険でもあった。

出典：高橋健二『グリム兄弟とアンデルセン』(なお，設問の都合上，原文を一部改変した箇所がある)

(1) 下線部(ア)に関連して，アンデルセンの祖国デンマークの歴史について述べた文として正しいものを，次の①～④のうちから一つ選べ。　11

① ゲルマン系のノルマン人がユトランド半島にデンマーク王国を建てた。

② イングランドに侵入したクヌートはアルフレッド大王に撃退された。

③ マルグレーテはロンバルディア同盟の進出に対抗するため武装中立同盟を主導した。

④ デンマーク戦争に勝利し，シュレスヴィヒ・ホルシュタインを獲得した。

⑵ 下線部(イ)に関連して，スウェーデンの歴史について述べた文として正しいものを，次の①～④のうちから一つ選べ。 12

① 三十年戦争では，グスタフ＝アドルフが旧教側として参戦した。

② 北方戦争に勝利し，ロシアからバルト海の覇権を奪った。

③ ウィーン会議の結果，ロシアからフィンランドを獲得した。

④ ノーベルがダイナマイトを発明した。

⑶ 下線部(ウ)に関連して，19世紀にコブデンとブライトが尽力したイギリスの自由主義的改革として正しいものを，次の①～④のうちから一つ選べ。 13

① 団結禁止法の廃止　② 審査法の制定

③ 穀物法の廃止　④ 航海法の制定

⑷ 下線部(エ)に関連して，ポルトガルの歴史について述べた文として正しいものを，次の①～④のうちから一つ選べ。 14

① イスラーム勢力からの国土奪還完了後，アラゴンから独立した。

② 「航海王子」エンリケやジョアン２世が海外航路開発を推進した。

③ ヴァスコ＝ダ＝ガマが喜望峰に，バルトロメウ＝ディアスがカリカットに到達した。

④ トルデシリャス条約によって，カブラルが到達したブラジルはスペイン領となった。

⑸ 下線部(オ)に関連して，イギリスが植民地帝国拡大への足がかりとして，ウィーン会議でマルタ島と共に領有することになった２つの地域はどこか。正しいものを，次の①～④のうちから一つ選べ。 15

① インド／海峡植民地

② セイロン島（スリランカ）／ケープ植民地

③ インド／ケープ植民地

④ エジプト／海峡植民地

Ⅲ　次の文章は鉄道の歴史に関するものである。設問にしたがって解答せよ。

イギリスで興った産業革命(ア)によって成就した代表的な工業はランカシャー地方の綿工業(イ)であった。その頃になると，原料の綿花はインド(ウ)に代わってアメリカ(エ)から輸入され，作られた綿製品は国内市場を充たすだけでなく，海外市場への輸出という経済の図式ができ上った。そのため，工業都市マンチェスターと貿易港のリヴァプールとの間には物資と人の往来が激増した。

このルートにはすでに運河も道路も通っていたが，より効率的な鉄道建設への熱望は頂点に達した。1825年にこの構想はまとまり，やがて建設が始まり，1830年(オ)に完成した。…

出典：小島英俊『世界鉄道文化史』(なお，設問の都合上，原文を一部改変した箇所がある)

(1)　下線部(ア)に関連して，産業革命が18世紀後半以降のイギリスで発生した要因と社会への影響について述べた文として**誤っているもの**を，次の①～④のうちから一つ選べ。　16

①　新農法の普及によって農業生産力が向上し，食料事情の好転により人口が持続的に増加した。

②　第二次囲い込みによって土地や仕事を失った農民が，都市へ移住して工場労働者となった。

③　毛織物工業や大西洋三角貿易によって資本が蓄積された。

④　人民憲章の実現を求めるラダイト運動がイギリス全土で頻発した。

(2)　下線部(イ)に関連して，綿工業について述べた文として正しいものを，次の①～④のうちから一つ選べ。　17

①　ニューコメンが蒸気機関を動力源とした力織機を発明した。

②　クロンプトンがミュール紡績機を発明した。

③　インドでホイットニーが綿繰機を発明した。

④　綿工業で発明された飛び杼が毛織物工業に転用された。

⑶ 下線部(ウ)に関連して，イギリスとフランスのインド支配について述べた文として正しいものを，次の①～④のうちから一つ選べ。 18

① フランスの東インド会社の拠点が，ポンディシェリとシャンデルナゴルに置かれた。

② カーナティック戦争がフレンチ＝インディアン戦争，スペイン継承戦争と並行して戦われた。

③ フランスのデュプレクスがベンガル太守の援助を受け，プラッシーの戦いを勝利に導いた。

④ アンボイナ事件がインドにおけるイギリスの優位を確定した。

⑷ 下線部(エ)に関連して，19世紀前半のアメリカについて述べた文として正しいものを，次の①～④のうちから一つ選べ。 19

① アメリカ＝メキシコ戦争を機に工業化とアメリカの経済的自立が促された。

② 第3代大統領ジェファソンがフランスからフロリダを購入した。

③ 第5代大統領モンローがヨーロッパとの相互不干渉を宣言するモンロー教書を発表した。

④ アメリカ＝イギリス戦争の勝利により，カリフォルニアを獲得した。

⑸ 下線部(オ)に関連して，1830年の出来事について述べた文として**誤っているもの**を，次の①～④のうちから一つ選べ。 20

① アメリカで第7代大統領ジャクソンが先住民強制移住法を制定した。

② ロンドン会議でギリシアの独立が国際的に承認された。

③ フランスのルイ18世がアルジェリアを占領した。

④ オランダがジャワ島で強制栽培制度を導入した。

Ⅳ　次の文章は20世紀のスペインに関するものである。設問にしたがって解答せよ。

(ア)3年間にわたる内戦により，スペイン社会は分断され疲弊していた。…

スペインの国際的孤立は，東西冷戦という国際社会の変化によって，徐々に弱まった。(イ)NATO(北大西洋条約機構)への加盟は認められず，西側諸国の復興の原動力となった(ウ)マーシャル＝プランの恩恵を受けることもなかったが，その地政学的位置(大陸と大洋の四ツ辻)は西側諸国にとって戦略的に重要であった。1948年にソ連が(エ)ベルリン封鎖を行ない，翌年に(オ)原爆実験に成功すると，「反ファシズム」から「反共主義」へとシフトした西側諸国は，「西側諸国の歩哨」と喧伝するフランコ体制を受け入れざるを得なかった。…

…1953年には二つの重要な外交的成果があった。一つには，教皇庁との政教協約を新たに締結して，カトリック教会との結びつきをさらに確かなものにしたことである。…

もう一つには，アメリカ合衆国と軍事協定を結んだことである。スペインは国家領土内の軍事基地貸与と引き換えに，アメリカからの軍事的・経済的支援を受けた。

出典：立石博高『スペイン史10講』(なお，設問の都合上，原文を一部改変した箇所がある)

(1)　下線部(ア)に関連して，スペイン内戦(1936～39)について述べた文として**誤っているもの**を，次の①～④のうちから一つ選べ。　21

①　ドイツ・イタリア・アメリカがフランコ将軍を中心とする人民戦線政府軍を支援した。

②　イギリス・フランスは不干渉政策を守り，人民戦線政府軍を支援しなかった。

③　ヘミングウェーらの国際義勇軍とソ連が人民戦線政府軍を支援した。

④　ピカソが「ゲルニカ」を描き，市民への無差別爆撃に抗議した。

(2)　下線部(イ)に関連して，NATO(北大西洋条約機構)について述べた文として正しいものを，次の①～④のうちから一つ選べ。　22

① キューバのクーデタへの危機感から結ばれた西ヨーロッパ連合条約から拡大した。

② 東西対立の激化を受け，ロンドンで西側の6か国により成立した。

③ ベネルクス3国のNATO加盟に対抗して，ワルシャワ条約機構が設立された。

④ 1960年代にド＝ゴール政権下のフランスはNATOの軍事機構から脱退した。

(3) 下線部(ウ)に関連して，マーシャル＝プランについて述べた文として正しいものを，次の①～④のうちから一つ選べ。 23

① チャーチルの「鉄のカーテン」演説に先駆けて提唱されたヨーロッパの経済復興計画である。

② 民主化の一環として共産主義を容認していたため，ソ連や東欧も支援を受諾した。

③ マーシャル＝プランによる支援物資受入れのためヨーロッパ経済協力機構(OEEC)が設立された。

④ ヨーロッパ経済協力機構(OEEC)は1961年にヨーロッパ自由貿易連合(EFTA)に改組された。

(4) 下線部(エ)に関連して，ベルリン封鎖以後のドイツの動向について述べた文として正しいものを，次の①～④のうちから一つ選べ。 24

① ベルリンを首都とするドイツ連邦共和国(西ドイツ)とボンを首都とするドイツ民主共和国(東ドイツ)が成立した。

② 社会民主党のアデナウアー政権の下，奇跡的な高度経済成長を実現した。

③ ブラントが東側諸国との関係改善に向けて東方外交を展開した。

④ ベルリンの壁が開放されドイツ統一が実現した翌年にホネカーが退陣した。

(5) 下線部(オ)に関連して，核兵器・核実験について述べた文として**誤っているもの**を，次の①～④のうちから一つ選べ。 25

① 1945年にアメリカが原爆の実験に成功し，ソ連，イギリス，フランス，中国，西ドイツが続いた。

② 1954年のアメリカのビキニ水爆実験によって第五福竜丸が放射能汚染を受けた。

③ ラッセル・アインシュタイン宣言やパグウォッシュ会議が核兵器廃絶を訴えた。

④ 1960年代には部分的核実験禁止条約，核拡散防止条約が締結された。

V 次の文章は中国初期王朝に関するものである。設問にしたがって解答せよ。

黄河や長江の流域では前6000年頃までに粗放な農耕が始まっていた。前5000年頃からは，黄河中流域を中心に，土器は主に（ (A) ）が使用された（ (B) ）文化が成立し，前3千年紀には黄河下流域を中心に，土器は主に（ (C) ）が使用された（ (D) ）文化が成立した。

前16世紀頃になると，現在確認できる中国最古の王朝である殷(商)(ア)がおこった。前11世紀頃，殷を倒して周が成立した。前8世紀になると，内紛や西方の遊牧民の攻撃により周は東方に遷都した。これ以前を西周時代，以降を東周時代と呼び，東周時代はさらに前半を春秋時代，後半を戦国時代と呼ぶ(イ)。

春秋・戦国時代には，農業や商工業の発展にともない社会が大きく変動し，新しい思想が生まれて諸子百家と総称される学派が登場(ウ)した。前221年，秦王政は初めて中国を統一し，皇帝の称号を用いて後に始皇帝(エ)と呼ばれた。

(1) 空欄(A)(B)(C)(D)に当てはまる語句の組み合わせとして正しいものを，次の①～④のうちから一つ選べ。 26

① A－彩文土器(彩陶)　B－竜　山
C－黒色磨研土器(黒陶)　D－仰　韶

② A－彩文土器(彩陶)　B－仰　韶
C－黒色磨研土器(黒陶)　D－竜　山

③ A－黒色磨研土器(黒陶)　B－竜　山
C－彩文土器(彩陶)　D－仰　韶

④ A－黒色磨研土器(黒陶)　B－仰　韶
C－彩文土器(彩陶)　D－竜　山

⑵　下線部㋐に関連して，殷（商）について述べた文として**誤っているもの**を，次の①～④のうちから一つ選べ。　27

①　20世紀初めの殷墟の発掘によりこの王朝の存在が証明された。

②　甲骨により神意を占って国事を決定する神権政治が行なわれていた。

③　木製や石製の祭器や武器が用いられ青銅器はまだ使用されていなかった。

④　王都のもとに多くの邑（城郭都市）が従属する邑制国家を形成していた。

⑶　下線部㋑に関連して，西周・東周（春秋・戦国）時代について述べた文として**誤っているもの**を，次の①～④のうちから一つ選べ。　28

①　西周の都は鎬京に，東周の都は咸陽におかれた。

②　諸侯や家臣に封土を与えて統治させる封建制をしいた。

③　相続の秩序や祭祀のしかたを定めた宗法がつくられた。

④　牛耕は春秋時代から戦国時代にかけて普及した。

⑷　下線部㋒に関連して，春秋・戦国時代に活躍した思想家について述べた文として**誤っているもの**を，次の①～④のうちから一つ選べ。　29

①　孟子は性善説や易姓革命説をとなえた。

②　墨子は兼愛・非攻をとなえた。

③　老子は人為を排して無為自然をとなえた。

④　荀子は陰陽説と五行説を集大成した。

⑸　下線部㋓に関連して，始皇帝の治世の出来事として**誤っているもの**を，次の①～④のうちから一つ選べ。　30

①　半両銭の統一貨幣化　　②　陳勝・呉広の乱

③　郡県制の全国的施行　　④　南海郡の設置

Ⅵ　次の文章は中国の漢王朝滅亡から隋・唐王朝に関するものである。設問にしたがって解答せよ。

中国では，前3世紀末の秦による中国統一を経て，次の漢の時代に20世紀初めまで続く皇帝による専制支配体制の基礎が固まった。3世紀に漢が滅亡すると，北方諸民族(ア)の王朝が華北を舞台に次々と興亡し，南に逃れた漢人の王朝も頻繁に交替する分裂と動乱の魏晋南北朝時代(イ)にはいった。しかし，3世紀半あまり続いたこの動乱時代は，多民族がまじりあう状況の中で，多様な文化(ウ)が花開いた時代でもあった。北方・西方の要素を取り入れた普遍性のある文化が成熟し，後の新しい体制の基礎が築かれていった。

中国全土を再び統一した隋・唐(エ)王朝は，整然とした国家制度をつくりあげ，周辺諸国にも大きな影響を与えた。唐の首都長安は，壮大な都市計画のもとにつくられ，周辺諸地域の人々との交流(オ)が盛んな国際都市であった。

⑴　下線部(ア)に関連して，北方諸民族と歴代中国の王朝との関係について述べた文として正しいものを，次の①～④のうちから一つ選べ。 **31**

① 漢の武帝は，匈奴と友好関係を結ぶため，張騫を大月氏に派遣した。

② 唐代初期には，北方で鮮卑が勢力を振るったが，後に滅ぼされた。

③ 遼は，南宋と同盟関係を結んだ。

④ 女真人のヌルハチは，後金(後の清)を建国した。

⑵　下線部(イ)に関連して，魏晋南北朝時代について述べた文として正しいものを，次の①～④のうちから一つ選べ。 **32**

① 法顕が，『仏国記』を著した。

② 蜀が，呉を滅ぼした。

③ 司馬睿が，洛陽に遷都した。

④ 寇謙之が，道教を迫害した。

⑶　下線部(ウ)に関連して，魏晋南北朝時代の文化について述べた文として正しいものを，次の①～④のうちから一つ選べ。 **33**

① 韓愈が，古文の復興を唱えた。

② 書の分野では，王羲之が著名である。

③ 顧炎武が，「女史箴図」を描いた。

④ 梁の昭明太子が，『斉民要術』を編纂した。

⑷ 下線部㈡に関連して，隋・唐王朝について述べた文として正しいものを，次の①～④のうちから一つ選べ。　34

① 隋は，南朝の宋を滅ぼし，中国を統一した。

② 隋・唐は，高句麗へ遠征軍を派遣した。

③ 隋・唐は，軍事機密を保持するために軍機処を設置した。

④ 唐は，新法党と旧法党の対立によって衰退した。

⑸ 下線部㈥に関連して，唐代の国際交流について述べた文として正しいものを，次の①～④のうちから一つ選べ。　35

① 西域から訪れた僧仏図澄によって，禅宗が中国に伝えられた。

② インドからの帰国途上，玄奘は『南海寄帰内法伝』を著した。

③ 律令制などの制度や文化が，朝鮮半島や日本に伝えられた。

④ 往復海路でインドへ赴いた義浄は『大唐西域記』を著した。

Ⅶ 次の文章は19世紀の清に関するものである。設問にしたがって解答せよ。

アヘン戦争敗北後の清は，イギリスなどと不平等条約(ア)を結ばされた。そのうえ，国内では1851年に太平天国の乱(イ)が始まり，内憂外患の極みであった。諸外国は当初，太平天国に対して同情的であり中立的な立場を取ったが，後にイギリス人の((ウ))らが率いる常勝軍が太平天国の乱の鎮圧に動き，1864年にこれを壊滅させた。その後は((エ))の実母である西太后が実権を握り，国内の秩序は一時的に回復した。この安定期に西洋の兵器や科学技術の力を思い知らされた彼らは洋務運動(オ)を展開した。

清は，東方進出を狙うロシア(カ)との間に軋轢が生まれるなど，近隣の国との緊張関係も抱えていた。1870年代になると近代化(キ)を進める日本との間でも領土を巡る争いが発生した。1890年代に日清戦争(ク)に敗れると沿岸地域は次々と欧米列強の租借地(ケ)と化すようになった。そのような中で清の打倒を目指す革命勢力(コ)が現れることになった。

⑴ 下線部(ア)に関連して，アヘン戦争の結果として結ばれた条約について述べた文として正しいものを，次の①～④のうちから一つ選べ。 36

① 清は領事裁判権を認めた。

② 清は九竜半島の一部を割譲した。

③ 清は外国軍隊の北京駐留を認めた。

④ 清はアヘン貿易を公認した。

⑵ 下線部(イ)に関連して，太平天国の乱について述べた文として正しいものを，次の①～④のうちから一つ選べ。 37

① 「扶清滅洋」をスローガンに掲げた。

② 上帝会(拝上帝会)の洪秀全が指導者であった。

③ 山東省の青島で反乱が始まった。

④ 清の天朝田畝制度を廃止した。

⑶ 空欄(ウ)に入る人物名として正しいものを，次の①～④のうちから一つ選べ。

38

① ウォード　② ゴードン
③ リー　④ グラント

(4) 空欄(エ)に入る人物名として正しいものを，次の①～④のうちから一つ選べ。 39

① 正統帝　② 光緒帝
③ 同治帝　④ 宣統帝

(5) 下線部(オ)に関連して，洋務運動の担い手として**誤っているもの**を，次の①～④のうちから一つ選べ。 40

① 李鴻章　② 曾国藩
③ 左宗棠　④ 康有為

(6) 下線部(カ)に関連して，ロシアのアジア地域への進出について述べた文として正しいものを，次の①～④のうちから一つ選べ。 41

① オスマン帝国とトルコマンチャーイ条約を結び，東アルメニアを獲得した。
② アフガン戦争の結果，アフガニスタンを保護国とした。
③ コーカンド＝ハン国などのウズベク人の国家を勢力下においた。
④ アイグン条約を結び，ウスリー以東の沿海州を獲得した。

(7) 下線部(キ)に関連して，アジアの近代化について述べた文として正しいものを，次の①～④のうちから一つ選べ。 42

① アブデュルメジト1世がタンジマートを行なった。
② 日本はイギリスをモデルとした大日本帝国憲法を制定した。
③ フィリピンでアギナルドが東遊(ドンズー)運動を開始した。
④ インドではイスラーム教徒を中心にインド国民会議が組織された。

(8) 下線部(ク)に関連して，日清戦争に至る過程で起こった事件について述べた文として正しいものを，次の①～④のうちから一つ選べ。 43

① 大院君が甲申政変を起こしたが失敗した。
② 金玉均の起こした壬午軍乱は清軍に鎮圧された。

③ 全琫準が主導して江華島事件を起こした。

④ 甲午農民戦争には，東学の信者も加わっていた。

(9) 下線部(ケ)に関連して，イギリスの租借地として正しいものを，次の①～④のうちから一つ選べ。 44

① 威海衛　② 膠州湾

③ 広州湾　④ 大　連

(10) 下線部(コ)に関連して，孫文が革命勢力を結集して中国同盟会を組織した場所として正しいものを，次の①～④のうちから一つ選べ。 45

① 広　州　② ハワイ

③ 東　京　④ 旅　順

Ⅷ 次の文章は世界の地名に関するものである。設問にしたがって解答せよ。

世界地図を見ると国名や地名の語尾には，同じような発音をするものが見られることに気づく。例えば，「―バラ，―バーグ」はゲルマン語系の地名をあらわす接尾辞「―ブルク」(-burg)が英語で「brough，burgh」に変化したもので，「城塞都市」や「都市」という意味がある。多くの町が<u>中世の城塞都市</u>(ア)に起源をもつ。ドイツの<u>アウクスブルク</u>(イ)や<u>スコットランド</u>(ウ)のエディンバラがこれにあたる。一方で，ドイツには「―ベルク」で終わる地名が多く見られるが，「―ベルク」「山」を意味する。「―ブルク」とは日本語の響きがよく似ているが，都市の成立事情は全く異なる。ドイツの<u>ニュルンベルク</u>(エ)がこれにあたる。

他にも「―ポリス」は古代ギリシア語の地名をあらわす接尾辞「polis」で，「都市国家」を意味し，<u>ギリシア人の植民市が起源</u>(オ)である。

世界の地名や都市名は，古代からの歴史が刻み込まれている。地図を眺めるときはぜひ参考にして欲しいものである。

(1) 下線部(ア)に関して，西欧中世の都市について述べた文として正しいものを，次の①～④のうちから一つ選べ。 46

① ドイツではコムーネと呼ばれる都市共和国が成立した。

② ブリュージュやガンでは綿織物工業が発展した。

③ ボローニャにはヨーロッパ最古の大学が成立した。

④ 都市のギルドには親方だけではなく，職人や徒弟も加わった。

(2) 下線部(イ)に関して，アウクスブルクについて述べた文として正しいものを，次の①～④のうちから一つ選べ。 47

① 1122年に皇帝と教皇の間で協約が結ばれ叙任権闘争が収束した。

② 1555年に皇帝カール5世が宗教和議を認めた都市である。

③ 1648年に三十年戦争を終結させる講和条約が結ばれた。

④ 1864年に第1インターナショナルが結成された。

(3) 下線部(ウ)に関して，スコットランドの歴史について述べた文として正しいものを，次の①～④のうちから一つ選べ。 48

① 1397年にデンマークとカルマル同盟を結んだ。

② 1603年にスコットランド国王がエリザベス1世の後継者となった。

③ 1801年にグレート＝ブリテンに併合された。

④ 1840年代にジャガイモ飢饉が起きた。

(4) 下線部(エ)に関して，ニュルンベルクについて述べた文として正しいものを，次の①～④のうちから一つ選べ。 49

① ライン川に面しており，ゴシック式の聖堂がある。

② ナチ党の戦争責任者が第二次世界大戦後に裁かれた。

③ ハンザ同盟の盟主として栄えた都市である。

④ カール大帝の時代にカロリング＝ルネサンスの中心になった。

(5) 下線部(オ)に関して，ギリシア人の植民市を起源とする都市として正しいものを，次の①～④のうちから一つ選べ。 50

① マルセイユ　② ウィーン

③ ミラノ　④ ロンドン

数　学

（60分）

解答上の注意

1　同一の問題文中に 1 ， 2・3 等が2度以上現れる場合，2度目以降は 1 ， 2・3 のように細字で表記する。

2　分数で解答する場合は，既約分数(それ以上約分できない分数)で答えよ。符号は分子につけ，分母につけてはいけない。

3　根号を含む形で解答する場合は，根号の中の自然数が最小となる形で答えよ。

I　次の各問に答えよ。

(1)　$\sqrt[3]{3^5} \div \sqrt[6]{2^3 3^4} \times (\sqrt{2})^3 =$ 1 である。

(2)　$(3x+2y)^5$ の展開式における x^2y^3 の係数を求めると，

2・3・4 である。

(3)　2次方程式 $x^2+x-1=0$ の解の最大値を a とするとき，
a^3+2a^2+a+1 の値を求めると，

$$\frac{\boxed{5}+\sqrt{\boxed{6}}}{\boxed{7}}$$ である。

(4)　x についての整式 $6x^3+x^2-x-15$ を $ax+b$ で割ると，
商が $3x^2+5x+7$ で余りが6になる。
このとき，実数の定数 a，b の値を求めると，

$a =$ 8 ，$b =$ 9・10 である。

Ⅱ　xy 座標平面上に，点 $\mathrm{O}(0,\ 0)$，点 $\mathrm{A}(0,\ 2)$，点 $\mathrm{B}(2,\ 0)$ がある。線分 AB 上に，点 $\mathrm{P}(a,\ 2-a)$ をとり，点 P の x 軸に関する対称点を Q とする。点 P から直線 OQ に引いた垂線が直線 OQ と交わる点を H とするとき，次の各問に答えよ。
ただし，a は $0 < a < 2$ を満たす実数の定数とする。

(1)　直線 OQ の方程式を求めると，

$(a -$ 11 $)\,x - ay = 0$ である。

(2)　直線 AB と直線 OQ が平行であるとき，

$a =$ 12 である。

(3)　直線 PH の方程式を求めると，

$ax - ($ 13 $- a)\,y +$ 14 $-$ 15 $a = 0$ である。

(4)　直線 PH は，a の値のとり方によらず，

定点(16 ， 17)を通る。

Ⅲ　関数 $y = \sin^3\theta + \cos^3\theta$ について，次の各問に答えよ。

(1)　$t = \sin\theta + \cos\theta$ とおくとき，y を t の式であらわすと，

$$y = \frac{\boxed{18 \cdot 19}}{\boxed{20}}t^3 + \frac{\boxed{21}}{\boxed{22}}t$$ である。

(2)　$0 \leqq \theta < 2\pi$ のとき，この関数の最大値と最小値を求めると，

最大値は $\boxed{23}$ ，

最小値は $\boxed{24 \cdot 25}$ である。

Ⅳ　$(\log_x y)^2 + (\log_y x)^2 = \dfrac{17}{4}$（$x > 1$，$y > 1$）のとき，

次の各問に答えよ。

(1)　$\log_x y + \log_y x$ の値を求めると，

$$\frac{\boxed{26}}{\boxed{27}}$$ である。

(2)　$(\log_x y)^3 + (\log_y x)^3$ の値を求めると，

$$\frac{\boxed{28 \cdot 29}}{\boxed{30}}$$ である。

V 関数 $f(x)$ が，$f(x) = x^2 - 3x\int_0^1 f(t)\,dt + 1$ を満たす。

このとき，次の各問に答えよ。

(1) $F(x) = \int_0^x f(t)\,dt$ とするとき，関数 $F(x)$ を求めると，

$$F(x) = \frac{\boxed{31}}{\boxed{32}}x^3 - \frac{\boxed{33}}{\boxed{34}}x^2 + x$$ である。

(2) $\lim_{h\to 0}\frac{f(h) - f(0)}{h}$ の値を求めると，

$$\frac{\boxed{35\cdot 36}}{\boxed{37}}$$ である。

VI 次のコイン投げに関する確率の各問に答えよ。

ただし，コインを投げたとき，表と裏の出る確率はそれぞれ $\frac{1}{2}$ である。

(1) 1枚のコインを n 回投げるとき，表のみが出る確率が $\frac{1}{1000}$ より

小さくなるためには，n は $\boxed{38\cdot 39}$ 以上でなければならない。

(2) 1枚のコインを6回投げるとき，表も裏も2回以上出る確率は，

$$\frac{\boxed{40\cdot 41}}{\boxed{42\cdot 43}}$$ である。

(3) 1枚のコインを8回投げるとき，表が5回以上続けて出る確率は，

$\dfrac{\boxed{44}}{\boxed{45 \cdot 46}}$ である。

化　学

（60分）

必要があれば次の数値を使用すること。

原子量　H 1.0　O 16　Na 23　K 39　Mn 55

標準状態（0℃，1.013×10^5 Pa）における気体1molの体積　22.4 L

問題文中の体積の単位記号Lはリットルを表す。

I　次の設問は化学と人間生活に関するものである。設問にしたがって解答せよ。

問 1　次の下線を付した語句のうち，単体ではなく元素であるものとして最も適当なものを，次の①～⑤のうちから一つ選べ。　1

① リチウムは水と激しく反応して水素を発生する。（下線：リチウム）

② アルミニウムはボーキサイトを原料としてつくられる。（下線：アルミニウム）

③ 人間の体重の約3%は窒素の質量である。（下線：窒素）

④ アンモニアは窒素と水素から合成される。（下線：水素）

⑤ 高い山を登るとき，ボンベから酸素を吸入した。（下線：酸素）

問 2　純物質であるものとして最も適当なものを，次の①～⑤のうちから一つ選べ。　2

① 空　気　② 塩　酸　③ 石　油

④ アンモニア水　⑤ ドライアイス

問 3　同素体をもたないものとして最も適当なものを，次の①～⑤のうちから一つ選べ。　3

① リ　ン　② 硫　黄　③ 炭　素　④ 水　銀　⑤ 酸　素

問 4　a～eの分離方法として最も適当なものを，次の①～⑦のうちからそれぞれ一つずつ選べ。ただし，同じものを繰り返し選んでもよい。

a　食塩水に硝酸銀水溶液を加えて生じた沈殿物を除く。

b　サインペンのインクから色素を分離する。

c　水に分散している植物油を，エーテルに溶かし出す。

d　砂の混じったヨウ素から，ヨウ素を取り出す。

e　少量の食塩を含む硝酸カリウムを熱水に溶かし，これを冷却して純粋な硝酸カリウムを得る。

a [4]　b [5]　c [6]　d [7]　e [8]

① 再結晶　② ろ過　③ 抽出

④ 分留　⑤ 昇華　⑥ 凝縮

⑦ クロマトグラフィー

Ⅱ　次の設問は物質と化学結合に関するものである。設問にしたがって解答せよ。

問 1　物質とそれを構成する化学結合との組み合わせとして**誤っているもの**を，次の①～⑤のうちから一つ選べ。　[9]

	物質名	化学結合
①	酸化カルシウム	イオン結合
②	亜鉛	金属結合
③	アンモニア	共有結合
④	二酸化ケイ素	イオン結合
⑤	フッ素	共有結合

問 2　第一イオン化エネルギーの記述として**誤っているもの**を，次の①～⑤のうちから一つ選べ。　[10]

① 第一イオン化エネルギーは，同一周期に属する元素ではアルカリ金属で最も小さい。

② 第一イオン化エネルギーは，1価の陽イオンにするために必要なエネル

ギー量を表す。

③ 第一イオン化エネルギーは，同族元素で比べると，原子番号が大きいものほど小さい。

④ 希ガス(貴ガス)はイオン化しにくい性質のため，第一イオン化エネルギーは非常に大きい。

⑤ $^{1}_{1}H$と$^{2}_{1}H$の第一イオン化エネルギーの比は1：2である。

問 3 次の分子と電子式の組み合わせとして**誤っているもの**を，次の①～⑤のうちから一つ選べ。　11

	①	②	③	④	⑤
分子式	CH_4	CH_3OH	NH_3	C_2H_4	N_2
電子式	H ‥ H：C：H ‥ H	H ‥ ‥　‥ H：C：：O：H ‥　‥ H	‥ H：N：H ‥ H	H　H ‥　‥ H：C：：C：H	：N⋮⋮N：

問 4 オキソニウムイオンH_3O^+について，次のa，bにあてはまる数値として最も適当なものを，次の①～⑤のうちからそれぞれ一つずつ選べ。ただし，同じものを繰り返し選んでもよい。

a　共有電子対　12　　b　非共有電子対　13

① 1組　② 2組　③ 3組　④ 4組　⑤ 0(なし)

問 5 陽子を◎，中性子を○，電子を●で表すとき，質量数9のベリリウム原子の構造を示す模式図として最も適当なものを，次の①～⑧のうちから一つ選べ。ただし，破線の円内は原子核とし，外側の実線の同心円は内側からK殻，L殻を表す。　14

①
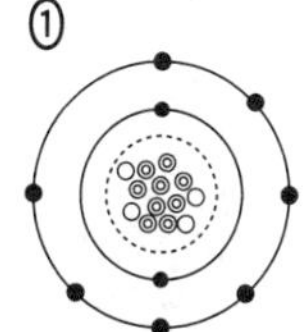
②
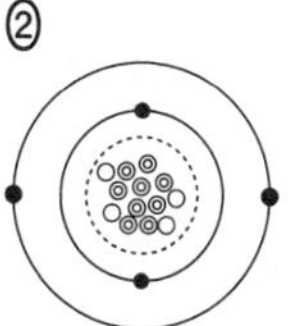
③
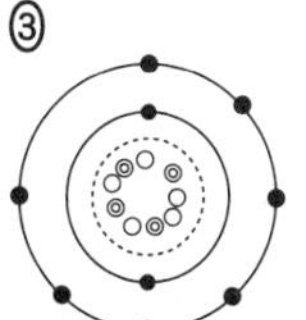
④
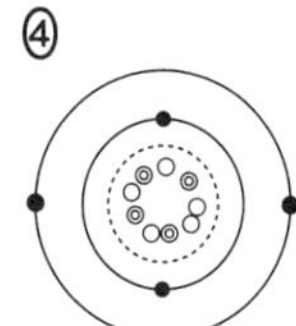

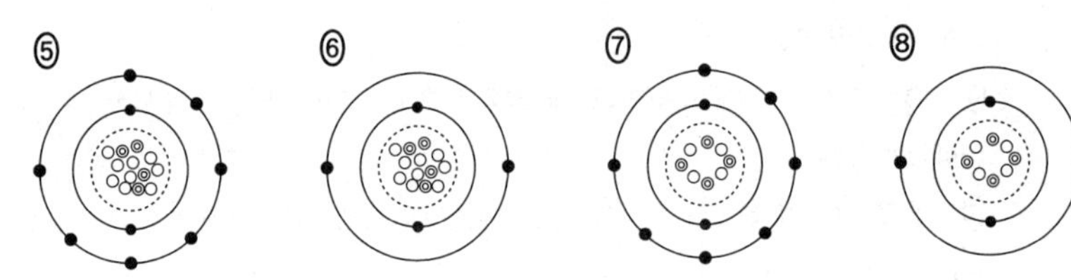

問 6　高分子化合物に関する記述として**誤っているもの**を，次の①～⑤のうちから一つ選べ。　15

① エチレンを付加重合させるとポリエチレンができる。

② ポリエチレンテレフタラートは2種類の単量体からつくられる。

③ ポリエチレンは二重結合と単結合を交互にもつ高分子化合物である。

④ ポリエチレンテレフタラートは単量体間で水分子などがとれながら縮合重合して生じる。

⑤ ポリエチレンもポリエチレンテレフタラートも，人工的につくられる。

問 7　原子やイオンの半径の大きさの比較として最も適当なものを，次の①～⑤のうちから一つ選べ。　16

① $S^{2-} < K^{+}$　② $K^{+} < Ca^{2+}$　③ $Na < Cl$

④ $Cl < Cl^{-}$　⑤ $Na < Na^{+}$

Ⅲ　次の設問は固体の溶解度と溶液の濃度に関するものである。設問にしたがって解答せよ。

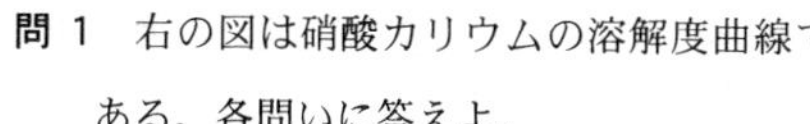

問1　右の図は硝酸カリウムの溶解度曲線である。各問いに答えよ。

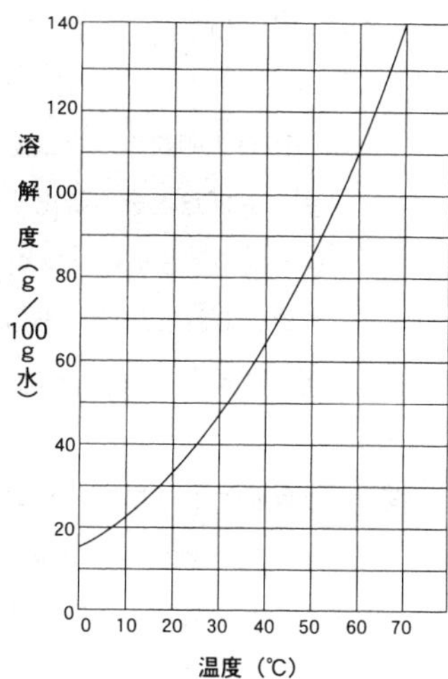

⑴　200gの水に硝酸カリウム100gをすべて溶かすには，温度を最低何℃以上にすればよいか。最も適当なものを，次の①～⑤のうちから一つ選べ。　17

①　32　　②　38　　③　45
④　51　　⑤　56

⑵　70℃の硝酸カリウム飽和水溶液の質量パーセント濃度〔%〕として最も適当なものを，次の①～⑤のうちから一つ選べ。ただし，70℃での溶解度は140である。　18

①　33　　②　45　　③　51　　④　58　　⑤　67

⑶　56℃で質量パーセント濃度が40%の硝酸カリウム水溶液が100gある。次の各問いに答えよ。ただし，56℃での溶解度は100である。

a　あと何gの硝酸カリウムが溶かせるか。最も適当なものを，次の①～⑤のうちから一つ選べ。　19

①　10　　②　15　　③　20　　④　25　　⑤　30

b　温度を下げたところ結晶が析出した。結晶が析出し始めた温度〔℃〕として最も適当なものを，次の①～⑤のうちから一つ選べ。　20

①　26　　②　31　　③　36　　④　41　　⑤　46

c　温度は56℃のままで水を蒸発させたとき，最低何g蒸発させると結晶が析出し始めるか。最も適当なものを，次の①～⑤のうちから一つ選べ。 **21**

① 20　② 25　③ 30　④ 35　⑤ 40

(4)　70℃の硝酸カリウム飽和水溶液が360gある。この水溶液の温度を20℃まで下げたとき，析出する結晶の質量〔g〕として最も適当なものを，次の①～⑤のうちから一つ選べ。ただし，70℃および20℃での溶解度は，それぞれ140および32である。 **22**

① 108　② 124　③ 144　④ 162　⑤ 196

問 2　水酸化ナトリウムNaOHと水酸化カリウムKOHの混合物A 1.36gを水に溶かして，全量100mLの水溶液を調製した。得られた水溶液中の水酸化物イオンのモル濃度は0.30mol/Lであった。各問いに答えよ。

(1)　水溶液中のナトリウムイオンの濃度〔mol/L〕として最も適当なものを，次の①～⑤のうちから一つ選べ。 **23**

① 0.020　② 0.050　③ 0.10　④ 0.20　⑤ 0.25

(2)　混合物A中の水酸化ナトリウムの含有率(質量パーセント)〔%〕として最も適当なものを，次の①～⑤のうちから一つ選べ。 **24**

① 28　② 37　③ 44　④ 51　⑤ 59

Ⅳ　次の設問は酸と塩基に関するものである。設問にしたがって解答せよ。ただし，強酸・強塩基は完全に電離しているものとする。

問 1　酢酸水溶液の濃度を調べるために，次の操作を行った。各問いに答えよ。

操作

酢酸水溶液5.0mLを器具(ア)でとり，100mLの器具(イ)に入れて，正確に20倍に希釈した。別の器具(ア)を用いて，希釈した試料10.0mLを器具(ウ)にとり，<u>指示薬</u>[a]を加えた。器具(エ)を使って0.10mol/Lの水酸化ナトリウム水溶液8.0mLを加えたところで<u>指示薬が変色した</u>[b]。

(1)　操作で利用した器具(ア)～(エ)として，最も適当なものを，次の①～⑦のうちからそれぞれ一つずつ選べ。ただし，同じものを繰り返し選んでもよい。

(ア) 25　(イ) 26　(ウ) 27　(エ) 28

① メスフラスコ　② ホールピペット　③ ビュレット
④ コニカルビーカー　⑤ メートルグラス　⑥ 駒込ピペット
⑦ メスシリンダー

(2)　操作で利用した器具(ア)～(エ)のうち，純水で洗浄後，そのまま利用できるものの組み合わせとして最も適当なものを，次の①～⑥のうちから一つ選べ。 29

① アとイ　② アとウ　③ アとエ
④ イとウ　⑤ イとエ　⑥ ウとエ

(3)　下線部aで用いた指示薬として最も適当なものを，次の①～⑤のうちから一つ選べ。 30

① フェノールフタレイン
② メチルオレンジ
③ メチルレッド
④ リトマス

⑤ ブロモチモールブルー

(4) 下線部bの指示薬の変色において，変色前と変色後の色の組み合わせとして最も適当なものを，次の①～⑧のうちから一つ選べ。 31

	溶液の変化	
	変色前	変色後
①	青　色	黄　色
②	赤　色	黄　色
③	赤　色	無　色
④	黄　色	青　色
⑤	黄　色	赤　色
⑥	黄　色	緑　色
⑦	緑　色	黄　色
⑧	無　色	赤　色

(5) はじめの酢酸水溶液に含まれる酢酸のモル濃度〔mol/L〕として最も適当なものを，次の①～⑨のうちから一つ選べ。 32

① 0.080　② 0.12　③ 0.16　④ 0.80　⑤ 1.2

⑥ 1.6　⑦ 8.0　⑧ 12　⑨ 16

V　次の設問は酸化還元反応に関するものである。設問にしたがって解答せよ。

問1　酸性条件下で0.20 mol/Lの過マンガン酸カリウム水溶液100 mLとシュウ酸水溶液が完全に反応した。各問いに答えよ。

過マンガン酸カリウムは液性によって以下のいずれかの反応がおこる。

$$MnO_4^- + 8H^+ + 5e^- \rightarrow Mn^{2+} + 4H_2O$$

$$MnO_4^- + 2H_2O + 3e^- \rightarrow MnO_2 + 4OH^-$$

(1)　反応前後において，過マンガン酸カリウムのマンガンの酸化数の変化として最も適当なものを，次の①～⑥のうちから一つ選べ。　**33**

①　2減少　　②　5減少　　③　7減少
④　2増加　　⑤　5増加　　⑥　7増加

(2)　反応前後において，シュウ酸の炭素の酸化数の変化として最も適当なものを，次の①～⑥のうちから一つ選べ。　**34**

①　1減少　　②　3減少　　③　4減少
④　1増加　　⑤　3増加　　⑥　4増加

(3)　下線部の酸性にするものとして最も適当なものを，次の①～④のうちから一つ選べ。　**35**

①　濃塩酸　　②　希塩酸　　③　希硝酸　　④　希硫酸

(4)　0.20 mol/Lの過マンガン酸カリウム水溶液を100 mL調製するために必要な過マンガン酸カリウムの質量〔g〕として最も適当なものを，次の①～⑤のうちから一つ選べ。　**36**

①　0.16　　②　0.32　　③　1.5　　④　3.2　　⑤　6.3

(5)　反応で生成した二酸化炭素の標準状態での体積〔mL〕として最も適当なものを，次の①～⑥のうちから一つ選べ。　**37**

①　1.12　　②　2.24　　③　4.48
④　1.12×10^3　　⑤　2.24×10^3　　⑥　4.48×10^3

(6) 完全に反応するのにシュウ酸水溶液を100 mL必要とした。シュウ酸水溶液のモル濃度〔mol/L〕として最も適当なものを，次の①～⑤のうちから一つ選べ。 38

① 0.050　② 0.080　③ 0.50　④ 0.80　⑤ 1.0

(7) この反応が酸性条件下ではなく，中性条件下で完全に進んだ場合，反応前後において，過マンガン酸カリウムのマンガンの酸化数の変化として最も適当なものを，次の①～⑥のうちから一つ選べ。 39

① 1減少　② 3減少　③ 5減少
④ 1増加　⑤ 3増加　⑥ 5増加

問 2 次の実験操作を行ったときに，観察される水溶液の変化として**誤っているもの**を，次の①～④のうちから一つ選べ。 40

① 酸性条件下で過マンガン酸カリウム水溶液に，十分に過酸化水素水を加えたとき，水溶液は赤紫色から無色に変化する。

② 酸性条件下で二クロム酸カリウム水溶液に，十分に過酸化水素水を加えたとき，水溶液は赤橙色から緑色に変化する。

③ 酸性条件下で過酸化水素水に，十分にヨウ化カリウム水溶液を加えたとき，水溶液は無色から青紫色に変化する。

④ 二酸化硫黄水溶液に，十分に硫化水素の気体を通じたとき，沈殿が生じる。

生　物

（60 分）

I　生物が行う物質のやりとりに関する文章を読み，各問いに答えよ。

生物は外界からいろいろな物質を取り入れて，生命活動に必要な物質を合成(同化)している。また，必要に応じて物質を分解(異化)している。同化は植物が行う(　ア　)のようにエネルギーを(　イ　)する反応であり，異化は(　ウ　)のようにエネルギーを(　エ　)する反応である。これらの反応においてエネルギーの受け渡しを行う物質は主にATPであり，すべての生物に共通している。図はATPの構造を模式的に示したものである。

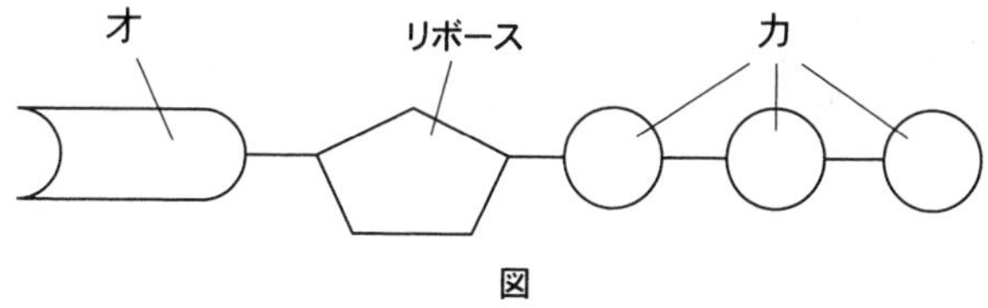

図

問 1　文章中のア～エに入る語の組み合わせとして最も適当なものを，次の①～⑧のうちから一つ選べ。　**1**

	ア	イ	ウ	エ
①	呼　吸	放　出	光合成	放　出
②	呼　吸	放　出	光合成	吸　収
③	呼　吸	吸　収	光合成	放　出
④	呼　吸	吸　収	光合成	吸　収
⑤	光合成	放　出	呼　吸	放　出
⑥	光合成	放　出	呼　吸	吸　収
⑦	光合成	吸　収	呼　吸	放　出
⑧	光合成	吸　収	呼　吸	吸　収

問 2 同化と異化の両方に当てはまるものとして最も適当なものを，次の①～⑤のうちから一つ選べ。 **2**

① グルコースが分解される。

② 多くの酵素反応がみられる。

③ 簡単な物質から有機物などの複雑な物質が合成される。

④ 複雑な物質から無機物などの簡単な物質が合成される。

⑤ 熱の発生はない。

問 3 図中の**オ**・**カ**に入る物質の組み合わせとして最も適当なものを，次の①～⑥のうちから一つ選べ。 **3**

	オ	カ
①	アデニン	リン酸
②	アデノシン	リン酸
③	グアニン	リン酸
④	リン酸	アデニン
⑤	リン酸	アデノシン
⑥	リン酸	グアニン

問 4 すべての生物に共通する特徴として**誤っているもの**を，次の①～⑤のうちから一つ選べ。 **4**

① 細胞膜をもつ。

② DNAをもつ。

③ 酵素をもつ。

④ ミトコンドリアをもつ。

⑤ タンパク質を合成する。

Ⅱ DNAに関する文章を読み，各問いに答えよ。

肺炎球菌(肺炎双球菌)にはS型菌とR型菌がある。S型菌をマウスに注射すると，マウスは肺炎を発病して死んだが，S型菌を加熱殺菌して注射した場合は発病しなかった。また，生きたR型菌をマウスに注射しても発病しなかった。一方で，<u>加熱殺菌したS型菌と生きたR型菌を混ぜてマウスに注射すると，マウスは肺炎を起こして死んだ</u>。これらの結果をふまえ，追加実験A～Eを行った。

A 生きたR型菌に，S型菌から抽出したDNAを混ぜてマウスに注射した。

B 生きたR型菌に，S型菌から抽出したタンパク質を混ぜてマウスに注射した。

C S型菌をすりつぶして得た抽出液をタンパク質分解酵素で処理してから，生きたR型菌と混ぜてマウスに注射した。

D S型菌をすりつぶして得た抽出液をRNA分解酵素で処理してから，生きたR型菌と混ぜてマウスに注射した。

E S型菌をすりつぶして得た抽出液をDNA分解酵素で処理してから，生きたR型菌と混ぜてマウスに注射した。

問 1 下線部の結果は，生きたR型菌がS型菌に変化したことが原因である。この現象を表す語として最も適当なものを，次の①～⑦のうちから一つ選べ。 5

① 転 写　② 翻 訳　③ 核移植　④ 形質転換
⑤ 細胞内共生　⑥ 進 化　⑦ 分 化

問 2 文章中の内容をふまえ，A～Eの追加実験のうち，R型菌がS型菌に変化した実験の組み合わせとして最も適当なものを，次の①～⑨のうちから一つ選べ。 6

① A，B，C　② A，B，D　③ A，C，D
④ A，C，E　⑤ A，D，E　⑥ B，C，D
⑦ B，C，E　⑧ B，D，E　⑨ C，D，E

問 3 DNAに関する記述として最も適当なものを，次の①～⑤のうちから一つ選べ。 7

① DNAを構成する糖は，リボースである。

② DNAの構造は，隣り合う糖が結合した二重らせん構造である。

③ DNAは，1本のヌクレオチド鎖からなる。

④ DNAの塩基配列は，どの生物も同じである。

⑤ DNAを構成するヌクレオチドは，糖，塩基，リン酸から成る。

問 4　ヒトのゲノムの塩基対数として最も適当なものを，次の①～⑨のうちから一つ選べ。　8

① 5000　② 1万　③ 100万

④ 500万　⑤ 1200万　⑥ 1億2000万

⑦ 4億　⑧ 30億　⑨ 1兆

Ⅲ　体液の塩類濃度調節に関する次の文章A・Bを読み，各問いに答えよ。

A　無脊椎動物であるカニは，海水や淡水など様々な塩類濃度の環境に生息している。図は，3種類のカニA～Cを様々な塩類濃度の外液(外界)に入れたときの体液の塩類濃度を測定したものである。カニA～Cは，それぞれ体液の塩類濃度の調節に特徴を持っている。なお，グラフの塩類濃度は，海水の塩類濃度を1としたときの相対値である。

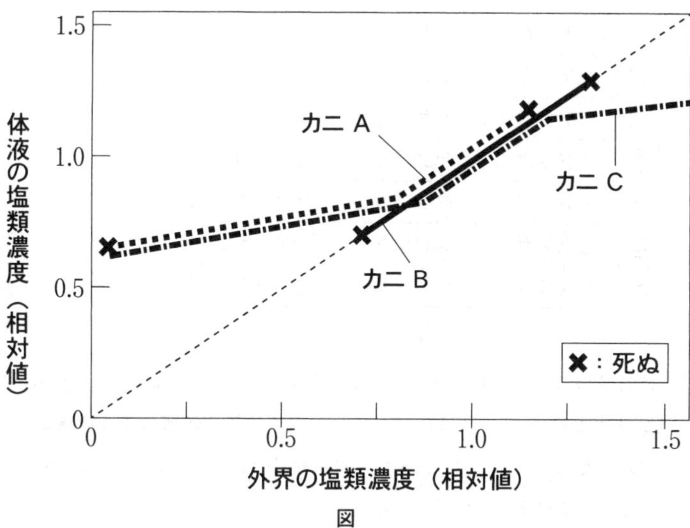

図

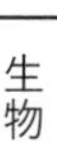

問 1　図から分かることとして最も適当なものを，次の①〜⑤のうちから一つ選べ。 9

① 外界の塩類濃度(相対値)が0.25のとき，カニAは塩類を体外に積極的に排出している。

② 外界の塩類濃度(相対値)が0.5のとき，生存できるのはカニAとカニBである。

③ 外界の塩類濃度(相対値)が1.0のとき，生存できるのはカニBのみである。

④ 外界の塩類濃度(相対値)が1.25のとき，カニCは塩類を体外に積極的に排出している。

⑤ 外界の塩類濃度(相対値)が1.5のとき，生存できるのはカニBのみである。

問 2　ケアシガニは外洋に生息し，ミドリガニは河口付近に生息し，モクズガニは海と川を行き来している。カニA〜Cの特徴をもつ生物の組み合わせとして最も適当なものを，次の①〜⑥のうちから一つ選べ。 10

	カニA	カニB	カニC
①	ケアシガニ	ミドリガニ	モクズガニ
②	ケアシガニ	モクズガニ	ミドリガニ
③	ミドリガニ	ケアシガニ	モクズガニ
④	ミドリガニ	モクズガニ	ケアシガニ
⑤	モクズガニ	ミドリガニ	ケアシガニ
⑥	モクズガニ	ケアシガニ	ミドリガニ

B　硬骨魚類においても体液の塩類濃度調節が行われる。海水魚は，体液の塩類濃度が海水より（　ア　）ため，（　イ　）。淡水魚は，体液の塩類濃度が淡水より（　ウ　）ため，（　エ　）。海水魚と淡水魚はそれぞれの環境下で，腎臓やえらなどのはたらきによって体液の塩類濃度を調節している。

問 3　文章中のア～エに入る語句の組み合わせとして最も適当なものを，次の①～④のうちから一つ選べ。　11

	ア	イ	ウ	エ
①	高　い	体内に水が入ってくる	低　い	体外へ水が出ていく
②	高　い	体外へ水が出ていく	低　い	体内に水が入ってくる
③	低　い	体内に水が入ってくる	高　い	体外へ水が出ていく
④	低　い	体外へ水が出ていく	高　い	体内に水が入ってくる

問 4　海水魚の尿に関する記述として最も適当なものを，次の①～⑥のうちから一つ選べ。　12

① 体液より低濃度の尿を少量排出する。
② 体液より低濃度の尿を大量に排出する。
③ 体液より高濃度の尿を少量排出する。
④ 体液より高濃度の尿を大量に排出する。
⑤ 体液とほぼ等しい濃度の尿を少量排出する。
⑥ 体液とほぼ等しい濃度の尿を大量に排出する。

Ⅳ　ヒトの肝臓に関する次の文章を読み，各問いに答えよ。

肝臓では，さまざまな化学反応が行なわれている。図は，肝臓の一部の構造を示した模式図である。

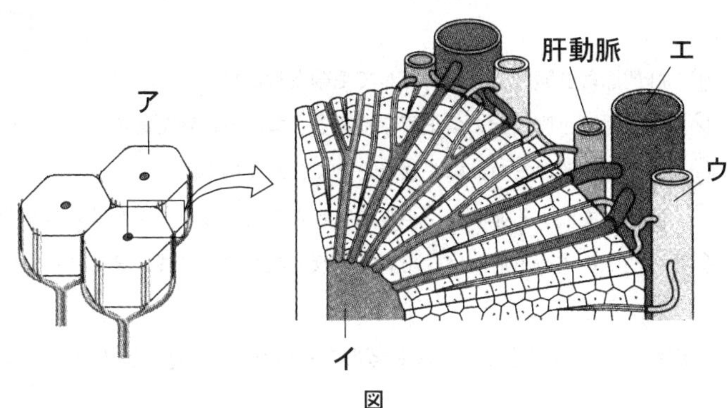

図

問 1　図中のア～エに入る語の組み合わせとして最も適当なものを，次の①～⑧のうちから一つ選べ。　13

	ア	イ	ウ	エ
①	肝細胞	中心静脈	胆　管	肝門脈
②	肝細胞	中心静脈	肝門脈	胆　管
③	肝細胞	肝門脈	胆　管	中心静脈
④	肝細胞	肝門脈	中心静脈	胆　管
⑤	肝小葉	中心静脈	胆　管	肝門脈
⑥	肝小葉	中心静脈	肝門脈	胆　管
⑦	肝小葉	肝門脈	胆　管	中心静脈
⑧	肝小葉	肝門脈	中心静脈	胆　管

問 2　下線部に関する記述として最も適当なものを，次の①～⑤のうちから一つ選べ。　14

①　ビリルビンから尿素を合成する。

②　グルコースを分解してグリコーゲンを放出する。

③　ヘモグロビンを合成する。

④　血しょう中のタンパク質を合成する。

⑤　タンパク質の合成で生じたアンモニアを分解する。

問 3　肝門脈に関する記述として**誤っているもの**を，次の①～⑤のうちから一つ選べ。　15

①　肝門脈は肝臓内で枝分かれして毛細血管となる。

②　肝門脈は小腸などの消化管やひ臓とつながる血管である。

③　肝門脈を流れる血液は，酸素を多く含んでいる。

④　肝門脈を流れる血液は，小腸で吸収されたグルコースを多く含んでいる。

⑤　肝門脈を流れる血液は，小腸で吸収されたアミノ酸を多く含んでいる。

問 4　胆汁に関する記述として最も適当なものを，次の①～⑤のうちから一つ選べ。　16

①　ビリルビンを含んでいる。

②　胆のうで生成される。

③　アルコールを分解するはたらきがある。

④　小腸で脂肪の消化・吸収を抑制するはたらきがある。

⑤　グリコーゲンの分解を促進するはたらきがある。

V　ヒトの体内の水分量の調節に関する次の文章を読み，各問いに答えよ。

体の水分は食べ物や飲み物から摂取し，尿や汗，体表面からの蒸発などにより失われる。水分は体重の約6割を占め，わずか0.5%の変化でも敏感に感知するしくみをもっている。体内環境を一定に保とうとする性質である（　ア　）があるため，体外の環境が変化しても体内の水分量はほぼ一定に保たれる。血液中の塩類濃度が上昇するとホルモンにより腎臓での水の再吸収が促進される。その結果，血液中の塩類濃度が低下し，（　イ　）により水の再吸収を促進するホルモンの分泌が抑制される。

体内の水分が不足した場合，体内の恒常性を維持する高位の中枢である（　ウ　）がホルモンである（　エ　）の分泌を促す。（　エ　）は（　ウ　）で合成され，神経分泌によって（　オ　）から血管に分泌される。（　エ　）は主に（　カ　）にはたらきかけ，水の再吸収を促す。

問 1　文章中のア・イに入る語の組み合わせとして最も適当なものを，次の①～⑥のうちから一つ選べ。　17

	ア	イ
①	生体防御	フィードバック
②	生体防御	ホメオスタシス
③	フィードバック	生体防御
④	フィードバック	ホメオスタシス
⑤	ホメオスタシス	生体防御
⑥	ホメオスタシス	フィードバック

問 2　体内の水分量の調節に関わるホルモンである鉱質コルチコイドについて，分泌する内分泌腺とそのはたらきの組み合わせとして最も適当なものを，次の①～⑨のうちから一つ選べ。　18

	内分泌腺	はたらき
①	副甲状腺	腎臓の集合管でのグルコースの再吸収を促進
②	副甲状腺	体液中のカルシウムイオン濃度の上昇
③	副甲状腺	体液中のナトリウムイオン濃度を調節
④	副腎髄質	腎臓の集合管でのグルコースの再吸収を促進
⑤	副腎髄質	体液中のカルシウムイオン濃度の上昇
⑥	副腎髄質	体液中のナトリウムイオン濃度を調節
⑦	副腎皮質	腎臓の集合管でのグルコースの再吸収を促進
⑧	副腎皮質	体液中のカルシウムイオン濃度の上昇
⑨	副腎皮質	体液中のナトリウムイオン濃度を調節

問 3　文章中のウ・エに入る語句の組み合わせとして最も適当なものを，次の①～⑨のうちから一つ選べ。　19

	ウ	エ
①	視床下部	チロキシン
②	視床下部	バソプレシン
③	視床下部	パラトルモン
④	脳下垂体後葉	チロキシン
⑤	脳下垂体後葉	バソプレシン
⑥	脳下垂体後葉	パラトルモン
⑦	脳下垂体前葉	チロキシン
⑧	脳下垂体前葉	バソプレシン
⑨	脳下垂体前葉	パラトルモン

問 4　文章中のオ・カに入る語句の組み合わせとして最も適当なものを，次の①～⑨のうちから一つ選べ。　20

	オ	カ
①	視床下部	集合管
②	視床下部	糸球体
③	視床下部	ボーマンのう
④	脳下垂体後葉	集合管
⑤	脳下垂体後葉	糸球体
⑥	脳下垂体後葉	ボーマンのう
⑦	脳下垂体前葉	集合管
⑧	脳下垂体前葉	糸球体
⑨	脳下垂体前葉	ボーマンのう

Ⅵ ヒトの免疫に関する次の文章を読み，各問いに答えよ。

適応免疫(獲得免疫)には細胞性免疫と体液性免疫があり，それぞれ複数の免疫細胞が連携し，免疫のしくみを担っている。両者ともに，抗原を取り込んだ樹状細胞がリンパ節において(　ア　)をおこない，リンパ球がウイルスや細菌などの異物の情報を受け取ることによって始まる。

体液性免疫では抗体産生細胞(形質細胞)が(　イ　)というタンパク質でできている抗体を産生する。体液を介して全身に運ばれた抗体は異物と結合し，異物の感染力や毒性を弱めたり，食細胞による異物の排除を促進する。抗体が異物と結合することを(　ウ　)という。

問 1　文章中のア～ウに入る語の組み合わせとして最も適当なものを，次の①～⑧のうちから一つ選べ。　21

	ア	イ	ウ
①	抗原提示	ディフェンシン	抗原抗体反応
②	抗原提示	ディフェンシン	二次応答
③	抗原提示	免疫グロブリン	抗原抗体反応
④	抗原提示	免疫グロブリン	二次応答
⑤	免疫記憶	ディフェンシン	抗原抗体反応
⑥	免疫記憶	ディフェンシン	二次応答
⑦	免疫記憶	免疫グロブリン	抗原抗体反応
⑧	免疫記憶	免疫グロブリン	二次応答

問 2　異物の排除に直接はたらかない細胞として最も適当なものを，次の①～⑥のうちから一つ選べ。　22

①　キラーT細胞　②　好中球　③　樹状細胞
④　血小板　⑤　マクロファージ　⑥　NK細胞

問 3　細胞性免疫および体液性免疫のどちらにも当てはまるしくみとして最も適当なものを，次の①～⑤のうちから一つ選べ。　23

①　樹状細胞がヘルパーT細胞を活性化する。
②　樹状細胞がキラーT細胞を活性化する。
③　ヘルパーT細胞がB細胞を活性化する。
④　ヘルパーT細胞がB細胞に分化する。
⑤　B細胞が異物を認識する。

問 4　抗体産生細胞に分化する免疫細胞として最も適当なものを，次の①～⑦のうちから一つ選べ。　24

①　好中球　②　マクロファージ　③　樹状細胞
④　B細胞　⑤　キラーT細胞　⑥　ヘルパーT細胞
⑦　マスト細胞

Ⅶ　植生の分布と生活形に関する次の文章を読み，各問いに答えよ。

地球上には様々なバイオームが存在しているが，それぞれのバイオームは年平均気温や年降水量などの気候条件に対応している。一方，地域の気候によって，バイオームを構成する植物の生育に不適な期間の乗り切り方も異なっている。ラウンケルは休眠芽の位置にもとづいて，植物を表1のように分類した。

図1は，地点A～Eの年平均気温と年降水量の関係を表している。これらの地点で見られる植物群はそれぞれ異なるバイオームに属している。図2は，植物群 i)～iv)における，ラウンケルの各生活形に属する種類数の割合を示している。なお，植物群 i)～iv)は，図1の4地点A～Dで見られる植物群のいずれかに該当する。

表1 ラウンケルの生活形

生活形の名称	休眠芽の位置
地上植物	地上 30 cm 以上
地表植物	地上 30 cm 未満
半地中植物	地表に接している
地中植物	地中にある
一年生植物	*種子として生き残る

＊休眠芽をもたないので，種子をそれに代わるものとした。

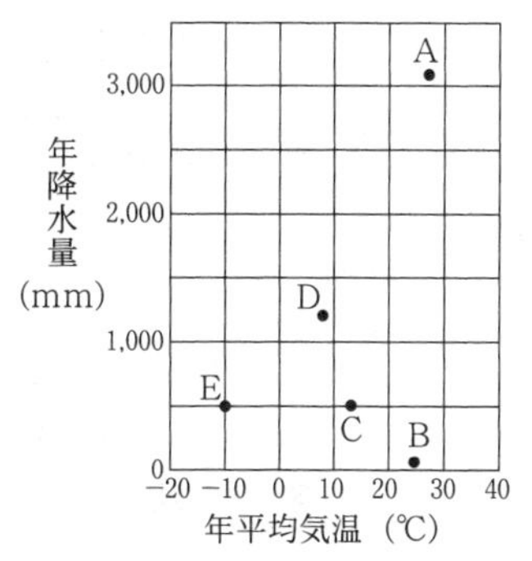

図1 地点A～Eの年平均気温と年降水量

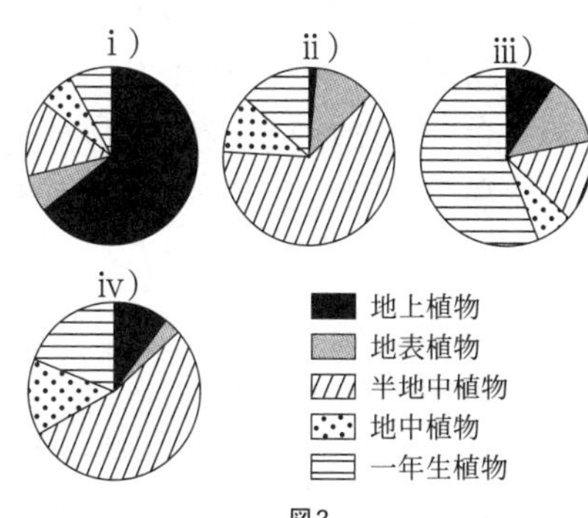

図2

問1　図1の地点A～Eのうち，日本にも存在する地点として最も適当なものを，次の①～⑤のうちから一つ選べ。　25

① A　② B　③ C　④ D　⑤ E

問2　ラウンケルの生活形のなかで半地中植物の組み合わせとして最も適当なものを，次の①～⑥のうちから一つ選べ。　26

① イヌタデ，オニユリ　② イヌタデ，ススキ　③ イヌタデ，タンポポ
④ オニユリ，ススキ　⑤ オニユリ，タンポポ　⑥ ススキ，タンポポ

問 3 図2の植物群 i)は常緑樹が優占する森林であり，この植物群が属するバイオームは世界のバイオームの中で最も樹木の種類数が多いことで知られている。図1中でこの植物群が分布する地点として最も適当なものを，次の①～⑤のうちから一つ選べ。 27

① A　② B　③ C　④ D　⑤ E

問 4 図2の植物群 i)の属するバイオームとして最も適当なものを，次の①～⑨のうちから一つ選べ。 28

① 雨緑樹林　② 夏緑樹林　③ 砂　漠
④ サバンナ　⑤ 照葉樹林　⑥ 針葉樹林
⑦ ステップ　⑧ ツンドラ　⑨ 熱帯多雨林

問 5 図2の植物群 ii)は図1の地点Cに分布しており，半地中植物が大半を占める。この植物群で多く見られる半地中植物として最も適当なものを，次の①～⑤のうちから一つ選べ。 29

① 着生植物　② つる植物　③ イネ科草本
④ 硬葉樹　⑤ 落葉広葉樹

問 6 図2の植物群 ii)の属するバイオームとして最も適当なものを，次の①～⑨のうちから一つ選べ。 30

① 雨緑樹林　② 夏緑樹林　③ 砂　漠
④ サバンナ　⑤ 照葉樹林　⑥ 針葉樹林
⑦ ステップ　⑧ ツンドラ　⑨ 熱帯多雨林

問 7 図2の植物群 iii)が分布する地域の気候の特徴として最も適当なものを，次の①～⑤のうちから一つ選べ。 31

① 降水量が極めて少なく，一日の温度の変化が非常に大きい。
② 降水量が極めて多く，年間を通じて気温が高い。
③ 降水量は多くなく，年平均気温が－5℃以下である。
④ 年平均気温は高く，降水量が多い季節と少ない季節が存在する。
⑤ 気温の高い季節の降水量は少なく，気温の低い季節の降水量は多い。

問 8 図2の植物群 iv)は落葉樹が優占する森林である。一般に，樹木から落ちた葉は枯れ枝とともに土壌の最上部に層を形成し，この層の下には，分解者により分解された落葉や枯れ枝に由来する腐植に富んだ腐植層が見られる。図2の植物群 i)と植物群 iv)の土壌を比較した記述として最も適当なものを，次の①～④のうちから一つ選べ。 [32]

① i)では分解作用があまり進まず，降水量が多く一部は流出するので，土壌の腐植層は i)より iv)の方が厚い。

② i)では分解作用があまり進まず，降水量が多く一部は流出するので，土壌の腐植層は i)より iv)の方が薄い。

③ i)では分解作用が非常に盛んであり，降水量も多く一部は流出するので，土壌の腐植層は i)より iv)の方が厚い。

④ i)では分解作用が非常に盛んであり，降水量も多く一部は流出するので，土壌の腐植層は i)より iv)の方が薄い。

Ⅷ 生態系に関する次の文章A・Bを読み，各問いに答えよ。

A 湖沼や海に窒素やリンなどを含む(　ア　)が流入して高濃度になることがある。また，人間活動で排出された(　イ　)は，細菌などによって窒素やリンなどを含む(　ア　)に分解される。これらの(　ア　)を栄養分として(　ウ　)が異常に増殖することがある。

<u>体内で分解されにくい物質や体外へ排出されにくい物質が生物に取り入れられたとき，体内で高濃度に蓄積されることがある</u>。このような物質は食物連鎖を通じて，高次の消費者ではより高濃度になる。

問 1 文章中のア～ウに入る語として最も適当なものを，次の①～⑨のうちからそれぞれ一つ選べ。　ア [33]　イ [34]　ウ [35]

① 硫黄酸化物	② オゾン	③ 植物プランクトン
④ ダイオキシン	⑤ 地球温暖化	⑥ 動物プランクトン
⑦ 内分泌攪乱物質	⑧ 無機物	⑨ 有機物

問 2　下線部に関係の深いものとして最も適当なものを，次の①～⑨のうちから一つ選べ。 36

① アオコ　② 赤　潮　③ 光化学スモッグ

④ 酸性雨　⑤ 地球温暖化　⑥ 特定外来生物

⑦ 富栄養化　⑧ 水俣病　⑨ 四日市ぜんそく

B　有機物の構成元素である炭素と窒素には，それぞれ重さの違う原子がある。炭素ではその大部分である軽い炭素12と極めて少ない重い炭素13があり，窒素には大部分を占める軽い窒素14と極めて少ない重い窒素15がある。捕食者が被食者を食べると，捕食者の体内では食べた被食者の重い原子が蓄積され，それぞれの元素の中での割合が増加することが知られている。一般的には，捕食者は被食者より炭素13は相対値で1，窒素15は相対値で3増加する。その例を図1に示す。

植物では，イネやコムギなどのX植物と，ススキやトウモロコシなどのY植物で異なり，炭素13の割合に違いがある。図2はある生態系でのX植物とY植物の炭素13と窒素15のそれぞれの元素中の割合(相対値)を示したものである。

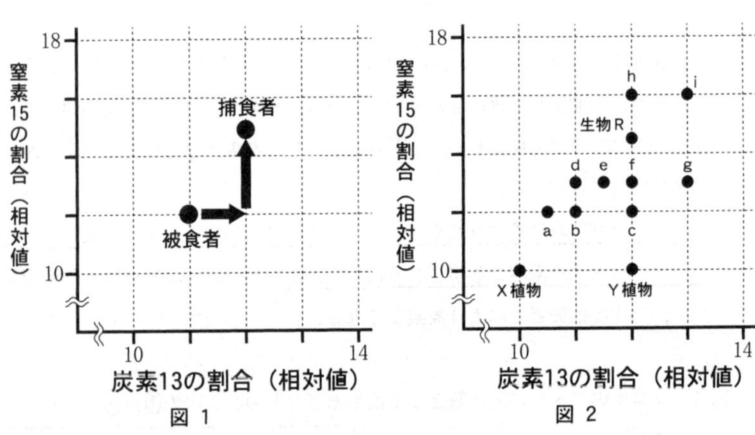

図 1　図 2

問 3　X植物とY植物は炭素13の割合が異なるが，窒素15の割合は同じである。この理由として最も適当なものを，次の①～⑤のうちから一つ選べ。 37

① 光合成には窒素が使われないから。

② 光合成で合成される窒素量が等しいから。

③ 光量が異なるから。

④ 生育場所が異なるから。

⑤ それぞれが用いる炭素の量が異なるから。

問 4 X植物のみから始まる食物連鎖の二次消費者の炭素13と窒素15の割合として最も適当なものを，次の①～⑨のうちから一つ選べ。 38

	①	②	③	④	⑤	⑥	⑦	⑧	⑨
炭素13	11	11	11	12	12	12	13	13	13
窒素15	11	13	16	11	13	16	11	13	16

問 5 X植物とY植物を同じ割合で捕食している生物がいる。図2中のa～iのうちこの生物の炭素13と窒素15の割合を示すものとして最も適当なものを，次の①～⑨のうちから一つ選べ。 39

① a　② b　③ c　④ d　⑤ e
⑥ f　⑦ g　⑧ h　⑨ i

問 6 図2中の生物Rは，図3のようにY植物からの二次消費者とX植物を捕食している。捕食している二次消費者とX植物の割合として最も適当なものを，次の①～⑨のうちから一つ選べ。 40

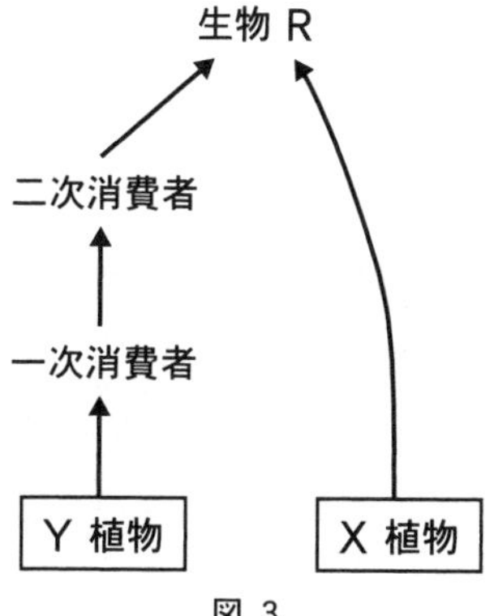

図 3

	①	②	③	④	⑤	⑥	⑦	⑧	⑨
二次消費者	5%	15%	25%	35%	45%	55%	65%	75%	85%
X植物	95%	85%	75%	65%	55%	45%	35%	25%	15%

問十　問題文の内容と最もよく合致するものを、次の①～⑤のうちから一つ選べ。 38

① 「スロー・フード」という言葉が市民権を得ているのは人々が食事に時間的効率のみを求める現代の状況と対応しており、そのような状況を正確に定義するところから味わうに値する食事を求める正しい実践への道が開かれる。

② ハンバーグを構成している合い挽き肉は牛肉の強いクセと豚肉のさわやかさによるバランスが絶妙であり、今では強いくさみをもった牛肉はなかなか食べられないが、本来はそれがハンバーグを味わうに値する料理にしていた。

③ ハンバーグのつなぎは内部の肉汁を保持しつつその表面に抵抗力を生み出すために重要な役割を果たしており、ここに自らの持ち味を保持するとともに廃棄する食材同士の弁証法的な関係を見てとることができる。

④ スピノザが定義というものを原因から考えようとしたのは事物の本質的な性格を明らかにするためであり、結果から考えることで物事の複雑な局面が限定されてしまうことを避けたためである。

⑤ ファスト・フードをインフォ・プア・フード、スロー・フードをインフォ・リッチ・フードと呼ぶことで、我々は食事を情報量の観点から認識し、ネット等のさまざまな情報にアクセスしながら食事を行うことができる。

る。

③　味わうに値しないと考えられる食事は単純な味しかしないものであり、それに時間をかけても無意味である。

④　ファスト・フードはすばやく食べられるからそう呼ばれるのではなく、味わうに値する情報量を持たないからそう呼ばれる。

⑤　ハンバーグに織りなされている諸要素を身体が処理するためには、必然的に多くの時間を要する。

問八　空欄 Ⅱ ・ Ⅲ ・ Ⅳ ・ Ⅴ ・ Ⅵ には、「原因」または「結果」という語が入る。その組み合わせとして最も適当なものを、次の①〜⑥のうちから一つ選べ。　36

	Ⅱ	Ⅲ	Ⅳ	Ⅴ	Ⅵ
①	結果	原因	結果	原因	結果
②	原因	結果	原因	結果	原因
③	結果	結果	原因	結果	原因
④	原因	原因	結果	原因	結果
⑤	結果	結果	原因	原因	結果
⑥	原因	原因	結果	結果	原因

問九　空欄 Ⅶ に入ることばとして最も適当なものを、次の①〜⑤のうちから一つ選べ。　37

①　性質　②　実践　③　特性　④　情報　⑤　名称

材が成形された後もみずからの食感をしっかりと残している点にあるということ。

③　炒められたタマネギは甘みに加えて香ばしさを含んでおり、さらにそこにくさみと甘みを持った合い挽き肉が混ぜ合わせられることで、ハンバーグは絶妙な調和を作り出しているということ。

④　タマネギと合い挽き肉はそれぞれの内部で相反する状態を作り出しているが、二つを混ぜ合わせることでその状態を解消するのがハンバーグの調理法の秘訣だということ。

⑤　タマネギの甘みと香ばしさを合い挽き肉のくさみと甘みに混ぜ合わせるのはつなぎという重要な要素であり、つなぎによって味も食感も良いバランスのハンバーグができ上がるということ。

問六　問題文中のa～dの文をもとの順番に並べ替えたものとして最も適当なものを、次の①～⑥のうちから一つ選べ。　34

①　a↓b↓d↓c　②　b↓d↓c↓a　③　b↓a↓c↓d
④　c↓a↓d↓b　⑤　c↓b↓a↓d　⑥　d↓c↓b↓a

問七　傍線部D「味わうに値する食事は、結果として、ゆっくり食べられることになる」とあるが、その具体的な説明として**不適当なもの**を、次の①～⑤のうちから一つ選べ。　35

①　ある食事がファスト・フードと呼ばれるかスロー・フードと呼ばれるかは、その食事に対する時間のかけ方で決まる。

②　大量の情報が含まれている食事を体が受け入れるのには時間がかかるので、その場合ゆっくり食べることが求められ

と。

②　ハンバーグはケチャップと牛脂の味に限定されているため、口の中の処理が簡単で誰でもすばやく食べられるということ。

③　ハンバーグは豚肉のさわやかさによって、日本国内では食べられなくなった牛肉本来のくさみを思い出させてくれるということ。

④　ハンバーガーはハンバーグの持つ情報の多さをあえて縮減することで、一口で食べられるものに変えているということ。

⑤　ハンバーグは牛肉のくさみに食用に改良された豚肉のさわやかさを合わせることで、互いを高め合った味にしているということ。

問四　空欄 I に入ることばとして最も適当なものを、次の①〜⑤のうちから一つ選べ。 32

①　対照　②　相補　③　依存　④　総合　⑤　構造

問五　傍線部C「ここには二重の対立関係が存在し、それぞれが一種の弁証法をなすと同時に、その二つの弁証法が重ね合わせられる」とはどういうことか。その説明として最も適当なものを、次の①〜⑤のうちから一つ選べ。 33

①　タマネギの甘みは豚肉の甘みと、牛肉のくさみは炒められたタマネギの香ばしさとそれぞれ合わさることで、具材それぞれのバランスが保たれたハンバーグが作り出されるということ。

②　ハンバーグは合い挽き肉とタマネギが混ぜ合わせられることで作り出されるが、この料理のポイントはそれぞれの具

問一　問題文からは次の一文が欠落している。補うべき箇所として最も適当なものを、次の①～⑤のうちから一つ選べ。　29

これは決して言葉遊びではない。

①〔ア〕　②〔イ〕　③〔ウ〕　④〔エ〕　⑤〔オ〕

問二　傍線部A「市民権を得た」の問題文中での意味として最も適当なものを、次の①～⑤のうちから一つ選べ。　30

① 否定的な意味を取り除いた
② すっかり流行のものになった
③ 新しい意味を帯びるようになった
④ 一般的なものとして根付いた
⑤ 一部では用いられるものになった

問三　傍線部B「ハンバーグの驚くべき知恵がある」とはどういうことか。その説明として最も適当なものを、次の①～⑤のうちから一つ選べ。　31

① ハンバーグは牛肉のくさみを豚肉のくさみで打ち消すことで、人間の味覚に受け入れやすいものにしているというこ

原因を含まなければならない。要するに、事物はその原因によって定義しなければならず、その原因から生じる結果によって定義してはならないということである。事物をその原因によって定義した際には、対象となる事物のあらゆる特性を定義から導きだすことができる。しかし、事物をその原因がもたらす結果によって定義した場合には、単なる一つの特性が取り上げられているに過ぎないから、その事物のもつその他の特性を導きだすことはできない。定義が一面的になってしまう。

〔エ〕ファスト・フードやスロー・フードという言葉は、まさしく、［Ⅱ］による定義に基づいた名称である。すばやく食べられるとかゆっくり食べられるということは、その食物のもたらす［Ⅲ］であって、その［Ⅳ］ではない。

したがって、スピノザの教えに従い、これらの名称で呼ばれている事物を正確に定義するならば、ファスト・フードは情報量が少ない食事、すなわちインフォ・プア・フードと呼ばれるべきであり、スロー・フードは情報量が多い食事、すなわちインフォ・リッチ・フードと呼ばれるべきである。これこそが、両者を［Ⅴ］ないし性質ではなくて、［Ⅵ］によって定義した正確な名称である。

〔オ〕それどころか、［Ⅶ］的に重要な意味をもつ。なぜなら、情報量が少ない食事をゆっくり食べても何の意味もないからである。この正確な定義が教えるところとは、味わうに値する食事、すなわち情報量が多い食事を提供することこそが重要だということだ。スピノザが教える通り、物事を正確に定義することは、正しい実践の道を開くのである。

（國分功一郎『民主主義を直感するために』による。なお、設問の都合上、原文を一部改変した箇所がある）

〔注〕＊つなぎ……料理で、ねばりけのないものやくずれやすいものを固めるために混ぜ入れるもの。
＊スピノザ……Baruch de Spinoza（一六三二〜一六七七）。オランダの哲学者。

a　つなぎの具合がうまくいくと、その表面に守られた内部に肉汁が充満する。
b　すなわち、歯を立ててハンバーグをぷつんと切った瞬間、表面の抵抗力と内部の柔軟さが対立的に働く。
c　ハンバーグは焼かれるため、表面は適度な強度を保っている。
d　ここでも——弁証法的ではないが——対立的な関係が表れる。

柔軟さを保つのが内部に充満した肉汁であり、この肉汁を保持するためにつなぎが極めて重要な役割をもつ。このかみしめる楽しみは、一口の作業の中で何度か与えられることになる。

もちろんその他に、香りの要素も大きい。また盛りつけ等々の視覚的要素もうまさに強く影響する。だがここで分析はやめておこう。

〔ウ〕以上の分析から言えることは何だろうか？　それは、味わうに値する食事には大量の情報が詰め込まれているということである。そして、情報が大量であるならば、それらを身体が処理するには大変な時間がかかることになる。つまり、D味わうに値する食事は、結果として、ゆっくり（スロー）食べられることになる。

ならば次のように言えよう。ファストとかスローとかいった性質は、その食事の含む情報量が多いか少ないかによって決定される。つまり、ファスト／スローは、結果であって原因ではない。それらの結果をもたらすのは食事に含まれる情報の量である。

スピノザは『知性改善論』の中で定義について次のように述べている。定義は事物の内的な本質を明らかにしなければならないから、そのためには、(1)その事物の本質のかわりに特性を以て定義することがないようにしなければならない、(2)定義は

それに対し、味わうに値する食事には大量の情報が含まれている。ハンバーグを例にとろう。ハンバーグを構成している主たる要素である合い挽き肉には独特の味わいがある。牛肉の強いクセと豚のさわやかさである。残念ながら今では強いくさみをもった牛肉はなかなか日本国内では食べられない。それ故にこの牛肉のくさみは忘れられつつあるが、牛肉は食材としてみればかなりクセのつよいものである。それに対し、豚肉はそもそも食用に改良された肉であることから分かるように、人間の味覚にとって受け入れやすい味であり、また穏やかな甘みをもっている。この両者を混合するところにハンバーグの驚くべき知恵がある。くさみが口のなかで刺激を与えつつも、豚肉の甘みがそれをうまく包み込む。ハンバーグを食するものはこの［ I ］的関係を一口ごとに処理していく。

〔イ〕ハンバーグには様々な調理法があるが、合い挽き肉に投入される別の要素として欠かせないのがタマネギである。多くの場合、タマネギは油で炒めて冷ましたあとに、合い挽き肉と混ぜ合わされ、そしてハンバーグを成形する作業が行われる。タマネギには独特の甘みがある。しかし甘みだけではない。炒められることでタマネギは香ばしさを獲得している。タマネギの甘みと香ばしさは、合い挽き肉のくさみと甘みに重ね合わせられる。つまりここには二重の対立関係が存在し、それぞれが一種の弁証法をなすと同時に、その二つの弁証法が重ね合わせられる。そうして現れるのは、四つの要素がそれぞれの持ち味をもちつつも、高次の統合状態を提示する運動、すなわち、自らの持ち味を、保持するとともに廃棄する揚棄(アウフヘーベン)の運動に他ならない。

味だけではない。ハンバーグにおいてしばしば指摘されるのはつなぎの重要性である(なお、つなぎとしてはパン粉が使われるのが普通だが、最近、全く別の素材を使った方法が開発され、注目を集めている)。

⑤　空也上人の弟子は、師匠が山を下り市場の生活を選んだのは自分たちを育てるためだったと知り、涙を流した。

問十　『閑居友』は鎌倉時代に成立した作品である。同時代に成立した作品として最も適当なものを、次の①～⑤のうちから一つ選べ。　28

①　伊勢物語　②　宇治拾遺物語　③　拾遺和歌集　④　春雨物語　⑤　風姿花伝

第三問　次の文章を読んで、後の問いに答えよ。

近年、ファスト・フードに対抗して、スロー・フードということが言われている。ゆっくり食べる食事ということである。最近ではスロー・フードが社会運動の流れを作ってきているという指摘もある。〔ア〕「スロー・フード」という言葉は完全にA市民権を得た。しかし、筆者の考えではこの言葉は哲学的に間違った定義に基づいている。以下に詳しく見ていくように、この間違いは致命的である(にもかかわらず、この言葉を使う人たちがこの間違いに気づかないのは、おそらく彼らが実際にうまさを体験できていないからである)。

ではこれら二つの名称の定義上の間違いとは何か？　ファスト・フードの方から考えよう。なぜファスト・フードはすばやく食べられるのだろうか？　それはその食事に含まれている情報が少ないからである。たとえば、質の悪いハンバーガーはケチャップと牛脂の味しかしない。情報が少ないのだから、口の中等々で処理するのは簡単である。全く時間がかからない。だからすばやく(ファスト)食べられる。

①　喧噪(けんそう)から遠く離れた静かな所。
②　修行をするのにとても適した所。
③　欲望にとらわれる人のいない所。
④　悲しみを感じないで暮らせる所。
⑤　多くの人を救うことができる所。

問八　傍線部Ｈ「さこそは」の解釈として最も適当なものを、次の①～⑤のうちから一つ選べ。　26

①　たしかに愚かな行動であったかもしれない。
②　その信念に心から感動しているのではないか。
③　さぞかし心を煩わされたのであろう。
④　ひどく反省して悔い改めたに違いない。
⑤　このように立派なふるまいであったことだ。

問九　問題文の内容と最もよく合致するものを、次の①～⑤のうちから一つ選べ。　27

①　空也上人は、弟子たちが仏道修行を怠って騒がしくしたことに腹を立てて山を下り、行方知れずになった。
②　空也上人は、山での困窮した生活に見切りをつけ、食べ物に困ることのない市場に出て豊かな生活をしていた。
③　空也上人は、弟子たちを育てることに腐心していたが、それが煩わしくなり仏の道を捨てて俗人に戻っていた。
④　空也上人は、山で弟子たちを育てることよりも、市井に生きる人々の近くで仏道修行に専心することを選んだ。

ら。

⑤ 弟子たちは空也上人に見捨てられたと思っていたのに、修行に明け暮れる師匠を見て自分たちが間違っていることに気付いたから。

問五 傍線部E「頭に□をいただきて」とは、「年老いているさま」を喩(たと)えた表現である。空欄に入る語として最も適当なものを、次の①～⑤のうちから一つ選べ。 23

① 光　② 頭巾　③ 綿　④ 仏　⑤ 雪

問六 傍線部F「これらを見るに、悲しみの涙かきつくすべきかたなし」とはどういうことか。最も適当なものを、次の①～⑤のうちから一つ選べ。 24

① 市井に生きる人々の明日をも知れぬ命を案ずるあまり、涙をどう流したらよいかさえ分からないということ。
② 市井に生きる人々の苦しい生活を目の当たりにして、その救いのなさに涙が止(とど)まることを知らないということ。
③ 市井に生きる人々の享楽的な生活を目の当たりにすると、やりきれない気持ちになって涙が溢(あふ)れてくるということ。
④ 市井に生きる人々が仏の教えを顧みないことに腹立たしさを覚え、己の非力に涙すら出てこないということ。
⑤ 市井に生きる人々が懸命に仏にすがろうとする姿を見ていると、自分には涙を流している暇などないということ。

問七 傍線部G「いみじかりける所」とはどのような所か。最も適当なものを、次の①～⑤のうちから一つ選べ。 25

問二　傍線部B「さてしもあるべきならねば」の解釈として最も適当なものを、次の①～⑤のうちから一つ選べ。　20

① 空也上人を探し続けてもいられないので。
② 空也上人を頼ってばかりではよくないので。
③ 空也上人が戻ってくることは期待できないので。
④ 空也上人はもう生きていないかもしれないので。
⑤ 空也上人とどこかで会わないとも限らないので。

問三　傍線部C「ゆかしくて」の問題文中での意味として最も適当なものを、次の①～⑤のうちから一つ選べ。　21

① 変に思って　② 嬉(うれ)しくて　③ 尊く感じて　④ 同情して　⑤ 心ひかれて

問四　傍線部D「ふつに、世の中にまじらひていまそかるらむとは思はざりつるを」について、弟子が空也上人にこのように言ったのはなぜか。その理由として最も適当なものを、次の①～⑤のうちから一つ選べ。　22

① 空也上人は騒がしいことをいつも嫌っていたのに、さらにもの騒がしい市場に身を置いていたことにあきれたから。
② 空也上人はもうこの世に生きていまいと思っていたのに、思いがけず生きて再会できたことを嬉しく思ったから。
③ 空也上人は仏道修行に専念していると思っていたのに、市場で物乞いをするほど落ちぶれているのが悲しかったから。
④ 弟子たちは空也上人の行方を懸命に探したのに、これほど近くにいたことに驚いて自分たちの努力不足を恥じたか

て、とかく思ひめぐらしし心の内のもの騒がしさ、ただおしはかり給ふべし。この市の中は、かやうにてあやしの物さし出だして待ち侍れば、食ひ物おのづから出で来て、さらに乏(とも)しきことなし。心散るかたなくて、一筋(ひとすぢ)にいみじく侍り。また、E頭(かうべ)に□をいただきて、世の中を走(わし)るたぐひあり。また、目の前に偽りを構(かま)へて、悔しかるべき後(のち)の世を忘れたる人あり。Fこれらを見るに、悲しみの涙かきつくすべきかたなし。観念たよりあり。心静かなり。G「いみじかりける所なり」とぞ侍りける。弟子も涙に沈み、聞く人もさくりもよよと泣きけるとなむ。まことにあまたの人を育まむとたしなみ給ひけむ、Hさこそはと思ひやられ侍り。

（『閑居友』による。なお、設問の都合上、原文を一部改変した箇所がある）

〔注〕
＊空也上人……平安時代中期の僧侶(九〇三～九七二)。日本における浄土教・念仏信仰の先駆者。
＊山……延暦(えんりゃく)寺(じ)。比叡山(ひえいざん)全域を境内とする天台宗の総本山。
＊薦……わらなどで作られた敷物。
＊異やうなるもの……変わった器。
＊世の中を走る……世俗のことにあくせくする。
＊観念……仏や浄土の具体的な様相を心に思い描く修法。
＊さくりも……しゃくり上げて。

問一　傍線部A「に」の文法的説明として最も適当なものを、次の①～⑤のうちから一つ選べ。　19

① 動詞の活用語尾　② 形容動詞の活用語尾　③ 完了の助動詞　④ 断定の助動詞　⑤ 接続助詞

問十二　問題文の内容に最もよく合致するものを、次の①～⑤のうちから一つ選べ。　18

① 太古の時代を微動だにせず生きてきた原始林の雄大さに、人間はずっと崇高さを感じてきた。
② ガジュマルは枝から養分を吸い上げるので、まるで手を広げて歩いているように見える。
③ 環境の変化に対し、植物の方が動物よりも不利な立場にあるとは必ずしもいえない。
④ 植物に知覚があるかのように擬人化するのは、人間による植物の隷属化に他ならない。
⑤ 植物の本質は荒々しく猛々(たけだけ)しい活動性にあり、やさしいイメージは人間側の偏見にすぎない。

第二問　次の文章を読んで、後の問いに答えよ。

昔、空也(くうや)上人、山の中におはしけるが、常には、「あなもの騒がしや」とのたまひければ、あまたありける弟子たちも、慎みてぞ侍(はべ)りける。度々(たびたび)かくありて、ある時、かき消つやうに失(う)せ給ひ A にけり。心の及ぶほど尋ねけれども、さらにえ会ふこともなくて、月ごろになりぬ。B さてしもあるべきならねば、みな思ひ思ひに散りにけり。

かかるほどに、ある弟子、なすべきことありて、市(いち)に出(い)でて侍りければ、あやしの薦(こも)引き回したる中に、人あるけしきして、前に異(こと)やうなるものさし出だして、食ひ物の端々(はしばし)受け集めて置きたるありけり。「いかすぢの人ならむ」と、C さすがゆかしくて、さし寄りて見たれば、行方なくなしてし我が師にておはしける。「あなあさまし。『もの騒がしき』とのたまはせし上に、かきくらし給ひてし後は、D ふつに、世の中にまじらひていまそかるらむとは思はざりつるを」と言ひければ、「もとの住処(すみか)のもの騒がしかりしが、このほどはいみじくのどかにて、思ひしよりも心も澄みまさりてなむ侍るなる。そこたちを育み聞こえむと

選べ。　14

① 一年の始まりは春であるという一般的了解は、樹木においては誤解でしかない。
② 秋の木々の落葉は、芽吹きに始まる春以来の生命活動の締めくくりである。
③ 秋には、目に見えない深層の部分で新たな生のエネルギーが破裂している。
④ 秋の落葉という現象よりも、そこに伏流する新たな生の胎動こそ注目に値する。
⑤ 木が枯死するのは、次世代が着実に成長しつつあることの動かぬ証拠である。

問十　空欄 Ⅴ ・ Ⅵ には漢字が一字ずつ入り、それをこの順序で組み合わせると「ものごとの重要な部分」を意味する熟語となる。それぞれに最も適当なものを、次の①～⑦のうちから一つずつ選べ。　15　16

① 幹　② 葉　③ 枝　④ 花　⑤ 蕾(つぼみ)　⑥ 管　⑦ 根

問十一　傍線部G「夏の夜空を染めぬく花火が植物に喩えられるのは、それゆえ当然といえば当然なのだ」とあるが、どうしてそう言えるのか。その説明として最も適当なものを、次の①～⑤のうちから一つ選べ。　17

① 夏の風物詩としての花火は、一年の終わりである秋を目前に一気に咲き誇る花とイメージが重なるから。
② 破裂する瞬間に向けてエネルギーを凝集する花火が、春の炸裂に備える植物の生のあり方と重なるから。
③ 炸裂の瞬間において存在ごと消尽する植物の生のありようが、ほとんど花火の美意識と重なるから。
④ 花火が開花の瞬間を模して夜空に広がることが、植物が春に芽吹く瞬間のイメージとまるごと重なるから。
⑤ 瞬時に消える花火のはかないイメージが、咲いてもすぐに枯れる花の生のあり方に見事に重なるから。

か。その説明として適当なものを、次の①～⑥のうちから二つ選べ（マークする選択肢番号の順序は問わない）。 11 12

① 動物よりも早く動く植物が存在することが、すでに実証的に明らかになっているから。
② 植物のマイルドなイメージは、動物のイメージが反転したものでしかないから。
③ 植物と動物との本質的差異は、自然界に対する人間の無知に起因するものであるから。
④ 動物の中でも、草食動物はやさしく、肉食動物は激しいという現実があるから。
⑤ 動きの大小や速さの違いなどは、植物と動物とのあいだの程度の差でしかないから。
⑥ 脳や神経系の有無こそが、植物と動物とを切り分ける中心的な違いであるから。

問八　傍線部Ｅ「チャモヴィッツの本」はどんなことを述べているか。その内容に最もよく合致するものを、次の①～⑤のうちから一つ選べ。 13

① 人間と植物とは、波長を合わせて過去の記憶と同調することが可能である。
② 植物を中立的に広く考えると、脳や神経系の存在を否定せざるを得なくなる。
③ 植物が知覚らしきものを有していることは、科学的な知識によって説明できる。
④ 植物的であることを決める決定的な要因というものは未だ見つかっていない。
⑤ 人類の植物に対する無知が、隷属的な植物の立場を動かぬものとしてきた。

問九　傍線部Ｆ「カレル・チャペックの『園芸家の一年』」の内容に最もよく合致するものを、次の①～⑤のうちから一つ

② お尻に根が生えるのは単なる気休めで、だるさが癒えるわけはないのである。
③ たとえ根が生えたとしても、直立している状態であることに違いはないのである。
④ 人間が体を休めている間も、木はひとときも休まず成長し続けているのである。
⑤ お尻に根が生えた状態の人間は、現実から逃避しているに過ぎないのである。

問五 空欄 Ⅲ には、「風の又三郎」や「注文の多い料理店」、「よだかの星」などを著した作者の名前が入る。最も適当なものを、次の①～⑤のうちから一つ選べ。 9

① 小川未明（おがわみめい）　② 萩原朔太郎（はぎわらさくたろう）　③ 宮沢賢治（みやざわけんじ）　④ 中原中也（なかはらちゅうや）　⑤ 新美南吉（にいみなんきち）

問六 傍線部C「歴史学者には植物性が欠けがち」とはどういうことか。その説明として最も適当なものを、次の①～⑤のうちから一つ選べ。 10

① 歴史学者の関心は人間の世界の動きにもっぱら注がれ、植物の世界の動きは無視しがちであるということ。
② 一回性の強い歴史的事実に執着するあまり、歴史家はしばしば重大な見落としを繰り返してきたということ。
③ 歴史学者が人間である以上、反復される微細な変化を変化として認知することは不可能であるということ。
④ 他から際だった現象を追うことに慣れた歴史学者の目は、緩慢で反復的な動きを閑却しがちであるということ。
⑤ 歴史学者は歴史的人物の動向には敏感だが、往々にして脇役的な存在については無頓着であるということ。

問七 傍線部D「これらの性質は、植物性と動物性とを泰然と分ける本源的な性質ではない」とあるが、どうしてそう言えるの

② 動と静という二分法によって、静のイメージを付与された植物。
③ 植物であるにもかかわらず、例外的に動くことが知られている植物。
④ 動と静という二分法によって、動のイメージを奪い取られた植物。
⑤ 動物であるにもかかわらず、静物の側に分類されてしまった動物。

問三 空欄 Ⅰ ・ Ⅱ ・ Ⅳ に入る語として最も適当なものを、次の各群の①～⑤のうちからそれぞれ一つずつ選べ。　Ⅰ 5　Ⅱ 6　Ⅳ 7

Ⅰ
① 啓示
② 云々（うんぬん）
③ 援用
④ 彷彿（ほうふつ）
⑤ 踏襲

Ⅱ
① 言わず語らず
② 差しつ差されつ
③ 負けず劣らず
④ つかず離れず
⑤ 持ちつ持たれつ

Ⅳ
① 太鼓判
② 烙印（らくいん）
③ 駄目
④ 横車
⑤ 念

問四 傍線部B「たとえお尻に根が生えたところで、忙しさが減ずるわけではないのだ」とはどういうことか。その説明として最も適当なものを、次の①～⑤のうちから一つ選べ。　8

① 動かないからといって、何もせずに休息していると思ったら大きな誤解である。

2024年度　2月1日　一般前期　国語

問一　傍線部a～cと同一の漢字を使うものを、次の各群の①～⑤のうちからそれぞれ一つずつ選べ。 a 1 b 2 c 3

a　チンジュ
① シュリョウ採集の生活
② シュイン船貿易
③ 概ねシュコウできる結論
④ シュミに没頭する
⑤ シュヒ義務に反する

b　サッカク
① 資本家によるサクシュ
② 不要な部分をサクジョする
③ 巻末のサクインを参照する
④ 情報がサクソウしている
⑤ 窮余のイッサク

c　イデン
① 人生をアンイに考える
② ムサクイに抽出する
③ イコンを晴らす
④ 被災地をイモンする
⑤ イダイな先人を顕彰する

問二　傍線部A「動物の「動」の字にある「動く」というイメージに反する植物」とはどういうことか。その説明として最も適当なものを、次の①～⑤のうちから一つ選べ。 4

① 動物であるにもかかわらず、決して動くことのない例外的な動物。

玉の中から、春が炸裂する。

秋に木や灌木がはだかになるというのは、目のサッカクである。それらは、春になると衣を脱いでのびてくる、あらゆるものでちりばめられているのだ。秋になると花が姿を消すのは、たんなる目のサッカクである。なぜなら、実際には花が生まれているのだから。

（『園芸家の一年』）

この文章の中に、植物性の「V」と「VI」が描かれている。それは「炸裂」だ。どうやら、チャペックが惹かれている植物の性質は、秋と冬のあいだに凝集されエネルギーを蓄えていく始まりのエッセンスが、まるで金剛砂と火薬を混ぜたものを紙につめた玩具のように、春にポンと破裂することなのである。G夏の夜空を染めぬく花火が植物に喩えられるのは、それゆえ当然といえば当然なのだ。生と死。凝集と破裂。芽が吹く、というとき、あるいは、つぼみが弾ける、というとき、それはチャペックにとってみれば「炸裂」にほかならない。

凝縮は枯葉舞う秋冬の季節に、沈黙の中で人知れず進んでいる。比較的温度の高い土の中で、植物は死んだふりをして健気に生命を蓄えている。植物は、それを静かに小出しにするというケチくさいことをしない。炸裂させるのだ。しつこいようだが、「植物からのやさしい贈りもの」「肌が喜ぶ植物性」のような広告文句に踊らされてはならない。植物は意外と激しく、荒い。

（藤原辰史『植物考』による。なお、設問の都合上、原文を一部改変した箇所がある）

〔注〕 ＊おきなわワールド……沖縄県南城市にあるテーマパーク。

＊スピリチュアリズム……霊（心霊）の実在と人間への働きかけを認める立場。心霊主義。心霊学。

＊カレル・チャペック……チェコの劇作家、小説家（一八九〇～一九三八）。

＊金剛砂……種々の不純物を混じた細粒状の鋼玉。粉末にして研磨剤とする。

植物油脂が動物油脂よりも胃にもたれないことも、私たちは知っている。

動かないこと。マイルドであること。これまで述べてきたように、これらの性質は、植物性と動物性とを泰然と分ける本源的な性質ではない。植物イデン学者のダニエル・チャモヴィッツは、植物は目を持っているかのように光を、触覚があるかのように接触を察知し、聴覚があるかのように音を検知している可能性があり、嗅覚があるかのように匂いを「感じる」だけではなく、人間が手に触れたときの感触や、重力の方向も「知っている」と述べている。もちろん、「感じる」や「知る」という概念を中立的にできるだけ広く考えたときにそういえるのであって、植物に脳や神経系があるわけではない。植物と波長を合わせて古代の記憶と交信する、というようなスピリチュアリズムとはチャモヴィッツは無縁である。こうしたことはすべて科学の手続きを経て得られた知識だけで説明されている。植物が人間に隷属している、という曇った目が、つまり、植物に「お前たちはこれができない」という Ⅳ を押しつづけた結果が、人類の植物への無知を生んだとさえ、チャモヴィッツの本は伝えているように思える。

こうして私たちは道に迷う。ますます植物性とはなんだかわからなくなる。なにがいったい「植物的」だというのだろうか。道に迷ったときに役立つのは地図だが、心が迷ったときに役立つのは聖書であり仏典である。植物性の聖書であり仏典はなにか。私にとってそれはカレル・チャペックの『園芸家の一年』にほかならない。

春は芽ぶきの時期だ、とわたしたちは言う。現実には、芽ぶきの時期は秋だ。自然を眺めているかぎり、たしかに、秋は一年の終わりと言える。しかし、むしろ、秋は一年の始まり、と言ったほうが、もっと当たっている。秋には葉が落ちる、というのは一般的な意見だ。それは、実際、否定できない。ただわたしは、もっと深い意味で、秋は、じつは葉が出てくる時期だと言いたい。葉が枯れるのは、冬がやってくるからだ。だが、葉が枯れるのは、また、春がやってくるからでもある。早くも、花火のかんしゃく玉のような新しい小さな芽ができているからで、そんな、かんしゃく

られた糖が篩管（細胞間のしきりに篩のように穴が開いているのでこう呼ばれる）を通って下へ、根が吸収した養分は、死せる細胞のつながりである道管を通って上へと運ばれる。植物は意外にアクティブなのである。私たちは体がだるくて立ち上がりたくないとき、「お尻に根が生えた」というけれども、Bたとえお尻に根が生えたところで、忙しさが減ずるわけではないのだ。

沖縄などに生息するガジュマルの木は「歩く植物」といわれている。気根と呼ばれる根を枝からぶら下げ、それが地面に着くと根を張り出す。幾年か経つと、その新しい入植地が宗主国になる。つまり、気根によって「歩いた」場所の方が、それまでの場所よりも太くなるわけだ。おきなわワールドの案内人がそう教えてくれたとき、植物が歩くという言葉に［Ⅲ］のような響きを感じたのだった。

風が強く吹けば、植物は動物よりも激しく動き、暴れ、音を立てる。動かされている、という見方もできるが、むしろ動くような形態を保つことで、風にしなやかに対応して、総合的には大きな移動を免れているともいえる。環境の変化に対し、動物よりも不利な立場にあるとは必ずしもいえないのである。

つまり、植物は動物よりも動かない、というのは正確な観察ではない。では、なぜ人間は、動物の方が植物より動いているようにbサッカクするのだろうか。それは観察者が遅い動きを動きとみる訓練を受けておらず、素早い動きのみをとらえがちだからだ。そして、反復される微小な動きではなく、一回性の大きな動きに目を奪われるからでもある。それは、いくぶん自戒を込めていえば、歴史学者の性癖でもある。大きな事件、有名な人物、強い国、そんなものを追っかけているうちに、小さくて、弱くて、小刻みな動きを動きとは見なくなってしまうのである。とにかく私のようなC歴史学者には植物性が欠けがちである。

二つ目に、植物をめぐるイメージとして誤解されやすいのは、その「やさしさ」や「マイルドさ」である。たとえば、「植物由来」をうたったシャンプーやコンディショナーがその激しさではなく、やさしさを消費者にアピールするように、動物と比べて過剰にマイルドな印象を得る。それは、草食動物が肉食動物よりもおとなしい、というイメージとも連動するかもしれない。

国語

（六〇分）

第一問　次の文章を読んで、後の問いに答えよ。

植物性という概念を聞いて真っ先に思い浮かぶのは、「根が生えている」「動かない」「動じない」というイメージであろう。たしかに、この世の生きものは動物と植物にほぼ分けられるから（とはいえ、最近「ハテナ」というどちらにも変身可能な生きものも発見されているが）、A動物の「動」の字にある「動く」というイメージに反する植物は、やはり「静物」と考えられがちだろう。よく言われるとおり、英語の「アニマル animal」も、生命を吹き込み活性化するという「アニメイト animate」という動詞や、「アニメーション animation」という名詞と同源であって、日本語ほどではないにせよ、どこかダイナミックな動きを　Ⅰ　させる言葉である。具体的にいえば、太古の時代を生きてきた原始林の「動じなさ」に、人間はずっと魅力を感じてきた。チンジュaの森は、その近くの村落を「変わらず」見まもってきたからこそ、大切にされる。しかしながら、植物は本当に動かないのだろうか。

これまた植物学者によって繰り返し指摘されているとおり、植物もまた動物に　Ⅱ　動くのである。種によっては、成長速度は動物よりも速い。我が家の玄関の朝顔は朝咲いて、昼には萎（しぼ）む。光の向きに応じて自在に葉の角度を変えられるし、蔓（つる）植物の場合は自分の体を支えてくれるものを見つけると成長が速くなる。根は地中で伸び、養分を取り込む。体内では葉で作

解答編

英　語

I 解答　1―④　2―④　3―①　4―②　5―①　6―②

解説

1.「言われたことをすること」→「従う」

2.「特定の目的のために作られた，人々の公的集まり」→「組織」

3.「物事がうまくいき，意図されたように機能している」→「効果的な」

4.「～を集める，組み立てる」→「さまざまな部品を組み立てる」

5.「習慣」→「定期的に，または通常行うこと」

6.「勇敢な」→「危険な状況下で恐れを見せない」

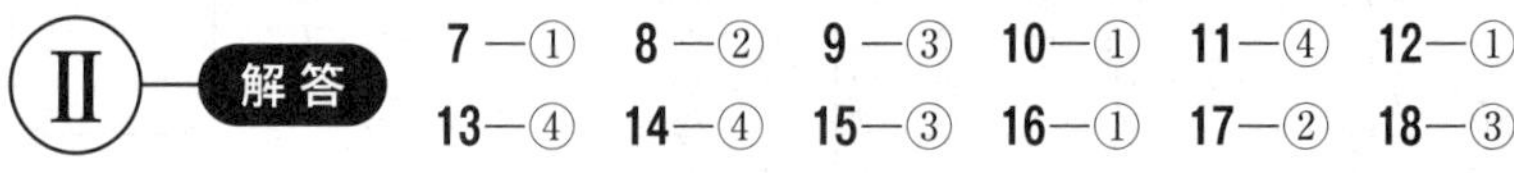

II 解答　7―①　8―②　9―③　10―①　11―④　12―①　13―④　14―④　15―③　16―①　17―②　18―③　19―③　20―①

解説

7. go with ～「～と合う，調和する」

8. get rid of ～「～を取り除く」

9. chance「可能性，見込み」は不可算名詞なので，littlc「ほとんど～がない」を選ぶ。その他の選択肢は可算名詞に使う。chance の後の that S V は同格の that 節。

10. this tea と the other (tea) を比較する文なので，more ～ than … を選ぶ。

11.「1週間ずっと～している」という意味なので，〈現在までの動作の継続〉を表す現在完了進行形を選ぶ。

12. 文頭の being が省略された，受動態の分詞構文。接続詞を用いて書き換えると If it is cooked, …. となる。

13. 前文の節 they … twins を先行詞とする関係代名詞の非制限用法。

14. 助動詞 cannot ～「～であるはずがない」(可能性)

15. 〈with *A*＋分詞〉で「*A* が～の状態で」という付帯状況を表す。分詞以外だと，形容詞，副詞，前置詞句を *A* の後に置くことができる。with his eyes closed「目を閉じて」

16. even though S V「たとえ～であっても，～だけれども」

17. a satisfactory result「満足のいく結果」

18. to some extent「ある程度」

19. 過去の事実とは異なる仮定・想像を表す仮定法過去完了の文。If S had *done*, S would〔could / might〕have *done*「…だったなら，～だっただろう」

20. 使役動詞 let は let *A do* の形をとる。「*A* に～させる，*A* が～するのを許可する」の意。

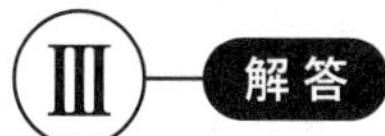

21—④　**22**—①　**23**—④　**24**—③　**25**—③　**26**—①
27—②　**28**—②　**29**—③　**30**—①

解説

《日本との職場環境の違いについて》

21. ① in charge of ～「～を担当して」，② in control of ～「～を管理して」，③ responsible for ～「～に責任がある」は，ほぼ同じ意味。dependent on ～「～に頼って」は空所に合わないため，④が正解。

22. 下線部(ア)は「想像することができる」という意味で，相手の話に理解を示す表現。前文のフランシスコの発言（Still, it …）に，「それは時々少しストレスになることがある」とあるので，①「あなたの気持ちを推測できると思う」が正解。

23. 空所の後のフランシスコの２つの発言（Pretty well, … working there.）「実際，とてもよい。時々，問題はあるけれども，そこでの仕事を楽しんでいる」から判断して，仕事の調子を尋ねる④「調子はどうですか」が正解。

24. 空所の前文（And, despite …）では，「時々，問題はあるけれども，そこでの仕事を楽しんでいる」と日本での仕事を肯定的にとらえているので，空所を含む文は，「実際，日本で過ごす時間が増えるほど，私はそれが好きになる」となる③が正解。the＋比較級～, the＋比較級…「～すればするほど，ますます…」

25. thatには，前出の節や文の内容を指す働きがある。下線部(イ)の前文（Fortunately, the …）に，「そこで一緒に働く人たちは英語を十分に話すので，あまり困らずに物事を進めることができる」とあり，thatがそれを指していると考えると文意が通るので，③が正解。

26. ジャニスの第5発言（What do …）からの流れを見ると，ジャニスの「時々の困難とはどういうことか？」という問いに対し，フランシスコが「意思決定の遅さ」と「言葉の壁」の2つを困難として挙げている。後者に関してフランシスコは，「自分の日本語はひどいが，一緒に働く人たちは英語ができるので，あまり困らずに物事が進められるため満足している」旨を述べている。そして，空所の後のフランシスコの発言の2文（Not really. … go smoothly.）で「特にない。…物事はうまくいっている」と言っているので，空所に入れるのに適切なのは，「意思決定の遅さ」と「言葉の壁」以外の困難を尋ねる①「他にはないか」である。

27. (but) then againは「しかし一方では，そうは言っても」の意味で，対比を表す。したがって，②「一方で，別の見方をすれば」が正解。

28. Tell me about it!は「わかる！」「全くだよね！」の意味で，相手の話に同意するときの表現。下線部(エ)の前文（It sounds …）で，ジャニスが「自分の国の会社で働くより，日本のほうが問題が少ないようだ」と言い，下線部(エ)の直後の文（I also …）で，フランシスコは「日本よりも，戻ってきたほうが問題が多いようだ」と言っているので，同意表現の②「全くそのとおりだ」が正解。

29. フランシスコの第4発言第2文（And, despite …）に，「問題はあるけれども，日本での仕事を楽しんでいる」とある。またフランシスコの最後の発言の第2文（I also …）で，「日本よりも，戻ってきたほうが問題が多いようだ」とあるので，③「フランシスコは日本での仕事において，いくらか困難を経験したが，彼の考えでは，祖国よりも日本のほうが彼にとってある点では働きやすい」が正解。

30. フランシスコの第4発言第2文（And, despite …）に，「問題はあるけれども，日本での仕事を楽しんでいる」とあり，さらにフランシスコの最後の発言の最終文（It's possible …）に，「こちらで働く時間よりも，日本で働く時間のほうが楽しいだろう」とあるので，①「フランシスコは日本での仕事と全体的な状況について肯定的な態度をとっており，日本での彼の仕事はおそらくかなり順調に運ぶだろう」が正解。

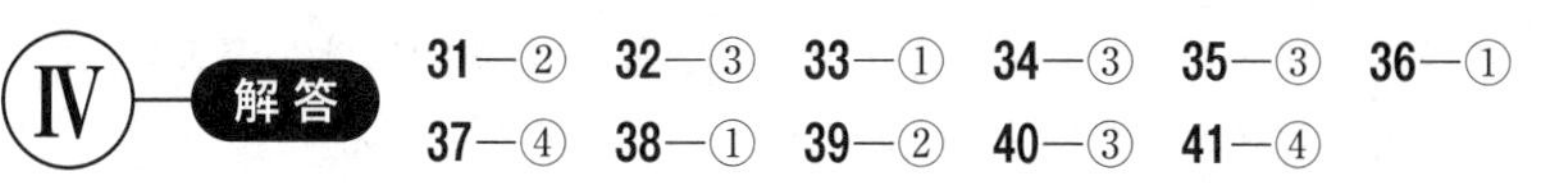
Ⅳ 解答 31—② 32—③ 33—① 34—③ 35—③ 36—① 37—④ 38—① 39—② 40—③ 41—④

解説

《香りと記憶の関係》

31. 第1段第8文（On a …）では，「香り，嗅覚」について，「魔法のような瞬間を捉え，それらを意味のある思い出に変えるすばらしい能力がある」と説明している。下線部(ア)の It は scent を示し，それを「人間の経験と私たちが個人として誰であるかの重要な部分」と述べているので，②「香りは記憶や個性と密接に関係している」が正解。be connected to ～「～と関係がある，結びついている」

32. 第2段最終文（For that …）に「それ（＝嗅覚）は，例えば視覚と比較して，もっと原始的（primal）だ」とあるので，③「進化史において，嗅覚は視覚よりも単純で基本的だ」が正解。④と同段第1文（"We process …）が似ているため紛らわしいが，同段第3文（Like sight, …）に挙げられているように，嗅覚は，外部からの情報を受け取る五感のうちのひとつに過ぎないため，主に嗅覚によって情報を受け取るとした④は誤り。

33. 第3段第2文（While orthonasal …）後半に，「口の奥から香りを感じるのが逆鼻腔性嗅覚である」とあり，続く第3文（In fact, …）で，「私たちが経験している風味の混じり合ったものは香りである」と述べているので，①「味」が正解。

34. 下線部(イ)は，「私たちが経験している風味の混じり合ったものは香りである」という意味。33で検討したように第3段第1文（Smell is …）は「香りは味覚とも密接に関連している」となるので，③「香りは味覚の助けになることができる」が正解。

35. 第3段第4文（In a …）では，アイスクリームを食べるときに鼻をつまむ実験のことが述べられている。続く第5文（Instead of …）の後半には，「甘い味だけを味わえる」とあり，どんな味のアイスクリームでも甘さ以外の風味は感じないということなので，35 a の空所には③が適切。また，第4段第1文（“Everyone's scent …）の例として，第4・5段でラベンダーの香りに対する反応の違いが挙げられており，自分自身の経験次第で，一般的には癒しだと信じられているラベンダーの香りが不快にもなり得ると述べられている。したがって，35 b の空所には③が入り，「すべての人の香りの記憶はその人特有のものである」となる。

36. 下線部(ウ)を含む文は「個人的な経験には，it の中にもつものがそんなにもたくさんある」→「個人的な経験は it にとても多くを含んでいる」という意味。また，代名詞 it には前出の名詞や句や節，文の内容を指す働きがあるため第5段を探ると，35 で見たように，個人の経験によって香りへの反応が異なってくることが書かれている。したがって，①「私たちはどのように香りに反応するのか」が正解。

37. 35 で検討したように第4・5段では，ラベンダーを例に出して自分自身の経験次第で香りに対する感じ方が変わることが述べられている。したがって，④「香りの知覚は人の経験によって変わる」が正解。

38. 第6段第1文（There are …）に，「香りが魅力的か，不快であるかという考えに影響を及ぼす文化的・個人的洞察」とある。下線部(エ)「この感覚体験」とは，香りを通じて感じる体験のことを指しているので，①「香りと体験を結びつけること」が正解。

39. 第7段第2文（“Be more …）で，「私たちが香りをどのように処理するかについてもっと意識的になりなさい」とウィルソン=ブラウンは言っている。つまり私たちは香りをどのように処理するかを意識していないということである。空所を含む文もウィルソン=ブラウンが述べていることなので，第2文の内容を基にして awareness「自覚，意識，認知」と conscious「意識的な」，process「過程，作用」と unconscious「無意識の」の組み合わせを完成させる。文意も通るため，②が正解。

40. 下線部(オ)は，「一日中，または一日の一部だけでも遭遇する香りをリストアップするために，小さなノートやメモを取るアプリを使ってみなさい」という意味である。同段最終文（“You may …）に同じジェシカ=マーフィーの言葉として「気づくものに驚くかもしれません」とあるので，

メモを取る目的は遭遇する香りに自覚的になり，記録に残すことだとわかる。したがって，③「経験と香りを効果的に結びつける」が正解。

41. 第9段第1文（"Try using…）に，ノートを使って香りをリストアップすることが述べられているが，それによってストレスが減少するという記述はないので，①は不適。第3段に，香りと味覚が関連していることが述べられているが，ウィルソン=ブラウンが最初に発見したという記述はないので，②は不適。本文中に「味が感情に大きな影響を与える」という記述はないので，③は不適。第1・2・10・11段などに記述があるので，④「香りの経験が重要な記憶を呼び起こす」が正解。

日本史

Ⅰ　解答　《奈良～江戸期の政治・外交》

1―②　2―①　3―①　4―②　5―②　6―①　7―③　8―④
9―③　10―④

Ⅱ　解答　《鎌倉～明治期の政治・文化》

11―④　12―②　13―②　14―②　15―①　16―③　17―③　18―③
19―②　20―②　21―④　22―④　23―①　24―②　25―①

Ⅲ　解答　《奈良～鎌倉期の政治・文化》

26―③　27―③　28―④　29―①　30―②　31―③　32―④　33―③
34―③　35―③

Ⅳ　解答　《原始～昭和戦後の小問集合》

36―①　37―①　38―②　39―②　40―②　41―①　42―③　43―④
44―④　45―①

Ⅴ　解答　《白鳳～昭和戦前の小問集合》

46―③　47―③　48―①　49―④　50―①

世界史

Ⅰ 解答 《ローマ史と中世・近世ヨーロッパ史》

1—①　2—①　3—③　4—②　5—④　6—③　7—④　8—②
9—④　10—①

Ⅱ 解答 《中世から近代のヨーロッパ各国史》

11—①　12—④　13—③　14—②　15—②

Ⅲ 解答 《産業革命関連史》

16—④　17—②　18—①　19—③　20—③

Ⅳ 解答 《ヨーロッパ現代史》

21—①　22—④　23—③　24—③　25—①

Ⅴ 解答 《先史から秦までの中国史》

26—②　27—③　28—①　29—④　30—②

Ⅵ 解答 《漢王朝の滅亡から隋・唐王朝までの中国史》

31—④　32—①　33—②　34—②　35—③

Ⅶ 解答 《清末の歴史と帝国主義時代のアジア》

36—①　37—②　38—②　39—③　40—④　41—③　42—①　43—④

44—① **45**—③

Ⅷ 解答 《ヨーロッパの都市関連史》

46—③ **47**—② **48**—② **49**—② **50**—①

数　学

Ⅰ 解答 《小問4問》

1. 6　**2・3・4.** 720　**5.** 3　**6.** 5　**7.** 2　**8.** 2
9・10. -3

Ⅱ 解答 《図形と方程式》

11. 2　**12.** 1　**13.** 2　**14.** 4　**15.** 4　**16.** 2　**17.** 2

Ⅲ 解答 《三角関数，微分法》

18・19. -1　**20.** 2　**21.** 3　**22.** 2　**23.** 1　**24・25.** -1

Ⅳ 解答 《対数関数》

26. 5　**27.** 2　**28・29.** 65　**30.** 8

Ⅴ 解答 《微・積分法》

31. 1　**32.** 3　**33.** 4　**34.** 5　**35・36.** -8　**37.** 5

Ⅵ 解答 《確　率》

38・39. 10　**40・41.** 25　**42・43.** 32　**44.** 5　**45・46.** 64

化　学

Ⅰ　解答　《単体と元素，物質の分類，同素体，物質の分離》

1―③　2―⑤　3―④　4―②　5―⑦　6―③　7―⑤　8―①

Ⅱ　解答　《物質の結合，イオン化エネルギー，電子式，配位結合，原子の構成，高分子化合物，原子・イオンの大きさ》

9―④　10―⑤　11―②　12―③　13―①　14―④　15―③　16―④

Ⅲ　解答　《溶解度曲線と溶解度計算，モル濃度と混合物の成分比》

17―①　18―④　19―③　20―④　21―①　22―④　23―④　24―⑤

Ⅳ　解答　《中和滴定の器具と操作》

25―②　26―①　27―④　28―③　29―④　30―①　31―⑧　32―⑥

Ⅴ　解答　《酸化数の変化，酸化還元反応に使用する酸，物質量と化学反応の量的関係，酸化還元反応における溶液の変化》

33―②　34―④　35―④　36―④　37―⑤　38―③　39―②　40―③

生　物

Ⅰ 解答 《ATP と代謝》

1 —⑦　2 —②　3 —①　4 —④

Ⅱ 解答 《形質転換・ヒトゲノム》

5 —④　6 —③　7 —⑤　8 —⑧

Ⅲ 解答 《体液の塩類濃度調節》

9 —④　10—③　11—④　12—⑤

Ⅳ 解答 《肝臓の構造とはたらき》

13—⑤　14—④　15—③　16—①

Ⅴ 解答 《ヒトの水分量調節》

17—⑥　18—⑨　19—②　20—④

Ⅵ 解答 《適応免疫》

21—③　22—④　23—①　24—④

Ⅶ 解答 《植生の分布と生活形》

25—④　26—⑥　27—①　28—⑨　29—③　30—⑦　31—①　32—③

Ⅷ 解答 《生物濃縮・食物連鎖》

33—⑧　**34**—⑨　**35**—③　**36**—⑧　**37**—⑤　**38**—⑥　**39**—⑥　**40**—③

問十 ①は「時間的効率のみを求める現代の状況と対応」が本文にない。②は「本来はそれがハンバーグを味わうに値する料理にしていた」とあり、「それ」は「強いくさみをもった牛肉」を受けているが、これが「本来」とは本文で言っていない。③は問六のｄによると「弁証法的」ではなく「対立的」とすべき。④は最後から四つ目の段落の内容に合致するので、適切である。⑤は「ネット等のさまざまな情報にアクセスしながら」という記述が本文になく、不適である。

ギ」と「合い挽き肉」もまた弁証法的関係にある、というのが傍線部の意味である。その高次の次元の達成を「ハンバーグは絶妙な調和を作り出しているということ」と述べる③を選ぶ。

問六　cの「表面」をaが「その表面」と受けると考えて、c→aという組ができる。また、b・dに「対立的」という語があるが、bが「すなわち」で始まってdの「対立的な関係」を説明すると考えられるので、d→bという組ができる。さらに、dの言う「ここ」は、「ハンバーグ」の「表面」と「その表面に守られた内部」との関係だとすると「対立的」で、つじつまが合う。以上から④が選べる。

問七　①は次段落の第二文と合致せず、「不適当なもの」として正解となる。次段落と傍線部直前を併せて参照すると、「ファストとかスローとかいった性質は、その食事の含む情報量が多いか少ないかによって決定され」「情報が大量であるならば、それらを身体が処理するには大変な時間がかかる」ので「スローフード」となるのである。②は上の説明から明らか。③は最終段落第二文に合致する。④は第三段落あるいは傍線部の次の段落に合致する。⑤は傍線部の直前の二文に合致する。

問八　空欄Ⅱは、二つ前の段落に「ファスト／スローは、結果であって原因ではない」とあることから「結果」。空欄Ⅲは、直前の「すばやく食べられるとかゆっくり食べられるということ」が、空欄Ⅱ直前の「ファスト・フードやスロー・フードという言葉」と同じことなので、空欄Ⅱに同じ「結果」で、空欄Ⅳは自動的に「原因」となる。空欄Ⅴは、「ファスト・フード」「スロー・フード」をそれぞれ「インフォ・プア・フード」「インフォ・リッチ・フード」と言い換えることで両者の「定義」の由来が「結果」から「原因」に変わるという意から、「結果」が入り、空欄Ⅵに「原因」が入る。以上から③が選べる。

問九　前段落最後の「定義」はこの段落で「正確な定義」と言い換えられ、それは「味わうに値する食事、すなわち情報量が多い食事を提供することこそが重要だ」ということを「教える」ものだとされている。すなわちそれを実行するよう促すのだから、②「実践」が適切である。

問六　④
問七　①
問八　③
問九　②
問十　④

解説

問一　本文冒頭で「ファスト・フードに対抗して、スロー・フードということが言われている」とあるので、これを「言葉遊び」と見る見方もありそうだが、それなら第一文の直後のほうがふさわしい。最後から二段落目「インフォ・プア・フード」と「インフォ・リッチ・フード」との対比について、「言葉遊び」に見えるが、実は「重要な意味をもつ」と説いていると考えるのが妥当で、欠落文は〔オ〕に入れるとよい。以上から⑤が選べる。

問三　直前の「この両者」とは「牛肉」と「豚肉」で、前者は「強いクセ」を、また後者は「さわやかさ」をもつ、とある。その「混合」によって生じる味は、傍線部直後に「くさみが口のなかで刺激を与えつつも、豚肉の甘みがそれをうまく包み込む」とある。これを「互いを高め合った味」と言い換えている⑤が選べる。

問四　空欄Ⅰは問三でも触れた「牛肉」と「豚肉」との「関係」で、その様子はこれも先述したように「牛肉」の「くさみが口のなかで刺激を与えつつも、豚肉の甘みがそれをうまく包み込む」といったものである。これは「牛肉」と「豚肉」とがお互いを補い、支え合っていると考えることができるので、②「相補」が適切である。

問五　ここに言う「二重の対立関係」とは、「それぞれが一種の弁証法をなす」ということと、「その二つの弁証法が重ね合わせられる」ということである。「それぞれ」とは、「タマネギの甘みと香ばしさ」と「合い挽き肉のくさみと甘み」である。「弁証法」とは、〝二つのものの対立がより高度の次元で解消される〟というほどの意味。「タマネギ」の「甘みと香ばしさ」「合い挽き肉」の「くさみと甘み」とがそれぞれ弁証法的関係にあることに加えて、「タマネ

り、目の前のことに偽りを企てて（その罪のために）取り返しのつかない死後のことに思い及ばない人々の様子に、「悲しみの涙」が尽きることはない、というのである。涙が尽きない、ということから②・③が残るが、先述した人々の様子は「苦しい生活」よりも「享楽的な生活」と言うべきなので、③が適切である。

問七　「いみじ」は程度の甚しさを言う語で、文脈によりプラス・マイナスどちらの意味でも用いられる。ここは直前の「観念たよりあり。心静かなり」から、市井に身を置くことに空也が満足しており、仏道修行に適していると考えていることがわかる。以上から②を選ぶ。

問八　「さこそは」は直後に「ありけめ」などが省略されており、〝そのようであったのだろう〟というほどの意。直前で、〝本当に多くの人を育てようと励んでいらっしゃったのだろう〟とあるのは、空也の発言の「そこたちを育み聞こえむとて、とかく思ひめぐらしし心の内のもの騒がしさ」と対応しており、「弟子たち」についてだと考えられる。よって、そのことに「心を煩わされた」と言及する③が適切である。

問九　①は「仏道修行を怠って」、②は「困窮した生活に見切りをつけ」、③は「俗人に戻っていた」がそれぞれ不適。④は後半の空也の発言に合致するので、適切。⑤は「自分たちを育てるためだった」が不適である。

三

出典　國分功一郎『民主主義を直感するために』〈Ⅱ　インフォ・プア・フード／インフォ・リッチ・フード〉（晶文社）

解答

問一　⑤
問二　④
問三　⑤
問四　②
問五　③

問六　③
問七　②
問八　③
問九　④
問十　②

解説

問一　直前の「給ひ」が連用形であること、また直後の過去の助動詞「けり」が連用形接続であることから、傍線部Aの「に」は連用形接続で、それ自身も連用形ということになる。この条件を満たすのは、完了の助動詞「ぬ」の連用形「に」である。以上から③が選べる。

問二　「さてしもあるべき」は、「さて」が副詞で〝そのようで〟の意、「しも」は強意の副助詞、「べき」は推量の助動詞だがここは〝適当〟の意で、〝そうしていてよい〟という意の連語。ここは直前で「かき消つやうに」姿を消した空也上人を、弟子たちが「心の及ぶほど尋ね」たけれど「さらにえ会ふこともなくて、月ごろになりぬ」ということで、空也上人を弟子たちが探していたことが書かれているので、それに見合う①が適切である。

問四　傍線部Dは、〝俗世間に紛れていらっしゃるだろうなどとは全く思ってもみなかった〟というほどの意。この発言の前半で、この「ある弟子」は、空也が常々「騒がしい」と言っていた上に姿を消したのだから、人が多く行き交い、山の中よりもよほど騒がしい「市」で彼を見つけたことが意外で、その気持ちを「あなあさまし」つまり〝あああきれたことよ〟と言っている。以上に見合う①が適切である。

問五　「年老いているさま」を言うのだから、白髪頭が連想できるとよい。「雪」は一般に白いもののたとえとしてよく用いられる語なので、⑤が適切である。

問六　「これら」は「見る」ものなので、直前の二文を受けると考えられる。年を取った身で世俗のことにあくせくした

玉のような新しい小さな芽ができているから」だ、とチャペックは言う。これを「伏流する新たな生の胎動」と捉える④が適切である。

問十　いずれも植物に関わる語であるが、「『ものごとの重要な部分』を意味する熟語」というのだから「根幹」である。よって、⑦・①の順になる。

問十一　傍線部前の引用文に「春が炸裂する」とあり、その後にも「それは『炸裂』だ」と繰り返されていることから、これが植物を花火に喩えた理由のキーワードとなる。また、傍線部の直前の文に「植物の性質は、秋と冬のあいだに凝集され……春にポンと破裂することなのである」とあることにも合致する②が適切である。

問十二　①に「崇高さ」とあるが、第一段落の「魅力」とは合致しない。②は「ガジュマル」が「手を広げて歩いているよう」とあるが、第三段落にその指摘はない。③は第四段落最終文と合致するので、適切である。④について、「植物が人間に隷属している、という曇った目が……」とは第七段落にあるが、「植物に知覚が……擬人化するのは……隷属化に他ならない」という内容は述べられていない。⑤は「植物の本質」について「荒々しく猛々しい活動性」と指摘するが、これは本文にはない。

二

出典　慶政『閑居友』〈上　空也上人、あなものさはがしやとわび給ふ事〉

解答

問一　③

問二　①

問三　⑤

問四　①

問五　⑤

との二点がポイント。前者について「動と静という二分法」と言い、後者について「静のイメージを付与された」とする②が適切である。

問三　空欄Ⅰは「英語の『アニマル animal』」について、「どこかダイナミックな動き」が目に浮かぶような気がする、というのだから④「彷彿」。空欄Ⅱは「『静物』と考えられがち」な「植物」が、「動物」と同じくらい「動く」という内容だと考えて、③「負けず劣らず」。空欄Ⅳは「植物に『お前たちはこれができない』」と決めつける、という意なので、②「烙印」。なお、〈烙印を押す〉とは、〝周囲がそうであると決めつける〟という意の慣用句である。

問四　「お尻に根が生えた」は「体がだるくて立ち上がりたくないとき」に使う言葉だとあるが、ここはその直前の「植物は意外にアクティブなのである」を言い換えた箇所であることに着目すると、それを「何もせずに休息していると思ったら大きな誤解である」と言い換えている①が適切である。

問六　直前を参照すると、「歴史学者」は「大きな事件、有名な人物、強い国、そんなものを追っかけ」がちで、その結果「小さくて、弱くて、小刻みな動きを動きとは見なくなってしまう」とある。後者についてはもう少し前に「遅い動き」「反復される微小な動き」という言い換えもある。以上を踏まえると④が適切である。

問七　「これらの性質」とは、直前の「動かないこと。マイルドであること」を受ける。後者については直前の段落に言及があり、「動物と比べて過剰にマイルドな印象を得る」とあるのが、「動物のイメージが反転したもの」と言い換えられている②がまず選べる。もう一つは、前者の「動かないこと」についてである。第二～五段落で、植物も、動物とは違うやり方で動いている、という内容がさまざまな例を挙げて述べられているので、⑤が適切である。

問八　同じ段落で、「チャモヴィッツ」が植物に一種の知覚のようなものがあると指摘していることについて、「こうしたことはすべて科学の手続きを経て得られた知識だけで説明されている」と筆者は述べているので、これに見合う③を選ぶ。⑤は因果関係が逆さま。

問九　「秋には葉が落ち」たり「枯れ」たりするのは、「また、春がやってくるから」つまり「早くも、花火のかんしゃく

国語

一

出典　藤原辰史『植物考』〈第1章　植物性〉（生きのびるブックス）

解答

問一　a―⑤　b―④　c―③

問二　②

問三　Ⅰ―④　Ⅱ―③　Ⅳ―②

問四　①

問五　③

問六　④

問七　②・⑤（順不同）

問八　③

問九　④

問十　Ⅴ―⑦　Ⅵ―①

問十一　②

問十二　③

解説

問二　「植物」について、「『動く』というイメージに反する」こと、そしてそれは「『静物』と考えられがちだ」というこ

一般入試 前期3教科型・2教科型・共通テストプラス型：2月5日実施分

問題編

▶試験科目・配点

〔前期3教科型〕

学部・学科	教　科	科　　目		配　点
文（国文／教育）	国　語	国語総合・現代文B・古典B（漢文を除く）		100点
	英　語	コミュニケーション英語Ⅰ・Ⅱ，英語表現Ⅰ・Ⅱ		100点
	数　学	数学Ⅰ・Ⅱ・A	1教科選択	100点
	地歴・理　科	日本史B，世界史B，化学基礎，生物基礎より1科目選択		
文（総合英語）／交流文化／グローバル・コミュニケーション	英　語	コミュニケーション英語Ⅰ・Ⅱ，英語表現Ⅰ・Ⅱ		100点
	国　語	国語総合・現代文B・古典B（漢文を除く）	2教科選択	各100点
	数　学	数学Ⅰ・Ⅱ・A		
	地歴・理　科	日本史B，世界史B，化学基礎，生物基礎より1科目選択		
創造表現（創造表現〈創作表現〉）	国　語	国語総合・現代文B・古典B（漢文を除く）		100点
	英　語	コミュニケーション英語Ⅰ・Ⅱ，英語表現Ⅰ・Ⅱ	2教科選択	各100点
	数　学	数学Ⅰ・Ⅱ・A		
	地歴・理　科	日本史B，世界史B，化学基礎，生物基礎より1科目選択		

学部・学科	教科	科目		配点
食健康科（健康栄養）	理　科	化学基礎，生物基礎より１科目選択		100 点
	国　語	国語総合・現代文Ｂ・古典Ｂ（漢文を除く）	2 教科選択	各 100 点
	英　語	コミュニケーション英語Ⅰ・Ⅱ，英語表現Ⅰ・Ⅱ		
	数　学	数学Ⅰ・Ⅱ・A		
上記以外の学部・学科	国　語	国語総合・現代文Ｂ・古典Ｂ（漢文を除く）	3 教科選択	各 100 点
	英　語	コミュニケーション英語Ⅰ・Ⅱ，英語表現Ⅰ・Ⅱ		
	数　学	数学Ⅰ・Ⅱ・A		
	地歴・理　科	日本史Ｂ，世界史Ｂ，化学基礎，生物基礎より１科目選択		

〔前期２教科型〕

学部・学科	教　科	科　　目		配　点
文（国文）	国　語	国語総合・現代文Ｂ・古典Ｂ（漢文を除く）		100 点
	英　語	コミュニケーション英語Ⅰ・Ⅱ，英語表現Ⅰ・Ⅱ	1 教科選択	100 点
	数　学	数学Ⅰ・Ⅱ・A		
	地歴・理　科	日本史Ｂ，世界史Ｂ，化学基礎，生物基礎より１科目選択		
文（総合英語）／グローバル・コミュニケーション	英　語	コミュニケーション英語Ⅰ・Ⅱ，英語表現Ⅰ・Ⅱ		100 点
	国　語	国語総合・現代文Ｂ・古典Ｂ（漢文を除く）	1 教科選択	100 点
	数　学	数学Ⅰ・Ⅱ・A		
	地歴・理　科	日本史Ｂ，世界史Ｂ，化学基礎，生物基礎より１科目選択		

食健康科（健康栄養）	理　科	化学基礎，生物基礎より１科目選択		100点
	国　語	国語総合・現代文Ｂ・古典Ｂ（漢文を除く）	１教科選択	100点
	英　語	コミュニケーション英語Ⅰ・Ⅱ，英語表現Ⅰ・Ⅱ		
	数　学	数学Ⅰ・Ⅱ・Ａ		
上記以外の学部・学科	国　語	国語総合・現代文Ｂ・古典Ｂ（漢文を除く）	２教科選択	各100点
	英　語	コミュニケーション英語Ⅰ・Ⅱ，英語表現Ⅰ・Ⅱ		
	数　学	数学Ⅰ・Ⅱ・Ａ		
	地歴・理　科	日本史Ｂ，世界史Ｂ，化学基礎，生物基礎より１科目選択		

▶備　考

• 同一試験日において，前期３教科型と前期２教科型と併願した場合，前期２教科型は前期３教科型で受験した教科のうち高得点の２教科（一部の学科・専攻は必須教科あり）を採用する。

〔共通テストプラス型〕

一般入試前期３教科型または前期２教科型を出願する際に，共通テストプラス型も同時に出願できる。前期３教科型または前期２教科型で受験した教科（科目）のうち高得点１教科（科目）＋大学入学共通テストの高得点２教科（科目）の成績で判定する。ただし，国文学科，総合英語学科，健康栄養学科，グローバル・コミュニケーション学科の大学独自試験は下記の指定科目の得点を利用する。

〈指定科目〉

国文学科：国語

総合英語学科，グローバル・コミュニケーション学科：英語

健康栄養学科：理科

〔「英語の資格・検定試験」を利用した「みなし満点」制度について〕

一般入試〔前期3教科型〕〔前期2教科型〕〔共通テストプラス型〕において，大学が認定する「英語の資格・検定試験」の基準スコア（CEFR B2以上）を満たし，スコア取得の証明書を提出した場合は，大学独自試験の「英語」の得点が満点になる。試験当日の「英語」を受験する必要はない。

英　語

（60分）

I　次の問1～問3については，説明にあう単語として最も適当なものを，問4～問6については，単語の説明として最も適当なものを，それぞれの①～④のうちから一つずつ選べ。

問1　the process of giving or getting the food necessary for health and growth　［1］

① contamination　② separation
③ nutrition　④ mutation

問2　to do or say something more than once　［2］

① repeat　② resolve
③ retreat　④ resign

問3　relating to home or family　［3］

① foreign　② domestic
③ public　④ national

問4　patience　［4］

① the capacity for bearing problems without complaint
② the ability to feel pain
③ the quality of being trusted and believed in
④ the quality of being able to be used or obtained

問5　develop　［5］

① to transfer to a lower level
② to become smaller or fewer in size, amount, or degree

③ to keep someone from proceeding

④ to grow and become more mature or advanced

問 6 distant 【6】

① making a firm decision and refusing to change it

② unwilling to work or use energy

③ showing care in one's work

④ being far away in space or time

Ⅱ 次の【7】～【20】について，空欄に入る語句として最も適当なものを，それぞれの①～④のうちから一つずつ選べ。

問 1 Little 【7】 is used in making this toy.

① woods ② a wood

③ wood ④ the wood

問 2 She 【8】 herself on the bed because she was so exhausted.

① laid ② lie

③ lay ④ lied

問 3 The town was flooded 【9】 a severe typhoon.

① at ② on

③ by ④ with

問 4 He gave me 【10】 when I was very nervous about my career.

① an advice ② advise

③ a piece of advice ④ some advices

問 5 You are 【11】 to drink alcohol in this country.

① not enough old ② not old enough

③ no old enough ④ never enough old

問 6 Do not forget [12] the article that I introduced yesterday.

① reading ② to read

③ read ④ the reading of

問 7 Air pollution has tremendously increased [13] the amount of toxic gas emission has been tripled in the last 50 years.

① as ② although

③ because of ④ due to

問 8 I would prefer going to a restaurant [14] .

① to cook ② to its cooking

③ to cooking ④ than cooking

問 9 Many animals are threatened by global warming. [15] , polar bears are suffering because Arctic sea ice is decreasing.

① For instance ② That is

③ However ④ Hopefully

問10 Some citizens agree with the new plan announced by the local government [16] others find it quite ridiculous.

① so that ② though

③ unless ④ rather than

問11 The game was so exciting that even Jack, who had thought that baseball was dull and boring, enjoyed it very much [17] it lasted a long time.

① even though ② that

③ whatever ④ no matter how

問12 If he had studied harder, he [18] a high score on the exam.

① gets ② will get
③ has gotten ④ could have gotten

問13 Congratulations on your huge success in the last competition! I know that you have been working hard these days. [19]
① Why did you do that? ② Keep going!
③ That's too bad. ④ Don't be afraid.

問14 Could you possibly provide some comments on my manuscript? I would really appreciate it [20] me.
① if you could have helped ② that you could help
③ your help ④ if you could help

Ⅲ 次の会話文を読んで，設問に答えよ。

Three Americans, Alex, Jim and Isaac, are planning to visit Japan for their high school graduation trip.

Alex: So we need to start making plans for the big trip to Japan!

Jim: Right, I can't wait to leave. It is going to be a thrilling [21]. I've never even been on an airplane before.

Isaac: Oh, I haven't, [22]! You must be pretty nervous, right?

Jim: Actually, I'm not. My dad has flown to a bunch of places, including Japan, and he said there is nothing to worry about.

Isaac: That's a [24] to hear. I'm kind of anxious about getting on the plane.

Alex: You'll be all right. You're going to sleep most of the flight. It takes over nine hours from here to Tokyo. (ア)By the way, let's talk about what we are going to do when we are there. I want to stay in Tokyo for three days and then head over to Osaka for another three days. Then we can go back to Tokyo for the last day.

Isaac: [27] I wanted to see some rural areas, not just the urban ones.

Alex: But we live in a rural area.(イ) Don't you want to spend time in the big Japanese cities with a lot of people everywhere and use the modern public transportation system?

Jim: I saw on a TV show that the subway in Tokyo is almost always so packed. I'd rather get out of the city for some time, too.

Alex: (ウ)Do you have any places in mind?

Jim: I was thinking of taking the train to Nagano and going for a hike in the mountains.

Alex: You can't be serious!

Jim: Well, you know how much Isaac and I love hiking. We can go hiking for a couple of days and you can stay in Tokyo.

Isaac: That would work for me. How about that, Alex?

Alex: I was looking forward to spending the whole week with both of you, but if it is just a couple of days, I can agree with that. Just bring me back a nice souvenir from Nagano!

問 1 空欄 [21] に入れるのに最も適当なものを，次の①～④のうちから一つ選べ。 [21]

① experience ② excitement
③ exclusion ④ evaluation

問 2 空欄 [22] に入れるのに最も適当なものを，次の①～④のうちから一つ選べ。 [22]

① too ② either
③ also ④ neither

問 3 Jimの父親の経験について最も適当なものを，次の①～④のうちから一つ選べ。 [23]

① He has flown to Japan more than once.
② He has taken an airplane numerous times.

③ He is an inexperienced flyer.

④ He has taught Jim how to fly an airplane.

問 4　空欄 24 に入れるのに最も適当なものを，次の①～④のうちから一つ選べ。 24

① relief　② reliever

③ relieved　④ relieving

問 5　飛行機に乗ることについて登場人物が抱いた気持ちとして最も適当なものを，次の①～④のうちから一つ選べ。 25

① Isaac is worried about flying and Alex is, too.

② Alex is not worried about flying, but Jim is.

③ Both Jim and Isaac are nervous about flying.

④ Neither Jim nor Alex are nervous about flying.

問 6　下線部(ア)の By the way の意味に最も近いものを，次の①～④のうちから一つ選べ。 26

① Anyone　② Anyway

③ Anytime　④ Anywhere

問 7　空欄 27 に入れるのに最も適当なものを，次の①～④のうちから一つ選べ。 27

① Are you with me?　② I'm totally with you on that.

③ I'm not with you on that.　④ I'll definitely go with you.

問 8　下線部(イ)の a rural area の意味に最も近いものを，次の①～④のうちから一つ選べ。 28

① an urban area　② a suburb

③ downtown　④ the countryside

問 9　東京の地下鉄について Jim が知っていることとして最も適当なものを，次の

①～④のうちから一つ選べ。 29

① The subway is always on time.

② The subway is quiet and clean.

③ The subway is usually crowded.

④ The subway is not usually full of people.

問10　下線部(ウ)のDo you have any places in mind?の意味に最も近いものを，次の①～④のうちから一つ選べ。 30

① Do you like those places?

② Do you have a mind?

③ Do you have any ideas?

④ Do you have an idea that will help me with my problem?

問11　登場人物が計画の合意に至った過程に関する記述として最も適当なものを，次の①～④のうちから一つ選べ。 31

① The boys contacted one of their fathers.

② The boys made a compromise with each other.

③ The boys comprehended the plan about the flight.

④ The boys communicated with each other unreasonably.

Ⅳ　次の英文を読んで，設問に答えよ。＊印のついた語句には文末に注がある。英文の左にある(1)～(8)は段落の番号を表している。

(1)　A healthy relationship with money can bring you a deep sense of peace. We live with the delusion* that becoming rich will make us happy, solve all our problems, and put our worries to rest. The truth is actually completely the opposite. (ア)The more money we earn, the larger our work or business grows. When companies get bigger, expenses and payrolls get bigger too. It gets harder to keep things running with the same amount of effort as before, and so our troubles and stress increase along with that growth.

(2)　For example, many people in Japan believe that they would be able to live a prosperous and easy life if they had a monthly income of about $1 million. And why not? That sounds like more than enough. But when our income grows that large, we tend to want to buy bigger homes or cars or increase other lifestyle expenses because we think (イ)we can afford it.

(3)　The people you spend time with also shift as you become friends with more people at your earning level, so you find yourself going to more [35] restaurants rather than risk insulting someone by going to the cheap restaurant you used to love when you were a starving college student. Ultimately, what ends up happening is that your expenses increase just as much as your income does, so when a month comes along with less-than-stellar* profits, you feel the stress of not having enough money. Can you imagine that?

(4)　Things would look very much the same even if you earned $3 million a month. At each level of wealth, there will always be someone earning more than you and doing things on a larger scale. (ウ)If you continue climbing up that ladder, eventually the friends you meet will start saying things like "I was going to take my family out to Hawaii this weekend on our private jet. We're thinking of building a summer mansion there." Your circle of friends will naturally keep raising your lifestyle level higher and higher, as it's in our nature to develop habits and grow more similar to the people close to us.

(5)　Someone living in a big city might know what it's like to walk to the train station and suffer the morning commute, eventually trading up to catching a taxi to work when they can afford it or eating at nicer restaurants for dinner simply because they feel money is not a problem like it used to be. Before you realize it, (エ)<u>even though your salary may be several times larger than it was when you first started working, the amount you have left over at the end of the month remains constant</u>, because your spending has gone up too! So a salary of $1 million a month in no way guarantees financial freedom. Our (オ)<u>toys</u> just get more and more expensive.

(6)　It's worth a word of warning here that business comes and goes in waves. It's easy to forget about that when things are going well, but no matter how successful you are, there will always be times when income goes down a little. Many successful people tend to think optimistically* and have difficulty adjusting when the winds change.

(7)　The reality is that no matter how much your income or assets increase, there really isn't going to be a time where you can just relax and let it all go. Even with a certain amount of savings in the bank, there will always be issues or problems that need your attention, such as changing the direction of your business, lawsuits, trouble with employees, taxes . . . the list goes on.

(8)　When you get into the cycle of [42a], it takes away your ability to recognize what is truly most important in your life. When business or work is going particularly well, a lot of people even get addicted to the excitement. It almost turns into a game, and as in a game we start feeling the illusion that our worth as a human being goes up with each new level or achievement. We can easily spend more time at work at the expense of enjoying time with our families or personal interests. Do you understand what I mean when I say there is no "winning" or satisfaction to be found in the game of continually [42b] ?

[Adapted from Ken Honda, *Happy Money*, (2020)]

注：delusion　虚妄，妄想

less-than-stellar　平凡な，芳しくない

optimistically　楽観的に

問1　下線部(ア)のThe more money we earn, the larger our work or business grows.の意味に最も近いものを，次の①～④のうちから一つ選べ。 32

① As we earn more money, our work or business expands in size.

② As a work or business grows in size, we earn more money.

③ The growth of a work or business is not related with how much money we earn.

④ Because our work or business becomes bigger, we make more money.

問2　第1段落の内容と一致するものを，次の①～④のうちから一つ選べ。 33

① Becoming rich is the key to happiness and fulfillment.

② Our belief that wealth leads to happiness is mistaken.

③ When companies get bigger, there will be less troubles and stress.

④ When companies become bigger, it gets easier to manage them and you become happier.

問3　下線部(イ)のwe can afford itの意味に最も近いものを，次の①～④のうちから一つ選べ。 34

① we don't have enough money to pay for it

② we are uncertain about whether we can pay for it or not

③ we have enough money to pay for it, but it will be a financial burden

④ we have enough money to pay for it without difficulty

問4　空欄 35 に入れるのに最も適当なものを，次の①～④のうちから一つ選べ。 35

① affordable　② casual

③ expensive　④ inexpensive

問5　下線部(ウ)のIf you continue climbing up that ladderの意味に最も近いもの

を，次の①～④のうちから一つ選べ。 36

① As you have more job experiences

② As you become more successful

③ If you continue to work hard

④ If you strive to find a ladder

問 6　下線部(エ)の意味に最も近いものを，次の①～④のうちから一つ選べ。 37

① Your salary and the amount left at the end of the month are not related.

② Your salary and the amount left at the end of the month increase at the same rate.

③ Your salary increases, but your expenses also increase at exactly the same rate.

④ Your salary increases, but your expenses also increase to the point where you have the same amount left over.

問 7　下線部(オ)のtoysの意味に最も近いものを，次の①～④のうちから一つ選べ。 38

① games people play when they become richer

② work or business people start to make more money

③ things children play with to kill time

④ luxurious items that provide enjoyment

問 8　第5段落の内容と**一致しないもの**を，次の①～④のうちから一つ選べ。 39

① As your income increases, so do your expenditures.

② The more you earn, the more you spend.

③ A salary of $1 million a month guarantees financial freedom.

④ When your earnings go up, your spending also rises.

問 9　第6段落の内容と一致するものを，次の①～④のうちから一つ選べ。

40

① Successful people are always pessimistic.

② Once you get success in business, you will never fail.

③ Your business almost always fails.

④ Many successful people have trouble adapting themselves to the change of situation.

問10　第7段落の内容と一致するものを，次の①～④のうちから一つ選べ。

41

① No matter how much money you make, you will never be able to relax.

② The more money you have, the less you need to worry about managing it.

③ As your income and assets increase, you will be able to stop working and retire comfortably.

④ You always need to worry about managing your income and assets, because there might be times when income goes up.

問11　空欄 42a と 42b には同じ表現が入る。最も適当なものを，次の①～④のうちから一つ選べ。

42

① spending less　② creating more

③ needing less　④ wanting more

問12　第8段落の内容と一致するものを，次の①～④のうちから一つ選べ。

43

① It's important to prioritize work over personal interests and time with family.

② It's not important to prioritize personal interests and time with family over work.

③ Some people sacrifice time with family or personal interests in order to spend more time at work.

④ Spending time at work and spending time with family or personal interests are not related.

日本史

（60分）

Ⅰ　次の史料A～Dを読み，後の問いに答えよ。

史料A

其の一に曰く，昔在(むかし)の天皇等の立てたまへる子代の民，処々の屯倉，及び，別には臣・連・伴造・国造(1)・村首の所有る部曲の民，処々の田荘を罷めよ。……

其の三に曰く，初めて戸籍・計帳・班田収授の法を造れ。……

問 1　下線部(1)内の語句の説明として最も適当なものを，次の①～④のうちから一つ選べ。　1

① 子代の民は，大王家の直轄民である。

② 屯倉は，有力豪族の私有地である。

③ 臣・連は，有力豪族に天皇が与えた氏である。

④ 律令制下，国造は国司という役職名に変更された。

問 2　史料Aの詔勅は，ある出来事の最中に出された。その出来事として最も適当なものとして次の①～④のうちから一つ選べ。　2

① 壬申の乱　② 大化改新　③ 白村江の戦い　④ 藤原京の造営

史料B

……さてこの（　ア　）をつくられ候事は，なにを本説として被注載之由，人さだめて謗難を加事候歟。ま事にさせる本文にすがりたる事候はねども，ただどうりのおすところを被記候者也。……かねて（　イ　）の躰をさだめて，人の高下を不論，偏頗なく裁定せられ候はんために，子細記録しをかれ候者也。……この（　ア　）は只かなをしれる物の世間におほく候ごとく，あまねく人に心えやすからせんために，武家の人へのはからひのためばかりに候。これによりて京都の御沙汰，律令のおきて聊もあらたまるべきにあらず候也。

問 3　空欄ア・イにあてはまる語句の組み合わせとして最も適当なものを，次の①～④のうちから一つ選べ。　3

① アー格式　イー評定　② アー式目　イー御成敗
③ アー法度　イー問注所　④ アー目録　イー公文所

問 4　史料Bの書状の筆者として最も適当なものを，次の①～④のうちから一つ選べ。　4

① 足利尊氏　② 平清盛　③ 北条泰時　④ 源頼朝

問 5　史料Bの書状の内容として最も適当なものを，次の①～④のうちから一つ選べ。　5

① 武家の道徳をもとに，裁判のきまりを作った。
② 人間は本来平等であるとし，身分制度の廃止を求めた。
③ 仮名文字しか読めない武士に，漢文を学ばせる学校を作った。
④ 幕府は朝廷に対して律令の改正を求めた。

史料C

(1)世の中に蚊ほどうるさきものはなし　ぶんぶといふて夜るもねられず

(2)白川の清きながれに魚すまず　にごる田沼の水ぞ恋しき

(3)白河の岸打波に引換て　浜松風の音の烈しさ

問 6　下線部(1)が風刺している政策について最も適当なものを，次の①～④のうちから一つ選べ。　6

① 印旛沼の開発　② 生類憐みの令
③ 文武の奨励　④ 蕃書調所の設置

問 7　下線部(2)・(3)は同じ人物のことを指している。その人物の説明として最も適当なものを，次の①～④のうちから一つ選べ。　7

① 将軍の諮問にこたえて『政談』を書いた。
② 将軍から侍講として信頼され，政治を行った。

③ 祖父である徳川吉宗の政治を理想とした。

④ 大御所として，将軍引退後も幕府の実権を握った。

問 8 史料Cは狂歌といわれる作品である。代表的な狂歌師として最も適当なものを，次の①～④のうちから一つ選べ。 8

① 大田南畝　② 喜多川歌麿　③ 近松門左衛門　④ 松尾芭蕉

史料D

十三，吾等(1)ハ日本国政府カ直ニ全日本国軍隊ノ無条件降伏ヲ宣言シ，且右行動ニ於ケル同政府ノ誠意ニ付適当且充分ナル保障ヲ提供センコトヲ同政府ニ対シ要求ス。右以外ノ日本国ノ選択ハ迅速且完全ナル壊滅アルノミトス

問 9 下線部(1)に**含まれない国**を，次の①～④のうちから一つ選べ。 9

① アメリカ　② イギリス　③ 中華民国　④ フランス

問10 史料Dの宣言が発表された都市はどこか。最も適当なものを，次の①～④のうちから一つ選べ。 10

① カイロ　② サンフランシスコ

③ ポツダム　④ ヤルタ

Ⅱ 次の文章A～Eを読み，後の問いに答えよ。

文章A

牛は古代から飼育が行われていた。しかし，現代と異なり，牛は食用にはあまり使われなかった。奈良時代(1)において，貴族を中心に蘇などの乳製品を食していたくらいであった。近代以前の牛の用途は，次のように運搬や農耕であった。平安時代における貴族の生活(2)に，牛に車を牽引させた牛車が利用された。鎌倉時代ごろになると，西国では牛に犂を引かせて農耕に利用した。また牛に荷車を引かせる運送業者(3)もあらわれた。

問1 下線部(1)のはじまりは平城京遷都からである。その際の天皇として最も適当なものを，次の①～④のうちから一つ選べ。 11

① 桓武天皇 ② 元明天皇 ③ 持統天皇 ④ 天智天皇

問2 下線部(2)に関する記述として最も適当なものを，次の①～④のうちから一つ選べ。 12

① 占いにより，物忌や方違を行った。
② 数寄屋造の住宅で生活した。
③ 男性は正装として，水干を着用した。
④ 年中行事として踊念仏を行った。

問3 下線部(3)として最も適当なものを，次の①～④のうちから一つ選べ。 13

① 借 上 ② 土 倉 ③ 車 借 ④ 棒手振

文章B

室町時代になると，全国的に農民が自立的に自治を行う惣村(1)が広がった。また農業が発達(2)し，農民たちは米をはじめとする食料だけではなく，手工業材料の栽培も活発に行うようになった。それにともない，工業や商業も活発(3)になった。

問4 下線部(1)に関する記述として最も適当なものを，次の①～④のうちから一つ選べ。 14

① 惣村の指導者を寄親，一般の農民を寄子と呼ぶ。

② 領主による地下検断を拒否して，土一揆を起こした。

③ 守護大名のつくった惣掟に反抗した。

④ 領主への年貢を惣村が請け負う地下請が行われた。

問 5　下線部(2)に関する室町時代の記述として最も適当なものを，次の①～④のうちから一つ選べ。　**15**

① 畿内で三毛作がはじまった。

② 唐箕や千石簁が一般に普及した。

③ 米の栽培に，湿田の利用がはじまった。

④ 馬鈴薯や甘藷の栽培がはじまった。

問 6　下線部(3)に関する室町時代の記述として最も適当なものを，次の①～④のうちから一つ選べ。　**16**

① 三井高利が「現銀掛け値なし」の商売をはじめた。

② 応仁の乱後，各地に六斎市が広まった。

③ 近江国で入浜式塩田による製塩がはじまった。

④ 酒造業で問屋制家内工業が普及した。

文章C

豊臣秀吉は，九州の(　ア　)や東北の(　イ　)を服属させ，全国統一を完成させた。全国を統一する過程で，秀吉は国内では石高制の整備をすすめ，兵農分離(1)をおこなった。また対外政策として，キリスト教の制限や朝鮮出兵(2)を行った。

問 7　下線部(1)のための豊臣政権の政策として**適当でないもの**を，次の①～④のうちから一つ選べ。　**17**

① 刀　狩　　② 寺請制度　　③ 太閤検地　　④ 人掃令

問 8　下線部(2)に関連する記述として最も適当なものを，次の①～④のうちから一つ選べ。　**18**

① サン＝フェリペ号事件をきっかけにバテレン追放令を出した。

② バテレン追放令をうけ，高山右近は仏教に改宗した。

③ 朝鮮出兵で石田三成や加藤清正が戦死した。

④ 朝鮮出兵で，日本軍は李舜臣の率いる水軍と戦った。

問 9 空欄ア・イにあてはまる人名の組み合わせとして最も適当なものを，次の①～④のうちから一つ選べ。 19

① アー島津義久 イー伊達政宗 ② アー島津義久 イー武田勝頼

③ アー毛利元就 イー上杉謙信 ④ アー毛利元就 イー北条氏政

文章D

1830年代，冷害などによる飢饉に見舞われ，日本は全国的に米不足の状況となった。そのため，全国的に百姓一揆や打ちこわしが続発，さらに大塩平八郎の乱が発生した。その上，モリソン号事件(1)も発生した。（ ア ）はこのような内憂外患の状況に危機感を覚え「戊戌封事」を執筆し，将軍（ イ ）に提出した。その後，幕府は水野忠邦を中心に幕政改革(2)に着手した。

問10 下線部(1)に関する記述として最も適当なものを，次の①～④のうちから一つ選べ。 20

① 日本側は薪水給与令にのっとり，外国船の帰国を援助した。

② 日本側は異国船打払令にのっとり，外国船を砲撃した。

③ イギリスの軍艦が長崎湾に侵入して薪水を強奪した。

④ ロシアの軍艦が箱館に来航して通商を求めた。

問11 下線部(2)で行われたこととして最も適当なものを，次の①～④のうちから一つ選べ。 21

① 上米制の開始 ② 大船建造の解禁

③ 南鐐二朱銀の鋳造 ④ 人返しの法の発布

問12 空欄ア・イにあてはまる人名として最も適当なものを，次の①～④のうちから一つ選べ。 22

① アー林子平 イー徳川家慶 ② アー高野長英 イー徳川家斉

③ アー徳川斉昭 イー徳川家慶 ④ アー渡辺崋山 イー徳川家斉

文章E

1991年，（　ア　）とアメリカの間に湾岸戦争が発生した。日本はアメリカによる「国際貢献」の求めに応じ，多くの援助を行った。翌年，日本は多発していた国際紛争のために，PKO協力法(1)を成立させた。そして，（　イ　）に自衛隊(2)をはじめて海外派遣した。

問13　下線部(1)に関する記述として最も適当なものを，次の①～④のうちから一つ選べ。 23

① 小泉純一郎内閣のもとで成立した。

② PKOとは国連平和維持活動のことである。

③ これを契機に日本はNATOに加盟した。

④ これにもとづき，2022年にウクライナに自衛隊を派遣した。

問14　下線部(2)の発足と同年の出来事として最も適当なものを，次の①～④のうちから一つ選べ。 24

① MSA協定の締結

② 朝鮮戦争の勃発

③ 日米安全保障条約の調印

④ 破壊活動防止法の成立

問15　空欄ア・イにあてはまる国名の組み合わせとして最も適当なものを次の①～④のうちから一つ選べ。 25

① アー　クウェート　イー　カンボジア

② アー　クウェート　イー　ベトナム

③ アー　イラク　イー　カンボジア

④ アー　イラク　イー　ベトナム

Ⅲ　次のA～Cをみて，後の問いに答えよ。

A　応仁の乱の対立関係(1468年末以降)

	西　軍	東　軍
将軍家	足利義視	足利義政 足利義尚
幕府内	山名持豊	細川勝元(1)
畠山氏	持　国 義　就	持　富 政　長
斯波氏	義　廉	義　敏
有力守護	六角氏	赤松氏
	一色氏	富樫氏
	大内氏	京極氏

問 1　下線部(1)の室町幕府内での役職として最も適当なものを，次の①～④のうちから一つ選べ。　26

①　管　領　　②　執　事　　③　所　司　　④　評　定

問 2　表A中の将軍家の人物についての記述として最も適当なものを，次の①～④のうちから一つ選べ。　27

①　足利義政は観阿弥・世阿弥父子を保護した。

②　足利義尚は僧籍に入っていたが，足利義政の命で還俗した。

③　足利義視は細川勝元に討たれた。

④　足利義政のあと足利義尚が室町幕府第9代将軍に就いた。

問 3　表A中の有力守護についての記述として最も適当なものを，次の①～④のうちから一つ選べ。　28

①　大内氏は足利義満の挑発により，応永の乱を起こした。

②　京極氏は関東管領として鎌倉公方を補佐した。

③　富樫氏は嘉吉の変で足利義教を暗殺した。

④　六角氏は対馬の守護で，日朝貿易の窓口となった。

B　家綱期の幕政関係年表

年	事　項
1651年	慶安の変(1)
	(　ア　)の禁止を緩和
1655年	糸割符制度の廃止(2)
1657年	明暦の大火
1658年	江戸に定火消を設置
1663年	武家諸法度を改定
	(　イ　)の禁止
1671年	宗門改帳の作成
1673年	分地制限令の発布

問 4　下線部(1)を引き起こした人物として最も適当なものを，次の①～④のうちから一つ選べ。　29

①　天草四郎　②　生田万　③　竹内式部　④　由井(比)正雪

問 5　下線部(2)に関する記述として最も適当なものを，次の①～④のうちから一つ選べ。　30

①　徳川家光が将軍のときにはじまった。

②　特定の商人たちが生糸を一括で輸入した。

③　幕府が生糸を専売して利益を独占した。

④　この制度の廃止とともに，海舶互市新例が出された。

問 6　空欄ア・イにあてはまるものの組み合わせとして最も適当なものを，次の①～④のうちから一つ選べ。　31

①　アーキリスト教信仰　イー殉死

②　アー田畑永代売買　イー海外渡航

③　アー末期養子　イー殉死

④　アー異学(洋学)　イー海外渡航

問７　表Ｂ中の事項についての説明として最も適当なものを，次の①～④のうちから一つ選べ。　32

① 定火消として，諸大名・幕臣による「いろは」47組が編成された。
② 武家諸法度は，将軍徳川秀忠のときにはじめて出された。
③ 宗門改帳は，本家・分家の関係をまとめた武家の戸籍である。
④ 分地制限令は，武士が土地を分割相続することを制限した。

表Ｃ　私擬憲法

名　称	起草者	特　徴
日本国憲按	元老院	二院制・天皇大権
国憲意見	福地源一郎	主権在君
私擬憲法案	交詢社	立憲君主制・二院制・議院内閣制・制限選挙
日本帝国憲法（五日市憲法草案）	千葉卓三郎ら	君民同治・二院制・議院内閣制・三権分立・基本的人権の保障
東洋大日本国国憲按	（　ア　）	主権在民・連邦制・一院制・抵抗権・革命権
日本憲法見込案	立志社	主権在民・一院制・基本的人権の保障

問８　空欄アに入る人名として最も適当なものを，次の①～④のうちから一つ選べ。　33

① 福沢諭吉　② 大井憲太郎　③ 井上毅　④ 植木枝盛

問９　表Ｃ中の起草者に関する記述として最も適当なものを，次の①～④のうちから一つ選べ。　34

① 福地源一郎はのちに立憲改進党を組織した。
② 交詢社の中心人物に片岡健吉がいる。
③ 千葉卓三郎はのちに立憲帝政党を組織した。
④ 立志社の設立者は板垣退助である。

問10　表Ｃ中の私擬憲法が発表されるきっかけとなった1880年の出来事として最も適当なものを，次の①～④のうちから一つ選べ。　35

① 三大事件建白運動の発生

② 国会開設の勅諭の発布

③ 国会期成同盟の第2回大会の開催

④ 漸次立憲政体樹立の詔の発布

Ⅳ 次の問1～10の主題に関する説明として最も適当なものを，次の①～④のうちから一つ選べ。

問 1 縄文時代・弥生時代 36

① 縄文時代に打製石器の利用がはじまった。

② 縄文時代の集落遺跡として，群馬県黒井峯遺跡がある。

③ 弥生時代に鉄器の利用がはじまった。

④ 弥生時代の集落遺跡として，青森県三内丸山遺跡がある。

問 2 古墳時代の対外関係 37

① 邪馬台国が後漢に朝貢した。

② 倭の五王が中国の隋に朝貢した。

③ 高句麗の好太王が日本の王に金印を与えた。

④ 百済の聖明王が日本に仏教を伝えた。

問 3 8世紀の政治 38

① 藤原鎌足が大宝律令をつくった。

② 藤原不比等が養老律令をつくった。

③ 文武天皇が三世一身法を施行した。

④ 桓武天皇が墾田永年私財法を施行した。

問 4 藤原氏と政変 39

① 長屋王の変において，長屋王は藤原不比等の策謀により自害した。

② 承和の変において，菅原道真は藤原道長により左遷された。

③ 応天門の変において，伴善男は藤原良房により配流された。

④ 安和の変において，源高明は藤原基経により左遷された。

問 5　鎌倉新仏教　40

① 一遍は臨済宗を起こした。

② 親鸞は法華宗を起こした。

③ 道元は曹洞宗を起こした。

④ 日蓮は時宗を起こした。

問 6　蝦夷地(北海道)　41

① 8世紀，阿弖流為が文室綿麻呂に降伏した。

② 15世紀，コシャマインが足利義持に降伏した。

③ 17世紀，シャクシャインが松前藩と戦った。

④ 20世紀，北海道開拓使が札幌に置かれた。

問 7　西郷隆盛　42

① 高杉晋作や木戸孝允らと奇兵隊を組織した。

② 徳川斉昭のすすめにより，薩長同盟を組織した。

③ 戊辰戦争時，フランスから軍事的支援を受けた。

④ 征韓論争に敗れ，明治6年に政府を辞した。

問 8　日英関係　43

① 江戸時代，イギリスは平戸に商館を設置したが，10年ほどで閉鎖した。

② 江戸幕府はロッシュの要求に応じ，日英修好通商条約を結んだ。

③ アメリカの中国大陸進出を阻止するため，日英同盟を組んだ。

④ 第一次世界大戦において，日本はイギリスと敵対した。

問 9　戦時体制下(昭和10年代)の市民生活　44

① デフレ抑制のため金融緊急措置令を発し，通貨の流通量を拡大した。

② 東条英機首相が日本文学報国会に解散を命じた。

③ 生活物資・食糧が不足し，米は配給制になった。

④ 反戦デモ隊と警官隊が衝突し，血のメーデー事件が起こった。

問10　疑獄事件　45

① ジーメンス事件の影響で，第一次山本権兵衛内閣は退陣した。

② 昭和電工疑獄事件の影響で，第一次吉田茂内閣は退陣した。

③ ロッキード事件の影響で，佐藤栄作内閣は退陣した。

④ リクルート事件の影響で，田中角栄内閣は退陣した。

Ⅴ　次のA～Eをみて，後の問いに答えよ。

問 1　Aの仏頭を所有する寺院として最も適当なものを，次の①～④のうちから一つ選べ。 **46**

A

① 飛鳥寺

② 興福寺

③ 東大寺

④ 法隆寺

問 2　Bの書状の内容として最も適当なものを，次の①～④のうちから一つ選べ。 **47**

B

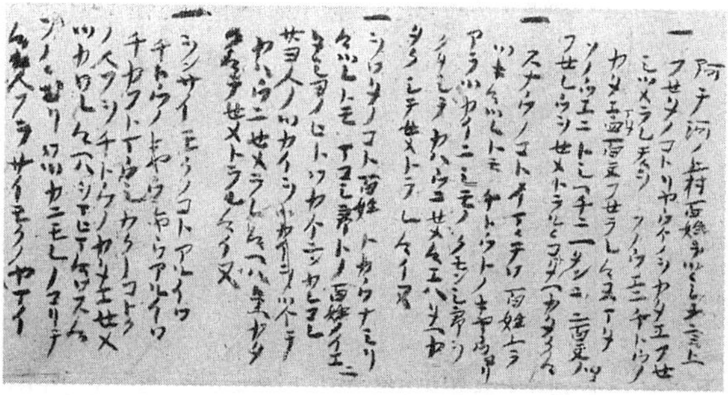

① 農民が荘園領主に地頭の悪事を訴えている。

② 建武新政権の悪政を批難している。

③ 郡司や農民が朝廷に国司の暴政を訴えている。

④ 荘園の開発領主，領家，本家の関係性を明らかにしている。

問 3　Cの絵画の作者として最も適当なものを，次の①～④のうちから一つ選べ。 48

C

① 尾形光琳　② 狩野永徳　③ 土佐光起　④ 円山応挙

問 4　Dの書籍の作者に関する記述として最も適当なものを，次の①～④のうちから一つ選べ。 49

D

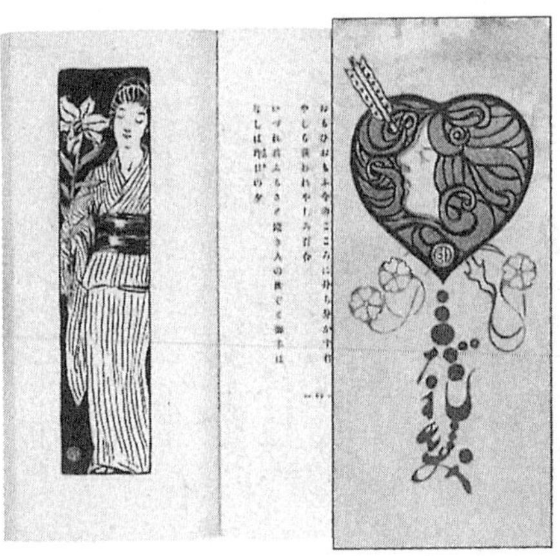

① 『細雪』『痴人の愛』などを書き，耽美派の作家として活躍した。

② 『おぢいさんのランプ』などを書き，児童文学の発展に貢献した。

③ 「君死にたまふこと勿れ」と戦場へいく弟を案じる詩を書いた。

④ 「元始，女性は実に太陽であった」と女性の自立や解放を訴えた。

問 5　Eの調査に関する記述として最も適当なものを，次の①～④のうちから一つ選べ。　50

E

① 調査団の団長は，アメリカ人であった。

② 調査団の約半数は日本人であり，日本に有利な報告書を作成した。

③ 国鉄総裁が轢死体で発見された下山事件を調査している。

④ 奉天郊外で起きた鉄道爆破事件を調査している。

世界史

（60分）

I　次の文章は古代ギリシアに関するものである。設問にしたがって解答せよ。

神々や英雄たちが宇宙大のスケールでドラマをくり広げるギリシア神話の世界は，ミケーネ時代(前16～12世紀)(ア)の青銅器文明に起源がある。その文明が崩壊し，しばらく暗黒時代(初期鉄器(イ)時代)の混乱が続いたあと，ギリシア人がエーゲ海周辺にポリスという都市国家(ウ)を建設したのは，前8世紀ごろのことであった。…

大河や大平野がなく，せまい土地が山々のあいだに散らばるギリシアには，もともと巨大な権力の育ちにくい風土があった。プラトンの表現を借りるなら，「ちょうど池の周りに蟻や蛙が住んでいるように」(『パイドン』109B，納富信留訳)地中海周辺に散在するポリス諸国は，つねに小国分立して戦争(エ)状態にあり，政治(オ)的にはついに統一されることがなかった。ギリシア人は，たがいに争いながらそれぞれの小さな都市国家に平和と秩序を築きあげるという課題を，最初から負わされていたのである。

出典：橋場弦『古代ギリシアの民主政』(なお，設問の都合上，原文を一部改変した箇所がある)

(1)　下線部(ア)に関連して，ミケーネ文明について述べた文として正しいものを，次の①～④のうちから一つ選べ。　1

①　クレタ島のクノッソスを中心に栄え，ミノア文明とも称される。

②　エヴァンズがペロポネソス半島北東の遺跡を発掘し，線文字Bを解読した。

③　ホメロスが描いたトロイア戦争を史実と信じたヴェントリスが小アジア西北岸を発掘した。

④　巨大な城塞のある王宮を中心に，貢納王政をもつ国家が形成された。

⑵　下線部(イ)に関連して，鉄製の武器と戦車・騎兵隊を用いて初めて全オリエントを征服した国名とその最大版図を達成した王の名前の組み合わせとして正しいものを，次の①～④のうちから一つ選べ。　[2]

① アッシリア王国／アッシュルバニパル

② リディア／ネブカドネザル２世

③ ヒッタイト／ハンムラビ王

④ アケメネス朝／ホスロー１世

⑶　下線部(ウ)に関連して，ギリシアの都市国家ポリスについて述べた文として正しいものを，次の①～④のうちから一つ選べ。　[3]

① アイオリス人のポリスがアテネに，イオニア人のポリスがスパルタに建設された。

② 市域の中心のアゴラに神殿が建てられ，アクロポリスでは市場や集会が開催された。

③ 自らをヘレネスと称し，共通の言語と神話を持つ同一民族という意識を持ち続けた。

④ 捕虜や返済できない債務者が家内奴隷となったが，ドラコンの立法で債務奴隷は禁止された。

⑷　下線部(エ)に関連して，前５世紀のペルシア戦争について述べた文として正しいものを，次の①～④のうちから一つ選べ。　[4]

① イオニア植民市とコリントス同盟の対立に乗じたアケメネス朝がギリシアを侵攻した。

② 重装歩兵軍がテルモピレーの戦いでペルシア軍を撃退した。

③ サラミスの海戦では無産市民が三段櫂船の漕ぎ手となりペルシア軍を撃退した。

④ 戦争終結後，ペルシアの再侵攻に備え，アテネを盟主とするペロポネソス同盟が結ばれた。

⑸　下線部(オ)に関連して，古代アテネの民主政治について述べた文として正しいものを，次の①～④のうちから一つ選べ。　[5]

① 最高議決機関である民会に18歳以上の男女の市民全員が参加した。

② 民衆裁判所では抽選で選ばれた陪審員が投票で判決をくだした。

③ ペリクレスが新たなデーモスを制定し，陶片追放によって僭主の出現を防止した。

④ 古代民主政を完成させたクレイステネスがペロポネソス戦争中に病没し，民主政は混迷した。

Ⅱ 次の文章はハプスブルク家に関するものである。設問にしたがって解答せよ。

15世紀の後半から16世紀の前半(ア)にかけての時期は，ヨーロッパ世界が中世から近世へと移り変わる転換期とされる。教皇(イ)や皇帝といった普遍的権威の力が低下し，500を超える大小さまざまな勢力が割拠する中，大国化したいくつかの国家が，ヨーロッパの覇権をめぐって争うようになった。オスマン帝国(ウ)の台頭と大航海時代(エ)の到来により，非ヨーロッパ世界との接触がさまざまな形で恒常化・濃密化した。そして，中世の諸文化から多くを継承しつつも，ルネサンスの進展にともなって，世界観や人間・社会意識の革新がゆるやかに進行した。さらに宗教改革によってカトリック教会の権威は大きく動揺し，中西欧キリスト教世界の一体性は失われていく。ハプスブルク家(オ)はこれらの世界史的事象のいずれにも深く関与し，この時期から汎欧的な勢力へと変貌を遂げていった。

出典：岩﨑周一『ハプスブルク帝国』（なお，設問の都合上，原文を一部改変した箇所がある）

(1) 下線部(ア)に関連して，15世紀の後半から16世紀前半の出来事について述べた文として正しいものを，次の①～④のうちから一つ選べ。 **6**

① イギリスやオランダが東インド会社を設立し，特権的貿易会社として植民地支配に従事した。

② ティムールがサマルカンドにティムール朝を建て，イル＝ハン国を併合した。

③ 壬辰・丁酉の倭乱で亀甲船を改良した李舜臣が日本軍を破った。

④ 種子島に鉄砲が伝来し，ザビエルが日本にはじめてキリスト教を伝えた。

⑵ 下線部(イ)に関連して，ローマ教皇について述べた文として**誤っているもの**を，次の①～④のうちから一つ選べ。 7

① グレゴリウス7世による聖職売買の禁止から始まった叙任権闘争はヴォルムス協約で終息した。

② クレルモン宗教会議でインノケンティウス3世が聖地奪還を提唱した。

③ メディチ家出身のレオ10世がサン・ピエトロ大聖堂の改修資金の調達のために贖宥状の販売を許可した。

④ ボニファティウス8世が聖職者への課税権をめぐってフィリップ4世と対立し，アナーニ事件が起こった。

⑶ 下線部(ウ)に関連して，オスマン帝国のバヤジット1世(在位1389～1402)について述べた文として正しいものを，次の①～④のうちから一つ選べ。 8

① モハーチの戦いでバルカン諸国軍を破り，アドリアノープルに遷都した。

② ニコポリスの戦いでハンガリー連合軍に勝利し，ドナウ川下流域の支配を確立した。

③ アンカラ(アンゴラ)の戦いでアッバース1世に敗れ，捕虜となった。

④ コンスタンティノープルを攻略してビザンツ帝国を滅亡させた。

⑷ 下線部(エ)に関連して，16世紀のスペインのアメリカ大陸征服について述べた文として正しいものを，次の①～④のうちから一つ選べ。 9

① コルテスがメキシコのインカ帝国を滅ぼした。

② ピサロがペルーのアステカ王国を滅ぼした。

③ アシエンダ制の下，先住民は大農園や鉱山で酷使された。

④ ヨーロッパからもたらされた天然痘やはしか等の伝染病により先住民の人口は激減した。

⑸ 下線部(オ)に関連して，神聖ローマ皇帝について述べた文として**誤っているもの**を，次の①～④のうちから一つ選べ。 10

① カール4世が金印勅書を発布し，皇帝選出の慣習を成文化した。

② カール5世(スペイン王としてはカルロス1世)がルターをヴォルムス帝国議会に召喚した。

③ フランツ1世とマリア＝テレジアが七年戦争でプロイセンからシュレジエンを奪還した。

④ ヨーゼフ2世が宗教寛容令や農奴解放令を出し，自由主義的改革を試みた。

Ⅲ 次の文章はウィーン体制に関するものである。設問にしたがって解答せよ。

1814年9月，フランス革命とナポレオンによる一連の戦争の戦後処理のため，(ア)ヨーロッパ諸国の代表がウィーンに集まった。オーストリア外相が主宰したこのウィーン会議は，はじめ各国の利害対立により難航したものの，1815年6月にウィーン議定書の調印が実現した。こうして成立したウィーン体制(イ)は保守的なものであり，この国際的な反動体制の安定を図るため，ロシア皇帝が提唱した神聖同盟(ウ)などが結成された。さらにロシアは，四国同盟(エ)を結んで，ヨーロッパ大陸での発言力を次第に強めていった。一方，ウィーン体制成立後も，スペインの（ (A) ），イタリアの（ (B) ）など，各地でウィーン体制に反抗する運動が起こったが，1820年代までのそれらの運動の多くは鎮圧された。

(1) 下線部(ア)に関連して，ナポレオン戦争について述べた以下の文の正誤の組み合わせとして正しいものを，次の①～④のうちから一つ選べ。 11

Ⅰ トラファルガーの海戦でフランスは勝利した。

Ⅱ ワーテルローの戦いに敗北したナポレオンは，エルバ島に流された。

① Ⅰ－正　Ⅱ－正　② Ⅰ－正　Ⅱ－誤

③ Ⅰ－誤　Ⅱ－正　④ Ⅰ－誤　Ⅱ－誤

(2) 下線部(イ)に関連して，ウィーン体制の基本原則となった正統主義を提唱したフランスの代表として正しいものを，次の①～④のうちから一つ選べ。 12

① メッテルニヒ　② タレーラン

③ シュタイン　④ ピット

⑶　下線部(ウ)に関連して，ロシア皇帝の名前として正しいものを，次の①～④のうちから一つ選べ。　13

①　アレクサンドル１世　②　ニコライ１世

③　アレクサンドル２世　④　ニコライ２世

⑷　下線部(エ)に関連して，四国同盟の加盟国として**誤っているもの**を，次の①～④のうちから一つ選べ。　14

①　プロイセン　②　フランス

③　イギリス　④　オーストリア

⑸　空欄(A)(B)にあてはまる語句の組み合わせとして正しいものを，次の①～④のうちから一つ選べ。　15

①　A－カルボナリの蜂起　B－立憲革命

②　A－ブルシェンシャフト運動　B－立憲革命

③　A－立憲革命　B－ブルシェンシャフト運動

④　A－立憲革命　B－カルボナリの蜂起

Ⅳ 次の文章は，世界恐慌に関するものである。設問にしたがって解答せよ。

アメリカ合衆国では，1929年10月24日，ニューヨーク株式取引所において株式相場が暴落した。株式市場は下がり続け，銀行が連鎖倒産する金融危機にまで発展した。その影響は各国に波及して，世界恐慌となった。1932年の選挙で圧勝した(　(A)　)大統領は，ニューディール政策(ア)という大胆な政策を次々と打ち出し，国民生活の安定を図った。

イギリス(イ)は主として緊縮財政に依拠した。労働党の(　(B)　)は，1931年挙国一致内閣を組織し，本格的な恐慌対策を始めた。

もともと農業国であったフランス(ウ)は，恐慌の影響を受けるのが他の国より遅かった。しかし，社会不安が深刻になり，1932〜33年の2年間に内閣が7回も交代するほど不安定な政治が展開された。

ドイツはアメリカ合衆国が資本を国内に引き上げたため，特に深刻な危機がうまれた。失業者が600万人にのぼり，生活改善に期待できない国民は，極右政党(エ)に期待するようになった。

(1) 空欄(A)(B)に当てはまる人物として正しいものを，次の①〜④のうちから一つ選べ。 16

① A－フーヴァー　B－ロイド＝ジョージ
② A－フーヴァー　B－マクドナルド
③ A－フランクリン＝ローズヴェルト　B－マクドナルド
④ A－フランクリン＝ローズヴェルト　B－ロイド＝ジョージ

(2) 下線部(ア)に関連して，ニューディール政策について述べた文として**誤っているもの**を，次の①〜④のうちから一つ選べ。 17

① 農作物の生産を制限する農業調整法(AAA)をつくり，農作物価格の引き上げを図った。
② ドイツの経済危機に気づいた大統領は，各国間の支払い義務を1年間停止した。
③ ワグナー法を制定して，団結権や団体交渉権を認めた。
④ テネシー川流域開発公社(TVA)を設立して，失業者を減らそうとした。

⑶　下線部(イ)に関連して，イギリスの恐慌対策について述べた文として正しいものを，次の①～④のうちから一つ選べ。 18

①　イギリス連邦経済会議(オタワ連邦会議)を開き，ブロック経済方式を採択した。

②　レッセ＝フェールを掲げ，企業の自由競争を促進した。

③　失業保険を増額し，労働者寄りの政策を進めた。

④　ウェストミンスター憲章により自治領との上下関係を強化し，利益を上げた。

⑷　下線部(ウ)に関連して，1930年代のフランスについて述べた文として正しいものを，次の①～④のうちから一つ選べ。 19

①　恐慌による財政難を背景に，ルール工業地帯を占領した。

②　ドイツに対抗するためド＝ゴール将軍が力を伸ばし，政権を担った。

③　ファシズム勢力を警戒して人民戦線を結成し，ブルム人民戦線内閣が成立した。

④　エチオピアを侵略し，翌年併合を強行した。

⑸　下線部(エ)に関連して，1930年代のドイツについて述べた文として正しいものを，次の①～④のうちから一つ選べ。 20

①　ヒトラーらはミュンヘンで武装蜂起し，バイエルン州を占領した。

②　ドイツはポーランドに対してダンツィヒ(現グダンスク)返還を要求した。

③　ドイツはバルト3国を併合し，デンマーク・ノルウェーにも侵攻した。

④　ドイツはスターリングラードの戦いに勝利し，ソ連との戦いを優勢にした。

V　次の文章は，現代世界に関するものである。設問にしたがって解答せよ。

1979年ソ連は，アフガニスタンの社会主義政権を支持するため軍事侵攻した。それに対しアメリカ合衆国は，緊張緩和政策の転換を図り，「強いアメリカ」の復活を掲げて軍事力強化に乗り出した。

ソ連では，アフガニスタン侵攻により国家財政がさらに悪化した。そのようななか，1985年（　(A)　）が共産党書記長に就任し，新しい政策に次々に着手した(ア)。その結果，マルタ島にてアメリカ（　(B)　）大統領と冷戦の終結を宣言した。こうしたソ連の急激な改革は，民族の分離・独立を呼びさまし，多くの共和国が連邦からの離脱を宣言し，ソ連邦は消滅した(イ)。

東欧圏では，一連の東欧革命が始まった(ウ)。1989年11月，多数の国民が殺到するなかでベルリンの壁が解放された。さらに翌年東ドイツが西ドイツに吸収されるかたちで統一ドイツが成立した。21世紀に入るとヨーロッパ連合(EU)に加盟する国(エ)も現れた。

(1)　空欄(A)と(B)に当てはまる人物名の組み合わせとして正しいものを次の①～④のうちから一つ選べ。　**21**

①　A－エリツィン　　B－ブッシュ(父)
②　A－エリツィン　　B－レーガン
③　A－ゴルバチョフ　B－レーガン
④　A－ゴルバチョフ　B－ブッシュ(父)

(2)　下線部(ア)に関連して，(A)にあてはまる人物の事績について述べた文として**誤っているもの**を，次の①～④のうちから一つ選べ。　**22**

①　ペレストロイカと呼ばれる新しい政策を始め，全面的な体制の立て直しを図った。
②　中国を訪問して毛沢東と会談し，中ソ関係を正常化した。
③　グラスノスチ(情報公開)により，報道の自由化，検閲の廃止等が進んだ。
④　「新思考外交」により，米ソで第1次戦略兵器削減交渉が行なわれ合意した。

(3)　下線部(イ)に関連して，ソ連の解体にいたる出来事について**誤っているもの**を，

次の①～④のうちから一つ選べ。　23

① バルト3国が独立宣言を出した。

② ウクライナなどがソ連から離脱し，独立国家共同体(CIS)を設立した。

③ チェルノブイリ原発事故により，ソ連の国家体制のひずみが露呈した。

④ コミンテルンやワルシャワ条約機構を解散した。

⑷ 下線部(ウ)に関連して，この時期の東ヨーロッパについて述べた文として**誤っているもの**を，次の①～④のうちから一つ選べ。　24

① ポーランドでは「連帯」の議長であったワレサが大統領となった。

② ユーゴスラヴィアではチャウシェスクの独裁政権が倒された。

③ チェコスロヴァキアの非暴力的な体制の転換はビロード革命とよばれた。

④ ホネカーが退陣し，ベルリンの壁が崩壊した。

⑸ 下線部(エ)に関連して，21世紀にヨーロッパ連合(EU)に加盟した国として正しいものを，次の①～④のうちから一つ選べ。　25

① ウクライナ　② クロアチア

③ スイス　④ トルコ

Ⅵ　次の文章はインドに関するものである。設問にしたがって解答せよ。

西北インドは，古くから西アジアとインドの文物が交わる世界であった。インダス文明(ア)もこの地域で発展した。その後カイバル峠を越え中央アジアからアーリヤ人がインド西北部に進入し始めた。彼らは移動した土地で農耕に従事する先住民と交わり，社会を成立させる過程で身分的な上下観念(イ)を生み出した。前7世紀頃にはガンジス川流域に数多くの都市国家が建設され，その後マウリヤ朝(ウ)が北インドからデカン高原にいたるインド最初の大帝国を形成した。マウリヤ朝の滅亡後，クシャーン人がクシャーナ朝(エ)を建てて国際的な交流活動を展開して栄えたが，イランのササン朝の侵攻で弱体化すると小国が乱立する状態となっていった。4世紀(オ)にグプタ朝(カ)が成立した。その後の北インドはヴァルダナ朝滅亡後，ラージプート時代と呼ばれる小国分立状態(キ)が続いた。そこへ10世紀になるとアフガニスタンからイスラームを信奉する王朝が侵入(ク)し，インドのイスラーム化が始まった。やがて，13世紀になると軍人奴隷であった(　(ケ)　)がデリーで奴隷王朝を開いた。奴隷王朝を含めてデリーを都として興亡した5つの王朝はデリー＝スルタン朝(コ)と呼ばれている。

(1)　下線部(ア)に関連して，シンド地方にあるインダス文明の遺跡として，正しいものを次の①～④のうちから一つ選べ。　26

①　カナウジ　　②　バラナシ

③　ハラッパー　　④　モエンジョ＝ダーロ

(2)　下線部(イ)に関連して，アーリヤ人が形成した身分を上位の身分から並べ替えたとき，3番目に当たるものとして，正しいものを次の①～④のうちから一つ選べ。　27

①　ヴァイシャ　　②　クシャトリヤ

③　シュードラ　　④　バラモン

(3)　下線部(ウ)に関連して，マウリヤ朝に関して述べた文として，正しいものを次の①～④のうちから一つ選べ。　28

①　アショーカ王がナーランダー僧院を設置した。

②　カーリダーサが戯曲『シャクンタラー』を著した。

③ 都はパータリプトラに置かれた。

④ この王朝の時代に『リグ＝ヴェーダ』が成立した。

⑷ 下線部㈡に関連して，クシャーナ朝に関して述べた文として，正しいものを次の①～④のうちから一つ選べ。 29

① ヴァルダマーナによってジャイナ教が成立した。

② 最盛期のチャンドラグプタ２世の時代に法顕が来訪した。

③ ガンダーラでヘレニズム文化の影響を受けた仏教美術が生まれた。

④ マガダ国のナンダ朝を滅ぼして成立した。

⑸ 下線部㈪に関連して，４世紀のアジアについて述べた文として，正しいものを次の①～④のうちから一つ選べ。 30

① 卑弥呼が魏に使いを送り親魏倭王の称号を得た。

② 奴国の使者が後漢の光武帝に「漢委奴国王」の金印を与えられた。

③ 都を匈奴に奪われた晋王朝が建康に遷都した。

④ 赤眉の乱により，王莽の建てた新が滅亡した。

⑹ 下線部㈫に関連して，グプタ朝について述べた文として，正しいものを次の①～④のうちから一つ選べ。 31

① 南インドのサータヴァーハナ朝と対立した。

② アジャンター石窟寺院などで純インド風の仏教美術が栄えた。

③ バラモンたちによりウパニシャッド哲学が成立した。

④ 玄奘が来印し，『仏国記』を著した。

⑺ 下線部㈭に関連して，この時代にインドに来訪した義浄が書いた『南海寄帰内法伝』に言及される東南アジアの大乗仏教が盛んに信仰された国として，正しいものを次の①～④のうちから一つ選べ。 32

① シュリーヴィジャヤ王国　② アユタヤ朝

③ カンボジア王国　④ パガン朝

⑻ 下線部㈲に関連して，10世紀にインドに侵入した王朝として，正しいものを

次の①～④のうちから一つ選べ。 33

① ゴール朝　② サーマーン朝
③ ガズナ朝　④ ホラズム＝シャー朝

(9) 空欄(ケ)に入る人物名として正しいものを，次の①～④のうちから一つ選べ。 34

① アクバル　② アイバク
③ アウラングゼーブ　④ バーブル

(10) 下線部(コ)に関連して，デリー＝スルタン朝の中で最後に成立した王朝として，正しいものを次の①～④のうちから一つ選べ。 35

① サイイド朝　② ハルジー朝
③ トゥグルク朝　④ ロディー朝

Ⅶ 次の問題はアジアに関するものである。設問にしたがって解答せよ。

(1) 清が諸民族に対して行った政策について述べた文として正しいものを，次の①～④のうちから一つ選べ。 36

① 満州人の風俗を漢民族風に改める政策を推進した。
② モンゴルを藩部として，理藩院の管轄下に置いた。
③ 学問を保護して，漢民族の反清思想に対しても寛大であった。
④ 明の官僚制度を廃止し，中央の要職には漢民族を採用しなかった。

(2) 清の領土形成について述べた文として正しいものを，次の①～④のうちから一つ選べ。 37

① 順治帝のとき，台湾を根拠地として抵抗した鄭成功の一族を滅ぼし，領土に加えた。
② 康熙帝のとき，チャハルを平定し，朝鮮(李朝)を属国にした。
③ 雍正帝のとき，三藩の乱を鎮圧し，華南地方を平定した。
④ 乾隆帝のとき，ジュンガルを滅ぼし，新疆として編入した。

⑶　16世紀のオスマン帝国について述べた文として正しいものを，次の①～④のうちから一つ選べ。　38

① メフメト2世がマムルーク朝を滅ぼした。

② イスタンブルの繁栄は「世界の半分」と讃えられた。

③ ハプスブルク家と対立しウィーンを包囲した。

④ プレヴェザの海戦でスペイン海軍などに敗れた。

⑷　ムハンマド＝アリーについて述べた文として正しいものを，次の①～④のうちから一つ選べ。　39

① ギリシア独立戦争でシリアの世襲支配権を獲得した。

② ウラービー運動を鎮圧した。

③ バーブ教徒の乱を鎮圧した。

④ ワッハーブ王国を征服した。

⑸　列強のアフリカ進出について述べた文として**誤っているもの**を，次の①～④のうちから一つ選べ。　40

① 19世紀末の時点でリベリアは，独立を維持した。

② イタリア＝トルコ戦争の結果，リビアはイタリア領となった。

③ ベルリン会議の結果，アンゴラはベルギー領となった。

④ アルジェリアは，シャルル10世の時代にフランス領となった。

⑹　第二次世界大戦前のアジアの民族運動について述べた文として正しいものを，次の①～④のうちから一つ選べ。　41

① 仏領インドシナではサレカット＝イスラムが独立運動を起こした。

② フィリピンではマデロやサパタがアメリカの支配に抵抗した。

③ カルカッタの国民会議大会でプールナ＝スワラージが決議された。

④ ヴェルサイユ条約の調印に反対し五・四運動が発生した。

⑺　朝鮮戦争について述べた文として正しいものを，次の①～④のうちから一つ選べ。　42

① 国連安全保障理事会は5か国すべての常任理事国の一致で北朝鮮による侵略

と認定した。

② 国連軍(厳密には多国籍軍)はアメリカによって統一的に指揮された。

③ 中国の人民解放軍派遣を契機に板門店で講和が結ばれた。

④ 日本では，アメリカの要請をうけて自衛隊が創設された。

(8) ベトナム戦争について述べた文として正しいものを，次の①～④のうちから一つ選べ。 43

① ベトナム共和国はソ連の支援を受けアメリカと戦った。

② アメリカのケネディ政権は北ベトナムへの北爆を開始した。

③ 南ベトナム解放民族戦線がアメリカや南ベトナム政府と対立した。

④ ジュネーヴでの休戦協定が成立し，アメリカ軍は撤退した。

(9) 1970年代にカンボジアで共産主義的な独裁政治を行なった人物として正しいものを，次の①～④のうちから一つ選べ。 44

① ヘン＝サムリン ② ゴ＝ディン＝ジエム

③ バオダイ ④ ポル＝ポト

(10) 東南アジア諸国の政治について述べた文として正しいものを，次の①～④のうちから一つ選べ。 45

① ベトナムでは，ドイモイ(刷新)政策が推進された。

② マレーシアでは，九・三〇事件を機に共産党が弾圧された。

③ タイでは，マルコスが独裁体制を築いた。

④ ラオスでは，スカルノが実権を握った。

Ⅷ　世界史における，東西交流・交易・交通手段などに関連する各設問にしたがって解答せよ。

(1)　8世紀までの東西交流について述べた文として**誤っているもの**を，次の①～④のうちから一つ選べ。　46

①　仏教が初めて中国に伝わったのは，南北朝末期である。

②　大秦王安敦の使節と称する者が，後漢時代に日南郡を訪れた。

③　唐代の中国に，ペルシアからネストリウス派キリスト教が伝来した。

④　サータヴァーハナ朝では，ローマや東南アジアとの交易が行なわれていた。

(2)　次の文中の空欄(A)(B)に入れる語の組み合わせとして正しいものを，次の①～④のうちから一つ選べ。　47

アジア各地を旅した（　A　）の商人マルコ＝ポーロの経験をまとめたものと言われている（　B　）は，多くの写本が作られ，ヨーロッパにアジア地域の豊かさを印象づけた。

①　A－ジェノヴァ　　B－『三大陸周遊記』

②　A－ジェノヴァ　　B－『世界の記述（東方見聞録）』

③　A－ヴェネツィア　B－『三大陸周遊記』

④　A－ヴェネツィア　B－『世界の記述（東方見聞録）』

(3)　12～15世紀の東西交流について述べた文として**誤っているもの**を，次の①～④のうちから一つ選べ。　48

①　イスラームの天文学が，中国に伝わった。

②　中国の火薬や羅針盤などの技術が，ヨーロッパへ伝わった。

③　徐光啓が，キリスト教に改宗した。

④　プラノ＝カルピニが，モンゴル帝国を訪れた。

(4)　交易や交易路について述べた文として**誤っているもの**を，次の①～④のうちから一つ選べ。　49

①　イラン系のソグド人がオアシスの道の交易で栄えた。

②　アラム人が，内陸の交易で活躍した。

③ 西夏が，東西交易路(西域の交易路)を支配した。

④ ポルトガル・スペインは，東方貿易(レヴァント貿易)によって多大な利益を獲得した。

⑸ 交通・輸送手段の発達による，人や物の移動について述べた文として正しいものを，次の①～④のうちから一つ選べ。 50

① 大西洋の奴隷貿易では，ジャンク船が使用された。

② インド洋の交易では，ダウ船が使用された。

③ 日本と宋の間では，勘合貿易が行なわれた。

④ アジア原産のトマトが，十字軍によってヨーロッパにもたらされた。

数学

（60分）

解答上の注意

1　同一の問題文中に [1] , [2・3] 等が2度以上現れる場合，2度目以降は [1] , [2・3] のように細字で表記する。

2　分数で解答する場合は，既約分数（それ以上約分できない分数）で答えよ。符号は分子につけ，分母につけてはいけない。

3　根号を含む形で解答する場合は，根号の中の自然数が最小となる形で答えよ。

I　次の各問に答えよ。

(1)　$\dfrac{1+2i}{3-4i}+\dfrac{2-i}{5i}=\dfrac{\boxed{1\cdot 2}}{\boxed{3}}$ である。

ただし，i は虚数単位を表す。

(2)　2つの実数 p，q が，$\dfrac{p+2q}{p}=\dfrac{9p+4q}{q}$ を満たすとき，

$\dfrac{q}{p}=\dfrac{\boxed{4\cdot 5}}{\boxed{6}}$ である。

ただし，$p>0$，$q<0$ とする。

(3)　$0<a<3$ のとき，

$3\sqrt{a^2}+\sqrt{a^2-10a+25}-2\sqrt{9-6a+a^2}$

$=$ [7] $a -$ [8] である。

(4) 4つの数，① $\frac{3}{2}$，② $\log_3 0.6$，③ $\log_3 4$，④ $\log_4 3$ について，

小さい順に①～④を並べると，

[9] $<$ [10] $<$ [11] $<$ [12] となる。

Ⅱ xy 座標平面上に直線 ℓ : $(a-2)y=(3a-1)x-1$ があるとき，次の各問に答えよ。ただし，a を実数の定数とする。

(1) ℓ は，a の値によらず

点 $\left(\dfrac{[13]}{[14]},\ \dfrac{[15]}{[16]}\right)$ を通る。

(2) ℓ が，第2象限 $(x<0,\ y>0)$ を通らないのは，

$a \geqq$ [17] のときである。

Ⅲ 次の各問に答えよ。

(1) $\cos^2\theta = \sin\theta$ が成り立つとき，

$$\frac{1}{1+\cos\theta} + \frac{1}{1-\cos\theta} = \boxed{18} + \sqrt{\boxed{19}}$$ である。

(2) $\tan\alpha = -2$ であるとき，

$$\cos 2\alpha = \frac{\boxed{20\cdot 21}}{\boxed{22}}$$ であり，

$$\sin 2\alpha = \frac{\boxed{23\cdot 24}}{\boxed{25}}$$ である。

Ⅳ 次の各問に答えよ。

(1) $\log_{10} 2 = a$，$\log_{10} 3 = b$ のとき，$\log_{10} 1.2$，$\log_2 \sqrt[3]{5}$ を，

それぞれ a，b であらわすと，

$$\log_{10} 1.2 = \boxed{26}\, a + b - \boxed{27}$$，

$$\log_2 \sqrt[3]{5} = \frac{\boxed{28}\, a + \boxed{29}}{\boxed{30}\, a}$$ となる。

(2) $t = \log_2 \sqrt{3 + 2\sqrt{2}}$ のとき，

$$2^t + 2^{-t} = \boxed{31}\sqrt{\boxed{32}}$$ である。

(3)　$x > 0$，$y > 0$，$x + 2y = 8$ のとき，

$\log_{10} x + \log_{10} y$ の最大値を求めると，

[33] $\log_{10} 2$ である。

V　2つの関数 $f(x) = 2x^2 - 5x - 3$，$g(x) = -x^2 + x + 6$ があるとき，次の各問に答えよ。

(1)　$f(x)$ について，$\displaystyle\lim_{h \to 0} \frac{f(a + 3h) - f(a)}{4h}$ を計算すると，

$\dfrac{[34]}{[35]} f'(a)$ となる。

(2)　2つの関数 $y = f(x)$，$y = g(x)$ で囲まれる部分の面積を求めると，

[36・37] である。

VI　辺の長さが１の正五角形ＡＢＣＤＥの周上を動く点Ｐがある。
硬貨１枚を１回投げて表が出たら時計回りに１，
裏が出たら反時計回りに１だけ進む。始め点Ｐは頂点Ａにいるとき，
次の各問に答えよ。ただし，硬貨を投げたとき，
表と裏の出る確率はそれぞれ $\frac{1}{2}$ である。

(1)　硬貨１枚を３回投げたとき，点ＰがＥにいる確率は，

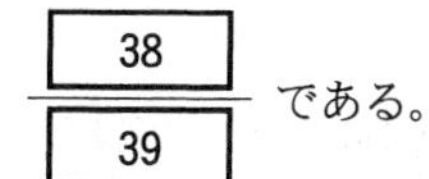

である。

(2)　硬貨１枚を４回投げたとき，点ＰがＢにいる確率は，

$\frac{\boxed{40}}{\boxed{41 \cdot 42}}$ である。

(3)　硬貨１枚を８回投げたとき，点ＰがＡにいる確率は，

$\frac{\boxed{43 \cdot 44}}{\boxed{45 \cdot 46 \cdot 47}}$ である。

化 学

（60分）

必要があれば次の数値を使用すること。
原子量 H 1.0 C 12 O 16 S 32
Cu 64
アボガドロ定数 6.0×10^{23}/mol
標準状態（0℃，1.013×10^5 Pa）における気体1molの体積 22.4 L
問題文中の体積の単位記号Lはリットルを表す。

I 次の設問は化学と人間生活に関するものである。設問にしたがって解答せよ。

問 1 次の酸素原子の計算において，最も大きな数値を与える式として適当なものを，次の①～⑤のうちから一つ選べ。 1

① （^{18}Oの質量）÷（^{16}Oの質量）
② （^{18}Oの陽子の総数）÷（^{16}Oの陽子の総数）
③ （^{18}Oの陽子の総数）÷（^{18}Oの電子の総数）
④ （^{16}Oの原子核の質量）÷（^{16}Oの陽子の質量の総和）
⑤ （^{16}Oの中性子の質量の総和）÷（^{16}Oの電子の質量の総和）

問 2 以下の文章を読み，各問いに答えよ。

元素は（ア）の順番に並べると，性質のよく似た元素が一定の間隔で現れる周期性を示す。このように元素の性質が周期性を示すことを周期律という。元素の周期律があるのは，（ア）の増加とともに（イ）が周期的に変化するためである。周期表の原型は，1869年に（ウ）によってつくられた。当時の周期表は，（ア）ではなく，（エ）の小さい順に元素を並べられており，空所がいくつかあった。(ウ)は空所にあてはまる元素の存在とその性質を，周期表の上下左右から予言した。

(1) 文中の(ア)，(イ)，(エ)にあてはまる用語として最も適当なものを，次の①～⑥のうちから一つ選べ。 2

	(ア)	(イ)	(エ)
①	原子番号	価電子の数	原子量
②	原子番号	原子量	価電子の数
③	原子量	価電子の数	原子番号
④	原子量	原子番号	価電子の数
⑤	価電子の数	原子量	原子番号
⑥	価電子の数	原子番号	原子量

(2) 文中の(ウ)にあてはまる人名として最も適当なものを，次の①～⑤のうちから一つ選べ。 3

① ボイル　② プルースト　③ ラボアジェ
④ ドルトン　⑤ メンデレーエフ

問 3 以下の周期表は第2，第3周期の9種類の元素をア～ケのカタカナで表している。各問いに答えよ。

周期＼族	1	2	13	14	15	16	17	18
2				ア	イ	ウ		エ
3	オ	カ	キ				ク	ケ

(1) 表中のカタカナで示した元素のうち，a～dにあてはまる最も適当なものを，次の①～⑨のうちからそれぞれ一つずつ選べ。ただし，同じものを繰り返し選んでもよい。

a 4　b 5　c 6　d 7

a　最も陽イオンになりやすい(陽性の強い)元素

b 最も電子親和力の大きい元素

c 第一イオン化エネルギーが最も大きい元素

d 第一イオン化エネルギーが最も小さい元素

① ア ② イ ③ ウ ④ エ ⑤ オ
⑥ カ ⑦ キ ⑧ ク ⑨ ケ

(2) 周期表のカタカナを用いて表した分子式または組成式として**適当でないもの**を，次の①～⑥のうちから一つ選べ。 8

① アウ$_2$ ② アク$_4$ ③ オク
④ カウ ⑤ カク$_2$ ⑥ キ$_2$ク$_3$

Ⅱ 次の設問は物質と化学結合に関するものである。設問にしたがって解答せよ。

問 1 原子やイオンに関する記述として**誤っているもの**を，次の①～④のうちから一つ選べ。 9

① 原子が陽イオンになるときは，最外殻の価電子が放出されるので半径は小さくなる。

② 原子が陰イオンになるときは，最外殻に新たに電子が配置されるので半径は大きくなる。

③ 同じ最外殻をもつ原子どうしでは，希ガス(貴ガス)を除き，原子番号が大きいほど原子の半径も大きくなる。

④ 同じ電子配置の陽イオンどうしでは，イオンの価数が大きいほど原子核の正電荷が大きいのでイオン半径は小さくなる。

問 2 水素の放射性同位体である三重水素^{3}Hはトリチウム(記号T)と呼ばれる。雨水に含まれる水分子^{1}H^{3}HO(1つのHが三重水素^{3}Hである水分子)の割合と，わき出した地下水に含まれる水分子^{1}H^{3}HOの割合を比較することで，山に降り注いだ雨水が地下水となってわき出すまでにかかる年月を推定することができる。トリチウムの半減期を12年として，次の各問いに答えよ。

⑴　トリチウムは60年たつと最初の何%になるか。最も適当なものを，次の①～⑤のうちから一つ選べ。　10

①　1%　②　2%　③　3%　④　4%　⑤　5%

⑵　ある地域の雨水中の水素元素のうち2.0×10^{-15}%がトリチウムであった。その地域の山の麓からわき出た地下水に含まれる水素元素のうちトリチウムの割合は2.5×10^{-16}%であった。

雨水が地下水としてわき出すまでにかかる年数として最も適当なものを，次の①～⑤のうちから一つ選べ。　11

①　12年　②　24年　③　36年　④　48年　⑤　60年

問 3　次の分子式において**成立しないもの**として最も適当なものを，次の①～⑤のうちから一つ選べ。原子価は水素1価，酸素2価，窒素3価，炭素4価である。　12

①　CH_5N　②　C_2H_6O　③　C_3H_4　④　C_3H_7O　⑤　N_2H_4

問 4　物質の結合に関する記述として最も適当なものを，次の①～④のうちから一つ選べ。　13

①　共有結合する原子は必ず共有結合結晶をつくる。

②　金属は全て常温・常圧において固体で，電気をよく導く。

③　塩化ナトリウムはイオンからなる物質なので，結晶は電気を導く。

④　オキソニウムイオンの3個のO－H結合のうち1個は，配位結合である。

問 5　物質の結晶に関する記述として**誤っているもの**を，次の①～④のうちから一つ選べ。　14

①　ヨウ素の結晶では，ヨウ素分子どうしが分子間力で結びついている。

②　塩化カリウムの結晶では，塩化カリウム分子どうしが電気的な引力で結びついている。

③　ダイヤモンドは，1個の炭素原子に4個の炭素原子が正四面体状に共有結合した構造をもっている。

④　二酸化ケイ素の結晶は，ケイ素と酸素が共有結合によって三次元的につながったものである。

問 6　原子やイオンの電子配置についての記述である。各問いに答えよ。

(1)　次のうち，ネオン原子と同じ電子配置のイオンと，アルゴン原子と同じ電子配置のイオンがイオン結合しているものとして最も適当なものを，次の①～⑥のうちから一つ選べ。　15

①　CF_4　②　KF　③　K_2S　④　NaBr　⑤　SiO_2　⑥　SO_2

(2)　次のうち，構成するいずれかの原子の電子配置がアルゴン原子と同じ電子配置であるものとして最も適当なものを，次の①～⑤のうちから一つ選べ。　16

①　CO_2　②　N_2　③　H_2O　④　HCl　⑤　HF

Ⅲ　次の設問は物質量と化学反応式に関するものである。設問にしたがって解答せよ。

問 1　メタン，水素と一酸化炭素の混合気体が標準状態で2.0Lある。この混合気体に標準状態で3.0Lの酸素を入れ完全燃焼させたところ，二酸化炭素が標準状態で1.6L生じた。また，完全燃焼後の混合気体の標準状態での体積は，2.1Lであった。ただし，生じた水はすべて液体とする。各問いに答えよ。

(1)　燃焼で消費された酸素の標準状態での体積〔L〕として最も適当なものを，次の①～⑤のうちから一つ選べ。　17

①　2.0　②　2.3　③　2.5　④　2.8　⑤　3.0

(2)　完全燃焼前の混合気体中のメタンと一酸化炭素の標準状態での体積はそれぞれ何Lか。最も適当なものを，次の①～⑨のうちからそれぞれ一つずつ選べ。ただし，同じものを繰り返し選んでもよい。

メタン　18　　一酸化炭素　19

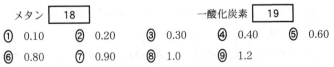

①　0.10　②　0.20　③　0.30　④　0.40　⑤　0.60
⑥　0.80　⑦　0.90　⑧　1.0　⑨　1.2

(3) 完全燃焼前(酸素を入れる前)の混合気体の標準状態での密度〔g/L〕として最も適当なものを，次の①～⑤のうちから一つ選べ。 20

① 0.75 ② 1.0 ③ 1.2 ④ 1.5 ⑤ 2.0

(4) 生じた水の質量〔g〕として最も適当なものを，次の①～⑤のうちから一つ選べ。 21

① 1.9 ② 2.4 ③ 3.0 ④ 3.6 ⑤ 4.2

問 2 硫酸銅(Ⅱ)五水和物$CuSO_4 \cdot 5H_2O$の結晶について，次の各問いに答えよ。

(1) 硫酸銅(Ⅱ)五水和物$CuSO_4 \cdot 5H_2O$の結晶に含まれる水の含有率(質量パーセント)〔%〕として最も適当なものを，次の①～⑤のうちから一つ選べ。 22

① 12 ② 18 ③ 24 ④ 30 ⑤ 36

(2) 硫酸銅(Ⅱ)五水和物$CuSO_4 \cdot 5H_2O$の結晶を水に溶かして0.20mol/Lの$CuSO_4$水溶液を200mL作りたい。必要な硫酸銅(Ⅱ)五水和物$CuSO_4 \cdot 5H_2O$の結晶の質量〔g〕として最も適当なものを，次の①～⑤のうちから一つ選べ。 23

① 6.4 ② 7.6 ③ 8.8 ④ 10 ⑤ 15

(3) 次の図は，硫酸銅(Ⅱ)五水和物$CuSO_4 \cdot 5H_2O$の結晶100gを加熱した時の時間と結晶の質量の関係を表したものである。図中のXにあてはまる化学式として最も適当なものを，次の①～⑤のうちから一つ選べ。

24

① $CuSO_4$
② $CuSO_4 \cdot H_2O$
③ $CuSO_4 \cdot 2H_2O$
④ $CuSO_4 \cdot 3H_2O$
⑤ $CuSO_4 \cdot 4H_2O$

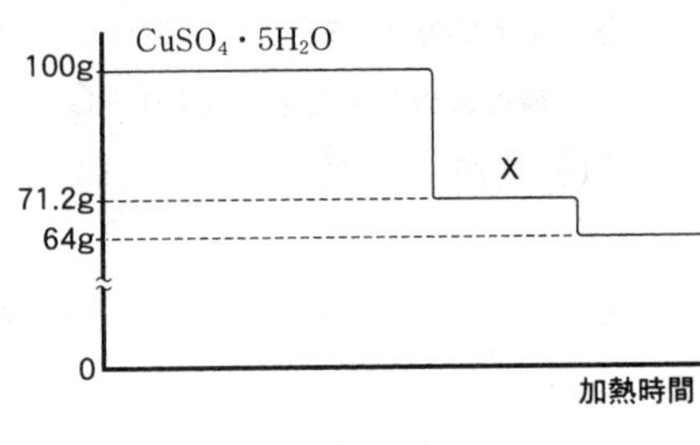

図

Ⅳ 次の設問は酸と塩基に関するものである。設問にしたがって解答せよ。ただし，強酸・強塩基は完全に電離しているものとする。

問 1 アンモニアを水に溶かすと，次式のように電離する。各分子またはイオンについて，ブレンステッド・ローリーの定義により酸に区別されるものの組み合わせとして最も適当なものを，次の①～⑥のうちから一つ選べ。 25

$$NH_3 + H_2O \rightleftarrows NH_4^+ + OH^-$$

① NH_3 と H_2O　② NH_3 と NH_4^+　③ NH_3 と OH^-
④ H_2O と NH_4^+　⑤ H_2O と OH^-　⑥ NH_4^+ と OH^-

問 2 次の物質のうち，2価の弱酸であるものを，次の①～⑦のうちから一つ選べ。 26

① 塩化水素　② 硫　酸　③ シュウ酸
④ リン酸　⑤ アンモニア　⑥ 水酸化バリウム
⑦ 炭酸水素ナトリウム

問 3 次の塩を水に溶解したとき，酸性を示すものとして最も適当なものを，次の①～⑤のうちから一つ選べ。 27

① NH_4Cl　② CH_3COONa　③ $NaNO_3$
④ Na_2CO_3　⑤ KCl

問 4　pH3の塩酸10mLを水でうすめてpH4にするために必要な水の体積〔mL〕として最も適当なものを，次の①～⑦のうちから一つ選べ。ただし，うすめた後の塩酸の体積は，うすめる前の塩酸と水の体積の和に等しいものとする。 28

① 10　② 40　③ 90　④ 100
⑤ 400　⑥ 900　⑦ 1000

問 5　0.020mol/Lの希硫酸10mL中の水素イオン濃度〔mol/L〕として最も適当なものを，次の①～⑨のうちから一つ選べ。 29

① 1.0×10^{-3}　② 2.0×10^{-3}　③ 4.0×10^{-3}
④ 1.0×10^{-2}　⑤ 2.0×10^{-2}　⑥ 4.0×10^{-2}
⑦ 1.0×10^{-1}　⑧ 2.0×10^{-1}　⑨ 4.0×10^{-1}

問 6　0.020mol/Lの希硫酸10mLに0.020mol/Lの水酸化ナトリウム水溶液を用いて中和滴定をしたときの滴定曲線として最も適当なものを，次の①～⑥のうちから一つ選べ。 30

①
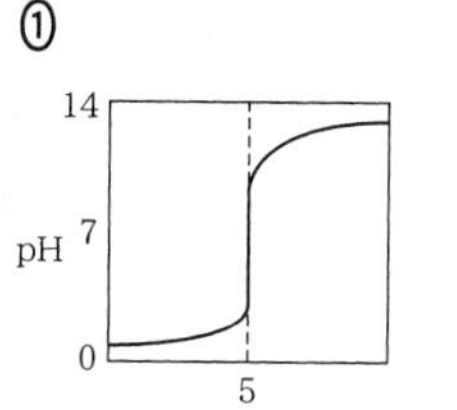

水酸化ナトリウム水溶液の量〔mL〕

②
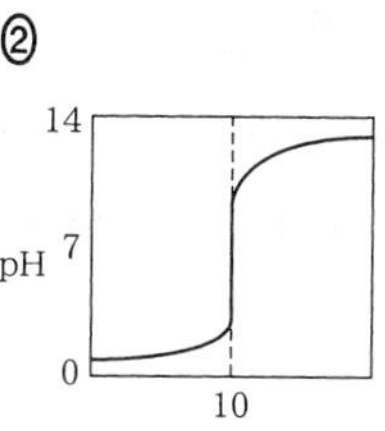

水酸化ナトリウム水溶液の量〔mL〕

③
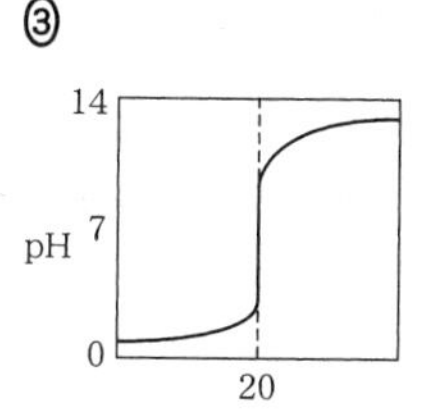

水酸化ナトリウム水溶液の量〔mL〕

④
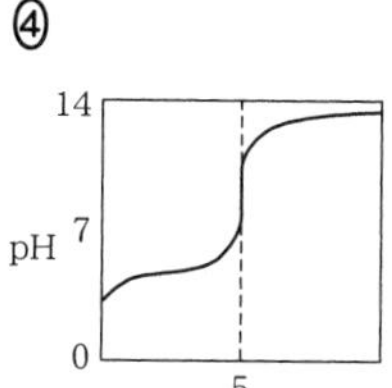

水酸化ナトリウム水溶液の量〔mL〕

⑤
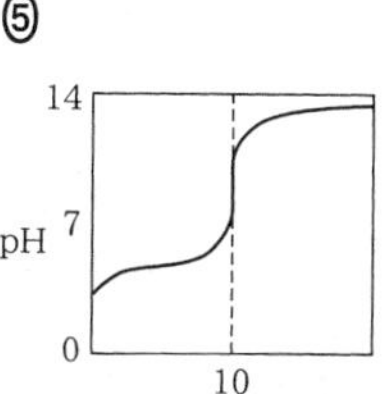

水酸化ナトリウム水溶液の量〔mL〕

⑥
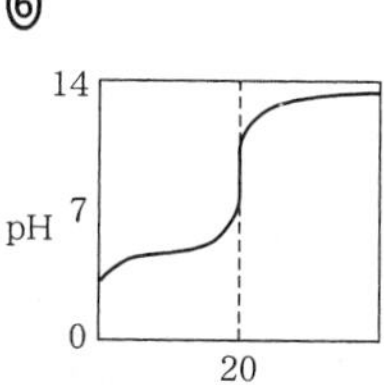

水酸化ナトリウム水溶液の量〔mL〕

問 7　0.020mol/Lの酢酸水溶液10mL中の水素イオン濃度〔mol/L〕として最も適当なものを，次の①～⑨のうちから一つ選べ。なお，酢酸の電離度は，0.040とする。 31

① 2.0×10^{-4} ② 5.0×10^{-4} ③ 8.0×10^{-4}
④ 2.0×10^{-3} ⑤ 5.0×10^{-3} ⑥ 8.0×10^{-3}
⑦ 2.0×10^{-2} ⑧ 5.0×10^{-2} ⑨ 8.0×10^{-2}

問 8 0.020 mol/L の酢酸水溶液 10 mL に 0.020 mol/L の水酸化ナトリウム水溶液を用いて中和滴定をしたときの滴定曲線として最も適当なものを，次の①～⑥のうちから一つ選べ。 32

①

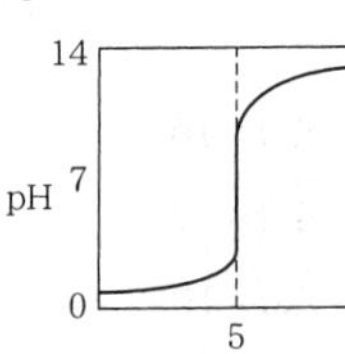

水酸化ナトリウム水溶液の量〔mL〕

②

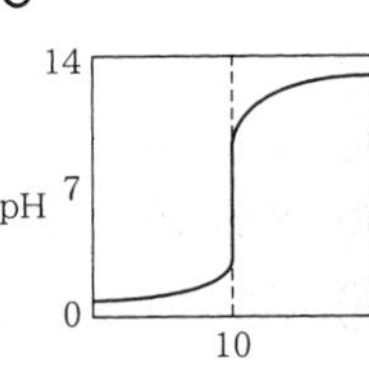

水酸化ナトリウム水溶液の量〔mL〕

③

14
7
pH
0
20
水酸化ナトリウム水溶液の量〔mL〕

④

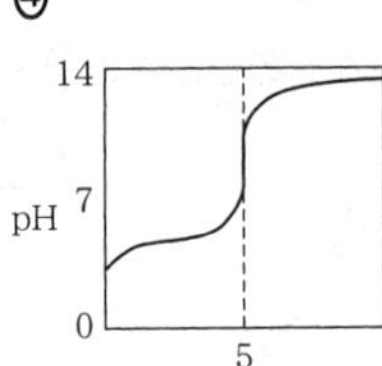

水酸化ナトリウム水溶液の量〔mL〕

⑤

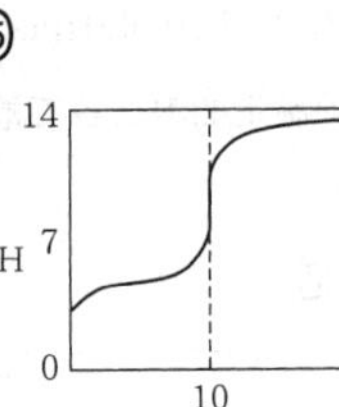

水酸化ナトリウム水溶液の量〔mL〕

⑥

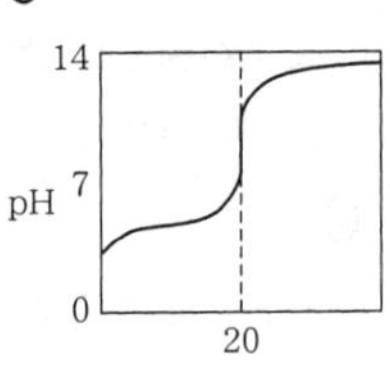

水酸化ナトリウム水溶液の量〔mL〕

V 次の設問は酸化と還元に関するものである。設問にしたがって解答せよ。

問 1 金属元素の単体の反応に関する記述である。各問いに答えよ。

(1) 酸化還元反応が進行するものとして最も適当なものを，次の①～⑥のうちから二つ選べ。ただし，解答の順序は問わない。 33 34

① 金を濃硝酸に入れる
② マグネシウムを熱水に入れる
③ 亜鉛を熱水に入れる
④ 白金を常温の水に入れる
⑤ 銅を希塩酸に入れる
⑥ 銅を濃硝酸に入れる

(2) 表面に緻密(ちみつ)な酸化物の被膜ができて金属が溶けないものとして最も適当なものを，次の①～⑥のうちから一つ選べ。 35

① 金を王水に入れる
② アルミニウムを希硫酸に入れる
③ ニッケルを沸騰水に入れる
④ マグネシウムを常温の水に入れる
⑤ 鉄を濃硝酸に入れる
⑥ 銀を希塩酸に入れる

問 2 電池に関する記述である。各問いに答えよ。

電池の原理は，酸化される反応と還元される反応を異なる電極で行わせ，その間を導線で結び，電子の流れを電流として外部に取り出している。このとき，(ア)される反応が起こり，電子が導線に流れ出る電極を(イ)という。一方，(ウ)される反応が起こり，導線から電子が流れ込む電極を(エ)という。

電池から電気エネルギーを取り出すことを(オ)といい，(オ)すると，もとの状態に戻ることができない電池を<u>一次電池</u>(a)という。一方，電池に外部から電気エネルギーを与え(オ)と逆向きの反応を起こすことを(カ)といい，(カ)ができる電池を<u>二次電池</u>(b)という。

(1) 文中の(ア)～(エ)にあてはまる語句の組み合わせとして最も適当なものを，次の①～④のうちから一つ選べ。 36

	(ア)	(イ)	(ウ)	(エ)
①	酸　化	負　極	還　元	正　極
②	酸　化	正　極	還　元	負　極
③	還　元	負　極	酸　化	正　極
④	還　元	正　極	酸　化	負　極

⑵　文中の(オ)，(カ)に入る語句として最も適当なものを，次の①～⑤のうちからそれぞれ一つずつ選べ。　オ 37　カ 38

①　通　電　②　放　電　③　充　電　④　荷　電　⑤　発　電

⑶　下線部a，bに該当する電池の組み合わせとして最も適当なものを，次の①～⑤のうちから一つ選べ。　39

	a	b
①	アルカリマンガン乾電池	リチウム電池
②	ニッケル・水素電池	リチウムイオン電池
③	マンガン乾電池	ニッケル・水素電池
④	リチウムイオン電池	マンガン乾電池
⑤	リチウム電池	アルカリマンガン乾電池

生　物

（60 分）

I　生物の特徴に関する次の文章を読み，各問いに答えよ。

生物は原核生物と真核生物に大別されるが，どちらも基本単位は細胞であり，原核生物は原核細胞からなり，真核生物は真核細胞からなる。真核細胞には，原核細胞とは異なり，細胞内に多くの細胞小器官がみられる。また，細胞の発見や研究には，光学顕微鏡や電子顕微鏡が利用されてきた。

下の図は，トウモロコシの葉の細胞の電子顕微鏡写真である。

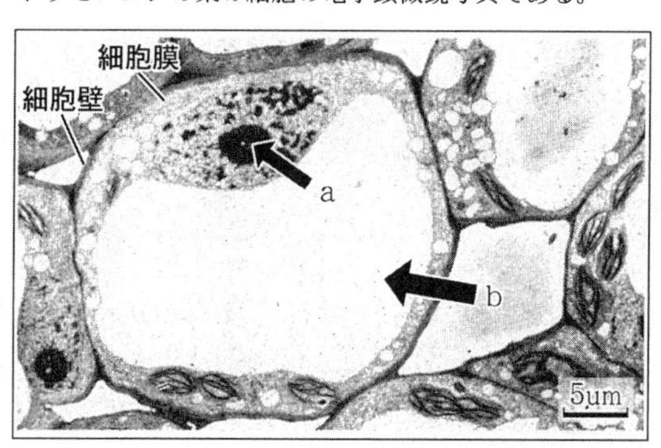

図

写真：植田勝巳

問 1　原核生物と真核生物の組み合わせとして最も適当ものを，次の①～⑥のうちから一つ選べ。　1

	原核生物	真核生物
①	オオカナダモ	ネンジュモ
②	ゾウリムシ	ミドリムシ
③	大腸菌	ゾウリムシ
④	乳酸菌	大腸菌
⑤	ネンジュモ	乳酸菌
⑥	ミドリムシ	オオカナダモ

問 2　細胞小器官に関する記述として最も適当なものを，次の①～⑤のうちから一つ選べ。　**2**

① ミトコンドリアは，呼吸により無機物から有機物を合成する。

② 葉緑体は，アントシアニンを含むので緑色に見える。

③ 液胞は，分化した動物細胞では大きく発達している。

④ 核は，タンパク質とDNAからなる染色体を含む。

⑤ 葉緑体は，光合成によりデンプンなどの有機物を無機物に分解する。

問 3　肉眼では存在の確認が困難であるが，光学顕微鏡によって確認できるものの組み合わせとして最も適当なものを，次の①～⑥のうちから一つ選べ。　**3**

① インフルエンザウイルス，大腸菌

② インフルエンザウイルス，ゾウリムシ

③ インフルエンザウイルス，ヒトの赤血球

④ ゾウリムシ，大腸菌

⑤ ゾウリムシ，ヒトの赤血球

⑥ 大腸菌，ヒトの赤血球

問 4　図中のａ・ｂの名称の組み合わせとして最も適当なものを，次の①～⑥のうちから一つ選べ。　**4**

	a	b
①	核	液　胞
②	核	細胞質基質
③	葉緑体	液　胞
④	葉緑体	細胞質基質
⑤	ミトコンドリア	液　胞
⑥	ミトコンドリア	細胞質基質

Ⅱ　生物の遺伝子とそのはたらきに関する次の文章A・Bを読み，各問いに答えよ。

A　DNAは，ヌクレオチドとよばれる構成単位からなる。DNAの基本的な立体構造は，ヌクレオチドが(　ア　)の間で結合してできたヌクレオチド鎖が2本向かい合い，内側に突出した2つの(　イ　)が弱い結合で結ばれて2本鎖を形成しらせん状になっている。近年，ゲノムに関する研究が急速に進んでいる。

問 1　文章中のア・イに入る語句の組み合せとして最も適当なものを，次の①～⑥のうちから一つ選べ。　5

	ア	イ
①	リボースと塩基	リン酸
②	デオキシリボースと塩基	リン酸
③	塩基とリン酸	リボース
④	塩基とリン酸	デオキシリボース
⑤	リン酸とリボース	塩　基
⑥	リン酸とデオキシリボース	塩　基

問 2　下線部に関する記述として最も適当なものを，次の①～⑤のうちから一つ選べ。　6

① ひとつの個体では，どの細胞でもすべての遺伝子がはたらいている。

② 病気の原因の解明や新薬の開発などに利用されている。

③ 生物の種類ごとに，ゲノムの大きさは異なるが，遺伝子の総数は同じである。

④ 生物の種類ごとに，遺伝子の総数は異なるが，ゲノムの大きさは同じである。

⑤ 体細胞がもつ染色体には母親由来のものまたは父親由来のもののどちらか1セットのみがあり，この1セットの染色体のもつ遺伝情報がゲノムに相当する。

B　細胞の増殖を調べるために，100 mLの培養液に大腸菌を加えて培養したところ，ある時間までは大腸菌数が増加したが，やがて大腸菌数は一定となった。一定となった際の培養液を液Ｚとする。大腸菌の増殖が止まった理由には次の２つの仮説が考えられた。

仮説１：大腸菌が増えるのに十分な空間はあったが，増殖に必要な栄養分が枯渇すると細胞増殖がみられなくなる

仮説２：培養液に含まれる栄養分は十分であったが，増殖に必要な空間が枯渇すると細胞増殖がみられなくなる

仮説１・２を検証するために，次のａ～ｄの実験を行った。

ａ　最初に加える大腸菌数は変えずに，栄養分濃度２倍の培養液100mLで培養した。

ｂ　最初に加える大腸菌数は変えずに，培養液ではなく100mLの水を用いて培養した。

ｃ　液Ｚをよく混ぜてから10mLを取り，これに新しい培養液を加えて100mLにしてから培養した。

ｄ　液Ｚを液Ｙ(液Ｚから大腸菌を除いた液)と大腸菌に分けて，大腸菌数を10分の１量に減少させてから，これに液Ｙを加えて100mLにしてから培養した。

問３　仮説１を検証するための実験として最も適当なものを，次の①～④のうちから一つ選べ。 7

①　a　②　b　③　c　④　d

問４　仮説２を検証するための実験として最も適当なものを，次の①～④のうちから一つ選べ。 8

①　a　②　b　③　c　④　d

Ⅲ　ヒトの体内環境の維持に関する次の文章を読み，各問いに答えよ。

体液には，細胞を取り巻く組織液，血管内を流れる血液[a]，リンパ管内を流れるリンパ液がある。体液は，循環系によって循環し，体内環境を一定の範囲内に維持している[b]。

問1　血液の成分に関する記述として最も適当なものを，次の①～⑥のうちから一つ選べ。　9

① 赤血球には，核がある。

② 赤血球は，有形成分のなかで最も多い。

③ 血小板には，核がある。

④ 血小板は，有形成分のなかで直径が最も長い。

⑤ 血しょうと白血球は，造血幹細胞から分化した細胞である。

⑥ 白血球は，円盤形をしている。

問2　下線部aに関する記述として最も適当なものを，次の①～⑤のうちから一つ選べ。　10

① 酸素の大部分は血しょうに溶解し，運搬される。

② 二酸化炭素は主に血小板によって運搬される。

③ グルコースやタンパク質は血しょうによって運搬される。

④ 白血球にはヘモグロビンが多く含まれている。

⑤ 酸素濃度が低下すると，より多くのヘモグロビンが酸素と結合する。

問3　血液の循環に関する記述として最も適当なものを，次の①～⑤のうちから一つ選べ。　11

① リンパ管には，静脈から血液が流入する。

② 肺静脈を流れる血液は，肺動脈を流れる血液よりも酸素を多く含んでいる。

③ 心拍数は，交感神経の興奮により減少する。

④ 血液は肝臓から肝門脈を通って消化管に流入する。

⑤ 筋肉に流入する血液の量は，運動すると減少する。

問 4 下線部bに関して，体内・体外の環境の変化と，それに対する反応の組み合わせとして**誤っているもの**を，次の①～⑥のうちから一つ選べ。 12

	体内・体外の環境の変化	**変化に対する反応**
①	気温が低くなった	皮膚血管の収縮が起こる
②	気温が低くなった	肝臓での代謝が促進される
③	血液中の二酸化炭素濃度が増加した	心臓の拍動が促進される
④	血液中の二酸化炭素濃度が増加した	立毛筋が収縮する
⑤	体液濃度が上昇した	尿量が減少する
⑥	体液濃度が上昇した	腎臓における水の再吸収が促進される

Ⅳ 体液濃度の調節に関する次の文章を読み，各問いに答えよ。

魚類は，腎臓・えらなどのはたらきによって体液の塩類濃度を調節している。魚類のなかでも淡水生硬骨魚類と海水生硬骨魚類では調節のしくみに違いがある。また，哺乳類は，腎臓のはたらきによって体液の塩類濃度をほぼ一定に保っている。

問 1 淡水生硬骨魚類と海水生硬骨魚類の体液の塩類濃度と生息域の塩類濃度との関係について最も適当なものを，次の①～⑨のうちから一つ選べ。 13

	淡水生硬骨魚類	海水生硬骨魚類
①	体液 > 生息域	体液 < 生息域
②	体液 > 生息域	体液 = 生息域
③	体液 > 生息域	体液 > 生息域
④	体液 = 生息域	体液 < 生息域
⑤	体液 = 生息域	体液 > 生息域
⑥	体液 = 生息域	体液 = 生息域
⑦	体液 < 生息域	体液 > 生息域
⑧	体液 < 生息域	体液 = 生息域
⑨	体液 < 生息域	体液 < 生息域

問 2 海水生硬骨魚類が体液の塩類濃度を一定の範囲内に保つために無機塩類の調節をしている器官として最も適当なものを，次の①～⑦のうちから一つ選べ。 14

① えら ② 肝 臓 ③ 口 ④ 小 腸
⑤ 心 臓 ⑥ すい臓 ⑦ 副 腎

問 3 淡水生硬骨魚類が体液の塩類濃度を一定の範囲内に保つために無機塩類の調節をしている器官の組み合わせとして最も適当なものを，次の①～⑦のうちから一つ選べ。 15

① えら，口 ② えら，肝臓 ③ えら，腎臓 ④ 肝臓，小腸
⑤ 口，肝臓 ⑥ 口，小腸 ⑦ 口，腎臓

問 4 下線部に関する記述として最も適当なものを，次の①～⑤のうちから一つ選べ。 16

① 腎臓では，尿酸が合成される。
② 糸球体では，尿素が合成される。
③ 原尿中には，タンパク質が含まれている。
④ 細尿管では，グルコースが原尿から毛細血管へ再吸収される。
⑤ 健康なヒトでは，細尿管において約30%の水が再吸収される。

V　ヒトのホルモンに関する次の文章を読み，各問いに答えよ。

ホルモンの分泌を調節する中心的なはたらきをしているのは(　ア　)であり，体内環境の変化を感知すると(　イ　)にはたらきかけ，(　イ　)から体液中にホルモンが分泌される。ホルモンは血液循環によって特定の組織や器官(標的器官)にはたらきかける。体内で特定の組織や器官にだけ作用するのは，その部位に決まった種類のホルモンだけに反応する(　ウ　)をもつ標的細胞があるためである。ただし，細胞や組織によって異なる作用を引き起こすホルモンもある。

問 1　文章中のア～ウに入る語の組み合わせとして最も適当なものを，次の①～⑧のうちから一つ選べ。 17

	ア	イ	ウ
①	甲状腺	外分泌腺	受容器
②	甲状腺	外分泌腺	受容体
③	甲状腺	内分泌腺	受容器
④	甲状腺	内分泌腺	受容体
⑤	視床下部	外分泌腺	受容器
⑥	視床下部	外分泌腺	受容体
⑦	視床下部	内分泌腺	受容器
⑧	視床下部	内分泌腺	受容体

問 2　ホルモンについての記述として**誤っているもの**を，次の①～⑥のうちから一つ選べ。 18

① アドレナリンは交感神経からの刺激を受けて分泌される。
② 甲状腺刺激ホルモンは副交感神経からの刺激を受けて分泌される。
③ インスリンはランゲルハンス島のB細胞から分泌される。
④ グルカゴンはランゲルハンス島のA細胞から分泌される。
⑤ チロキシンは他のホルモンによって分泌が調節される。
⑥ 糖質コルチコイドは他のホルモンによって分泌が調節される。

問 3　血糖濃度(血糖値)を調節するホルモンとして**誤っているもの**を，次の①～⑥

のうちから一つ選べ。 19

① インスリン　② グルカゴン
③ 成長ホルモン　④ 糖質コルチコイド
⑤ バソプレシン　⑥ 副腎皮質刺激ホルモン

問 4 下線部に関連してアドレナリンが作用する組織とアドレナリンが引き起こす作用の組み合わせとして最も適当なものを，次の①～⑥のうちから一つ選べ。 20

a　肝臓　グリコーゲンの分解の促進
b　心臓　心拍数の増加
c　腎臓　再吸収される水の増加
d　毛細血管　血管の拡張

① a，b　② a，c　③ a，d
④ b，c　⑤ b，d　⑥ c，d

Ⅵ 免疫を利用した病気の予防や治療に関する次の文章を読み，各問いに答えよ。

免疫のしくみは我々の身の回りにあるさまざまな病気の予防や治療に応用されている。例えば，ある病気のワクチンをあらかじめ投与し発症を抑制する予防接種や毒ヘビにかまれた際の治療法である血清療法がある。

問 1 ワクチンとして用いられる最も適当なものを，次の①～⑥のうちから一つ選べ。 21

① 抗　体　② 好中球　③ 弱毒化した病原体
④ 樹状細胞　⑤ フィブリン　⑥ B細胞

問 2 予防接種により引き起こされる免疫のしくみとして**誤っているもの**を，次の①～⑤のうちから一つ選べ。 22

① 細胞性免疫　② 化学的防御　③ 体液性免疫
④ 免疫記憶　⑤ 二次応答

問 3 予防接種が有効な病気として最も適当なものを，次の①～⑤のうちから一つ選べ。 23

① アナフィラキシーショック ② 関節リウマチ
③ 結 核 ④ 後天性免疫不全症候群
⑤ 1型糖尿病（Ⅰ型糖尿病）

問 4 血清療法で投与するものとして最も適当なものを，次の①～⑥のうちから一つ選べ。 24

① 抗 体 ② 好中球 ③ 弱毒化した病原体
④ 樹状細胞 ⑤ フィブリン ⑥ B細胞

Ⅶ 日本の植生の遷移に関する次の文章を読み，各問いに答えよ。

土砂くずれや伐採，あるいは火山噴火の際に流出した溶岩などによって，植生が失われたり部分的に破壊されたりすると，時間の経過とともに植生が変化する様子が見られる。このような変化の過程は遷移とよばれる。一般に，遷移は一次遷移と二次遷移(a)に分けられている。

遷移が始まってから長い時間が経過すると，植生の変化は目立たなくなり，安定した状態が訪れる。このような状態は極相(b)とよばれる。極相の森林においては，外部からの作用や樹木自身の寿命などによって，林冠で優占していた樹木が枯死すると，ギャップとよばれる林冠が途切れた場所ができる。しかし時間がたつと，その場所も元の極相林の優占種によって再びおおわれるようになる。このような，極相林の更新のしかたについて，調査と実験を行った。

調査1：極相の状態にあり，種ａが優占する森林を調べたところ，図1のように，さまざまな面積のギャップが見られた。種ａが林冠で優占する場所に10m×10mの調査区(あ)を設け，さらに，比較的広い面積をもつギャップを2つ選び，調査区(あ)と同面積の，調査区(い)および調査区(う)を設けた。それぞれの調査区で，生育する樹木を調査したところ，調査区(い)では種ｂが，調査区(う)では種ｃがそれぞれ優占していた。

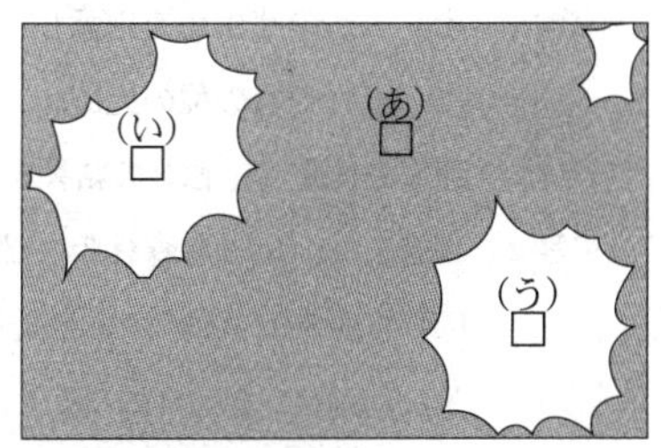

図1　調査した森林
白抜きの部分はギャップ，灰色の部分は林冠，□は調査区を表している。

そこで，調査区(あ)～(う)における，種ａ～ｃの高さ別の個体数を調べたところ，図2のようになった。なお，この森林では，調査区(う)のあるギャップができた後に，調査区(い)のあるギャップができた。また，これら2つのギャップの面積は，ほぼ同じであった。

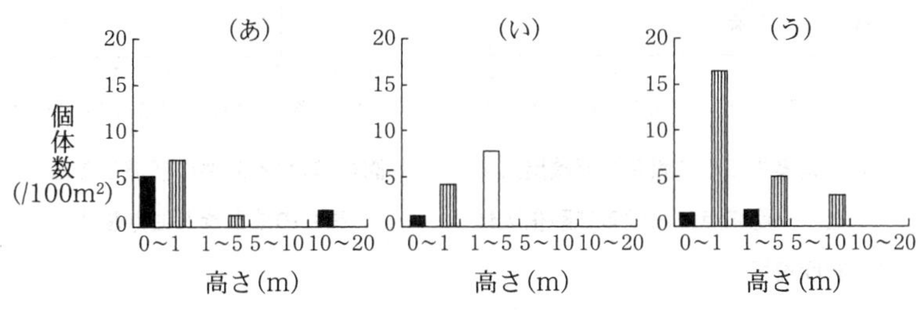

図2　調査区(あ)～(う)に生育する種ａ～ｃの高さ別の個体数

調査2：調査区(あ)～(う)において，それぞれ面積1m^2，深さ10cmの表層土壌を採取しその中から種ｂの種子を取り出して数を数えたところ，表のようになった。

表　表層土壌中に存在する種ｂの種子数

	調査区		
	(あ)	(い)	(う)
土壌中の種bの種子数 (面積1m^2・深さ10cm当たり)	10	150	10

実験1　種a～cの芽生えを用意し，暗黒中で二酸化炭素放出速度を測定し，さらに，それぞれの種の光飽和点に相当する光を与えたときの二酸化炭素吸収速度を測定し，図3の結果を得た。

実験2　調査1が行われた森林の一部を伐採することによって，調査区(い)や調査区(う)があるギャップと同じ面積のギャップを人工的に一つ作り(条件X)，直後に種a～cの芽生えを移植して，1年後にそれぞれの芽生えについて，高さの成長量を測定した。また，調査区(あ)の林床(条件Y)に種a～cの芽生えをそれぞれ同数移植して，1年後にそれぞれの芽生えの生存個体数を測定した(図4)。なお，移植したときの芽生えの高さはすべて同じであった。

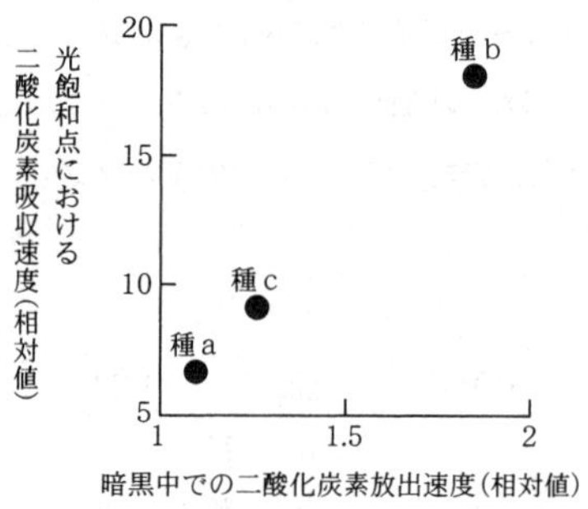

図3　暗黒中での二酸化炭素放出濃度と，光飽和点における二酸化炭素吸収速度

図4　異なる条件に移植した種a～cの高さの成長量と生存個体数

条件Yにおける生存個体数(相対値)
100
80
60
40
20
0
種a
種c
種b
0　2　4　6　8　10
条件Xにおける高さの成長量(相対値)

問 1　下線部aについて，カ～コのうち二次遷移の始まりに関する適切な文の組み合わせとして最も適当なものを，次の①～⑤のうちから一つ選べ。 25

カ　秋の収穫後に放棄された畑で，翌年春に小型の草本が開花した。

キ　台風によって森林の樹木が倒れた場所で，陽樹が芽生えた。

ク　梅雨の増水を受けた河川敷において，枯死した多年生草本のまわりで一年生草本の種子が発芽した。

ケ　噴火によって流された，厚さ5mにもおよぶ溶岩の上を地衣類がおおった。

コ　病虫害によって多数の高木が枯死した森林の林床で，低木が密生した。

① カ，キ，ク，ケ　② カ，キ，ク，コ　③ カ，キ，ケ，コ
④ カ，ク，ケ，コ　⑤ キ，ク，ケ，コ

問 2　下線部ｂについて，本州の針葉樹林帯の極相に達した森林で優占する樹木として最も適当なものを，次の①～⑤のうちから一つ選べ。　26

① アオキ　② アラカシ　③ ガジュマル
④ コメツガ　⑤ ブ　ナ

問 3　下線部ｂについて，中部地方の太平洋側の平地における極相に達した森林で優占する樹木として最も適当なものを，次の①～⑤のうちから一つ選べ。　27

① アオキ　② アラカシ　③ ガジュマル
④ コメツガ　⑤ ブ　ナ

問 4　中部地方の太平洋側の平地における極相に達した森林として最も適当なものを，次の①～⑤のうちから一つ選べ。　28

① 亜熱帯多雨林　② 雨緑樹林　③ 夏緑樹林
④ 照葉樹林　⑤ 針葉樹林

問 5　図2の結果から，比較的広い面積をもつギャップがつくられた後，その場所で生育する樹木はどのように変化すると考えられるか。サ～セの記述の組み合わせとして最も適当なものを，次の①～⑥のうちから一つ選べ。　29

サ　種ｂの個体が種ｃの個体より高くても，種ｃは生育し続ける。
シ　種ａが林冠で優占するようになると，種ｃは見られなくなる。
ス　種ａが林冠で優占するようになると，種ｂが侵入する。
セ　種ａが林冠で優占するようになっても，種ｃは生育し続ける。

① サ，シ　② サ，ス　③ サ，セ
④ シ，ス　⑤ シ，セ　⑥ ス，セ

問 6　図2と表の結果から種ｂに関する記述として最も適当なものを，次の①～⑤のうちから一つ選べ。　30

① 種bの種子は，種aが林冠で優占する場所には存在せず，ギャップができた後でそこに運ばれてきたが，発芽できなかった。

② 種bの種子は，種aが林冠で優占する場所には存在せず，ギャップができた後でそこに運ばれてきて発芽したが，成長できなかった。

③ 種bの種子は，種aが林冠で優占する場所には存在せず，ギャップができた後でそこに運ばれてきて発芽し，その後成長した。

④ 種bの種子は，ギャップができる前から種aが林冠で優占する場所に存在したが，ギャップができる前には発芽できなかったか発芽後に枯死した。

⑤ 種bの種子は，ギャップができる前から種aが林冠で優占する場所に存在し，ギャップができる前に発芽し，その後成長した。

問 7 図3の結果から判断して，種a～cは光に関してどのような性質をもつと考えられるか。ソ～トの記述の組み合わせとして最も適当なものを，次の①～⑧のうちから一つ選べ。ただし呼吸速度は光の強さに関係なく，種ごとに一定であると仮定する。 31

ソ　光飽和点における光合成速度は，種bが，種aや種cより高い。

タ　光飽和点における光合成速度は，種bが，種aや種cより低い。

チ　光飽和点における見かけの光合成速度は，種bが，種aや種cより高い。

ツ　光飽和点における見かけの光合成速度は，種bが，種aや種cより低い。

テ　光補償点における呼吸速度は，種bが，種aや種cより高い。

ト　光補償点における呼吸速度は，種bが，種aや種cより低い。

① ソ，チ，テ　② ソ，チ，ト　③ ソ，ツ，テ　④ ソ，ツ，ト
⑤ タ，チ，テ　⑥ タ，チ，ト　⑦ タ，ツ，テ　⑧ タ，ツ，ト

問 8 調査1，実験1，および実験2の結果から，比較的面積が広いギャップに設けられた調査区(い)で，種bが優占している理由(ナ～ネ)の組み合わせとして最も適当なものを，次の①～④のうちから一つ選べ。 32

ナ　光飽和点における光合成速度及び呼吸速度は種bの芽生えが最も小さい。

ニ　光飽和点における光合成速度及び呼吸速度は種bの芽生えが最も大きい。

ヌ　十分な光が地表に到達する大きなギャップでは芽生えの高さの成長量は種bが最小となる。

ネ　十分な光が地表に到達する大きなギャップでは芽生えの高さの成長量は種bが最大となる。

①　ナ，ヌ　　②　ナ，ネ　　③　ニ，ヌ　　④　ニ，ネ

Ⅷ　地球環境に関する次の文章A・Bを読み，各問いに答えよ。

A　DDTは，かつて殺虫剤として使われていた物質で，生物濃縮を起こすことが知られており，現在では使用が禁止されている。表は，ある生態系におけるイワシ，コアジサシ，ダツ類，動植物プランクトンについて，体内に含まれるDDTの濃度を測定した結果を示したものである。イワシは低位の消費者で，コアジサシは最高位の消費者である。

表

生　物	DDT濃度(ppm)
a	0.23
b	5.58
c	0.04
d	2.07

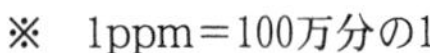
※　1ppm＝100万分の1

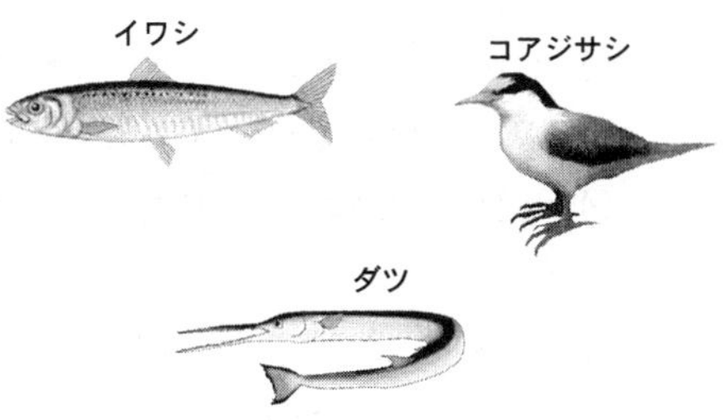

問1　表中のa，bの生物の組み合わせとして最も適当なものを，次の①～⑨のうちから一つ選べ。　33

	a	b
①	イワシ	コアジサシ
②	イワシ	ダツ類
③	イワシ	動植物プランクトン
④	コアジサシ	イワシ
⑤	コアジサシ	ダツ類
⑥	コアジサシ	動植物プランクトン
⑦	動植物プランクトン	イワシ
⑧	動植物プランクトン	コアジサシ
⑨	動植物プランクトン	ダツ類

問 2　この生物濃縮が起こる原因に関して**誤っているもの**を，次の①～④のうちから一つ選べ。　34

① 植物プランクトンなど下位の栄養段階の生物は特定の物質を取り込みにくいが，上位の栄養段階のものはそれらの物質を体内に取り込みやすいから。

② 環境に放出された量が低濃度でも，食物連鎖を通して高濃度に蓄積されていくから。

③ 1個体に含まれる量がごくわずかであっても，その生物を大量に摂取することで高濃度になるから。

④ 食物連鎖が複雑にからみあい食物網を形成していると，さまざまな生物に蓄積が広がり，結果として上位の栄養段階の生物に高濃度に蓄積されやすくなるから。

問 3　生物濃縮に関してDDTがもつ特徴として最も適当なものを，次の①～⑥のうちから一つ選べ。　35

① 脂溶性で水に溶けにくく，また環境中では分解されにくいが生体内では分解されやすい。

② 脂溶性で水に溶けにくく，また環境中や生体内で分解されにくい。

③ 脂溶性で水に溶けにくく，また環境中や生体内で分解されやすい。

④ 水溶性で水に溶けやすく，また環境中では分解されにくいが生体内では分解されやすい。

⑤　水溶性で水に溶けやすく，また環境中や生体内で分解されにくい。

⑥　水溶性で水に溶けやすく，また環境中や生体内で分解されやすい。

問 4　生物濃縮が主な原因となった事象として**誤っているもの**を，次の①～④のうちから一つ選べ。　36

①　イタイイタイ病　②　第二水俣病（新潟水俣病）

③　水俣病　④　四日市ぜんそく

B　人間活動により大気中の温室効果ガスが増加していることが，地球温暖化の大きな理由の一つであると考えられている。図は，日本の岩手県における大気中の二酸化炭素濃度の変化を表したグラフである。周期的な上下を繰り返しながら，二酸化炭素濃度が増加傾向にあることがわかる。

大気だけではなく，水質汚染の問題もある。川や海に有機物などの汚濁物質が流れ込むと，その量が少ないうちは沈殿や泥や岩への吸着，微生物による分解等の自然浄化の作用によって汚染物質の濃度を低下させることができる。しかし，自然浄化できない量の汚濁物質が川や海に流入すると水質の汚濁が進むことになる。

そのほか，干潟をどう守るかなど，私たちが生態系の保全のために考えるべき課題は多い。

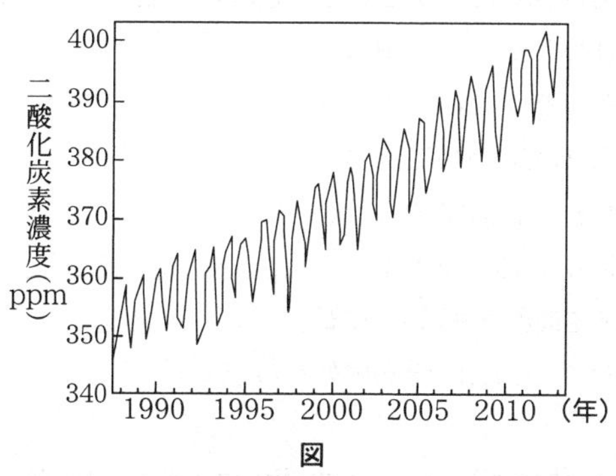

図

問 5　図の二酸化炭素濃度のグラフが上下に振れている主要な理由として最も適当なものを，次の①～⑥のうちから一つ選べ。　37

① 植物の光合成が活発な季節と不活発な季節があるから。

② 植物の光合成が活発な年と不活発な年があるから。

③ 生物の呼吸が気温の高い時は活発になり，低い時は不活発になるから。

④ 海洋の二酸化炭素の吸収量が周期的に変動するから。

⑤ 人間活動による森林の伐採と植林とが周期的に行われているから。

⑥ 人間活動による二酸化炭素の放出が活発な時期と不活発な時期があるから。

問 6 地球温暖化に関する記述として**誤っているもの**を，次の①～⑤のうちから一つ選べ。 38

① 温室効果ガスには二酸化炭素以外にフロンやメタンなどがある。

② 大気中の二酸化炭素濃度の増加の主な原因は，化石燃料の大量消費と熱帯多雨林の大規模な破壊と考えられている。

③ 地球温暖化が進むと陸地面積が減少すると考えられている。

④ 地球温暖化によりサンゴ礁の生態系がダメージを受けると考えられている。

⑤ 地球温暖化は，温室効果ガスが紫外線を吸収し，吸収された紫外線の一部が地表に向けて放出されることによりもたらされる。

問 7 地球温暖化が進むことによって，日本のバイオームも現在の状態と比べて変化する可能性がある。予想される変化に関する記述として**誤っているもの**を，次の①～⑥のうちから一つ選べ。 39

① 亜熱帯多雨林の分布域が広がる。

② 照葉樹林の分布域が北上する。

③ 針葉樹林の分布域が狭くなる。

④ 森林限界の標高が上がる。

⑤ 絶滅する高山植物が出てくる。

⑥ 北海道で夏緑樹林の分布域が狭くなる。

問 8 水質汚染に関する記述として**誤っているもの**を，次の①～⑥のうちから一つ選べ。 40

① 赤潮やアオコは，植物プランクトンなどが異常に大発生したために起こる

現象である。

② 死亡した大量のプランクトンを分解するのに多量の酸素を使うため，水中の酸素が減少することがある。

③ 干潟が失われると，海水の汚染も進むと考えられている。

④ 干潟は，海と陸の生態系を結ぶ役割を果たしており，水質浄化の機能をもつ。

⑤ プランクトンが大発生すると，水中に届く光の量が少なくなり，水生植物が打撃を受けることがある。

⑥ 湖や海などにおいて，窒素やリンなどの無機物が蓄積して濃度が高くなる現象を水の華という。

といった目標については全くといってよいほど達成できず、成功とはいえないものだった。

②SDGsは、MDGsと同じく明確な達成期限が設定されなかったが、それは国連の狙いがまずはひとりでも多くの人々に社会の持続可能性について意識してもらうというところにあったからだと推察される。

③「自分も楽しく幸せに暮らしたい」という当然の要望を我慢して活動しても、それは自分自身を犠牲にしている点において「誰ひとり取り残さない」ことを目指すSDGsの本来の願いから外れてしまっている。

④SDGsは「経済」「社会」を含めた持続可能性を目指すものだったが、いまのブームでは脱炭素や脱プラスチックといった環境問題ばかりが注目され、貧困問題への継続的な取り組みが軽視されてしまっている。

⑤サステナブルな社会を築くためには、若い世代が大きな負担を強いられる現状を変革していく必要があり、まずは大人たちが率先してあらゆる犠牲をいとわずに行動を起こしていくことが求められている。

⑤　徹底した省エネにこだわるあまりに、猛暑の真っ最中でもエアコンを使わず熱中症で倒れたりすれば、コロナ禍で逼迫（ひっぱく）している医療に余計な負荷をかけることになりかねません

問八　傍線部C「ＳＤＧｓそのものをしっかりとブンベツ」するとはどういうことか。その説明として最も適当なものを、次の①～⑤のうちから一つ選べ。　34

①　ＳＤＧｓの目標すべてを完璧に行うことは不可能であることを自覚したうえで、自らの日常生活を犠牲にしないレベルで少しずつ世界を良い方向に転換させる方法を考え、これからすべきことを整理していくということ。

②　根が真面目な人ほど全力でＳＤＧｓに取り組んでしまうのだが、そのような姿勢はしばしば第三者に都合よく利用されてしまうため、自分にとっての利益を最優先にしつつ今やるべきことを判断していくということ。

③　国連がＳＤＧｓのプロジェクトを立ち上げる際に「みんなを幸せにしたい」の「みんな」には自分自身も入っていることを強調していたのを忘れずに、現代にふさわしいＳＤＧｓの標語を再検討していくということ。

④　いまのＳＤＧｓブームが結局は若い世代を苦しめるだけになっている現状を反省し、大人たちが長年積み重ねてきた経験と知恵とを生かして若者たちをより効率的に持続可能性の高い社会へと導いていくということ。

⑤　ＳＤＧｓをめぐる議論は常に「総論賛成、各論反対」となってしまうのだが、いつかは必ず決断せざるを得ない時がくることを踏まえて、大人と若い世代が一緒に知恵を絞ることができる体制を整えていくということ。

問九　問題文の内容と最もよく合致するものを、次の①～⑤のうちから一つ選べ。　35

①　ＭＤＧｓはＳＤＧｓの先駆となるプロジェクトだったが、「環境の持続可能性確保」や「極度の貧困と飢餓の撲滅」

② ＳＤＧｓを重視する企業が増えてきており、学生の側でもＳＮＳに「エコ」な持ち物をアップすることで、自分が社会の持続可能性に関心を持つ人間であることを企業の採用担当者にアピールしている。

③ しばしば「サステナブル」な商品を使う日常の様子をＳＮＳに投稿することで、自身が社会の持続可能性を意識できる感性と善良さを有する人間であることを周囲に認識してもらおうとしている。

④ 「エコ」な生活スタイルを徹底するためにＳＮＳなどを活用し情報をしっかりと収集しているのだが、完璧を目指すがゆえにどうしてもストレスを人より多くため込むことになってしまっている。

⑤ 良い成績を取りたい若者にとってはＳＤＧｓにかかわる活動を避けて通ることはできず、「ＳＤＧｓ疲れ」や「サステナブル疲れ」を感じつつもＳＮＳでの情報発信をやめるわけにはいかなくなっている。

問七 空欄 Ⅵ に入る文として最も適当なものを、次の①～⑤のうちから一つ選べ。 33

① 若い時の苦労は買ってでもせよとはいいますが、若者たちの貧困をこのまま放置したならば、ただでさえ後戻りができないほど進行してしまった少子化をさらに悪化させてしまうでしょう

② 環境負荷の軽減のために古着しか購入しないという若者がいますが、その頑(かたく)なな態度によって新しいファッションに挑戦しようというポジティブな姿勢さえも失っているのが気にかかります

③ 二酸化炭素排出量の削減のためには電気自動車を早急に一般的なものにする必要がありますが、その過程で新たな雇用創出や技術革新が推し進められるというメリットがあることも見逃せません

④ エコであるとは思われていない使い捨てのストローやカップであっても、自分自身の幸福な生活を維持するために欠かせないのであれば、人から何と言われようと堂々と使うべきなのです

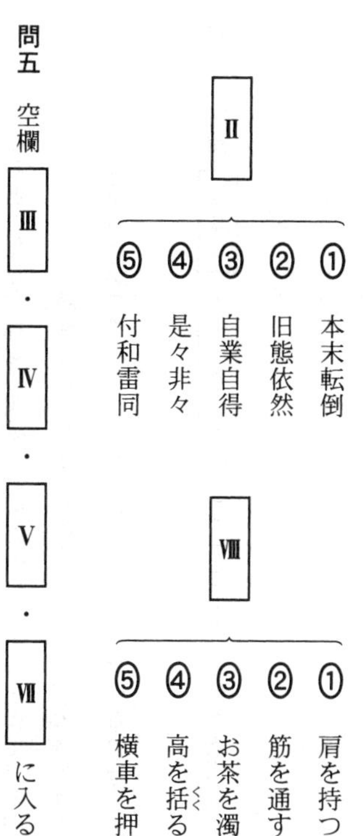

Ⅱ

① 本末転倒
② 旧態依然
③ 自業自得
④ 是々非々
⑤ 付和雷同

Ⅷ

① 肩を持つ
② 筋を通す
③ お茶を濁す
④ 高を括る
⑤ 横車を押す

問五　空欄 Ⅲ ・ Ⅳ ・ Ⅴ ・ Ⅶ に入る語の組み合わせとして最も適当なものを、次の①〜⑤のうちから一つ選べ。　31

	Ⅲ	Ⅳ	Ⅴ	Ⅶ
①	そもそも	だから	おそらく	むしろ
②	ところが	むしろ	そもそも	だから
③	おそらく	そもそも	むしろ	ところが
④	むしろ	ところが	だから	そもそも
⑤	だから	おそらく	ところが	むしろ

問六　傍線部B「サステナブルな持ち物の写真を頻繁にSNSにアップする人」についての説明として最も適当なものを、次の①〜⑤のうちから一つ選べ。　32

① 自分の生活がいかに「エコ」であるかをSNS上で顕示することで、SDGsに批判的な立場をとる人々の日常生活に介入し、その生活をより「サステナブル」なものへと改善させようとしている。

⑤　お役御免となり、また新たな旗が用意されるに違いありません

問三　傍線部Ａ「国連も「ぼちぼち」やっている」とはどういうことか。その説明として最も適当なものを、次の①～⑤のうちから一つ選べ。 28

①　明確な達成基準を国連の側であえて設定しないことでＳＤＧｓの目標の達成を容易にし、世界の持続可能性に関心が少しでもある人であれば気兼ねなく活動に参加できるような状況を生み出そうとしているということ。

②　国連がＳＤＧｓの目標を絶対に達成させようと躍起になってやっているというよりも、まずはこのままでは人々に世界が持続困難であることを意識してもらうことで、状況を漸進的に改善しようとしているということ。

③　国連自体は世界の持続可能性を高めるために使える人的資源をほとんど持たないため、地道にＳＤＧｓの標語を宣伝することで、人々が世界の改善に向けて主体的に動き出す機運を高めようとしているということ。

④　国連の仕事は最初にＳＤＧｓの目標を提示することまでであることに自覚的であり、人々に生活の改善を無理強いすることになりかねない明確な達成基準の設定などはできるだけ避けるようにしているということ。

⑤　ＳＤＧｓを厳格なルールとして施行したいのが本音ではあるが、人々がどうしても現在の生活を優先してしまうことは国連もわかっており、反発を受けないようにかなり遠慮をしながら活動を進めているということ。

問四　空欄 Ⅱ ・ Ⅷ に入ることばとして最も適当なものを、次の各群の①～⑤のうちからそれぞれ一つずつ選べ。　Ⅱ 29　Ⅷ 30

ンベツに神経をすり減らす前に、まずは世の大人たちがフンベツをもって C SDGsそのものをしっかりとブンベツし、これから何をすべきかを考えなければいけないと思います。

（酒井敏（さかいさとし）『カオスなSDGs』による。なお、設問の都合上、原文を一部改変した箇所がある）

〔注〕　＊大学で学生たちを相手にしている身……筆者の酒井敏は静岡県立大学副学長。

問一　問題文からは次の一文が欠落している。補うべき場所として最も適当なものを、次の①～⑤のうちから一つ選べ。 26

世の中には時間が解決する問題もたくさんあるのです。

①〔ア〕　②〔イ〕　③〔ウ〕　④〔エ〕　⑤〔オ〕

問二　空欄 I に入ることばとして最も適当なものを、次の①～⑤のうちから一つ選べ。 27

① 汚名返上となり、また新たな的が狙われるに違いありません
② 横紙破りとなり、また新たな席が準備されるに違いありません
③ 手に負えなくなり、また新たな敵が設定されるに違いありません
④ 後の祭りとなり、また新たな機会が与えられるに違いありません

す。複雑な世界では、良かれと思ってしたことが、めぐりめぐって人に迷惑をかけることもあるでしょう。

たとえば、［ VI ］。

いまのSDGsブームには、そういう危うさがあるように思います。とりわけ日本の場合、SDGsといえば脱炭素や脱プラスチックといった環境問題ばかり注目されますが、一七の目標を見ればわかるとおり、これは「環境」の持続可能性だけを考えているわけではありません。そこには「環境」のほかに、「経済」「社会」という大きな柱があります。環境への負荷を下げるための取り組みばかりに集中した結果、逆に経済や社会への負荷を高めてしまうこともあるでしょう。実際、プラゴミの分別収集は自治体の経済的な負担を高めています（国からの補助金も税金です）。

［ VII ］人類は、経済的な発展を追求した結果として、環境問題に直面しました。ですから、その両方の持続可能性を高めるのはきわめて難しい。たとえば二酸化炭素の排出量をめぐる国際的な議論も、常に「総論賛成、各論反対」のようなものになります。

SDGsが目指す環境、経済、社会という三つの分野での持続可能性をどれも完璧に高めようとすれば、必ずどこかで優先順位をめぐるケンカが起こるでしょう。どの分野でも、完全に［ VIII ］ことなどできません。どこかで「キレイゴト」を引っ込めて、「大人の事情」に基づく調整が必要になる。SDGsとはそういうものだからこそ、完璧を目指さずに「ぼちぼち」やっていくしかないのです。

また、大学で学生たちを相手にしている身としては、いまのSDGsブームが結果的に若い世代を苦しめることになりはしないかと心配になります。次代を担う人たちの負担を増やしてしまうとしたら、それこそ社会の持続可能性が損なわれてしまいます。

しかしサステナブルな社会を築きたいなら、若い世代が生き生きと暮らせるようにするのが大人の役目でしょう。ゴミのブ

耐えている。それこそ家庭ゴミの分別だけでも、厳密にやろうとすると「これはどっちなんだ?」といちいちネットで検索して調べたり、パッケージの金属部分と紙部分を分けるために解体したりなど、けっこうなストレスになるでしょう。毎日のことですから、完璧を目指していたら疲れてしまうのも当然です。〔イ〕

社会のために、あるいは次世代のために、「何かいいことをしたい」と考えるのは人として当たり前のことですが、疲れを感じるまでやったのでは、その行動そのものがサステナブルになりません。良いことをしたいなら、それを続けられる範囲で「ぼちぼち」やったほうがいいでしょう。〔ウ〕

根が真面目な人ほど「ぼちぼち」の加減がわからず、やれることを全力でやろうとするのかもしれません。欲求を抑えて自己犠牲を払うことに美徳を感じる人もいるでしょう。とくに日本の場合、昔から「奉仕の精神」を尊ぶ精神的土壌もあります。自分を犠牲にして「いいこと」をしたくなる気持ちもわからなくはありません。〔エ〕

でも、「みんなを幸せにしたい」と願うとき、その「みんな」には自分自身も入っていることを忘れないでほしいのです。国連も、SDGsというプロジェクトを通じて、地球上の「誰ひとり取り残さない」と誓っています。途上国の貧しい人々や独裁者の圧政に苦しむ人々のことを思い浮かべる言葉ですし、そうやって取り残されている人々が多いのは確かですが、「誰ひとり」と言う以上、日本のような先進国で暮らす私たちも取り残されてはいけません。自分の日常生活を犠牲にするのは、自分自身をSDGsから取り残しているようなもの。その時点で、「みんな」を幸せにはできていないのです。〔オ〕

V、まずは自分自身が楽しく生きること。それができて初めて、人のために何かできるようになるのではないでしょうか。

それに、誰にも全体が見えていない世界では、その献身が本当に社会の持続可能性を高め、人々を幸福にするのかどうか、じつのところわかりません。なにしろ、法律をすべてきちんと守っても、誰かがどこかで不幸になっているのかもしれないので

る。だから、明確な達成基準もありません。

そういう漠然とした努力目標にすぎないのですから、その趣旨に賛同しつつ、無理のない範囲で取り組めばいいのだと思います。いずれにしても、ＳＤＧｓのために個々人の暮らしが楽しくなくなったのでは〔Ⅱ〕です。いくらか我慢して生活スタイルを変えることはあるかもしれませんが、「自分も楽しく幸せに暮らしたい」という当たり前のニーズを犠牲にしてまでやるようなことではありません。〔Ⅲ〕、「いかに楽しく生きるか」という自分の生活の持続可能性を考えることも含めて、ＳＤＧｓだと言ってもいいのではないでしょうか。

〔Ⅳ〕、いまはとくに若い人の中に「ＳＤＧｓ疲れ」や「サステナブル疲れ」が広がっているという話も聞くようになりました。高校や大学でＳＤＧｓを積極的に取り上げるようになると、良い成績を取りたい若者はそれを避けて通ることはできません。さらに就職活動をする学生は、企業説明会でもＳＤＧｓセミナーのようなものを受けることがあるそうです。社会の持続可能性に無関心な人間は高く評価されないのではないか、というプレッシャーを感じてしまったとしても無理はないでしょう。

そういうストレスを与えるのは、大学や就職活動の場だけではありません。ＳＤＧｓの影響もあって、近年は「サステナブル」を謳（うた）う商品も増えました。それを使っていると「いい人アピール」ができるので、たとえばステンレス製のストローのような脱プラスチック商品など、Bサステナブルな持ち物の写真を頻繁にＳＮＳにアップする人もいるようです。それはそれで個人の自由ですが、いちいちそれを見せられるほうはなんとなく「みんなも使えば？」というプレッシャーを感じます。

そういう人の中には、直接「まだプラスチックのストローなんか使ってるの？」と批判めいた調子で言ってくる人もいるでしょう。「正義」を背負った人が自分の日常生活に介入してくるのは、気持ちのいいものではありません。〔ア〕

また、自分で自分に「こうあらねばならない」とプレッシャーをかけている人もいると思います。脱プラスチックや省エネなど、環境への負荷を軽くするための「エコ」な生活スタイルを徹底しなければならないと自分に言い聞かせて、その不便さに

問八 『十訓抄』よりも先に成立した作品を、次の①～⑤のうちから一つ選べ。 25

① 雨月物語 ② 太平記 ③ 古今和歌集 ④ 南総里見八犬伝 ⑤ 増鏡

第三問 次の文章を読んで、後の問いに答えよ。

そもそも、ＳＤＧｓが掲げた盛りだくさんな目標は、持続可能な社会を築くために「最低限これぐらいは念頭に置いておきましょうよ」というものだと私は受け止めています。一応は「二〇三〇年までに達成する」としてはいますが、具体的な数値目標があるわけでもありません。

ちなみに国連は、ＳＤＧｓを立ち上げる前に、おもに開発途上国の課題に焦点を当てた「ＭＤＧｓ（ミレニアム開発目標）」を掲げていました。その達成期限は二〇一五年でしたが、「極度の貧困と飢餓の撲滅」や「ジェンダー平等推進と女性の地位向上」といった八つの目標が完全に達成されたとは思えません（もちろん一定の成果はありましたが）。ちなみにＭＤＧｓの七番目は「環境の持続可能性確保」ですから、明らかに未達成。言うまでもなく、現在もその努力は継続中です。

ＳＤＧｓは、そのＭＤＧｓをバージョンアップした後継プロジェクトと位置づけられます。二〇三〇年の達成期限を迎えたら、おそらくＭＤＧｓと同じように［ Ⅰ ］。

国連としては、そうやって「みんなが楽しく幸せに暮らせる世界にするために、最低限これぐらいは考えましょうよ」と言い続けることで人々の意識を変え、少しずつ世界を良い方向に転換させたいのでしょう。せめて、持続可能性を高めることに対して後ろ向きな人たちを減らしたい。本音はそれぐらいのことだと私は思っています。要するに、A国連も「ぼちぼち」やってい

②　格助詞「に」、係助詞「や」、ラ行変格活用動詞「あり」の已然形、助動詞「む」の連体形が接続した「にやあらむ」が変化したもの。

③　助動詞「ぬ」の連用形、係助詞「や」、ラ行四段活用動詞「あり」の已然形、助動詞「む」の連体形が接続した「にやあらむ」が変化したもの。

④　助動詞「ぬ」の連用形、係助詞「や」、ラ行変格活用動詞「あり」の未然形、助動詞「む」の終止形が接続した「にやあらむ」が変化したもの。

⑤　助動詞「なり」の連用形、係助詞「や」、ラ行四段活用動詞「あり」の已然形、助動詞「む」の終止形が接続した「にやあらむ」が変化したもの。

⑥　助動詞「なり」の連用形、係助詞「や」、ラ行変格活用動詞「あり」の未然形、助動詞「む」の連体形が接続した「にやあらむ」が変化したもの。

問七　問題文の内容と最もよく合致するものを、次の①～⑤のうちから一つ選べ。 24

①　九条民部卿顕頼は、誰にも聞かれていないと思い、思ったことを率直につぶやいた。

②　なま公達は、前世が近衛府の役人であったので、今生でもそうなりたいと願っていた。

③　なま公達は、九条民部卿顕頼の無礼な返答に対し、涙をこらえて冷静な対応をした。

④　侍は、九条民部卿顕頼がなま公達を疎んじていることを理解し、皮肉を込めた言葉を伝えた。

⑤　侍は、九条民部卿顕頼に命じられたとおりの仕事を問題なく果たしたと思っていた。

② 近衛司になったら、九条民部卿顕頼の助言の通り、たしかに出家し、籠もるのもよいと思う。
③ 近衛司になったら、心残りがなくなるので、すぐに出家して籠もるつもりである。
④ 近衛司になったら、神仏の恩に報いるために出家して籠もらなければならない。
⑤ 近衛司になったら、その仕事をまっとうしたのち、出家して籠もろうと考えている。

問四 傍線部B「不覚人」は誰のことを指しているか。最も適当なものを、次の①～⑤のうちから一つ選べ。　21

① 九条民部卿顕頼　② なま公達　③ 近衛司　④ 侍　⑤ 天皇

問五 傍線部C「えせたくみ」についての説明として最も適当なものを、次の①～⑤のうちから一つ選べ。　22

① なま公達の身の程知らずな願望をたしなめることができず、なま公達の言いなりになっていることに対する評価。
② 侍が取り次ぎをするだけの能力がないと見抜けず、なま公達への応対を任せてしまったことに対する評価。
③ なま公達が高い能力を持っていると見破れなかったために、味方に取りこもうとしなかったことに対する評価。
④ 身分の高い貴族でありながら、陰では他人の悪口ばかりで、周囲の見本となる行動ができていないことに対する評価。
⑤ 侍が悪意を持っていることに気づかず、自分の身の回りで働かせ、取り次ぎまでさせていたことに対する評価。

問六 傍線部D「やらむ」についての説明として最も適当なものを、次の①～⑥のうちから一つ選べ。　23

① 格助詞「に」、係助詞「や」、ラ行四段活用動詞「あり」の未然形、助動詞「む」の終止形が接続した「にやあらむ」が変化したもの。

〔注〕＊なま公達……さほど身分の高くない貴族の子弟。
＊近衛司……近衛府の役人。
＊工……工匠。

問一　波線部a「奏し」、b「承り」は、誰に対する敬意を表現したものか。最も適当なものを、次の①～⑤のうちからそれぞれ一つずつ選べ。（同一選択肢の反復使用可）　a［16］　b［17］

①　九条民部卿顕頼　②　なま公達　③　近衛司　④　侍　⑤　天皇

問二　傍線部i「なんでふ」、ii「あさまし」の問題文中での意味として最も適当なものを、次の①～⑤のうちからそれぞれ一つずつ選べ。　i［18］　ii［19］

i　なんでふ
①　ぜひ　②　いつから　③　いっそのこと　④　なるほど　⑤　どうして

ii　あさまし
①　卑しい　②　悩ましい　③　あきれる　④　妬ましい　⑤　後悔する

問三　傍線部A「本意遂げてのちは、やがて出家して、籠り侍るべきなり」の解釈として最も適当なものを、次の①～⑤のうちから一つ選べ。［20］

①　近衛司になったら、出家して籠もってもよいと思うほど、切に願っているのである。

2024年度　2月5日　一般前期　国語

第二問　次の文章を読んで、後の問いに答えよ。

九条民部卿顕頼(くでうみんぶきやうあきより)のもとに、あるなま公達(きんだち)、年は高くて、近衛司(このゑづかさ)を心がけ給ひて、あるものして、「よきさまに[a]奏し給へ」など、いひ入れ給へるを、主(あるじ)うち聞きて、「年は高く、今はあるらむ。[i]なんでふ、近衛司、望まるるやらむ。出家うちして、かたかたに居給ひたれかし」と、うちつぶやきながら、「細かに[b]承りぬ。ついで侍(はべ)るに、奏し侍るべし。このほど、いたはることありてなむ、かくて聞き侍る。いと便なく侍り、と聞え(きこえ)よ」とあるを、この侍、さし出(い)づるままに、「申せと候ふ。年高くなり給ひぬらむ。なんでふ、近衛司、望み給ふ。かたかたに出家うちして、居給ひたれかし。さりながら、細かに承りぬ。ついで侍るに奏すべし、と候ふ」といふ。

この人、「しかしかさま侍り。思ひ知らぬにはなけれども、前世(ぜんぜ)の宿執にや、このことさりがたく心にかかり侍れば、[A]本意(ほい)遂げてのちは、やがて出家して、籠(こも)り侍るべきなり。隔てなく仰せ給ふ、いとど本意に侍り」とあるを、そのままにまた聞ゆ。

主、手をはたとうち、「いかに聞えつるぞ」といへば、「しかしか、仰せのままになむ」といふに、すべていふばかりなし。

この使(つかひ)にて、「いかなる国王、大臣の御事をも、内々おろかなる心のおよぶところ、さこそうち申すことなれ。それを、この[B]不覚人、ことごとくに申し侍りける。[ii]あさましと聞ゆるもおろかに侍り。すみやかに参りて、御所望のこと申して聞かせ奉らむ」とて、そののち、少将になり給ひにけり。まことに、いはれけるやうに、出家していまそかりける。

古人いへることあり。

人を使ふことは、工(たくみ)の木を用ふるがごとし

といへり。「かれはこのことに堪へたり。これはこのことによし」と見はからひて、その得失を知りて使ふなり。しかれば、民部卿、[C]「えせたくみ」にておはしける[D]やらむ。申次(まうしつ)ぎすべくもなかりける侍なりしか。

(『十訓抄』による。なお、設問の都合上、原文を一部改変した箇所がある)

③ 観察は理論の正しさを判定するためのものなので、対象となる理論なしには観察自体が成立しない。
④ 観察する前には「おそらくこうだろう」という予想を立てるが、その予想は常に理論が基になっている。
⑤ 観察する際には理論に基づく適切な信念を活性化させなければ、正しい結果を得ることができない。

問十一　問題文の内容と最もよく合致するものを、次の①～⑤のうちから一つ選べ。 15

① つらい状況の中で不適切な情動を抱かずにいられない人に正しい事実を認識させるには、認識しても乗り越えていけるように生存状況を変える必要がある。
② 戦死者の母親が息子の死を認められないのは、死者の魂は別の肉体に宿って復活するという宗教的信念に由来する情動で、証拠や推論が歪められているからである。
③ 事実は生存を「背負って」捉えられ、生存に反する事実は拒否されるものなので、個人の置かれた状況によって事実の認識が異なることを受け入れるべきである。
④ 正しい事実を認識できない人は、恐怖や不安で判断が鈍っている状態なので、確かな証拠や推論を提示することを通じて説得し、助ける必要がある。
⑤ 情動は理性的な判断を支える役割を果たすので、理性主義的な見方は過去のものとし、豊かな感情に基づいた共感的なものの見方を重視していく必要がある。

⑤ 理性主義的な見方で情動を排してしまうと、自分に悪いところがあるのではないかと謙虚に考えることができなくなり、社会の中で適切に振る舞えないから。

問八　空欄 Ⅱ に入ることばとして最も適当なものを、次の①〜⑤のうちから一つ選べ。 12

① 独立　② 先行　③ 後発　④ 従属　⑤ 一体

問九　空欄 Ⅲ ・ Ⅳ ・ Ⅴ ・ Ⅵ ・ Ⅶ ・ Ⅷ には、「天動説」または「地動説」という語が入る。組み合わせとして最も適当なものを、次の①〜⑤のうちから一つ選べ。 13

	Ⅲ	Ⅳ	Ⅴ	Ⅵ	Ⅶ	Ⅷ
①	天動説	地動説	天動説	地動説	天動説	地動説
②	天動説	地動説	地動説	天動説	地動説	天動説
③	天動説	地動説	地動説	地動説	天動説	地動説
④	地動説	天動説	地動説	天動説	天動説	天動説
⑤	地動説	地動説	天動説	地動説	地動説	地動説

問十　傍線部D「観察は多分に理論の影響を受ける」とはどういうことか。その説明として最も適当なものを、次の①〜⑤のうちから一つ選べ。 14

① 観察するだけでは事実をどう解釈すればいいのかわからないので、理論を手がかりに考えようとする。

② 観察を自分が信じている理論に基づいて行うと、その理論に合わせるように観察の結果を解釈する。

①　無理矢理に　②　ついでに　③　自主的に　④　寛容に　⑤　主に　9

問六　問題文中のⅰ～ⅳの文をもとの順番に並べ替えたものとして最も適当なものを、次の①～⑧のうちから一つ選べ。　10

①　ⅰ↓ⅱ↓ⅳ↓ⅲ　②　ⅰ↓ⅲ↓ⅱ↓ⅳ　③　ⅱ↓ⅰ↓ⅳ↓ⅲ　④　ⅱ↓ⅲ↓ⅰ↓ⅳ
⑤　ⅲ↓ⅰ↓ⅳ↓ⅱ　⑥　ⅲ↓ⅱ↓ⅰ↓ⅳ　⑦　ⅳ↓ⅱ↓ⅰ↓ⅲ　⑧　ⅳ↓ⅲ↓ⅱ↓ⅰ

問七　傍線部C「情動を適切なものにしなければならない」のはなぜか。筆者が考える理由として最も適当なものを、次の①～⑤のうちから一つ選べ。　11

①　人間らしい情動を排してしまっては、いくら確かな証拠と妥当な推論を得たとしても、他の人からの共感を得ることができず、自分の利益を損なうから。
②　恐怖や怒りといった情動を抑圧し続けると、うつ状態になり心に深刻な変調を来すので、適切な時と場所を選んで激しい情動を発散させなければいけないから。
③　脳の損傷などによって、理性の働きに問題がないのに情動が鈍っている状態になると、物事をなかなか決められなくなり日常生活に支障を来すから。
④　恐怖や怒りといった情動は、行き過ぎでなければ確かな証拠と妥当な推論を支え、具体的にどのような対応をとっていくべきか判断する助けになるから。

問三　傍線部A「証拠の確かさや推論の妥当性の吟味はどのようにして行われるのだろうか」とあるが、その方法として**誤っているもの**を、次の①～⑤のうちから一つ選べ。　6

①　「太郎は風邪をひいたから、学校を休んだ」と推論したとき、ずる休みの可能性も考え、近くの店などで太郎の姿が目撃されていないか聞いてから判断する。

②　第三者が「太郎は風邪をひいたから、学校を休んだ」と主張したとき、風邪をひいたことが事実か、太郎本人や太郎の家族などにも確認をとって判断する。

③　「太郎は風邪をひいたから、学校を休んだ」と推論したとき、太郎は普段からとても真面目な生徒であるという印象をもとにして、病欠であると判断する。

④　第三者が「太郎は風邪をひいたから、学校を休んだ」と主張したとき、友人関係のトラブルなど別の理由で太郎が学校に来られなくなっていないか情報を集めて判断する。

⑤　「太郎は風邪をひいたから、学校を休んだ」と推論したとき、病院の診療明細や薬局の領収書を見せてもらい、学校を休むべき病状だったか判断する。

問四　空欄　Ⅰ　・　Ⅸ　に入ることばとして最も適当なものを、次の①～⑤のうちからそれぞれ一つずつ選べ。（同一記号の反復使用は不可）　Ⅰ　7　Ⅸ　8

①　そのうえ　②　したがって　③　あたかも　④　たしかに　⑤　なかでも

問五　傍線部B「もっぱら」のこの箇所における意味として最も適当なものを、次の①～⑤のうちから一つ選べ。

つまり、事実を正しく認識してもなおその人が生きていけるようにしなければならないのである。

①〔ア〕　②〔イ〕　③〔ウ〕　④〔エ〕　⑤〔オ〕

問二　傍線部a～dのカタカナと同じ漢字を含むものを、次の各群の①～⑤のうちからそれぞれ一つずつ選べ。

a [2]　b [3]　c [4]　d [5]

a　ツイキュウ

①　キュウチに陥る
②　キュウダイ点を取る
③　フキュウの名作
④　古生物学のケンキュウ
⑤　不正をキュウダンする

b　チクセキ

①　家庭の平均チョチク額
②　ボクチク生活を営む民族
③　日本最古の木造ケンチク
④　ショウチクバイを描いた掛軸
⑤　畑の害獣をクチクする

c　キバン

①　サイバン員に選ばれる
②　ヤバンな振る舞い
③　旅芝居のカンバン役者
④　バンジャクの経営体制
⑤　穏やかなバンネン

d　メイフク

①　故人のメイヨを守る
②　話にカンメイを受ける
③　メイオウ星の観測
④　信念にキョウメイする
⑤　関税ドウメイを結ぶ

ば、地球の自転によって、地面が太陽に向かって回転していくように見える。［Ⅴ］を信じているけれども、太陽が昇っていくように見えると言う人がいたとすれば（ふつうの人はそうであろう）、その人は太陽を見るときに、［Ⅵ］の信念が活性化せず、元の［Ⅶ］の信念に戻ってしまうために、そう見えるのだ。［Ⅷ］を信じており、その信念がきちんと活性化すれば、太陽が昇るのではなく、地面が自転によって回転するように見えるはずだ。

（中略）

このように観察は多分に理論の影響を受ける。これと同様のことが事実についても当てはまる。自分の信じる理論にもとづいて（理論を「背負って」）観察がなされるように、自らの生存にもとづいて（生存を「背負って」）事実は把握される。つまり、生存を可能にするように、事実を捉えるのである。［Ⅸ］、生存状況が変わらないかぎり、把握される事実も変わらない。生きていくために事実を誤って捉えている人に正しい事実を認識させるためには、その人の生存状況を変えなければならない。〔オ〕

たとえば、さきに述べた息子の死を認められない母親は、息子のメイフクを祈り続けることに自分の人生の意味を見いだせるようになれば、息子の死に大きな悲しみを抱いてもなお生きていくことができるようになろう。そしてそうなれば、息子の死を正しく認めることができるようになるだろう。

（信原幸弘（のぶはらゆきひろ）『「覚える」と「わかる」』による。なお、設問の都合上、原文を一部改変した箇所がある）

〔注〕　＊テーゼ……「ＡはＢである」のような、あるまとまった考えや主張。命題。

問一　問題文からは次の一文が欠落している。補うべき箇所として最も適当なものを、次の①～⑤のうちから一つ選べ。［1］

判的思考には、そのキバンとして適切な情動が必要なのである。〔イ〕

批判的思考には、適切な情動が必要だとはいえ、状況によっては適切な情動を抱いてしまうと、あまりにも大変すぎて生きていけない場合もある。このようなときは、適切でない情動を抱かざるをえないだろう。しかし、それによって、状況の価値のあり方だけでなく、事実のあり方すら歪めてしまうこともあるだろう。つまり、事実すら正しく認識できなくなるのだ。このようなケースはどうすればよいのかを考えてみよう。

たとえば、息子の死に直面した母親がその悲しみが大きすぎて生きていけないとする。彼女は生きていくために、そのような悲しみを抱かないようにする。そしてそのためには、息子の死という事実を否定せざるをえない。また、妻が夫の浮気に怒りを抱くと、夫に見捨てられて生きていけないとすると、妻は生きていくために、そのような怒りを抱かないようにしなければならない。そのため、夫の浮気が自分のせいだという偽りの事実を信じようとする。私たちは自分の生存を可能にするのに必要な情動を抱き、そのような情動を抱くのに必要な仕方で事実を捉える。事実は結局のところ、自分の生存をいわば「背負って」捉えられ、生存に反する事実は拒否されるのである。〔ウ〕

これに関連して、「観察の理論負荷性」というテーゼがある。これは、私たちが何らかの現象を観察するとき、その現象にかんする理論が観察に影響を与えるというテーゼである。私たちはふつう、観察が理論とは Ⅱ になされ、その観察によって理論の正しさが判定されると考えるだろう。観察の理論負荷性のテーゼは、この常識的な考えとは逆に、観察が理論にもとづいて(つまり理論を「背負って」)なされ、そのため理論に反するような観察はなされないと主張する。観察は理論をただひたすら裏づけるだけであり、理論を反証する力をもたないと言うのである。これは少し言い過ぎなところもあるが、観察が理論から何らかの影響を受けることは間違いない。〔エ〕

たとえば、 Ⅲ を信じていれば、太陽は朝、東の空から昇っていくように見える。しかし、 Ⅳ を信じていれ

しかしはたして、このように情動を排して、もっぱら理性的に考えることが可能なのだろうか。

> i　このような妻が夫の不実を理性的にツイキュウできるようになるためには、情動を排するのではなく、むしろ見捨てられることへの強すぎる恐怖を適度な恐怖に変え、夫への怒りを抑圧せず適度な怒りを保つようにする必要があるのではないだろうか。
>
> ii　この強すぎる恐怖によって、妻は夫の浮気を自分のせいにし、夫への怒りを抑圧する。
>
> iii　妻は夫に見捨てられることに強い恐怖を抱いている。
>
> iv　このような適度な恐怖と怒りを抱くことによってはじめて、妻は理性的に考慮して、夫の浮気を不実の証拠と捉え、そこから夫が不実の報いを受けて謝罪するべきだと推論できるようになる。

理性だけでは、夫の浮気をどう捉え、どんな対応をすべきかをなかなか決められない（脳の前頭前野の腹内側部という箇所を損傷した患者は、理性の働きに問題がないのに、情動が鈍っているため、物事をなかなか決められない——その一例が神経科学者A・ダマシオの研究によって有名になったフィニアス・ゲージという人物である）。適度な恐怖と怒りがあるからこそ、浮気を不実の証拠と捉え、そこから謝罪を求めるという対応を導き出せる。理性的に考慮するためには、情動を排するのではなく、c情動を適切なものにしなければならない。

理性が理性的に働くためには、適切な情動の裏づけが必要となる。理性は情動を排することによって機能するのではなく、適切な情動に支えられてはじめて、理性的に機能する。理性的だと言われる人も、けっして情動をもたないのではなく、適切な情動を内に秘めている。たしかに不適切な情動は理性の機能を歪めるが、適切な情動は理性の機能を支えるのだ。ようするに、批

〔I〕、情動が証拠や推論を歪めるケースは、しばしば見受けられる。息子が戦死したという報を受けても、母親はそれを信じることができない。息子への愛があまりにも強いがゆえに、息子の死を認めたときの絶望的な悲しみに耐えきれないのだ。たとえ息子の死体に直面したとしても、生きていると思おうとする。眼前の死体ですら、死の証拠として認めることができないのだ。あるいは、かろうじてそれを死の証拠として認めたとしても、息子の魂はどこか別の場所で別の身体に受肉して、すでに息子は蘇(よみがえ)っているのだと信じようとする。つまり、息子の死をいったん認めても、もうすでに復活しているのだと結論づけようとするのである。このように情動によって証拠や推論が歪められるケースは、いろいろなところで見られるだろう。

　情動が証拠や推論を歪めるケースを目の当たりにすると、批判的思考の理性主義的な見方が正しいように思えてくる。しかし、情動は本当に証拠や推論を歪める働きしかしないのだろうか。状況にたいして適切でない情動(すなわち状況の価値のあり方にふさわしくないタイプの情動や、適度な強さでない情動)は、たしかに証拠や推論を歪めるかもしれない。しかし、状況にたいして適切な情動は、むしろ証拠の確かさや推論の妥当性をきちんと吟味する助けになる。つまり、理性が適切な情動に裏打ちされてはじめて、証拠や推論はきちんと吟味されるのである。具体例を挙げて説明しよう。

　夫が浮気をしても、それは自分が悪いからだと考える妻がいる。妻は夫の浮気を[a]ツイキュウすると、かえって夫に見捨てられるかもしれないという強い恐怖心を抱き、それゆえ自分に魅力がないから、夫が浮気をするのだと考える。こうして夫の浮気への怒りを自分のなかで抑圧する。しかし、このような抑圧が[b]チクセキすると、やがてうつ状態となり、心に深刻な変調を来(きた)す。

〔ア〕

　この妻がうつ状態にならないようにするには、どうすればよいのだろうか。理性主義的な見方からすれば、妻は夫に見捨てられる恐怖や浮気への怒りを排して、[B]もっぱら理性的に考慮して、夫の浮気を夫の不実の証拠と捉えるべきだということになろう。そうすることで、夫が不実の報いを受けて謝罪をするべきだと正しく推論することができるようになるというわけである。

国語

（六〇分）

第一問　次の文章を読んで、後の問いに答えよ。

批判的思考は証拠の確かさや推論の妥当性をしっかり吟味したうえで行われる思考である。たとえば、「太郎は風邪をひいたから、学校を休んだ」と私が断定するとき、ただそう断定するのではなく、太郎が風邪をひいたのは確かなのか、また、風邪をひいたことから、学校を休むと推論するのは妥当なのかということをしっかり吟味したうえで、とくに問題がなければ、そう断定する。あるいは、誰かが「太郎は風邪をひいたから、学校を休んだ」と主張したとき、それを鵜呑(うの)みにするのではなく、太郎が風邪をひいたことの確かさや、風邪をひいたことから学校を休むことへの推論の妥当性をしっかり吟味したうえで、問題がなければ、その主張を受け入れる。

では、A証拠の確かさや推論の妥当性の吟味はどのようにして行われるのだろうか。批判的思考は、感情を排して、もっぱら理性的に考えることによって行われると見なされることが多いだろう(これを「理性主義的な見方」とよぶことにする)。感情的になると、証拠や推論が歪(ゆが)められる。したがって、感情を排して、理性的に証拠を見定め、推論を行わなければならない。そうすれば、確かな証拠と妥当な推論が得られるというわけである。

解答編

英　語

I　**解答**　1—③　2—①　3—②　4—①　5—④　6—④

解説

1.「健康や成長に必要な食物を与えるまたは得るプロセス」→「栄養摂取〔補給〕」

2.「2回以上何かをするまたは言うこと」→「～を繰り返す」

3.「家庭や家族に関連する」→「家庭の，家庭内の」

4.「忍耐力」→「不満を言わずに問題に耐える力」

5.「発達する，成長する」→「成長し，より成熟したり発達したりすること」

6.「(距離的に／時間的に) 遠い」→「空間，または時間において遠く離れている」

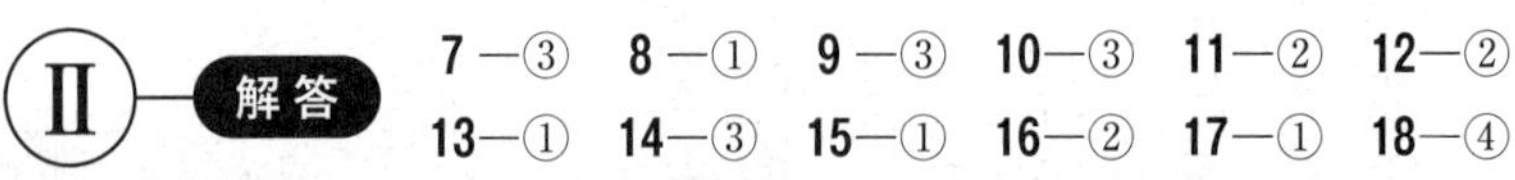

II　**解答**　7—③　8—①　9—③　10—③　11—②　12—②　13—①　14—③　15—①　16—②　17—①　18—④　19—②　20—④

解説

7. 空所の直前にLittleがあるので，空所には不可算名詞が入ると判断する。wood「木材」(不可算名詞)，(the) woods「森，林」

8. lie-lay-lain (自動詞)「横たわる」，lay-laid-laid (他動詞)「～を横たえる」 目的語 (herself) があるので，他動詞を選ぶ。

9. be flooded by ～「(自然現象や事故など) で水浸しになる」，be flooded with ～「(物，光，苦情など) であふれている」

10. advice「助言，アドバイス」は不可算名詞。数えるときは a piece of advice や two pieces of advice と表現する。

11. be (not) + 形容詞 + enough to *do*「〜するのに十分…だ（ではない）」

12. forget to *do*「〜するのを忘れる」，forget *doing*「〜したことを忘れる」

13. 空所には節と節を結合する接続詞が入る。文脈から，理由や原因を説明する as「〜なので」が適切。

14. prefer *A* to *B*「*B* よりも *A* のほうを好む」（*A*，*B* は名詞もしくは動名詞）

15. 空所の前文（Many animals …）は「多くの動物は地球温暖化によって危険にさらされている」の意。空所を含む文（polar bears …）はホッキョクグマについてなので，前文の具体例だと判断する。

16. 空所には節と節を結合する接続詞が入る。2つの節は反対の内容を述べているので，空所に入るのは逆接あるいは譲歩の接続詞。

17.「野球が退屈でつまらないと思っていたジャックでさえ試合を楽しんだ」と「試合が長く続いた」をつなぐには，譲歩を表す接続詞を選んで「試合は長く続いたけれども…ジャックでさえ試合を楽しんだ」とする。

18. 過去の事実と異なる仮定・想像を表す仮定法過去完了の文。If S had *done*, S could〔would / might〕have *done*「…だったなら，〜できただろうに」

19. 最近よく頑張っていて，大会でうまくいった人にかける言葉を選ぶ。

20. I would really appreciate it if S could〔would〕*do*「〜していただければ大変感謝します」 丁寧な依頼を表す文。

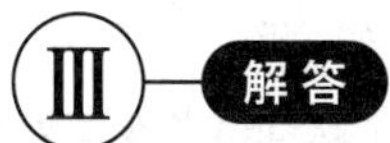

21―① **22**―② **23**―② **24**―① **25**―④ **26**―②
27―③ **28**―④ **29**―③ **30**―③ **31**―②

解説

《日本への卒業旅行計画》

21. 空所の前文（Right, I …）では「出発が待ちきれない」と言い，空所の後の文（I've never …）では「一度も飛行機に乗ったことがない」と言っている。空所に①「経験」を入れると「わくわくする経験になるだろう」という意味になり，前後の文と自然につながる。

22. 前文（I've never …）の「一度も飛行機に乗ったことがない」という否定文に対する応答。「～もまた（…ない）」と，前出の否定内容を反復するときには either を用いる。②が正解。

23. ジムの第2発言第2文（My dad …）に，「父が日本を含む多くの場所へ飛行機で行っている」とあるので，②「彼は飛行機に何回も乗っている」が正解。a bunch of ～「多数の～」 numerous「多数の」

24. 空所の前文（My dad …）の後半に「（ジムの）父が『（飛行機に乗ることは）心配いらない』と言っている」とあるので，①「安堵」が正解。That's a relief to hear.「それを聞いてほっとした」

25. ジムは第2発言第1文（Actually, I'm …）で「（緊張）していない」と述べている。アイザックは第2発言第2文（I'm kind …）で「不安に思っている」と述べている。アレックスは第2発言第1・2文（You'll be … the flight.）で，アイザックに対して「大丈夫だよ。飛行機に乗っている間のほとんどを眠っているだろう」と声をかけていることから，不安に思っていないことがわかる。以上のことから，④「ジムもアレックスも飛行機に乗るのを不安に思っていない」が正解。

26. 下線部(ア)は「ところで」（新たな話題をもち出す表現）なので，同じ表現の②「それはさておき」が正解。

27. アレックスの第2発言第5・6文（I want … last day.）から，アレックスは都会での旅行を望んでいることがわかる。それに対し，空所の後の文（I wanted …）から，アイザックは田舎にも行きたいと思っていることがわかる。以上から，③「それに関しては君の意見に賛成ではない」が正解。

28. 下線部(イ)の前文（I wanted …）から，rural「田舎の」と urban「都会の」が対立する言葉であることがわかる。④「田舎」が正解。

29. ジムの第3発言第1文（I saw …）に，「東京の地下鉄はほとんどいつも人でいっぱいだ」とあるので，③「地下鉄はたいてい混んでいる」が正解。packed「人でいっぱいの」

30. 下線部(ウ)の前文（I'd rather …）で，ジムが「しばらく都会から出たい」と述べている。そして下線部(ウ)の後の文（I was …）で長野への旅行について述べているので，③「どこか考えているところがあるか？」が正解。

31. ジムは第5発言第2文（We can …）で，ジムとアイザックがハイキングに2～3日行き，その間アレックスは東京に残ることを提案している。アレックスは最終発言第1文（I was …）で，「1週間ずっと一緒に過ごすのを楽しみにしていたけど，2～3日だけならそれ（＝別行動をするという提案）に賛成できるよ」と言っている。それぞれがある程度妥協して合意に至ったので，②が正解。make a compromise with ～「～と妥協する」

Ⅳ 解答 32―① 33―② 34―④ 35―③ 36―② 37―④ 38―④ 39―③ 40―④ 41―① 42―④ 43―③

解説

《お金との健全な関係性とは？》

32. 下線部(ア)の文の意味は，「お金を稼げば稼ぐほど，仕事やビジネスもますます成長する」。The＋比較級～, the＋比較級…. で「～すればするほど，ますます…する」なので，これに最も近い①「より多くのお金を稼ぐにつれて，仕事やビジネスは拡大する」が正解。接続詞 as「～するにつれて」

33. 第1段第2文（We live …）に，「金持ちになれば幸せになり，すべての問題が解決し，心配事がなくなるという虚妄とともに生きている」と述べられているので，②「富は幸せにつながるという考えは間違っている」が正解。①・③・④は，お金や会社の拡張を肯定的に捉えているので，不適。

34. 下線部(イ)は，「それをする（＝大きな家や車を買う，他の生活費を増やす）余裕がある」，つまり「買うお金が十分ある」という意味なので，④「苦労せずにそれの支払いをするのに十分なお金がある」が正解。①「支払いするのに十分なお金がない」，②「支払えるかどうかわからない」，③「支払いはできるが，金銭的な負担になる」は不適。afford to *do*「～をする余裕がある」

35. 空所を含む文の前半には，「同じ収入レベルの人々と友だちになるにつれて，一緒に過ごす人も変わる」とあり，空所とその後には，「安いレストランに行くことで誰かを侮辱するリスクを冒すよりも…なレストランに行くようになる」とある。現在の生活レベルに合い，かつ cheap restaurant と対比的な③ expensive が正解。

36. 下線部(ウ)直前の第4段第2文（At each …）に，「富の各レベルで，あなたよりも多く稼いでいて，より大規模なことをしている人が常にいる」とある。下線部(ウ)の「その階段を上り続ければ」は比喩的表現で，「より多くお金を稼いだり，より大きな成功を収めたりすれば」という意味なので，②が正解。

37. 下線部(エ)の意味は，「たとえ給料が，働き始めたときの何倍かになっているとしても，月末に残る金額は一定である」なので，④「給料は増えるが，手元に残る金額が変わらないくらいまで支出も増える」が正解。①「給料と月末の残高は関係ない」，②「給料と月末の残高が同じ割合で増える」，③「給料は増えるが，支出も全く同じ割合で増える」は不適。

38. 第5段第2文（Before you …）にあるように，給料は増えても，その分高価なものを買い，月末に残る金額は一定である。下線部(オ)の「おもちゃ」は高級な品物のことであるので，④が正解。

39. 第5段の主旨は，「収入が増えても生活レベルが上がり支出が増えるため，結局手元に残る金額は変わらない」ということで，①・②・④と同じことを述べている。第5段第3文（So a …）には，「月収100万ドルは金銭的自由を保障しない」とあるので，反対の内容の③が正解。

40. 第6段の主旨は，「いくら成功しても収入には波があり，どんなに成功していても収入が減るときは常にある。風向きが変わると調整するのが難しい」というものなので，④「成功者の多くは，状況の変化に適応するのに苦労する」が正解。have trouble *doing*「～することに苦労する」

41. 第7段の主旨は，「収入や資産が増えても，問題は常に存在し，安心できるときはない」というものなので，①「どんなに多く稼いでも，決してリラックスできない」が正解。②「持っているお金が多いほど，やりくりする心配をする必要はなくなる」，③「収入や資産が増えるにつれ，働くのをやめることや悠々と退職することができるようになる」，④「収入が増えるときがあるかもしれないので，収入や資産の管理について常に心配する必要がある」は不適。

42. 第8段第2文（When business …）では，「ビジネスや仕事が特にうまくいっているとき，興奮の虜になる人が多い」，同段第3文（It almost …）では，「ゲームのように，新しいレベルや達成ごとに私たちの人間としての価値が上がるという錯覚を感じ始める」，同段第４文（We can …）では，「家族や個人的関心事との時間を楽しむのを犠牲にして，仕事により多くの時間を費やす」とある。つまり，いくらお金を稼いでも満足いく生活はできないことを言っているので，それぞれの空所には，④「もっと欲しがること」が正解。同段第１文（When you …）は「もっと欲しがるサイクルに入ると，自分の人生で何が本当に重要であるのか認識する力が奪われる」という意味になる。

43. 42で見たように，第８段は，「もっと欲しがるサイクルに入ると，人生で大切なものを見失うようになる。事業や仕事の成功に夢中になり，家族との時間や個人的関心事を犠牲にして，仕事を優先するようになってしまう」という内容。したがって，①「個人的関心事や家族との時間よりも，仕事を優先するのが重要だ」，②「仕事よりも個人的関心事や家族との時間を優先することは重要ではない」，④「仕事で時間を使うことと家族や個人的関心事に時間を使うことは関係ない」は不適。第８段第４文（We can …）に「家族や個人的関心事との時間を楽しむのを犠牲にして，仕事により多くの時間を費やす」とあるので，③が正解。

日本史

Ⅰ 解答 《古代～昭和戦中の政治・文化》

1—① 2—② 3—② 4—③ 5—① 6—③ 7—③ 8—①
9—④ 10—③

Ⅱ 解答 《奈良～平成の総合問題》

11—② 12—① 13—③ 14—④ 15—① 16—② 17—② 18—④
19—① 20—② 21—④ 22—③ 23—② 24—① 25—③

Ⅲ 解答 《室町～明治の総合問題》

26—① 27—④ 28—① 29—④ 30—② 31—③ 32—② 33—④
34—④ 35—③

Ⅳ 解答 《原始～昭和戦後の政治・文化史の小問集合》

36—③ 37—④ 38—② 39—③ 40—③ 41—③ 42—④ 43—①
44—③ 45—①

Ⅴ 解答 《白鳳～昭和戦前の文化・政治史の小問集合》

46—② 47—① 48—② 49—③ 50—④

世界史

Ⅰ 解答 《古代オリエント・ギリシア史》

1―④　2―①　3―③　4―③　5―②

Ⅱ 解答 《ハプスブルク家関連史》

6―④　7―②　8―②　9―④　10―③

Ⅲ 解答 《ナポレオンとウィーン体制》

11―④　12―②　13―①　14―②　15―④

Ⅳ 解答 《世界恐慌と欧米各国史》

16―③　17―②　18―①　19―③　20―②

Ⅴ 解答 《冷戦の終結とヨーロッパ》

21―④　22―②　23―④　24―②　25―②

Ⅵ 解答 《古代・中世のインド史》

26―④　27―①　28―③　29―③　30―③　31―②　32―①　33―③
34―②　35―④

Ⅶ 解答 《16 世紀から戦後までのアジア史》

36―②　37―④　38―③　39―④　40―③　41―④　42―②　43―③

44―④　**45**―①

Ⅷ　解答　《東西交流関係史》

46―①　**47**―④　**48**―③　**49**―④　**50**―②

数 学

Ⅰ 解答 《小問4問》

1・2. −2 **3.** 5 **4・5.** −3 **6.** 2 **7.** 4 **8.** 1
9―② **10**―④ **11**―③ **12**―①

Ⅱ 解答 《図形と方程式》

13. 1 **14.** 5 **15.** 3 **16.** 5 **17.** 2

Ⅲ 解答 《三角関数》

18. 3 **19.** 5 **20・21.** −3 **22.** 5 **23・24.** −4 **25.** 5

Ⅳ 解答 《対数関数》

26. 2 **27.** 1 **28.** − **29.** 1 **30.** 3 **31.** 2 **32.** 2 **33.** 3

Ⅴ 解答 《微・積分法》

34. 3 **35.** 4 **36・37.** 32

Ⅵ 解答 《確 率》

38. 3 **39.** 8 **40.** 1 **41・42.** 16 **43・44.** 35 **45・46・47.** 128

化　学

Ⅰ 解答 《原子の構成，周期表と元素の性質》

1—⑤　2—①　3—⑤　4—⑤　5—⑧　6—④　7—⑤　8—⑥

Ⅱ 解答 《原子半径・イオン半径，半減期，原子価，化学結合》

9—③　10—③　11—③　12—④　13—④　14—②　15—②　16—④

Ⅲ 解答 《混合気体の燃焼と量的関係，硫酸銅(Ⅱ)五水和物》

17—③　18—⑧　19—⑤　20—①　21—①　22—⑤　23—④　24—②

Ⅳ 解答 《酸・塩基の定義と分類，塩の水溶液の液性，pH，酸の種類と水素イオン濃度，滴定曲線》

25—④　26—③　27—①　28—③　29—⑥　30—③　31—③　32—⑤

Ⅴ 解答 《金属の反応性，不動態，電池の仕組み・分類と実用電池》

33・34—②・⑥（順不同）　35—⑤　36—①　37—②　38—③　39—③

生　物

Ⅰ 解答 《細胞小器官》

1—③　2—④　3—⑥　4—①

Ⅱ 解答 《遺伝子とそのはたらき》

5—⑥　6—②　7—①　8—④

Ⅲ 解答 《ヒトの体液》

9—②　10—③　11—②　12—④

Ⅳ 解答 《体液濃度の調節》

13—①　14—①　15—③　16—④

Ⅴ 解答 《ヒトのホルモン》

17—⑧　18—②　19—⑤　20—①

Ⅵ 解答 《予防接種と血清療法》

21—③　22—②　23—③　24—①

Ⅶ 解答 《日本の植生と遷移》

25—②　26—④　27—②　28—④　29—③　30—④　31—①　32—④

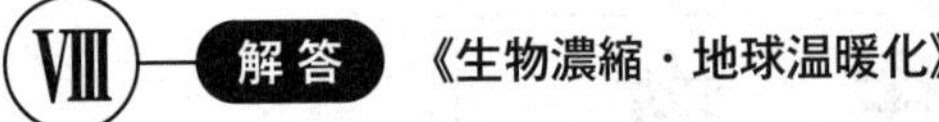

Ⅷ 解答 《生物濃縮・地球温暖化》

33—①　**34**—①　**35**—②　**36**—④　**37**—①　**38**—⑤　**39**—⑥　**40**—⑥

をかけ」たのでは「人に迷惑をかけること」になるので、適切である。

問八　筆者が「ＳＤＧｓ」で大切だと考えることは、第五段落にあるように、それが「漠然とした努力目標にすぎないの」だから、「無理のない範囲で取り組めばいい」ということ、換言するなら、空欄Ｖの後にあるように、「まずは自分自身が楽しく生きること」「ができて初めて、人のために何かできるようになる」ことを忘れてはならない、ということである。以上に見合う①が適切である。

問九　①は「全くといってよいほど達成できず」が、第二段落第二文の「一定の成果はありましたが」に矛盾し、不適。②は「明確な達成期限が設定されなかった」が不適。「ＳＤＧｓ」は「二〇三〇年」、「ＭＤＧｓ」は「二〇一五年」と第一・二段落にある。③は空欄Ｖの一つ前の段落に合致するので、適切。④は「貧困問題への継続的な取り組みが軽視されてしまっている」が本文になく、不適。⑤は「あらゆる犠牲をいとわずに」が、やはり空欄Ｖの一つ前の段落で「自分の日常生活を犠牲にする」ことを諌めている文脈に合わない。

る」が不適。

問四　空欄Ⅱは、「無理のない範囲で取り組」むのが本来で、「SDGsのために個々人の暮らしが楽しくなくな」るのでは、大切なことと枝葉に当たることとを取り違えることになる、というので①「本末転倒」。空欄Ⅷは、直後文で「どこかで『キレイゴト』を引っ込めて、『大人の事情』に基づく調整が必要になる」と言っており、それはつまり、道理を「完全に」貫く「ことなどできません」ということなので、②「筋を通す」。

問五　空欄Ⅲは、「SDGs」について、「自分も楽しく幸せに暮らしたい」という要望を「犠牲にしてまでやる」というよりは、「いかに楽しく生きるか」「も含めて、SDGsだ」というのだから、「むしろ」。空欄Ⅳは、それなのに「SDGs疲れ」「サステナブル疲れ」「が広がっている」というのだから、「ところが」。空欄Ⅴは前段落の、「自分の日常生活を犠牲にする」のでは「『みんな』を幸せにはできていない」という指摘を受けて、「まずは自分自身が楽しく生きること」となるので、「だから」。空欄Ⅶは、直前の段落で「環境」と「経済」「社会」とが並び立ちにくい、トレードオフの関係にあることを指摘した上で、「人類は、経済的な発展を追求した結果として、環境問題に直面しました」というのだから、〝事の始めから〟の意の「そもそも」が入る。以上から④が選べる。

問六　直前にあるように「『サステナブル』を謳う商品」つまり「それを使っていると『いい人アピール』ができるので」、これの「写真を頻繁にSNSにアップする人もいる」というのである。ここに言う「いい人」とは、〝「社会の持続可能性」の問題に関心が高い〟というほどの意味。これに見合うのは③である。②は「企業の採用担当者にアピール」とあるのが不適。

問七　直前に「たとえば」とあるので、前段落の「誰にも全体が見えていない世界」についての例が空欄に入る。よって、SDGsに対する「献身が本当に社会の持続可能性を高め、人々を幸福にするのかどうか」は不明であり、「良かれと思ってしたことが、めぐりめぐって人に迷惑をかけることもある」ことの具体例としてふさわしいものを探す。⑤はエアコンの使用を控えることはSDGsに資するが、その結果「熱中症で倒れ」「逼迫している医療に余計な負荷

2024年度　2月5日 一般前期　国語

問四　Ⅱ—①　Ⅷ—②
問五　④
問六　③
問七　⑤
問八　①
問九　③

解説

問一　欠落文は「時間が解決する問題」に言及しているので、直前で時間に触れている箇所を探すと、「『ぼちぼち』やったほうがいいでしょう」とある〔ウ〕と、「その時点で、『みんな』を幸せにはできていない」とある〔オ〕に目が行く。〔オ〕は、「『みんなを幸せにしたい』と願うとき、その『みんな』には自分自身も入っている」ことを言う文脈であるのに対し、〔ウ〕は、「疲れを感じるまで」「何かいいことをしたい」では「サステナブルにな」らないので「ぼちぼち」やろうという文脈なので、〝時間が解決する〟を挿入するにはこのほうがふさわしい。よって③が適切である。

問二　空欄直前に「MDGsと同じように」とあるので、「MDGs」の帰趨を追跡すると、前段落より「その達成期限は二〇一五年でしたが」「八つの目標が完全に達成された」わけでなく、「現在もその努力は継続中」のものもある中で、「SDGsは、そのMDGsをバージョンアップした後継プロジェクトと位置づけられ」るというのだから、「MDGs」そのものは未達成のまま放り出されたことになる。これを「お役御免」と捉える⑤が適切である。

問三　この段落冒頭によると、「国連」の意向は「みんなが楽しく幸せに暮らせる世界にするために、最低限これぐらいは考えましょうよ」と「言い続け」て、「人々の意識を変え、少しずつ世界を良い方向に転換させたい」「持続可能性を高めることに対して後ろ向きな人たちを減らしたい」というものだ、と筆者は言う。「だから、明確な達成基準もありません」というのであり、これに見合う②が適切。④は「明確な達成基準の設定」について「できるだけ避け

侍りける」とあるのは、第一段落で「なま公達」の申し入れについて「顕頼」が思わずこぼした「年は高く、……居給ひたれかし」という愚痴まで「侍」が「なま公達」にそのまま伝えてしまったことを指す。以上から「不覚人」は④「侍」である。

問五　「えせたくみ」は「似非匠」で〝にせの、へたな工匠〟というほどの意味。少し前の「人を使ふことは、工の木を用ふるがごとし」と考え併せると、「顕頼」の「人を使ふこと」すなわちこの場合は人選がよくなかったことへの非難である。もちろんそれは、問四で指摘したように、「なま公達」に対して適切な伝言のできない「侍」にそれを任せてしまったことについてであるから、②が適切である。

問六　「やらむ」は「にやあらむ」の変化形で、「に」は「けり」の連体形「ける」に接続し、後に「あら」があるので、断定の助動詞「なり」の連用形である。「や」は疑問の係助詞で、「あら」は補助動詞でラ行変格活用の「あり」の未然形。「む」は推量の助動詞で、「や」の結びなので連体形である。以上から⑥が選べる。

問七　①は「誰にも聞かれていないと思い」という言及が本文にない。②は「前世が近衛府の役人であったので」、③は「涙をこらえて」が、また④は「九条民部卿顕頼が」以降が、いずれも本文にない。⑤は「侍」の返事を聞いた「主」すなわち「顕頼」が、「いかに聞えつるぞ」つまり〝なま公達にどう申したのか〟と尋ねたのに対し、「侍」が「しかしか、仰せのままになむ」つまり〝おっしゃったとおりに〟と答えているのに該当する。

三

出典　酒井敏『カオスなSDGs――グルっと回せばうんこ色』〈第一章　危ういSDGs〉（集英社新書）

解答

問一　③
問二　⑤
問三　②

二

出典 『十訓抄』〈第七　思慮を専らにすべき事　七ノ二十八〉

解答

問一　a―⑤　b―②

問二　i―⑤　ii―③

問三　③

問四　④

問五　②

問六　⑥

問七　⑤

問八　③

解説

問一　波線部aの「奏す」は〝帝・院に申し上げる〟の意の絶対敬語。謙譲語で帝・院に対する敬意を表すので、⑤が選べる。波線部bの「承る」はここでは〝お聞きする〟の意で謙譲語。「主」すなわち「九条民部卿顕頼」が「なま公達」からの伝言をお聞きした、というので、敬意の対象は②「なま公達」。

問三　ここに言う「本意」すなわち〝かねてからの願い〟とは、直前に「前世の宿執にや、このことさりがたく心にかかり侍れば」とあるところの「このこと」。これは冒頭文に言う「近衛司を心がけ給ひて」を受ける。傍線部の「やがて」以降は、〝直ちに出家して、どこかに籠るつもりだ〟ということ。〝出家したかったのだが、近衛司になることが心に引っかかっていたので、この願いを遂げられたら直ちに出家するつもりだ〟ということである。「やがて」は〝すぐに〟あるいは〝そのまま〟の意。これを正しく解釈している③が選べる。

問四　「不覚」はここでは思慮の浅いことを言い、「不覚人」で〝愚か者〟という意味である。直後に「ことごとくに申し

的」な「対応」を示唆するとする④である。

問八　空欄Ⅱの直前から、この文は「観察」と「理論」との関係についての「ふつう」すなわち一般的な考え方を言っていることがわかる。ところが次文に「観察の理論負荷性のテーゼ」では「観察が理論にもとづいて」「なされ」る、とあり、これは「常識的な考えとは逆」だ、と筆者は言う。「逆」となると、「常識的な考え」では「理論」が「観察」に「もとづいて」「なされ」ることになるが、換言すれば「観察」は「理論」の影響を受けないということである。以上から①「独立」が適切である。

問九　空欄Ⅲは、これ「を信じていれば、太陽は朝、東の空から昇っていくように見える」のだから、太陽が動く「天動説」。空欄Ⅳは、直後に「地球の自転によって」とあることから「地動説」。空欄Ⅴは、これ「を信じているけれども、太陽が昇っていくように見える」というのだから、「地動説」。そして「その人」に「そう見える」のは、空欄Ⅵではなく「元の」空欄Ⅶ「の信念に戻ってしまう」ためだというのだから、空欄Ⅵが「地動説」で、空欄Ⅶは「天動説」。空欄Ⅷは、これ「を信じており、その信念がきちんと活性化すれば」「地面が自転によって回転するように見えるはずだ」というのだから、「地動説」。以上から③が選べる。

問十　要するに、理論にもとづいた先入観に囚われた状態で観察するため、その先入観に当てはまるように、観察の結果が把握されるのである。したがって正解は②である。①は「わからないので」が不適。③は観察していない。④は観察する前の段階である。⑤は「正しい結果」が誤り。正しいかどうかではなく、信じる理論に合致するかどうかが問題になっている。

問十一　①は最後から二つ目の段落の内容に合致しているので適切。②の「死者の魂は別の肉体に宿って復活するという……信念」は一例に過ぎず、不適。③は「個人の置かれた状況によって」、④は「確かな証拠や推論を提示することを通じて説得し、助ける」が本文にない。⑤は「豊かな感情」ではなく、「適切な情動」。

関係に触れている箇所を探すと、〔オ〕の直前に「正しい事実を認識させるためには、その人の生存状況を変えなければならない」とあるのがそれに当たる。よって、⑤が適切である。

問三　第一段落最終文に照らすと、「太郎は風邪をひいたから、学校を休んだ」という事例における「証拠の確かさ」とは「太郎が風邪をひいたことの確かさ」「推論の妥当性」とは「風邪をひいたことから学校を休むことへの推論の妥当性」である。①・②・④は前者に、また⑤は後者に該当すると考えられるが、③の「太郎は普段からとても真面目な生徒であるという印象をもとにして」というのはどちらにも該当せず、不適である。よって、③が正解である。

問四　空欄Ⅰは、前段落の最後で、「感情を排して、理性的に証拠を見定め、推論を行」うことで「確かな証拠と妥当な推論が得られるというわけ」だという大方の見方を紹介した上で、空欄直後で「情動が証拠や推論を歪めるケースは、しばしば見受けられる」と筆者がこれを裏から肯定しているので、④「たしかに」が適切。空欄Ⅸは、直前で「生存を可能にするように」、すなわち「自らの生存にもとづいて」「事実を捉える」と言い、直後で「生存状況が変わらないかぎり、把握される事実も変わらない」と言っており、前者の結果として後者が導かれることから、②「したがって」が適切である。

問六　iiiの「強い恐怖」を受ける形でiiの「この強すぎる恐怖」というフレーズがくると考えられるので、ひとまずiii→iiとなる。次に、iiに言う「夫への怒りを抑圧」した「妻」がiの「このような妻」だとすると、彼女が「夫の不実を理性的にツイキュウできるようになる」ことは「抑圧」からの解放と捉えられ、自然である。最後に、iが勧める「適度な恐怖」や「適度な怒り」をivの冒頭で「このような適度な恐怖と怒りを抱くことによって」と受けると考えると、⑥が選べる。

問七　直前の「浮気」の事例で言うと、「情動を適切なものに」するとは、「適度な恐怖と怒りがある」ことによって、「浮気を不実の証拠と捉え」ることができ、「そこから謝罪を求めるという対応を導き出せる」ようになるということである。これに適うのは、「情動」について「行き過ぎでなければ」、それは「確かな証拠と妥当な推論を支え、具体

国語

一

出典　信原幸弘『「覚える」と「わかる」――知の仕組みとその可能性』〈第四章　人間特有の知とは何か　3　批判的思考とは何か〉（ちくまプリマー新書）

解答

問一　⑤

問二　a―②　b―①　c―④　d―③

問三　③

問四　Ⅰ―④　Ⅸ―②

問五　⑤

問六　⑥

問七　④

問八　①

問九　③

問十　②

問十一　①

解説

問一　欠落文が「つまり」で始まるので、この文はこの前の部分のまとめである。そして「事実」の正しい「認識」と、それでも「なおその人が生きていけるように」と続いている。直前で「事実」の「認識」と「生きてい」くこととの

一般入試 後期１教科型

問 題 編

▶試験科目・配点

<table>
<tr><th>学部・学科</th><th>教 科</th><th colspan="2">科 目</th><th>配 点</th></tr>
<tr><td>文（国文）</td><td>国 語</td><td colspan="2">国語総合・現代文Ｂ・古典Ｂ（漢文を除く）</td><td>100 点</td></tr>
<tr><td>文(総合英語)／グローバル・コミュニケーション</td><td>英 語</td><td colspan="2">コミュニケーション英語Ⅰ・Ⅱ，英語表現Ⅰ・Ⅱ</td><td>100 点</td></tr>
<tr><td rowspan="3">上記以外の学部・学科</td><td>国 語</td><td>国語総合・現代文Ｂ・古典Ｂ（漢文を除く）</td><td rowspan="3">１教科選択</td><td rowspan="3">100 点</td></tr>
<tr><td>英 語</td><td>コミュニケーション英語Ⅰ・Ⅱ，英語表現Ⅰ・Ⅱ</td></tr>
<tr><td>数 学</td><td>数学Ⅰ・Ⅱ・Ａ</td></tr>
</table>

英語

（60分）

I　次の問1～問3については，説明にあう単語として最も適当なものを，問4～問6については，単語の説明として最も適当なものを，それぞれの①～④のうちから一つずつ選べ。

問1　worth a great deal of money or very useful　1

① virtual　② vague
③ vivid　④ valuable

問2　the act of stopping something from happening or arising　2

① prevention　② attention
③ realization　④ confusion

問3　to make someone do something by giving them a good reason to do it　3

① disrupt　② decide
③ persuade　④ permit

問4　stable　4

① not likely to last longer
② not likely to change or move
③ not likely to be supported
④ not likely to exist anymore

問5　hatred　5

① a very strong feeling of dislike
② an intense pleasure or delight

③ the action of bringing something together

④ thinking about other people's feelings

問 6 define 【6】

① to obtain the various types of information

② to cause something to occur in a particular way

③ to make an idea clear without discussing it

④ to describe the nature or meaning of something in detail

Ⅱ 次の【7】～【20】について，空欄に入る語句として最も適当なものを，それぞれの①～④のうちから一つずつ選べ。

問 1 They 【7】 each other since their childhood.

① were known
② were knowing
③ have known
④ have been knowing

問 2 A dog 【8】 bites unless it is attacked by somebody.

① bare
② hard
③ almost
④ seldom

問 3 【9】 your kind heart, I was able to find my purse last night.

① Thanks to
② Free from
③ Along with
④ In consideration of

問 4 I kept my eyes 【10】 in my bed, but I couldn't sleep at all because of worrying.

① to close
② closed
③ close
④ closing

問 5 Jane brought me two different types of cake, but I liked 【11】 of them.

① either ② no one
③ neither ④ no

問 6 Let me know as soon as possible [12] you feel sick during treatment.

① even though ② in case
③ as if ④ as far as

問 7 I am not a reporter [13] a journalist.

① rather ② also
③ but ④ than

問 8 You should be [14] of the risks associated with using websites.

① known ② care
③ taken ④ aware

問 9 I [15] such an expensive dish.

① can't be allowed eating ② permit no eating
③ can't afford to eat ④ am banned not to eat

問10 It is [16] my parents to determine how much to spend on education fees.

① responsible for ② up to
③ depends on ④ along with

問11 At first I thought I liked the plan, but on second thought I decided [17] it.

① to oppose ② opposing
③ to be opposed ④ being opposed

問12 There are no signs at present [18] the prices will rise.

① what ② in where

③ which　④ that

問13 His mother shouldn't show off [19].

① how is he clever　② how clever he is

③ clever how he is　④ clever how is he

問14 Indeed he is very young and [20] experienced, but everybody agrees with his high skills.

① less　② more less

③ the least more　④ most least

Ⅲ 次の会話文を読んで，設問に答えよ。＊印のついた語句には文末に注がある。

Fred and Bill work together in a company, and they meet in a hallway at their workplace.

Fred: Hello, Bill. How's the new office?

Bill: Hey there, Fred. It's great. I really needed the extra space.

Fred: I need to talk to you about something. (ア)Is now a good time?

Bill: I'm on my way out, but I can spare a few minutes. [22]

Fred: You order cash register receipt paper each month, right?

Bill: Yes, is there a problem?

Fred: I have two forms here. One is for the order, and the other is for the delivery. [23]. We ordered 115 rolls, but we received 1150 rolls.

Bill: Oh no! (イ)That is a problem. Have you asked Accounting* about the payment yet?

Fred: I'm on my way there next, but I wanted to talk with you first.

Bill: What do you need from me?

Fred: Well, the [25] is only a part of the problem.

Bill: What else is there?

Fred: We usually put those boxes in the supply closet beside the main office area.

Bill: (ウ)I think I'm starting to get the picture.

Fred: The 90 to 115 packages we normally order don't take up that much space, so it's usually not a problem to store them there.

Bill: So the problem is also the space to keep them?

Fred: Yes, we just don't have that kind of space that isn't being used. We're trying to find somewhere now to put the overflow.

Bill: Okay, now I get it.

Fred: If we don't return them, they will be enough to last us for most of a year, and we need space to store them out of the way for a while.

Bill: That is at least 10 months' supply. Where are they now?

Fred: [27] I'm talking to you first. They are all in the back of your new office.

Bill: Are you joking?

Fred: I wish I were.

Bill: (エ)Well, I guess there's not much choice for right now, but (オ)I don't think I can put up with them being my office mates for the next year.

Fred: Don't worry. I'll have someone take them out before next week. I just need time to clear another space in the back storage room.

Bill: That's not so bad. Thanks for letting me know and for taking care of things.

Fred: It's my pleasure.

注：Accounting 経理課

問 1 下線部(ア)のIs now a good time? を言い換えたものとして最も適当なものを，次の①〜④のうちから一つ選べ。 [21]

① Are these days fun for you?

② Are you enjoying yourself?

③ Are you free at this moment?

④ Are you too busy this week?

問 2 空欄 [22] に入れるのに最も適当なものを，次の①～④のうちから一つ選べ。 [22]

① What's on your mind?
② Why don't we go out together?
③ You are exactly correct.
④ We are sure about something.

問 3 空欄 [23] に入れるのに最も適当なものを，次の①～④のうちから一つ選べ。 [23]

① They are the same
② They don't match up
③ We had them again
④ We didn't know them

問 4 下線部(イ)の That が示す内容として最も適当なものを，次の①～④のうちから一つ選べ。 [24]

① The delivery being not made
② The delivery being too late
③ The location of the delivery
④ The large amount of the delivery

問 5 空欄 [25] に入れるのに最も適当なものを，次の①～④のうちから一つ選べ。 [25]

① time
② cost
③ area
④ person

問 6 下線部(ウ)の I think I'm starting to get the picture. が表す内容に最も近いものを，次の①～④のうちから一つ選べ。 [26]

① Bill is beginning to understand.
② Bill is close to getting angry.
③ Bill is beginning to draw something.
④ Bill is close to being confused.

問 7 空欄 [27] に入れるのに最も適当なものを，次の①～④のうちから一つ選べ。 [27]

① That is where
② That is why
③ You think that
④ You are right that

問 8 下線部(エ)のWell, I guess there's not much choice for right nowから推測できることとして最も適当なものを，次の①～④のうちから一つ選べ。 28

① Bill thinks that there are other ways to solve the problem.
② Bill is angry and soon will leave.
③ Bill is not sure of what to do about his problem.
④ Bill has accepted the situation at least for the moment.

問 9 下線部(オ)のI don't think I can put up with them being my office matesが表す内容に最も近いものを，次の①～④のうちから一つ選べ。 29

① Bill is beginning to hate to work with his friends.
② Bill thinks that there are many workers in his company.
③ Bill does not want the boxes to remain in his new office.
④ Bill cannot work with Fred to put a lot of things in his space.

問10 会話の内容と一致するものを，次の①～④のうちから一つ選べ。 30

① Bill and Fred will talk to Accounting about the payment.
② Bill's office will be taken away from him for ten months.
③ Fred does not want to solve the problem with the over delivery.
④ A large part of Bill's new office is used to store the boxes.

Ⅳ 次の英文を読んで，設問に答えよ。＊印のついた語句には文末に注がある。英文の左にある(1)〜(7)は段落の番号を表している。

(1) What often comes to mind when people think about eco-tourism is the vision of a middle-aged couple in flannel* shirts and hiking boots strolling* around the wilderness* with a pair of binoculars*, hoping to spot a rare bird. Although a number of tourists engage in (ア) that stereotypical activity, there are many other opportunities for fun and action.

(2) These opportunities might include a guided tour through the rain forest, witnessing the magical world under the sea, rafting* roaring rapids, or participating in a cultural event. As with all tourism, the [32] of available activities depend on the destination. If traveling in Norway, visitors have the opportunity to go on a whale safari, whereas in Kenya they will encounter giraffes, or elephants, or zebras. In Brazil, they can explore the rainforest.

(3) Wildlife watching is popular in just about every location in the world. Encountering exotic animals is exciting, especially when they are in their natural environment. In less dense areas, bike tours are popular. These are more interactive*, especially if the tourists take little luggage with them and opt for staying at small, locally run (イ) hotels. This also allows for participating in local [34] events, which could include watching a ceremonial dance, going to a traditional wedding, or learning how to cook the local food specialties. Actually participating in an event is even more rewarding for both the tourist and the host community.

(4) Eco-tourism trips keep travelers busy and active. No matter where the destination is, there is always something to see and do. Even when there are few or no activities planned for a day, eco-tourists can find plenty to do, such as visiting local markets, taking photographs of the scenery and the people, or even lying in a hammock and enjoying what the environment has to offer.

(5) Some important reasons why people go on eco-tourism vacations are to participate in conservation and preservation efforts, to learn about the flora and fauna* of an area, and to become familiar with the culture of the host

community. Bird watching is popular in many locations in the world. Being able to see exotic species of animals is exciting, especially if the chances of getting a second glimpse of the animal are almost impossible.(ウ) Probably the most popular activity of an eco-tourism vacation is walking or hiking through parks and other designated areas, which provides excellent possibilities for travelers to experience the natural beauty that surrounds the host people, as well as to have a firsthand look at the host community and their lifestyle.

(6) Photography is usually a welcomed hobby as well. Travelers encounter plenty of photo opportunities while on an eco-tourism trip. Pictures can be taken in just about every location and of just about anything that comes into view. However, if eco-tourists plan to photograph animals, they need to be very patient because wild animals tend to hide or move along rather quickly. They(エ) may also be afraid of bright lights, which is the reason why some parks and attractions prohibit flash photography. In addition, eco-tourists must be aware of the host community's norms* for photographs; some cultures are against photos, and others might charge tourists for the opportunity to photograph community members.

(7) Some eco-tourists take an eco-tourism vacation to study a specific(オ) issue or topic. For instance, eco-tourism is an excellent way to learn about a certain culture or reinforce learning of a new language. Other people take eco-tourism trips to find out more about a specific type of plant or animal life at the destination. Archaeologists and other scientists sometimes go on eco-tourism "vacations" to study the history and present culture of the area, as well as its development throughout its years of existence. Excavation* projects are abundant in areas such as Peru, Greece, Egypt, and other regions of the world that have a hidden mystery behind their culture. No matter what the destination or the activity, eco-tourism has a lot to offer the traveler and the host community.

〔Adapted from John R. Walker and Josielyn T. Walker, *Tourism: Concepts and Practices* (2011)〕

注：flannel　(生地が柔らかい)フランネルの
stroll　散策する
wilderness　荒野，原野
binoculars　双眼鏡
raft　～をいかだで下る
interactive　相互に影響し合う
flora and fauna　植物と動物
norm　基準，規範
excavation　発掘

問 1　下線部(ア)のengage inを別の語句で置き換える場合，最も適当なものを，次の①～④のうちから一つ選べ。　31

① major in
② take part in
③ get together with
④ agree with

問 2　空欄 32 に入れるのに最も適当なものを，次の①～④のうちから一つ選べ。　32

① books　② skills
③ guides　④ types

問 3　下線部(イ)のrunと同じ意味のrunを含むものとして最も適当なものを，次の①～④のうちから一つ選べ。　33

① Mary used to run five miles before work.
② This musical had a record-breaking run in Japan.
③ I have been working for a company run by my aunt for ten years.
④ Buses to New York run every fifteen minutes from here.

問 4　空欄 34 に入れるのに最も適当なものを，次の①～④のうちから一つ選べ。　34

① cultural ② harmful
③ marine ④ global

問5 第4段落の内容と一致するものを，次の①～④のうちから一つ選べ。 35

① Eco-tourists cannot enjoy themselves fully without deciding where to go before their trips.
② There are a lot of things for travelers to do, even though what to do has not been fixed.
③ Eco-tourism always makes travelers busy because they have to think about what they should see.
④ Wherever travelers have decided to visit, they should change their plans depending on the local environment.

問6 下線部(ウ)が表す内容に最も近いものを，次の①～④のうちから一つ選べ。 36

① becoming familiar with the animal is popular in the location
② there are some other opportunities to see the animal
③ the animal does not exist in the local environment anymore
④ it is extremely difficult to encounter the animal again

問7 下線部(エ)のTheyが示す内容として最も適当なものを，次の①～④のうちから一つ選べ。 37

① Pictures
② Wild animals
③ Eco-tourists
④ Some parks and attractions

問8 第6段落の内容と一致するものを，次の①～④のうちから一つ選べ。 38

① Travelers should photograph anything that they can see during an eco-tourism trip.

② Flash photography should not be used because some animals move very quickly.

③ Tourists have to pay some money to take pictures of community members in some cultures.

④ Wild animals in some attractions are accustomed to tourists taking plenty of photos of them.

問 9 下線部(オ)のspe·cif·icと第一アクセント(第一強勢)の位置が同じものを，次の①～④のうちから一つ選べ。 39

① de·li·cious　② at·ti·tude

③ con·cen·trate　④ en·ter·tain

問10 本文の内容と一致するものを，次の①～④のうちから一つ選べ。 40

① A guided tour through the rainforest is very popular as an eco-tourism activity in Kenya.

② Participating in local traditional events can be of benefit to both the tourist and the host people.

③ It is less important for travelers to be in the natural environment than learning the lifestyle of the locals.

④ Eco-tourism is considered to be a good opportunity to find where a new language or plant exists in the world.

数学

（60分）

解答上の注意

1　同一の問題文中に [1] , [2・3] 等が2度以上現れる場合，2度目以降は [1] , [2・3] のように細字で表記する。

2　分数で解答する場合は，既約分数(それ以上約分できない分数)で答えよ。符号は分子につけ，分母につけてはいけない。

3　根号を含む形で解答する場合は，根号の中の自然数が最小となる形で答えよ。

Ⅰ　次の各問に答えよ。

(1)　$\sqrt[3]{54}+\frac{3}{2}\sqrt[6]{4}+\sqrt[3]{-\frac{1}{4}}$ を計算すると，2^p の形となる。

このとき，$p=\frac{\boxed{1}}{\boxed{2}}$ である。

(2)　正の数 a，b が $ab=6$ を満たすとき，$3a+8b$ の最小値を求めると，

[3・4] である。

(3)　$ax^3-5x^2-16x+b$ が $(x-1)(2x-3)$ で割り切れるとき，定数 a，b の値を求めると，

$a=$ [5] , $b=$ [6・7] である。

(4)　a は実数の定数とする。関数 $f(x)=x^3-3x^2+ax$ が，

極値をもたないための a の範囲は，

$a \geqq$ [8] である。

[Ⅱ] a を x，y によらない定数とし，xy 座標平面上の直線 $(x-y-2)+a(2x+y-5)=0$ を ℓ_a とする。

このとき，次の各問に答えよ。

(1) a の値によらずに直線 ℓ_a が通る定点の座標を求めると，

$\left(\dfrac{[\ 9\ ]}{[\ 10\ ]},\ \dfrac{[\ 11\ ]}{[\ 12\ ]}\right)$ である。

(2) x 軸，ℓ_a，$y=x$ の 3 直線が三角形を作らない場合は 3 通りあり，それぞれ a の値を求めると，

直線 ℓ_a が x 軸に平行な場合，

$a=-\dfrac{[\ 13\ ]}{[\ 14\ ]}$ である。

直線 ℓ_a が直線 $y=x$ に平行な場合，

$a=$ [15] である。

3 直線が 1 点で交わる場合，

$a=-\dfrac{[\ 16\ ]}{[\ 17\ ]}$ である。

III 1辺の長さが3の正四面体ABCDの辺AB，DB上に，点P，Sを AP = 1，DS = 2 となるようにとる。
このとき，次の各問に答えよ。

(1) △APSの面積を求めると，

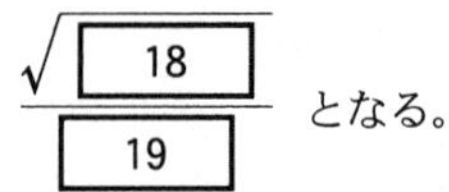

となる。

(2) さらに，辺AC，CD上にそれぞれ点Q，Rをとり，
3つの線分をPQ，QR，RSとする。
3つの線分の長さの和 PQ + QR + RS の最小値を求めると，

√[20・21] である。

Ⅳ 関数 $f(x)=(\log_{\frac{1}{3}} 9x)(\log_{\frac{1}{3}} \frac{x}{3})$ について，

x の範囲を $\frac{1}{3} \leqq x \leqq 9$ とするとき，

次の各問に答えよ。

(1) $\log_{\frac{1}{3}} x = t$ とおくと，t の範囲は

$\boxed{22・23} \leqq t \leqq \boxed{24}$ である。

また，$f(x)$ を t の式にあらわしたものを $g(t)$ とすると，

$g(t)=t^2-t-\boxed{25}$ である。

(2) $f(x)$ の最大値と最小値を求めると，

$x=\boxed{26}$ のとき，最大値 $\boxed{27}$，

$x=\dfrac{\boxed{28}}{\sqrt{\boxed{29}}}$ のとき，最小値 $-\dfrac{\boxed{30}}{\boxed{31}}$ である。

V 表面積が 2π で，底面の半径が r，高さが h の円柱がある。このとき，次の各問に答えよ。

(1) h を r の式であらわすと，

$$h = \frac{\boxed{32} - r^2}{r}$$ である。

(2) この円柱の体積を V とするとき，
体積 V が最大となる h と V の値を求めると，

$$h = \frac{\boxed{33}\sqrt{\boxed{34}}}{\boxed{35}},$$

$$V = \frac{\boxed{36}\sqrt{\boxed{37}}}{\boxed{38}}\pi$$ である。

VI 1から7までの7個の数字を1列に並べるとき，次の各問に答えよ。

(1) 両端が偶数である並べ方は，$\boxed{39 \cdot 40 \cdot 41}$ 通りある。

(2) 奇数どうしが隣り合わない並べ方は，$\boxed{42 \cdot 43 \cdot 44}$ 通りある。

(3) 偶数どうしが隣り合わない並べ方は，$\boxed{45 \cdot 46 \cdot 47 \cdot 48}$ 通りある。

③　近代文明のあり方を批判していた文化人類学が、それと全く同じ論法でもって、みずからが批判の対象になった。
④　研究対象を異文化として意味づける文化人類学の営みが、結局は自己像を作り上げていたに過ぎないと突きつけられた。
⑤　文化人類学がそうとは気づかずにしてきた植民地化が、未開人の心を傷つけ続けてきたことを否定できなくなった。

問十　空欄 Ⅰ ・ Ⅱ に入ることばの組み合わせとして最も適当なものを、次の①～⑥のうちから一つ選べ。 39

①　Ⅰ　客観・Ⅱ　特権
②　Ⅰ　客観・Ⅱ　感覚
③　Ⅰ　特権・Ⅱ　感覚
④　Ⅰ　特権・Ⅱ　客観
⑤　Ⅰ　感覚・Ⅱ　客観
⑥　Ⅰ　感覚・Ⅱ　特権

問十一　問題文の内容に最もよく合致するものを、次の①～⑤のうちから一つ選べ。 40

①　相異なる二つのものがつながるようになると、そこには必ず分断が生じることになる。
②　ダンテもパタイも、オリエントを実体よりもあえて奇怪に描くことでヨーロッパ人からの評価を得ていた。
③　サイードは、文化人類学がこれまで無意識的に他者に行使していた暴力性を明るみに出し、批判した。
④　ヨーロッパ人たちは、文化人類学を通じて、他者表象が自己表象と同一であることを知った。
⑤　文化人類学は、どう違うかではなくどうつなげられているのかを研究する学問へと変化を遂げた。

いイメージを生み出してしまったということ。

⑤　ヨーロッパとオリエントとの力量の差を現実以上に大きく描くことで、オリエントが暴力的に支配されることが当然であるかのように印象づけてきたということ。

問八　傍線部G「サイードのオリエンタリズム批判」の説明として**適当でないもの**を、次の①～⑤のうちから一つ選べ。　37

①　道徳的で文明的であるという自己イメージを確かなものにするために、ヨーロッパはオリエントを常に必要とした。

②　オリエントのイメージは、常にヨーロッパにとって都合のよいものであり続けなくてはならなかった。

③　オリエントとヨーロッパとの比較は、地理的に隣接するという理由だけでは説明のできない恣意的な側面がある。

④　ヨーロッパ人たちの「わたしたち」意識は、オリエント人と自分たちとは異なるという意識と一体のものである。

⑤　ヨーロッパ人は、自分たちが何者であるかを探求するために、オリエント文化についての関心や理解を深めていった。

問九　傍線部H「文化人類学に大きな衝撃」とあるが、それはどんな「衝撃」だったのか。その説明として最も適当なものを、次の①～⑤のうちから一つ選べ。　38

①　文化人類学が未知のものとして発見してきた異文化が、実はありふれたものでしかなかったことが明らかになった。

②　非文明国の側に立っていると自認していた文化人類学者たちが、当の非文明国の側から過去の暴力被害を告発された。

④　思春期の葛藤という一見だれにも当てはまりそうなことがサモアの少女に見られないことから、逆にアメリカの若者に限定的な事象だったとわかったということ。

⑤　サモアの多くの少女にとって思春期の悩みが自明でないという発見が、アメリカ人の中にも例外的に悩みと無縁の人がいるという発見に結びついたということ。

問六　傍線部Ｅ「キシュ」の熟語を構成する漢字二字を、次の①～⑥のうちからそれぞれ順番通りに選べ。

一番目 34　二番目 35

①　機　②　騎　③　旗　④　種　⑤　首　⑥　手

問七　傍線部Ｆ「そうした異文化の表象に植民地支配につながる権力性や暴力性がある」とはどういうことか。その説明として最も適当なものを、次の①～⑤のうちから一つ選べ。 36

①　オリエントを野蛮で文明的でないものとして裁断する語り方が、未開の国だから植民地化されるのは当然だといった植民地主義の論理と同型をなしているということ。

②　オリエントが近代文明からほど遠い独自の社会を営み続けてきたということが、思わぬ結果として、ヨーロッパ人の優越感を満たすことにつながってきたということ。

③　文明化の面で引け目をもつオリエントが、ヨーロッパの先進的な文明に憧れ、自分たちから進んで隷従したがっているかのような虚構を築き上げてきたということ。

④　オリエントを暴力によって植民地化し続けてきた長い歴史が、オリエントの人たちを野蛮で背徳的だとする根拠のな

問四　傍線部C「どうでしょうか」についての説明として最も適当なものを、次の①～⑤のうちから一つ選べ。 32

① その直前に述べたことがらについてみずから疑義を差し挟むことによって、主張の客観性を一段高めようとしている。
② 自説に自信がないかのような態度をあえて示すことによって、読者の注意をこの一点に集中させようとしている。
③ 一見したところ真理に反するような論理を展開してきたので、理解してもらえたであろうかと確認しようとしている。
④ とうてい理解してはもらえないだろうと高(たか)をくくりながらも、読者への礼儀として相づちを求めようとしている。
⑤ 用意周到な説明によって難解な話題もさぞ理解しやすくなっただろうと、読者に自分の手腕を誇示しようとしている。

問五　傍線部D「アメリカの若者が抱える思春期特有の葛藤がけっして普遍的な現象ではない」とはどういうことか。その説明として最も適当なものを、次の①～⑤のうちから一つ選べ。 33

① アメリカでは青年期特有と目されてきた葛藤がサモアでは少女期に顕著であることがわかり、一定の年齢期に恒常的に見られる現象だと見なされなくなったということ。
② アメリカの事例を根拠にして思春期の悩みをさも当然のように捉えてきたが、サモアの少女の事例から、思春期の悩みが万国共通などではないとわかったということ。
③ サモアの少女たちが自由でおおらかな思春期を送っていることから、アメリカの若者たちは過剰に悩みすぎているのではないかと疑われるようになったということ。

貧富の格差もそうです。貧しさは、豊かさとの対比のなかで強く意識されるようになります。みんなが同じような生活をしていれば、それを「貧しい」とは感じないはずです。いまや世界の富の分布や経済水準の差が一目瞭然に比較される時代になりました。昔から変わらぬ生活をしている人たちも、豊かな国の人の暮らしやその富の大きさを突きつけられると、とたんに自身の「貧しさ」を意識するようになります。

① 〔ア〕の後　② 〔イ〕の後　③ 〔ウ〕の後　④ 〔エ〕の後　⑤ 〔オ〕の後

問二　傍線部Ａ「『分断』はかならずしも『つながり』が失われた状態ではない」とあるが、どうしてそう言えるのか。その説明として最も適当なものを、次の①～⑤のうちから一つ選べ。 30

① つながっているにもかかわらず孤立を感じることが日常的にあるから。
② ほとんどつながりのなかった時代でも格差は間違いなく存在していたから。
③ つながりの喪失が分裂の原因であると断定する根拠が不十分であるから。
④ そもそもつながりの全くないところに亀裂など生じようもないから。
⑤ つながることではじめて互いの違いを認識できるという側面もあるから。

問三　傍線部Ｂ「対立した意見をもつ相手がいなければ存在しえません」とあるが、他との比較のうちに成り立つことを指し示す語として最も適当なものを、次の①～⑥のうちから一つ選べ。 31

① 自律　② 他律　③ 絶対　④ 相対　⑤ 類比　⑥ 対比

第三者の立場から人間集団を分析してきたのではなくて、世界の非対称な権力関係を背負いながら人びとと出会い、彼らのことを描いている。もはや［Ⅱ］的な立場で人間集団やその文化を「こういうふうにわかりました」と一方的に解釈はできない。その学問の営みのなかに「人類学者の所属する社会」と「研究対象にされる社会」との「関係＝つながり」（たとえば支配／被支配の関係）が避けがたくたち現れている。

文化人類学は「異文化」を理解するための学問というよりも、異文化との出会いをとおして自分たちのことを理解しようとする学問である。そのことが強く意識されるようになりました。

そこには「つながり」しかない、と言えるかもしれません。「つながり」の両端に「わたしたち」と「かれら」が生まれる。ヨーロッパがオリエントとの比較を通して自分たちの姿を描いたように、「かれら」との差異のなかで、はじめて「わたしたち」の姿が浮かび上がる。こうして文化人類学は、異文化の研究から「異文化」と「自文化」とのつながり方を考える営みへと大きな変化をとげたのです。

（松村圭一郎（まつむらけいいちろう）『はみだしの人類学　ともに生きる方法』による。なお、設問の都合上、原文を一部改変した箇所がある）

〔注〕　＊ヒエラルキー……ピラミッド型の位階、階層。ヒエラルヒー。

問一　問題文からは次の段落が欠落している。補うべき場所として最も適当なものを、次の①～⑤のうちから一つ選べ。［29］

心のもっとも奥深いところから繰り返したち現われる他者イメージでもあった。そのうえオリエントは、ヨーロッパ（つまり西洋）がみずからを、オリエントと対照をなすイメージ、観念、人格、経験を有するものとして規定するうえで役立った。……それは、ヨーロッパの実体的な文明・文化の一構成部分をなすものである。」（『オリエンタリズム 上』今沢紀子（いまざわのりこ）訳）

「かれら」とは違う「わたしたち」をつくりだすために、キリスト教の価値観とそぐわない、近代文明より遅れた社会としてオリエント世界を描く。それはオリエントの姿そのものというよりも、道徳的で文明の進んだヨーロッパという自己像を確立するために一方的に利用され捏造（ねつぞう）されたイメージにすぎない。だから表象された「オリエント」はヨーロッパの欠かせない一部だったのだ。サイードは、こう批判したのです。

さきほどの「つながり」の意味を思い出してみてください。ヨーロッパという「わたしたち」の輪郭が、オリエント世界という比較対象との「つながり」において強調され、はじめて確立されたのです。

それは最初から異なる「オリエント世界」と「ヨーロッパ世界」があって、この二つを比較します、という単純な図式ではありません。「オリエント世界を描く」ことは「ヨーロッパ人が何者であるかを知る」ためにある。つながりをとおしてAとBが何者であるかが定まるように、他者表象と自己理解は別々の営みではなく、同時に起きているのです。

このGサイードのオリエンタリズム批判は、異文化の研究をしてきたH文化人類学に大きな衝撃を与えました。人類学者が「未開社会」に出かけていき、そこで暮らす人びとを固有の文化をもつ存在として描く。それって、ヨーロッパが自分たちのためにオリエントを暴力的に表象してきたことと一緒じゃないか。そんな反省を迫られたのです。

文化人類学という学問を可能にした土台には植民地支配という歴史状況があり、その支配／被支配関係のなかで異文化の表象が可能になった。その歴史が意識されるようになると、少なくとも、いままでのように人類学者が素朴に、ある意味で［ I ］的に、異文化を描くことは許されなくなったのです。

して注目されました。

かった別の選択肢を見いだすことができる。文化人類学は、近代文明批判のキシュ(E)として、そうしたある種の希望を語る学問として注目されました。

ところが、一九七〇～八〇年代、大きな曲がり角を迎えます。非西洋の民族には西洋とは異なる文化がある、という単純な話ではなくなってきました。西洋と非西洋、近代と前近代といった二項対立的なとらえ方が批判にさらされたのです。もっとも有名なのが、エドワード・サイード（一九三五～二〇〇三）が一九七八年に発表した『オリエンタリズム』です。

「オリエント」というのは、おおまかに中東から北アフリカにかけてのアラブ世界のことを指します。ヨーロッパでは、長いあいだ、オリエント地域が芸術や文学の題材とされ、科学的な研究対象にもなってきました。しかし、そこで提示されてきたオリエントは、たとえば宮廷のハーレムに代表されるような、キリスト教世界から見ると猥雑（わいざつ）で道徳に反した、西洋世界とは対極にあるイメージでした。

ダンテ（一二六五～一三二一）の有名な叙事詩『神曲』の「地獄篇（へん）」では、イスラムの預言者ムハンマドが悪徳のヒエラルキーに位置づけられ、地獄の刑吏の鬼によっておぞましい罰を受ける様が描写されます。

こうしたイメージは近代の学問でも再生産され、人類学者ラファエル・パタイ（一九一〇～九六）の著作では、中東文化が豊穣（ほうじょう）な西洋文明から学ぶべき劣った存在とされ、アラブ人には規律や協調性が欠如していると断定的に書かれていました。

ある対象を描いたり、表現したりすることを「表象する」といいますが、サイードは、F そうした異文化の表象に植民地支配につながる権力性や暴力性があると批判したのです。オリエント世界がヨーロッパとは正反対のものとして描かれてきたのは、ヨーロッパ自身の道徳的で文明的な自己イメージを確立するためだった。サイードは次のように書いています。

「オリエントは、ヨーロッパにただ隣接しているというだけではなく、ヨーロッパの植民地のなかでも一番に広大で豊かで古い植民地のあった土地であり、ヨーロッパの文明と言語の淵源（えんげん）であり、ヨーロッパ文化の好敵手であり、またヨーロッパ人の

見がネットを介して可視化され、その対立が鮮明に見えるようになりました。それはあきらかに「つながり」の結果でしょう。〔ウ〕

AとBは、互いにつながった結果として、その輪郭が強調され、存在することができる。右派も左派も、そのつながりの両端にあらわれる。異なる意見への反論や批判があってはじめて、右と左が分かれているように見えるわけで、右も左も、じつは対立した意見をもつ相手がいなければ存在しえません。〔エ〕

つまり、対立や分断しているとされる両者は、互いにまったく相容れないと思う相手の存在を必要としている。その「つながり」の結果として対立や分断が可視化されている。そう言えるのです。〔オ〕

どうでしょうか。「社会が分断されている」「社会からつながりが失われている」という広く共有された世界の見方も、たちどまって考えてみれば、異なるとらえ方が可能です。あたりまえに思える言葉や概念に対して違う側面から光をあて、問いを立てる。もともと文化人類学は、こういうあらたな視点を提示する学問として誕生しました。

ここで、文化人類学の「きほん」をおさえておこうと思います。文化人類学と聞いて、どんなことを思い浮かべるでしょうか。アフリカやアメリカ先住民といった、非西洋の「未開」な民族集団を対象にその独特の文化を研究し、異文化比較をする。そんなイメージがあるかもしれません。一九世紀末から二〇世紀前半にかけて、たしかに文化人類学はそういう学問として発展してきました。

アメリカの人類学者マーガレット・ミード(一九〇一～七八)が一九二八年に発表した民族誌『サモアの思春期』は世界的なベストセラーになりました。ミードは、サモアの少女たちの自由でおおらかな姿から、アメリカの若者が抱える思春期特有の葛藤がけっして普遍的な現象ではないことを示しました。

西洋社会が直面する問題を考えるとき、近代的な視点だけでは限界がある。人類文化の多様性のなかに西洋社会が考えもしな

問十　『太平記』と同じジャンルの作品として最も適当なものを、次の①～⑤のうちから一つ選べ。 28

① 平家物語　② 大鏡　③ 神皇正統記　④ 方丈記　⑤ 宇治拾遺物語

第三問　次の文章を読んで、後の問いに答えよ。

いま「社会が分断されている」「社会からつながりが失われている」とよく言われます。右派とか左派とか、国論が二分しているとか、貧富の格差が拡大しているとか、大きな社会問題としてよく耳にします。どうしたら分断を乗り越えられるのか、なぜ社会のつながりが失われてきたのか、議論になっています。

A「分断」はかならずしも「つながり」が失われた状態ではない。激しく対立し、分断しているように見えるのは、むしろ両者がつながっているからかもしれない。そう考えると、世の中が少し違って見えるはずです。

かつての社会に分断がなかったわけではありません。おそらくいまよりももっと大きな分断があったはずです。女性や黒人であるというだけで、政治参加が認められなかった時代のほうが長いわけですから。〔ア〕

グローバル化が進み、情報ネットワークでだれもがつながる時代になってきました。どんな人でも、ネットにアクセスさえすれば、自分の意見を表明することができる。それまではメディアにも注目されず、だれにも耳を傾けられなかった声が国境を越えて世界中に拡散する。つまり、世界はかつてないほど「つながる」時代になってきました。〔イ〕

以前は分断があったことすら意識されなかったはずです。奴隷と市民は同じ人間とは考えられていなかった。多くの人は、政治や社会問題に関心を向けることもなく、関心があってもその声を表明する場や手段がなかった。それがいまや瞬時に異なる意

の①～⑤のうちから一つ選べ。 25

① 遠い都にいた息子を心配していたことよりも、息子が自分の境遇を案じてくれていたと知ったことの方が悲しい。
② 息子が訪ねてきてくれた道中の苦労を想像することよりも、自分の死を知った後の息子の辛さを思うことの方が悲しい。
③ 自分が死ぬことに対する無念さよりも、息子が都でどのように生きていくのかを心配することの方が悲しい。
④ 都で過ごしている息子の身の上を心配することよりも、近くにいる息子に会えないことの方が悲しい。
⑤ 息子が都でどのような暮らしをするのかを心配することよりも、現在陥っている苦境を思いやることの方が悲しい。

問八 空欄 I に入ることばとして最も適当なものを、次の①～⑤のうちから一つ選べ。 26

① なむ　② こそ　③ や　④ か　⑤ ぞ

問九 問題文の内容に最もよく合致するものを、次の①～⑤のうちから一つ選べ。 27

① 本間ははじめ資朝と阿新の対面を許すつもりでいたが、徐々に対面を許さないというように気持ちが変化していった。
② 阿新は夢の中で父と会うことができると思うと、今の境遇にも耐えていくことができるという思いが強くなった。
③ 父は牢におり、阿新は幼いので一緒にいても不都合ではないのに、対面さえもできないことはあわれだとしている。
④ 阿新は父がすでに死んでいると思っていたが、父はまだ生きており、早く罪を許してもらいたいと本間に願い出た。
⑤ 中門の前に出てきた僧は、阿新の親孝行の思いに打たれ、阿新を持仏堂に招き入れ、丁重にもてなすことにした。

問五　傍線部F「とく見奉らばや」の現代語訳として最も適当なものを、次の①～⑥のうちから一つ選べ。 22

① すぐにでもお会いになるとよい。
② 早くお会い申し上げたいものだ。
③ すぐにでも会っていただきたい。
④ 早くお会い申し上げなさるべきだ。
⑤ すぐにでも会わせていただきたい。
⑥ 早く会わせてさし上げたい。

問六　傍線部H「父子の対面を許さず」について、対面を許さない理由として適当なものを、次の①～⑥のうちから二つ選べ（マークする選択肢番号の順序は問わない）。 23 ・ 24

① 対面を決して許してはいけないと、鎌倉幕府から前もって禁じられていたから。
② 対面を許したことを鎌倉幕府に知られたら、自分がとがめを受けるだろうから。
③ 対面を許したことを、鎌倉幕府に知られないよい方法が思いつかなかったから。
④ 対面を一度許すと、さらに阿新が父の減刑を願い出るようになると思ったから。
⑤ 対面を許したら、父のこの世への執着が強くなり、安らかに死ねなくなるから。
⑥ 対面を許したら、阿新も父とともに死ぬと言い出すに違いないと想像したから。

問七　傍線部I「都にいかがあるらんと思ひやるよりもなほ悲し」とはどういうことか。その説明として最も適当なものを、次

④ ラ行四段活用の動詞／自発の助動詞／尊敬の助動詞／尊敬の補助動詞／命令の助動詞
⑤ ラ行四段活用の動詞／尊敬の助動詞／使役の助動詞／尊敬の補助動詞／意志の助動詞
⑥ ラ行四段活用の動詞／受身の助動詞／尊敬の助動詞／尊敬の補助動詞／推量の助動詞

問三　傍線部Ｄ「岩木ならねば」の解釈として最も適当なものを、次の①～⑤のうちから一つ選べ。 19

① ものを見ることができない岩や木ではないので
② 善悪を判断できない岩や木ではないので
③ ことばが話せない岩や木ではないので
④ 動くことができない岩や木ではないので
⑤ 情けを理解できない岩や木ではないので

問四　傍線部Ｅ「やがて」、傍線部Ｇ「なかなか」の問題文中での意味として最も適当なものを、次の各群の①～⑤のうちからそれぞれ一つずつ選べ。 Ｅ 20 Ｇ 21

Ｅ　やがて
① いつのまにか
② そのうち
③ すぐに
④ しばらくして
⑤ おもむろに

Ｇ　なかなか
① かえって
② かなり
③ とうてい
④ すぐには
⑤ ますます

〔注〕　＊かうど………「かく（副詞）＋と（格助詞）」の変化したもの。「このように」という意。
＊本間………佐渡の守護代。佐渡に流されていた日野資朝の身柄を預かっていた。
＊蹈皮行纏……旅行の際に用いる皮で作った足袋と脛（すね）に巻き付ける布。
＊関東………鎌倉幕府のこと。
＊町…………距離の単位。一町は約一〇九メートル。
＊鄙…………都から遠く離れた所。
＊怖畏………おそれ。

問一　傍線部Aと傍線部Cの「に」について、文法的説明として最も適当なものを、次の①～⑤のうちからそれぞれ一つずつ選べ（同一選択肢の反復使用は不可）。　A 16　C 17

①　格助詞　②　接続助詞　③　形容動詞の活用語尾
④　完了の助動詞　⑤　断定の助動詞

問二　傍線部B「斬られさせ給ふべし」を構成する品詞として最も適当なものを、次の①～⑥のうちから一つ選べ。　18

①　ラ行四段活用の動詞／自発の助動詞／使役の助動詞／尊敬の補助動詞／命令の助動詞
②　ラ行四段活用の動詞／尊敬の助動詞／尊敬の助動詞／尊敬の補助動詞／意志の助動詞
③　ラ行四段活用の動詞／受身の助動詞／使役の助動詞／尊敬の補助動詞／推量の助動詞

第二問　次の文章を読んで、後の問いに答えよ。

《鎌倉幕府に謀反を企て佐渡(さど)に流され、さらにまもなく処刑されようとしている父の日野資朝(ひのすけとも)を、息子である阿新(くまわか)がはるばる都から訪ねてきた。本文はそれに続く場面である。》

都を出(い)でて十三日と申すに、越前の敦賀(つるが)の津に着きにけり。これより商人船(あきんどぶね)に乗つて、程なく佐渡国へぞ着きにける。A人してかうど言ふべき便りもなければ、みづから本間(ほんま)が館(たち)に到(いた)つて、中門(ちゅうもん)の前にぞ立つたりける。をりふし僧のありけるが立ち出でて、「この内への御用にて御立ち候ふか。またいかなる用にて候ふぞ」と問ひければ、阿新殿、「これは日野中納言の一子にて候ふが、Bこのころ斬(き)られさせ給ふべしと承つて、その最後の様をも見候はんために、都より遙々(はるばる)と尋ね下つて候ふ」と、言ひもあへず涙をはらはらと流しければ、この僧心ありける人なりければ、急ぎこの由を本間に語るに、C本間も岩木ならねば、Dさすが哀れにや思ひけん、Eやがてこの僧を以(も)つて、持仏堂へいざなひ入れて、踏皮行纏(たびはばき)脱がせ、足洗うておろそかならぬ体(てい)にてぞ置いたりける。阿新殿、これをうれしと思ふにつけても、「同じくは父の卿(きやう)Fをとく見奉らばや」と言ひけれども、今日明日斬らるべき人に、これを見せては、Gなかなか黄泉路(よみぢ)の障りともなりぬべし。また、関東の聞こえもいかがあらんずらんとて、H父子の対面を許さず。四、五町隔たつたる所に置いたれば、父の卿は、これを聞きて、行末(ゆくへ)も知らぬI都にいかがあるらんと思ひやるよりもなほ悲し。子は、その方を見やりて、浪路(なみぢ)遙かに隔たりし鄙(ひな)の住まひを思ひやつて、心苦しく思ひつる涙は、さらに数ならずと、袂(たもと)の乾くひまもなし。これこそ、中納言のおはします牢(らう)の中よとて見やれば、竹の一村茂りたる所に、堀ほり回し屏(へい)塗つて、行き通(かよ)ふ人もまれなり。情けなの本間が心や。父は禁籠(きんろう)せられ、子はいまだ稚(をさな)し。たとひ一所(いつしよ)に置いたりとも、何程の怖畏(ふゐ)かあるべきに、対面をだに許さで、まだ同じ世の中ながら、生(しやう)を隔てたるごとくにて、なからん後の苔(こけ)の下、思ひ寝に見ん夢ならでは、相見んこともありがたしと、互ひに悲しむ恩愛の、父子の道［　Ⅰ　］哀れなれ。

（『太平記』による。なお、設問の都合上、原文を一部改変した箇所がある）

問十一　傍線部E「しばしばまったく異なる風景を私たちに見せる」とはどういうことか。その説明として**適当でないもの**を、次の①～⑤のうちから一つ選べ。 14

① パソコンは不特定者に、ケータイは親密な相手に、必要な情報を発信できるということ。
② パソコンは脱コミュニケーション的に、ケータイは過剰コミュニケーション的に人を映しだすということ。
③ アクセスに用いる手段の違いにより、接続先から異なった情報が提供されるということ。
④ ケータイとパソコンのどちらを現代の象徴として扱うかにより、別個の世界観が表れるということ。
⑤ アクセス手段によって、重視しているものがコンテンツかコミュニケーションかに識別されるということ。

問十二　問題文の内容に最もよく合致するものを、次の①～⑤のうちから一つ選べ。 15

① 状況に適応できないダメなキャラクターが、フィクション世界のルールに適応して成長する物語がある。
② 文明は絶対的なものではなく相対的なものであるため、その自明性は常に複数存在することになる。
③ ケータイの使用が困難な場合は、拡張された身体機能も同時に失われ苦痛を味わうこともある。
④ インターネットにアクセスする手段の違いによって、他者的身体に対する期待のあり方も変化する。
⑤ パソコンとケータイは二つの共通点をもち、ともに人間の機能を拡張するパートナーメディアである。

問九　傍線部D「インターネットという「思想」」の要素として**適当でないものを**、次の①～⑤のうちから一つ選べ。　12

① いつでも必要な人間をつかまえることができる。
② この世の全てのものと繋げることができる。
③ いつでも膨大な情報にアクセスできる。
④ どこにいても世界に繋がることができる。
⑤ 自己を世界に対して開かれた状態にしておける。

問十　問題文中のⅰ～ⅴの文を元の順番に並び替えたとき、**3番目**と**5番目**の組み合わせとして最も適当なものを、次の①～⑧のうちから一つ選べ。　13

① **3番目**　ⅰ　**5番目**　ⅴ
② **3番目**　ⅱ　**5番目**　ⅴ
③ **3番目**　ⅲ　**5番目**　ⅳ
④ **3番目**　ⅳ　**5番目**　ⅲ
⑤ **3番目**　ⅴ　**5番目**　ⅱ
⑥ **3番目**　ⅰ　**5番目**　ⅳ
⑦ **3番目**　ⅱ　**5番目**　ⅲ
⑧ **3番目**　ⅲ　**5番目**　ⅰ

問六　空欄 Ⅲ に入ることばとして最も適当なものを、次の①～⑤のうちから一つ選べ。 9

①　環境的要因　②　社会的秩序　③　刹那的混乱　④　神話的世界　⑤　絶対的安定

問七　傍線部B「自然かつ合理的な選択」とはどういうことか。その説明として最も適当なものを、次の①～⑤のうちから一つ選べ。 10

①　自然の過酷さを理解することが重要だとの考えをもとに、人々が目の前の環境への対応策を選んでいくこと。
②　文明社会では役割を終えたはずの身体性こそが、秩序を作るために自明のものだったと自省すること。
③　新しいメディアのなかで生きる人々が、文明の時間と野生の時間の双方に対して適切に対応していくこと。
④　文明は絶対ではないと気づきつつも、多くの人々が目前の環境におのずと適応してしまっていること。
⑤　自然が絶対ではないということに気づいた人々が、身体の可能性を回復させようと努力していくこと。

問八　傍線部C「第二の身体」が可能にしたことは何か。その説明として最も適当なものを、次の①～⑤のうちから一つ選べ。 11

①　生身の身体機能が有する限界を克服したこと。
②　半ば休眠していた身体性を活性化させたこと。
③　生身の身体が必ずしも必要ではなくなったこと。
④　身体の有する潜在能力を最大限発現させたこと。
⑤　身体が必要とする新たな機能を発見させたこと。

問三 傍線部A「そうした「逆転劇」」を含む物語とはどのようなものか。その説明として最も適当なものを、次の①〜⑤のうちから一つ選べ。 6

① 無人島や未開の地にたまたま居合わせた人間が大活躍していく物語。
② 文明社会で成功をおさめる登場人物が自分の無力さを思い知らされる物語。
③ 文明のルールを引きずることでフィクションの世界に反転してしまう物語。
④ ヒーローとヒロインの組み合わせが環境条件によって入れ替わる物語。
⑤ 日常世界で能力を示せない登場人物が非日常世界で適応能力を示す物語。

問四 空欄 Ⅰ に入ることばとして最も適当なものを、次の①〜⑤のうちから一つ選べ。 7

① 真骨頂 ② 合言葉 ③ 急先鋒(ぼう) ④ 醍醐味(だいごみ) ⑤ 決定版

問五 空欄 Ⅱ に入るものとして最も適当なものを、次の①〜⑥のうちから一つ選べ。 8

① 文明→自然→文明
② 自然→文明→自然
③ 文明→野生→文明
④ 野生→文明→野生
⑤ 自然→野生→自然
⑥ 野生→自然→野生

① 〔ア〕　② 〔イ〕　③ 〔ウ〕　④ 〔エ〕　⑤ 〔オ〕

問二　傍線部a～dと同一の漢字を使うものを、次の各群の①～⑤のうちからそれぞれ一つずつ選べ。a 2　b 3　c 4　d 5

a　キュウエン
① エンメイ措置を行う
② エンギがうまい
③ セイエンをおくる
④ トオエンの親族
⑤ エンジンを組む

b　クシ
① クカク整理をする
② 秘術をクデンする
③ ハイクを詠む
④ クニクの策をうつ
⑤ 害虫をクジョする

c　ヨウイ
① ヨウトが不明の品々
② 事件のヨウギが晴れた
③ ヨウガンが流れ出す
④ ヨウショウ期の記憶
⑤ ヨウツウに悩まされる

d　ホカン
① カンゼン懲悪の物語
② 運動をシュウカンにする
③ カンエイの施設を利用する
④ 明日までにカンリョウさせる
⑤ 病人をカンゴする

の社会的身体に対する役割期待を築いている。誰かが発信すれば、それに「繋がる」ことを期待される身体。そのような身体へと「成長」することを、私たちはこの社会で自分に、そして他人に期待しているのだ。

もちろん、ケータイからアクセスする世界と、パソコンからアクセスする世界は、Eしばしばまったく異なる風景を私たちに見せる。いくつかの調査は、パソコンの方はどちらかといえば「コンテンツ志向」が高く、ケータイの方が「コミュニケーション志向」が高いことをあらわしている。また、前者がどちらかといえば、不特定多数への情報発信をベースとした空間を構築しているのに対し、後者はどちらかといえば、親密圏のメンテナンスツールに用いられやすい。

そのため、どちらを「現代の象徴」として取り扱うかで、描かれる世界観は大きく変化してしまう。パソコンに着目すれば、多くの人は管理社会で充足する「脱コミュニケーション」的な存在に映るかもしれない。逆にケータイに着目すれば、多くの人は、情報と人脈の海をサバイブする「過剰コミュニケーション」的な存在に映ることだろう。

（荻上チキ『社会的な身体――振る舞い・運動・お笑い・ゲーム』による。なお、設問の都合上、原文を一部改変した箇所がある）

〔注〕　＊デバイス……ここでは、インターネットに接続し利用する情報端末。

問一　問題文からは次の一文が欠落している。補うべき場所として最も適当なものを、次の①～⑤のうちから一つ選べ。　1

> そこで受け手は、「文明社会は絶対ではなく、異なる環境下では別の身体が必要とされる」ことを思い知らされるのだ。

人がケータイに出なかったりメールに返事を返さないとき、「ダメだ、さっきから鈴木が繋がらない」と表現するように、私たちは自分にだけでなく、他人の身体に対しても、手軽に接続可能であることを望んでいる。
メールや電話で知り合ったが、まだ会ったことのない人と待ち合わせをする男性。

i　突然声をかけて違う人だったら恥ずかしい。
ii　人ごみの中、周りにそれらしい人がいるかどうかを探し、どうやらあの人ではないかというおおまかなめぼしをつける。
iii　しかし、赤いシャツを着てくるといっていたはずだが、視界に入ったその人はピンクのシャツだ。
iv　しかし、その人はいつまでもケータイを開かない。
v　そこで男性は、ケータイを取り、あらかじめ相手から教わっていたアドレスに「いま着きました」とメールを送る。

どうやら別の人らしい。
数分後、赤いシャツを着た人が現れる。どうやらあの人ではないか。男性は、これまたあらかじめ聞いていた番号に恐る恐る発信する。すると、赤いシャツのその人は、ケータイを手に取り、周囲でケータイをかけている人がいないかどうかを探しながら、通話ボタンに指を伸ばす。「もしもし、〇〇さんですか」「はい、そうです」。口の動きによって、互いが待ち合わせの相手であることを確認した二人は、「あ、わかりました。いましたいました」「あ、はい。了解です。そちらに向かいますね」と電話を切り、会釈しながら近づき、挨拶を交わす。
群衆の中から個人を特定するために用いられるケータイは、相手と「通話する」といった機能に限定されない、社会的な意味を持っている。相手が電話に出ることを期待し、それに基づいて特定のアクションをすることを期待するといった具合に、他者

例えば私たちにとってケータイとは、もはや「携帯可能な電話」ではない。「携帯電話」ではなく「ケータイ」という表記が多くの場面で採用されているように、メーラーでもあり、ブラウザでもあり、クレジットカードでもあり、地図でもあり、定期券でもあり、時計でもあり、スケジューラーでもあり、カメラでもあり、音楽プレイヤーでもあり、テレビでもあり、ラジオでもあるこの小さなデバイスは、あらゆる場面で私たちの人間の機能を拡張するパートナーメディアとして存在している。

（中略）

ケータイを自宅に忘れてしまったり、電波が届かない場所に行くと「不安」になるという人に対して、「携帯依存」と揶揄(やゆ)めいた言葉が浴びせられる場面は多いが、いまやケータイに付加された機能の喪失は、単にネットワークから断絶されたことによる「寂しさ」の問題ではなく、拡張された様々な身体機能が、短時間であれ「制限」されることに対する「痛み」とも表現できる。

パソコンは、すでに二一世紀を象徴するメディアの一つになっているが、パソコンはあくまであなたを拡張するためのキットであって、それ自体が重要なのではない。初心者がパソコンにはじめて触れるときの最初の愚痴(ぐち)が、「これで何ができるのかがわからない」というものであることに注目しよう。パソコンは、それだけでは何の役にも立たない。必要なプログラムをインストールし、ネットに接続し、キーボードの配列を憶(おぼ)え、適切なコンテンツへとアクセスして、はじめてパソコンは人々の欲望を叶(かな)えてくれるのだ。

ケータイとパソコンのもう一つの共通点は、どちらも通信のための入り口として用いられるという点だ。インターネットは人に、膨大な情報への接続と管理を可能にする。特にケータイによって、人々がネットへの常時接続が可能になったということは、[D]インターネットという「思想」をホカン[d]するうえで欠かせない出来事だ。インターネットが「すべてを繋げるメディア」であるならば、ケータイがその入り口をあらゆる場所に遍在させることによってはじめて、その「思想」は貫徹される。上司や友

の忘却」「不安定で脆弱な文明」といった、「凡庸なお説教」へと繋げることもしばしばだ。〔ウ〕

「環境α→環境β→環境α´」という運動を経由することで、登場人物たちは一時的なパニックと、Ⅲの根本的な入れ替えを経験する。テクストの内側で「文明」から「野生」へと時間が巻き戻されるとき、ニューメディアを獲得する以前のルールが呼び起こされ、「文明社会」では役割を終えたはずの身体が再度求められる。そうした体験を経た後に再度文明へと戻るとき、かつて自分たちが生きていた秩序が「常に自明のものではないこと」が暴かれている。〔エ〕

文明は絶対ではない／身体は絶対ではない。こうした指摘は、実にヨウイに反転する。文明は絶対でなかったとしても、そしてそれが、ある価値観から観察してすばらしいとは思えなかったとしても、多くの人にとっては、目の前にある環境に適応することこそが、自然かつ合理的な選択ではないか、と。〔オ〕

近代化した都市で生存していくためには、今やケータイやパソコンといったアイテムは必須で、言うなれば「デジタルな身体」を獲得することが「現代人」の重要な条件とされている。舞台が「野生」であれ「文明」であれ、それぞれの秩序の住人たちは、その条件を自明視せずにはいられない。

メディアを分析することは、常に、そのメディアを必要とさせるような環境を分析する作業でなければならない。では現代社会は、どのような身体を要請しているのか。あるいは、メディアを取り入れることで「私たち」といった集団の形を、環境に合わせてどう変えているのか。現代の身体をめぐる言説の詳細を読み解いていくために、ひとまずはケータイを中心に考察していくことにしたい。

現代的なメディアを象徴する、ケータイとパソコンには、二つの共通点がある。一つ目は、利用者のニーズに合わせて高度にカスタマイズしていくことができることだ。いずれも現在の私たちの身体を拡張する際のメインパーツ、あるいは第二の身体として活躍し、必要に応じて様々な機能を追加していくことを可能にしている。

国語

（六〇分）

第一問　次の文章を読んで、後の問いに答えよ。

フィクションの世界において、「環境αの状態」に非適応なダメなキャラクターが、「環境βの状態」で思わぬ能力を発揮してヒーローになるというタイプの作品が、何度も反復されているのは周知のとおりだ。そのうちの一つが、「環境α＝文明・都市／環境β＝野生・自然」といった設定による、「文明への反省モノ」である。〔ア〕

例えば何かしらの理由で、「無人島」なり「地震後の都会」なり「未開の地」なりといった舞台に、登場人物たちが居合わせる。文明社会にどっぷりつかっていた彼らは、「[a]キュウエンはまだか」「電波が届かない」などと騒ぎだし、無力さを嘆く。これがフィクションなら、「電波がない？　マジありえないんだけど！」「君、私を誰だと思っているのかね」などと、いつまでも文明のルールを引きずってしまう登場人物が描かれた場合――そしてそれがかわいいヒロインだという暗示がない場合――早々に死亡する運命にある（それがヒロインなら、異色の才能溢（あふ）れる主人公と結ばれるらしい）。そこで、普段はパッとしない主人公が、アウトドアの知識を[b]クシしたり、その世界のルールをあっという間に把握するなど、誰もが驚くほどの適応能力を発揮することになる。[A]そうした「逆転劇」もまた、この手の物語の［Ｉ］であるようだ。〔イ〕

ストーリーがこのように、「［Ⅱ］」といった運動を展開したことを受け、語り手が「本来の人間の姿」「大事な何か

解答編

英　語

I　解答　1—④　2—①　3—③　4—②　5—①　6—④

解説

1.「とても高価か，とても役に立つ」→「価値がある」

2.「何かが起こるあるいは生じるのを防ぐ行為」→「防止，予防」

3.「だれかに正当な理由を与えて何かをさせること」→「～を説得する」

4.「安定した」→「変わりそうもなく，動きそうもない」

5.「憎悪」→「嫌悪のとても強い感情」

6.「～を定義する」→「何かの性質や意味を詳細に述べること」

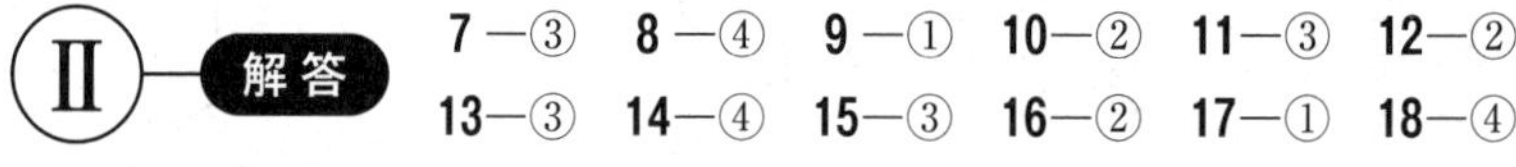

II　解答　7—③　8—④　9—①　10—②　11—③　12—②　13—③　14—④　15—③　16—②　17—①　18—④　19—②　20—①

解説

7. 現在までの状態の継続を表す現在完了の文。be 動詞，know，live，want，stay などの状態を表す動詞は，完了形で継続を表す。一方，動作を表す動詞は現在完了進行形で継続を表すので，違いに注意。

8. seldom「めったに～ない」 頻度を表す副詞。

9. thanks to ～「～のおかげで」

10. keep *one's* eyes closed「目を閉じたままにする」 SVOC の文。

11.「ジェーンは私に違う種類のケーキを2つもってきてくれたが，私は…」という内容の文。接続詞 but の後なので，もってきてくれたケーキに対して否定的な反応を示したのだと判断する。neither of ～「どちらの

〜も…（し）ない」⇒文の後半は「そのどちらも（＝どちらのケーキも）好きではなかった」となる。

12. in case 〜「〜するといけないので，〜する場合に備えて，もし〜の場合には」

13. not *A* but *B*「*A* ではなく *B*」

14. be aware of 〜「〜に気づいている，〜を知っている」

15. can afford to *do*「〜する余裕がある」

16. (be) up to 〜「（人）次第である，（人）の責任である」

17. decide to *do*「〜することを決める」 この英文では oppose は他動詞。

18. sign(s) that S V「〜する兆し」（同格の that 節）の形。at present が signs と that 節の間に入っている。

19.「彼の母親は，彼がいかに賢いかをひけらかすべきではない」 空所には show off の目的語が入る。文脈より，how＋形容詞〔副詞〕＋S V の形で程度を表す表現が目的語になると判断する。

20.「確かに彼は若くて，経験が…」→「しかし，みんなが彼の高いスキルを認める」という流れ。「若くて経験がない」とすると筋が通る。否定語 less が experienced を修飾して，「あまり経験がない」という意味になる。

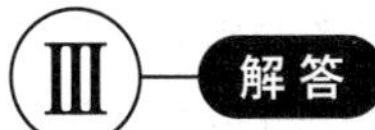

21—③　**22**—①　**23**—②　**24**—④　**25**—②　**26**—①
27—②　**28**—④　**29**—③　**30**—④

解説

《大量の在庫品の保管場所》

21. 下線部(ア)は，「今はよい時間か？」という意味。下線部(ア)の前文（I need …）に，「あることについて話したいことがある」とあるので，③「今，暇ですか？」が正解。

22. 空所の前文（I'm on …）は，「これから出ていくところだが，2，3分なら時間がある」という意味。空所の後のフレッドの発言（You order …）では，ビルに対して話しておきたいことを説明しているので，①「何が頭にあるのか？→何が言いたいのか？」が正解。

23. 空所の後の文（We ordered …）には，「115 ロール注文したが，1150 ロール届いた」とあるので，②「それらは一致しない」が正解。

24. フレッドの第 4 発言第 4 文（We ordered …）には，「115 ロール注文したが，1150 ロール届いた」とあるので，問題になるのは④「大量の配達品」。

25. ビルの第 4 発言第 3 文（Have you …）に，「その支払いについて経理課に尋ねたか？」とあるので，問題のひとつである②「費用」が正解。

26. 下線部(ウ)の前文（We usually …）とその後の文（The 90 to …）で，「もうひとつの問題」についてフレッドが説明している。その後のビルの第 8 発言（So the …）から，ビルはその問題が何であるかを少しずつ理解し始めていることがわかる。下線部(ウ)「状況がだんだんわかってきたと思う」に近いのは，①「ビルは理解し始めている」。get the picture「状況を理解する」

27. 空所の前文（Where are …）で，ビルが「それら（10 カ月分の在庫）はどこにあるのか？」と尋ね，空所の後の文（They are …）で，フレッドは「それらは全部，君の新しいオフィスの後ろのほうにある」と答えている。この段階で，フレッドが廊下でビルに声をかけたのは，ビルにとって迷惑な事態が起こっているのを説明するためだったことが判明する。そこで，空所に②を入れると，「だからまず君に話をしているんだ」となり，なぜ大量の在庫品の話題を出したのか語る流れとなる。

28. フレッドの第 11 発言第 2 文（They are …）にあるように，それら（大量の在庫）はビルの新しいオフィスの後ろのほうにある。判明した事態に対してビルは，下線部(エ)で「今のところ選択の余地があまりなさそうだ」と答えているので，④「ビルは少なくとも今はその状況を受け入れた」が正解。

29. 下線部(オ)は「それら（大量の在庫）が私の仕事仲間であることに我慢できるとは思わない」という意味なので，③「ビルは箱が新しいオフィスに置かれたままになることを望んでいない」が正解。

30. フレッドの第 10 発言（If we …）後半に，「しばらくじゃまにならないようにそれら（大量の在庫）を保管するスペースが必要だ」とある。さらにフレッドの第 11 発言第 2 文（They are …）には「それら（大量の在庫）はあなたの新しいオフィスの後ろのほうにある」とあるので，④「ビルの新しいオフィスの大部分は箱を保管するために使われる」が正解。フレッドの第 5 発言（I'm on …）に「そこ（経理課）に行く途中だ」とあるので，①「ビルとフレッドは支払いについて経理課に話をするだろう」は不適。「10カ月」とは大量の在庫品の分量であること，ビルのオフィスがなくなるわけではないことから，②「10カ月間，ビルはオフィスを奪われるだろう」は不適。フレッドの最後から2つ目の発言の第2文（I'll have …）に「来週までに誰かにそれらを運び出してもらうよ」とあるので，③「フレッドは過配達の問題を解決したくない」は不適。

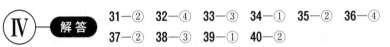

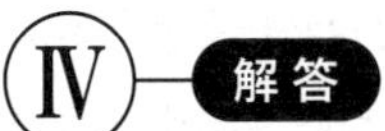

31—②　**32**—④　**33**—③　**34**—①　**35**—②　**36**—④
37—②　**38**—③　**39**—①　**40**—②

解説

《エコツーリズムとは？》

31. engage in ～「～に携わる，関係する，参加する」なので，②「～に参加する」が正解。

32. 空所を含む文には，「利用できる活動の…は，目的地次第である」とあり，その後の2文（If traveling … the rainforest.）には，3つの目的地での活動例が述べられているので，④「種類」が正解。

33. 下線部(イ)を含む small, locally run hotels は，「小さくて，地元で経営されているホテル」という意味である。①は「走る」，②は「公演」，④は「運行する」なので，不適。③「経営されている」が正解。

34. 空所の後の語 events「行事」を修飾する関係代名詞節において，行事の内容が「儀式のダンスを見る」「伝統的な結婚式に出席する」「地元の名物料理の作り方を学ぶ」と具体的に説明されている。その具体例を形容するのに適しているのは，①「文化的な」。

35. 第4段第3文（Even when …）に，「一日に計画されている活動がほとんどないか全くない場合でも，エコツーリストは，地元の市場を訪れたり，風景や人々の写真を撮ったり，ハンモックに横たわって環境が提供するものを楽しむなど，多くのことをすることができる」とあるので，②「たとえ何をするのか決まっていなかったとしても，旅行者がすることはたくさんある」が正解。

36. 下線部(ウ)は，「その動物を2回目に垣間見ることはほぼ不可能である」という意味なので，④「もう一度その動物に出会うことは極めて難しい」が正解。get a glimpse of ～「～がちらっと見える」

37. They は前出の複数名詞を指す。下線部(エ)を含む文の前半は「それらは明るい光を怖がりもするかもしれない」という意味なので，明るい光を怖がる主体となり得る複数名詞を下線部の前の文に探ればよい。直前に because wild animals tend to hide or move along rather quickly「野生動物は隠れたりかなり素早く走り去ったりしがちなので…」とあるため，警戒行動をとっているこの wild animals が They の指す語だとわかる。よって，②が正解。

38. 第6段第3文（Pictures can …）に，「視界に入るほぼすべてのものの写真を撮ることができる」とあるが，「撮るべきだ」という記述はないので，①は不適。同段第5文（They may …）に，フラッシュ写真を禁止する理由として，「彼ら（野生動物）が明るい光を怖がっているから」とあり，「動物が素早く移動するから」ではないので，②は不適。「野生動物は，ツーリストがたくさん写真を撮ることに慣れている」という記述はないので，④は不適。続く第6文（In addition, …）後半に，「写真に反対する文化もあり，コミュニティのメンバーを撮影する機会に対して観光客に料金を請求する文化もある」とあるので，③「一部の文化では，コミュニティのメンバーの写真を撮るために観光客はいくらかのお金を払わなければならない」が正解。

40. 第2段第3文（If traveling …）に「ケニアではキリン，ゾウ，シマウマに出会う」とあり，続く第4文（In Brazil, …）のブラジルでの説明の中に，熱帯雨林を探検するとの記述があるので，①は不適。第3段第2文（Encountering exotic …）に「自然環境」の記述があり，同段第5・6文（This also … host community.）に「地元の生活を学ぶこと」の記述があるが，その2つの重要度を比較する記述はないので，③は不適。第7段第2文（For instance, …）に，「エコツーリズムはある文化を学んだり，新しい言語の学習を強化したりするのに優れた方法」とは書かれているが，「新しい言語や植物が存在する場所を見つけるよい機会」という記述はないので，④は不適。第7段最終文（No matter …）に，「目的地や活動がどんなものであっても，エコツーリズムはツーリストとホストコミュニティに多くを提供する」とあるので，②「地元の伝統的な催しに参加することは，観光客と主催者の両方にとって有益である」が正解。
participate in ～「～に参加する」 of benefit＝beneficial

数学

I 解答 《小問4問》

1. 7 **2.** 3 **3・4.** 24 **5.** 6 **6・7.** 15 **8.** 3

II 解答 《図形と方程式》

9. 7 **10.** 3 **11.** 1 **12.** 3 **13.** 1 **14.** 2 **15.** 0
16. 2 **17.** 5

III 解答 《図形と計量》

18. 3 **19.** 4 **20・21.** 21

IV 解答 《対数関数》

22・23. −2 **24.** 1 **25.** 2 **26.** 9 **27.** 4 **28.** 1 **29.** 3
30. 9 **31.** 4

V 解答 《微分法》

32. 1 **33.** 2 **34.** 3 **35.** 3 **36.** 2 **37.** 3 **38.** 9

VI 解答 《場合の数》

39・40・41. 720 **42・43・44.** 144 **45・46・47・48.** 1440

問八　①・②・③はいずれもサイードの引用およびその次の段落に合致する。④は傍線部G直前の「他者表象と自己理解は別々の営みではなく、同時に起きているのです」に合致する。⑤は「オリエント文化についての関心や理解を深めていった」が、サイードの引用の次の段落の「一方的に利用され捏造されたイメージ」という指摘と合わないので、これを選ぶ。

問九　「異文化の研究をしてきた文化人類学」が、「ヨーロッパが自分たちのためにオリエントを暴力的に表象してきたことと一緒じゃないか」という「反省を迫られた」のである。ヨーロッパが自分たちのためにしてきたこととは、直前の段落にあるように、「『オリエント世界を描く』ことは『ヨーロッパ人が何者であるかを知る』ためにある」ということである。したがって、「異文化として意味づける」「結局は自己像を作り上げていたに過ぎない」とある④が正解。

問十　空欄Ⅰは、「その歴史が意識されるようになると」「素朴に、ある意味で［Ⅰ］的に、異文化を描くことは許されなくなった」というのだから、「その歴史」の内容を把握する。「その歴史」とは、「文化人類学という学問を可能にした土台には植民地支配という歴史状況があり、その支配／被支配関係のなかで異文化の表象が可能になった」という歴史である。したがって「特権」がふさわしい。空欄Ⅱは、この段落は、まず「第三者の立場から……ではなくて、……描いている」という一文から始まり、この文の前半を次の「もはや……できない」で説明し、さらに次の「その学問の……たち現れている」で後半を説明するという構成になっている。したがって、「［Ⅱ］的」は「第三者」的、ということであるから、「客観」が入る。以上から正解は④。

問十一　①は「必ず分断が生じる」、②は「パタイ」について「あえて奇怪に描く」がいずれも本文にない。③はサイードが批判したのは「西洋と非西洋、近代と前近代といった二項対立的なとらえ方」であり、芸術や文学、科学など全般についての批判であって、文化人類学を批判したわけではない。④は「文化人類学を通じて」が不適。⑤は最後の段落に合致するので、適切である。

概念と相俟って初めて「強く意識されるようにな」る、ということである。直前がこうした内容になっている箇所を探すと、〔エ〕の直前で、「右も左も、じつは対立した意見をもつ相手がいなければ存在しえません」と言っているのがこれに当たる。以上から④が適切である。

問二　「分断」が「かならずしも『つながり』が失われた状態ではない」と言えるのは、傍線部Bの次の段落で端的に述べられているように「『つながり』の結果として対立や分断が可視化されている」からである。よって、これに適う⑤を選ぶ。

問四　冒頭で「いま『社会が分断されている』『社会からつながりが失われている』とよく言われます」と一般論を紹介した筆者は、傍線部Aで「『分断』はかならずしも『つながり』が失われた状態ではない」と逆説的な文をこれにぶつけ、以下傍線部Cの直前までこのことを説明している。それを受けて「どうでしょうか」と言うのだから、これは自己の逆説的見解を〝理解してもらえたか確認しようとしている〟と考えられる。以上から③が適切である。

問五　「アメリカの若者が抱える思春期特有の葛藤」は、ミードの示した同年代の「サモアの少女たちの自由でおおらかな姿から」すると、決して同年代の青少年すべてに見られるわけではない、ということである。これに適うのは、「思春期の悩みが万国共通などではない」と指摘する②である。④は「アメリカの若者に限定的な事象」とは言い切れないので不適。

問七　「そうした異文化の表象」の典型は、前段落に紹介されている。「人類学者ラファエル・パタイ」の「中東文化」は「豊穣な西洋文明から学ぶべき劣った存在」であり、「アラブ人には規律や協調性が欠如している」という「断定的」な見解である。サイードはこれに「植民地支配につながる権力性や暴力性がある」と見るのだが、それはつまり、こうした「異文化の表象」をベースとして「植民地支配」が正当化されてきた、ということだろう。よって、これに適う①を選ぶ。②は「思わぬ結果として」、③は「引け目をもつ」、⑤は「力量の差を現実以上に大きく描くことで……印象づけてきた」がそれぞれ不適。④は因果関係が逆である。

は「父は禁籠せられ」以降の記述に適うので、適切。④は「父がすでに死んでいると思っていた」「早く罪を許してもらいたい」が不適。⑤は「阿新を持仏堂に招き入れ」たのは、「この僧を以つて」とあることから、僧を通じて本間が「招き入れ」たことになるので不適である。

三

出典　松村圭一郎『はみだしの人類学　ともに生きる方法』〈第1章「つながり」と「はみだし」〉（NHK出版）

解答

問一　④
問二　⑤
問三　④
問四　③
問五　②
問六　一番目：③　二番目：⑥
問七　①
問八　⑤
問九　④
問十　④
問十一　⑤

解説

問一　欠落している段落は「貧富の格差もそうです」で始まり、「そう」の内容として、その直後で「貧しさは、豊かさとの対比のなかで強く意識されるようになります」と言っている。これはつまり、ある概念はそれと対立するような

で「さすが哀れにや思ひけん」とあることからも、この文脈で考えてよい。したがってこれを「情けを理解できない」ととる⑤が適切である。

問五　「とく」は「疾く」で〝早く〟の意。「奉ら」は謙譲の補助動詞。「ばや」は自己の願望を表す終助詞である。「見」はどの選択肢も〝会う〟の意でとっているので、以上を組み合わせると、②「早くお会い申し上げたいものだ」となる。

問六　理由はいずれも直前にある。一つは「これを見せては、なかなか黄泉路の障りともなりぬべし」である。「黄泉路」とは「黄泉」すなわち死後の世界へ行く道のこと。「障り」は〝さしつかえ・障害〟の意。処刑されるのは父の日野資朝なので、彼に「見せ」る「これ」は阿新を指す。以上から、〝処刑前の父資朝に、子の阿新との対面を許すと、資朝が亡くなるに当たってのさしつかえとなる〟という意で、これを「この世への執着が強くなり、安らかに死ねなくなる」ととる⑤がまず選べる。もう一つは「関東の聞こえもいかがあらんずらん」で、「関東」は注のとおり鎌倉幕府のこと。「聞こえ」は〝評判・外聞〟であり、「いかがあらんずらん」は〝どうであろうか〟というほどの意味。これを「自分がとがめを受ける」ことへの懸念と捉える②が適切である。

問七　「都にいかがあるらん」とは、現在推量の助動詞「らん」が使われていることから、〝今ごろ都でどうしていることだろう〟とここ佐渡から資朝が「思ひやる」つまり思いを馳せているのである。そのことよりも、「父の卿」は「これを聞きて」「なほ悲し」つまりいっそう悲しいというのだが、「これ」とは、佐渡の守護代本間が、資朝と阿新親子をわずか「四、五町隔たつたる所に置いた」ことを指す。これを「近くにいる息子に会えないこと」と解釈する④が適切である。

問八　文末が「哀れなれ」と、形容動詞「哀れなり」の已然形になっていることから、結びの語に已然形を要求する係助詞②「こそ」が適切である。

問九　①は「資朝と阿新の対面を許すつもりでいた」が不適。②は「今の境遇にも耐えていくことができる」が不適。③

二

出典 『太平記』〈巻第二 長崎新左衛門尉意見の事付けたり阿新殿の事〉

解答

問一 A―④ C―②

問二 ⑥

問三 ⑤

問四 E―③ G―①

問五 ②

問六 ②・⑤（順不同）

問七 ④

問八 ②

問九 ③

問十 ①

解説

問一 傍線部Aは、直前が四段活用動詞「着く」の連用形なので、それに接続するのは④「完了の助動詞」。傍線部Cの直前は四段動詞「語る」の終止形または連体形。選択肢の中では、連体形に接続するものとして①・②・⑤が考えられるが、ここは、〝本間に語ったところ〟と偶然条件で解釈すべきである。したがって②「接続助詞」が適切。

問二 まず傍線部を単語で区切ると、「斬ら／れ／させ／給ふ／べし」となる。「れ」は、主語が日野中納言であることから、前書きとも照らして考えると受身の助動詞である。これで③・⑥が残る。次に「させ」は、〝斬られなさる〟と解釈できることから、尊敬の助動詞と考えられる。以上から⑥を選ぶ。

問三 「岩木」とは文字通り岩と木であるが、感情のないもののたとえとして慣用的に用いられる語である。ここも直後

って追加しようという要請もなかったのであるから、「発見」は適当な説明となる。①は「限界を克服」が不適。

問九　「インターネット」については、この段落に「膨大な情報への接続と管理を可能にする」ものであり、「ネットへの常時接続が可能にな」り、「ケータイ」という形で「入り口をあらゆる場所に遍在させること」ができるようになったとあるが、「ダメだ、さっきから鈴木が繫がらない」という例にあるように、①「いつでも必要な人間をつかまえる」ことまでは保証してくれない。したがって①を選ぶ。

問十　後ろから見ていこう。「別の人らしい」と思ったのは「あらかじめ相手から教わっていたアドレスに」「メールを送」っても「その人はいつまでもケータイを開かない」からである。以上から4・5番目はv→iv。次に「声をかけ」るのでなく「メールを送る」ことにしたのは、「あの人ではないかと」「めぼしをつけ」たにもかかわらず、シャツの色が聞いていたのとは異なり、「違う人だったら恥ずかしい」と思ったからである。以上から1・2・3番目はii→iii→i。したがって⑥が適切である。

問十一　①・⑤はこの段落に、また②・④は次の最終段落にそれぞれ合致する指摘があるが、③に言う「接続先から異なった情報が提供される」という指摘はないので、これを選ぶ。

問十二　①は「成長する」が不適。成長するのではなく適応能力を発揮している（第一・二段落）。②は「自明性は常に複数存在する」が、第六段落最終文に合わない。③は「身体機能も同時に失われ」とあるが、（中略）直後の段落には「身体機能が、短時間であれ『制限』される」とあり、失われたわけではない。④は「他者的身体」が不適。正しくは「他者の社会的身体」である（傍線部Eの直前の段落）。⑤は、「二つの共通点」については、第八段落の「現代的なメディアを象徴する、ケータイとパソコンには、二つの共通点がある」に合致する。「ともに人間の機能を拡張するパートナーメディア」については、第九段落にケータイについて「この小さなデバイスは……人間の機能を拡張するパートナーメディア」とあり、第十一段落に「パソコンはあくまであなたを拡張するためのキット」とあり、ともに人間を拡張するメディアであることから合致する。

ある。この二つへの言及が直前・直後にある箇所を探すと、〔エ〕はその直前で「かつて自分たちが生きていた秩序が『常に自明のものではないこと』が暴かれている」と言い、直後で「文明は絶対ではない／身体は絶対ではない」と言っているので、④が適切である。

問三　「そうした『逆転劇』」の内容をこの段落に求めると、非常時においても「いつまでも文明のルールを引きずってしまう登場人物」が基本的には「早々に死亡する運命にある」のに対し、「普段はパッとしない主人公が」「誰もが驚くほどの適応能力を発揮する」ということである。この後半部分と合致する⑤が適切である。

問四　問三で挙げられた「逆転劇」についての評価が空欄Ⅰにふさわしい語となる。第一段落の言葉を借りると、「『環境αの状態』に非適応なダメなキャラクターが、『環境βの状態』で思わぬ能力を発揮してヒーローになるという」「逆転劇」は痛快である、と言えるだろうと考えて、〝物事の本当の面白さ〟という意の④「醍醐味」が適切である。

問五　空欄Ⅱは、次段落冒頭の「環境α→環境β→環境α'」と同じであり、第一段落によると「環境α＝文明・都市／環境β＝野生・自然」となるので、「文明→自然→文明」とある③が適切である。

問六　「『環境α→環境β→環境α'』という運動を経由することで」「根本的な入れ替え」が生じるのは、二つ前の段落の言葉を借りると「世界のルール」である。空欄Ⅲの段落の最後にも「かつて自分たちが生きていた秩序が『常に自明のものではないこと』が暴かれている」とあるので、②「社会的秩序」が適切である。

問七　「目の前にある環境に適応すること」が「自然かつ合理的な選択」だというのだが、その「目の前にある環境」とは、ここでは「文明」のことである。そして「文明」については「絶対でなかったとしても」「ある価値観から観察してすばらしいとは思えなかったとしても」とある。以上に合致する④が適切である。

問八　「第二の身体」とは「ケータイとパソコン」を指している。そしてこれらの「第二の身体」が「可能」にしたこととして、傍線部の後に「必要に応じて様々な機能を追加していくこと」を挙げている。したがって正解は⑤。必要に応じて追加できる、ということだが、ケータイとパソコンがなければそのような機能はそもそも追加できず、したが

国語

一

出典　荻上チキ『社会的な身体――振る舞い・運動・お笑い・ゲーム』〈第2章　社会的身体の現在――大きなメディアと小さなメディア〉（講談社現代新書）

解答

問一　④
問二　a―③　b―⑤　c―②　d―④
問三　⑤
問四　④
問五　③
問六　②
問七　④
問八　⑤
問九　①
問十　⑥
問十一　③
問十二　⑤

解説

問一　欠落文のポイントは「文明社会は絶対ではな」いこと、また「異なる環境下では別の身体が必要とされる」ことで

////////////////// ・memo・ //////////////////

/////////////////// · memo · ///////////////////

/////////////////// · memo · //////////////////

2023年度

問題と解答

■一般入試前期３教科型・２教科型・共通テストプラス型：２月１日実施分

問題編

▶試験科目・配点

〔前期３教科型〕

学部・学科	教　科	科　　目		配　点
文（国文／教育）	国　語	国語総合・現代文Ｂ・古典Ｂ		100 点
	英　語	コミュニケーション英語Ⅰ・Ⅱ，英語表現Ⅰ・Ⅱ		100 点
	数　学	数学Ⅰ・Ⅱ・Ａ	１教科選択	100 点
	地歴・理　科	日本史Ｂ，世界史Ｂ，化学基礎，生物基礎より１科目選択		
文（総合英語）／交流文化	英　語	コミュニケーション英語Ⅰ・Ⅱ，英語表現Ⅰ・Ⅱ		100 点
	国　語	国語総合・現代文Ｂ・古典Ｂ	２教科選択	各 100 点
	数　学	数学Ⅰ・Ⅱ・Ａ		
	地歴・理　科	日本史Ｂ，世界史Ｂ，化学基礎，生物基礎より１科目選択		
グローバル・コミュニケーション	英　語	コミュニケーション英語Ⅰ・Ⅱ，英語表現Ⅰ・Ⅱ		200 点
	国　語	国語総合・現代文Ｂ・古典Ｂ	２教科選択	各 100 点
	数　学	数学Ⅰ・Ⅱ・Ａ		
	地歴・理　科	日本史Ｂ，世界史Ｂ，化学基礎，生物基礎より１科目選択		
創造表現（創造表現〈創作表現〉）／健康医療科（医療貢献〈視覚科学〉）	国　語	国語総合・現代文Ｂ・古典Ｂ		100 点
	英　語	コミュニケーション英語Ⅰ・Ⅱ，英語表現Ⅰ・Ⅱ	２教科選択	各 100 点
	数　学	数学Ⅰ・Ⅱ・Ａ		
	地歴・理　科	日本史Ｂ，世界史Ｂ，化学基礎，生物基礎より１科目選択		

<table>
<tr><td rowspan="4">健康医療科（健康栄養）</td><td>理　科</td><td colspan="2">化学基礎，生物基礎より1科目選択</td><td>100点</td></tr>
<tr><td>国　語</td><td>国語総合・現代文B・古典B</td><td rowspan="3">2教科選択</td><td rowspan="3">各100点</td></tr>
<tr><td>英　語</td><td>コミュニケーション英語Ⅰ・Ⅱ，英語表現Ⅰ・Ⅱ</td></tr>
<tr><td>数　学</td><td>数学Ⅰ・Ⅱ・A</td></tr>
<tr><td rowspan="4">上記以外の学部・学科</td><td>国　語</td><td>国語総合・現代文B・古典B</td><td rowspan="4">3教科選択</td><td rowspan="4">各100点</td></tr>
<tr><td>英　語</td><td>コミュニケーション英語Ⅰ・Ⅱ，英語表現Ⅰ・Ⅱ</td></tr>
<tr><td>数　学</td><td>数学Ⅰ・Ⅱ・A</td></tr>
<tr><td>地歴・理　科</td><td>日本史B，世界史B，化学基礎，生物基礎より1科目選択</td></tr>
</table>

〔前期2教科型〕

<table>
<tr><th>学部・学科</th><th>教　科</th><th colspan="2">科　　目</th><th>配　点</th></tr>
<tr><td rowspan="4">文（国文）</td><td>国　語</td><td colspan="2">国語総合・現代文B・古典B</td><td>100点</td></tr>
<tr><td>英　語</td><td>コミュニケーション英語Ⅰ・Ⅱ，英語表現Ⅰ・Ⅱ</td><td rowspan="3">1教科選択</td><td rowspan="3">100点</td></tr>
<tr><td>数　学</td><td>数学Ⅰ・Ⅱ・A</td></tr>
<tr><td>地歴・理　科</td><td>日本史B，世界史B，化学基礎，生物基礎より1科目選択</td></tr>
<tr><td rowspan="4">文（総合英語）</td><td>英　語</td><td colspan="2">コミュニケーション英語Ⅰ・Ⅱ，英語表現Ⅰ・Ⅱ</td><td>100点</td></tr>
<tr><td>国　語</td><td>国語総合・現代文B・古典B</td><td rowspan="3">1教科選択</td><td rowspan="3">100点</td></tr>
<tr><td>数　学</td><td>数学Ⅰ・Ⅱ・A</td></tr>
<tr><td>地歴・理　科</td><td>日本史B，世界史B，化学基礎，生物基礎より1科目選択</td></tr>
<tr><td rowspan="4">グローバル・コミュニケーション</td><td>英　語</td><td colspan="2">コミュニケーション英語Ⅰ・Ⅱ，英語表現Ⅰ・Ⅱ</td><td>150点</td></tr>
<tr><td>国　語</td><td>国語総合・現代文B・古典B</td><td rowspan="3">1教科選択</td><td rowspan="3">100点</td></tr>
<tr><td>数　学</td><td>数学Ⅰ・Ⅱ・A</td></tr>
<tr><td>地歴・理　科</td><td>日本史B，世界史B，化学基礎，生物基礎より1科目選択</td></tr>
</table>

学部・学科	教科	科目	選択	配点
健康医療科（健康栄養）	理　科	化学基礎，生物基礎より１科目選択		100 点
	国　語	国語総合・現代文Ｂ・古典Ｂ	１教科選択	100 点
	英　語	コミュニケーション英語Ⅰ・Ⅱ，英語表現Ⅰ・Ⅱ		
	数　学	数学Ⅰ・Ⅱ・Ａ		
上記以外の学部・学科	国　語	国語総合・現代文Ｂ・古典Ｂ	２教科選択	各 100 点
	英　語	コミュニケーション英語Ⅰ・Ⅱ，英語表現Ⅰ・Ⅱ		
	数　学	数学Ⅰ・Ⅱ・Ａ		
	地歴・理　科	日本史Ｂ，世界史Ｂ，化学基礎，生物基礎より１科目選択		

▶備　考

- 国語は第一問「現代文」，第二問「古文」は必須，さらに第三問「漢文」，第四問「現代文」のいずれかを出願時に選択する。

〔共通テストプラス型〕

一般入試前期３教科型または前期２教科型を出願する際に，共通テストプラス型も同時に出願できる。前期３教科型または前期２教科型で受験した教科（科目）のうち高得点１教科（科目）＋大学入学共通テストの高得点２教科（科目）の成績で判定する。ただし，国文学科，総合英語学科，健康栄養学科，グローバル・コミュニケーション学科の大学独自試験は下記の指定科目の得点を利用する。

〈指定科目〉

国文学科：国語

総合英語学科，グローバル・コミュニケーション学科：英語

健康栄養学科：理科

英語

（60 分）

I　次の問1～問3については，説明にあう単語として最も適当なものを，問4～問6については，単語の説明として最も適当なものを，それぞれの①～④のうちから一つずつ選べ。

問 1　to reduce or be reduced in size or importance　[1]

① disaster　② diminish

③ devastate　④ dismiss

問 2　a special enjoyable event that people organize because something pleasant has happened　[2]

① celebration　② collaboration

③ construction　④ configuration

問 3　a movement of your body that communicates a feeling or instruction　[3]

① pose　② expression

③ gesture　④ process

問 4　generous　[4]

① very small in size

② better than other people or similar things

③ being exactly what it appears to be, and not fake or imitation

④ willing to give people more than necessary

問 5　desire　[5]

① a course of action adopted and followed by an institution

② a strong feeling of wanting something

③ a substance that can hurt or kill a living thing

④ a particular feature of something that has many parts

問 6　recognize　[6]

① to give something and receive something else in return

② to make something easy to understand by giving examples

③ to know someone or something because you have seen them before

④ to return something that was damaged to its normal condition

Ⅱ　次の [7] ～ [20] について，空欄に入る語句として最も適当なものを，それぞれの①～④のうちから一つずつ選べ。

問 1　The woods were quiet [7] the songs of the birds.

① even though　② apart

③ except for　④ also

問 2　Industrialized countries [8] to reduce the emission of the greenhouse gases.

① promised　② accounted

③ reached　④ advanced

問 3　Sherry decided to change her job [9] she could spend more time with her family.

① because of　② rather than

③ so that　④ apart from

問 4　Most blinds can be fixed [10] to the top of the window-frame.

① direction　② directly

③ director　④ directory

問 5 When you look at their new system, [11] seems very old-fashioned by contrast.

① our ② we

③ your ④ ours

問 6 Many of the company's [12] clients have been leaving for cheaper alternatives in recent years.

① establishing ② establishes

③ establish ④ established

問 7 Because they produce flowers nearly all year round, town gardens are [13].

① ideally ② ideal

③ idealistic ④ idea

問 8 Mr. Nakagawa asked the waitress to get [14] a glass of water.

① his ② he

③ himself ④ him

問 9 The hospital [15] she's out of immediate danger.

① says ② saying

③ to say ④ say

問10 I called the restaurant to [16] a reservation.

① savc ② help

③ make ④ give

問11 A vote was taken and English was [17] as a new official language for the country.

① chosen ② beaten

③ meant ④ occupied

問12 [18] eating a whole cooked fish, you should never turn it over to get at the flesh on the other side.

① Since　　② Because
③ Due to　　④ When

問13 To apply for a job, several companies still require that all documents [19] into their native language.

① are translating　　② is translated
③ be translated　　④ translated

問14 If I [20] get promoted, I would buy a new car.

① had had　　② had
③ should to　　④ were to

Ⅲ 次の会話文を読んで，設問に答えよ。＊印のついた語句には文末に注がある。

A university student and her mother are talking in their living room.

Mom: What's all this? (ア)Pamphlets everywhere!

Ellen: It's information about Spanish-language programs abroad. I'm thinking of doing this next semester.

Mom: I don't think you should go abroad. [22] I hope you don't expect (イ)anything from your father and me. We're already paying your full tuition*. Do you have enough savings?

Ellen: (ウ)I have plenty from my job at the supermarket this summer. I didn't spend anything all year and saved every penny. I was talking with a friend who went to Spain last year. (エ)She took me through her budget. She had three thousand dollars when she arrived in Barcelona, she stayed for three months, and she didn't even spend all of it. I have twice that, so I should be fine.

Mom: It depends on where you go, though. The cost of living varies widely country by country. And (オ)you can't even compare the cost of living in the city versus the countryside.

Ellen: (カ)I'll pick a small town or a country university. Here, look at this pamphlet.

Mom: West Panama College? It does look rural, so the cost of life should be low. But does it have the right programs for you? [29] And by the way, (キ)your grades were disappointing last year. Remember? You almost failed two classes. Going on an adventure is all well and good, but you might jeopardize your chances of graduating with your friends.

Ellen: Mom, please! I'm in university. This *is* my time to have an adventure!

注：tuition　　授業料，学費

問 1　下線部(ア)の Pamphlets の内容として，最も適当なものを，次の①～④のうちから一つ選べ。 [21]

① universities offering Spanish courses
② companies in various countries
③ programs for studying economics
④ tourism and restaurants in Spain

問 2　空欄 [22] に入れるのに最も適当なものを，次の①～④のうちから一つ選べ。 [22]

① Who's going to pay?
② Where are you going to go?
③ Why are you going abroad?
④ When are you leaving?

問 3　下線部(イ)の anything の内容として最も適当なものを，次の①～④のうちから一つ選べ。 [23]

① encouragement
② money
③ assistance with homework
④ recommendations

問 4　下線部(ウ)の I have plenty from my job at the supermarket this summer. の意味するものとして，最も適当なものを，次の①～④のうちから一つ選べ。

24

① Ellen has shopped a lot this year.

② Ellen has lots of food.

③ Ellen has enough clothes.

④ Ellen has some money saved.

問 5　下線部(エ)の She took me through her budget.が示す意味として最も適当なものを，次の①～④のうちから一つ選べ。 25

① She explained her budget to me.

② She made me do her budget.

③ She made me a budget.

④ She guided me to her budget.

問 6　Ellenが持っている貯金について最も適当なものを，次の①～④のうちから一つ選べ。 26

① She has less than three thousand dollars.

② She has three thousand dollars.

③ She has more than three thousand dollars.

④ She doesn't say.

問 7　下線部(オ)の you can't even compare the cost of living in the city versus the countrysideが示す意味として最も適当なものを，次の①～④のうちから一つ選べ。 27

① The city is a little more costly than the countryside.

② The countryside is a little more costly than the city.

③ The city is much more costly than the countryside.

④ The countryside is much more costly than the city.

問 8　下線部(カ)の I'll pick a small town or a country university.から推測できることとして最も適当なものを，次の①～④のうちから一つ選べ。 28

① Ellen prefers scenic landscapes and fresh air.

② Ellen prefers to keep her cost of living down.

③ Ellen prefers a place that is not too crowded.

④ Ellen prefers the high quality of education in the countryside.

問 9　空欄 [29] に入れるのに最も適当なものを，次の①～④のうちから一つ選べ。 [29]

① You need beginner language courses, don't you?

② This program looks perfect for you.

③ The brochure is very attractive, isn't it?

④ There should be information about the meal plans.

問10　下線部(キ) your grades were disappointing last year を別の言葉に置き換える場合，最も適当なものを，次の①～④のうちから一つ選べ。 [30]

① you did well last year

② you did not do well last year

③ you had high expectations last year

④ you had low expectations last year

問11　Ellenの母親の考えと一致するものを，次の①～④のうちから一つ選べ。 [31]

① Ellen should focus on getting good grades rather than studying abroad.

② Ellen should have an adventure abroad while she is a student.

③ Ellen should study in Barcelona, Spain, like her friend.

④ Ellen should expect help from her mother and father.

問12　Ellenの意見と一致するものを，次の①～④のうちから一つ選べ。 [32]

① As a university student, I should try new things.

② I don't care what my mother thinks.

③ It's ridiculous to go abroad as a student.

④ I need to study the local language before I go abroad.

Ⅳ　次の英文を読んで，設問に答えよ。＊印のついた語句には文末に注がある。英文の左にある(1)〜(7)は段落の番号を表している。

(1)　Instagram was in a luxurious position.(ア) Tucked* into Facebook, they didn't have to worry as much about the things that other social media companies did. Finding talented employees was easy, as a good portion of the team had worked at Facebook previously and transferred over. New product features could be spun up quickly too because whatever code Facebook built, Instagram could borrow and customize like a template*. Facebook's growth team knew all the tricks to help Instagram get to 1 billion users one day. If Instagram wanted to be as big as Facebook, they could copy the strategy.

(2)　But Kevin Systrom thought [34]. He did want to be big, but he didn't want to be Facebook. He wanted to recruit the best talent, but didn't want them to bring over Facebook's grow-at-all-costs values. Instagram, still tiny by comparison, was surrounded by Facebook's culture. Even with more users than Twitter, and almost a third of Facebook's users, Instagram had fewer than 200 employees, compared to more than 3,000 at Twitter and more than 10,000 at Facebook.

(3)　Systrom worried deeply about losing what made Instagram special(イ). He wanted the app* to be known for its thoughtful design, its simplicity, and its high-quality posts. He focused his team's efforts on preserving the brand, avoiding major changes, and training the app's biggest users and advertisers so that they could serve as models for everyone else.

(4)　Unlike Facebook, where employees looked for [37 A] solutions that reached the most users, Instagram solved problems in a way that was intimate, creative, and relationship-based, sometimes even at the [37 B] level if the user was important enough to warrant* it. For the Instagram employees(ウ), who had such a strong editorial* strategy and were always scouting users to highlight, every issue looked like something that could be addressed by promoting the good instead of focusing on the bad. One of their top goals was to "inspire creativity," and so they needed to make sure that the top accounts* were indeed inspiring, using the connections built by the partnerships and community teams.

(5) In early 2015, the singer-actress Miley Cyrus, with 22 million followers, was one of those top accounts. That year, she threatened to quit the app, concerned about seeing so much hate and vitriol* for LGBT+ youth, especially in photo comments. Instagram found a way to turn her dissatisfaction into an opportunity to land a positive message.

(6) Charles Porch, Instagram's head of partnerships, and Nicky Jackson Colaco, the head of public policy, flew south to visit Cyrus at her mansion in Malibu. They sat around her dining room table, surrounded by art she said she'd purchased off Instagram, and pitched* (エ)a different plan. She could use the @instagram account as a venue* to promote her new Happy Hippie Foundation, which was dedicated to protecting young people who were homeless or vulnerable* because of their sexuality or gender identity. Cyrus and @instagram could jointly share thoughtful portraits of people like Leo Sheng, @ileosheng, a trans man, to increase visibility for (オ)the people Cyrus was hoping to support.

(7) Cyrus loved the idea and decided to keep using the app, even though Instagram lacked a broad solution to (カ)bullying.

〔Adapted from Sarah Frier, *No Filter: The Insider Story of Instagram*, (2020)〕

注：tucked into　～の傘下に入って
template　テンプレート，雛形
app　アプリケーション，ソフトウェア。ここではインスタグラムを指す。
warrant　正当化する
editorial　編集上の
account　ユーザー，インスタグラムのアカウント
vitriol　辛らつな言葉
pitch　提案する，売り込む

venue　　場所
vulnerable　　弱い立場の

問 1　下線部(ア)の Instagram was in a luxurious position の説明として最も適当なものを，次の①～④のうちから一つ選べ。　33

① Instagram was the most popular social media company.
② Employees of Instagram could be freely transferred to Facebook.
③ Instagram had access to Facebook's abundant resources.
④ Instagram had as many as 1 billion users a day.

問 2　空欄 34 に入れるのに最も適当なものを，次の①～④のうちから一つ選べ。　34

① leaning too heavily on Facebook would be dangerous
② copying Facebook's strategy would make them rich
③ Instagram could grow fast by hiring Facebook's best talents
④ their company should be as big and popular as Facebook

問 3　本文の記述に基づいて Twitter，Facebook，Instagram をユーザー数の多い順に並べたものとして最も適当なものを，次の①～④のうちから一つ選べ。　35

① Twitter, Facebook, Instagram　② Facebook, Instagram, Twitter
③ Facebook, Twitter, Instagram　④ Twitter, Instagram, Facebook

問 4　下線部(イ)の what made Instagram special に**含まれない**ものを，次の①～④のうちから一つ選べ。　36

① Instagram is created with special care.
② Customers find Instagram easy to use.
③ Users share many excellent photos with their friends.
④ Instagram's service is often updated to preserve the brand.

問 5　空欄 37A 37B に入れる単語の組み合わせとして最も適当なもの

を，次の①～④のうちから一つ選べ。 37

① technical — individual　② individual — technical
③ technical — technical　④ individual — individual

問 6　下線部(ウ)のthe Instagram employeesがサービスを向上させる方法として最も適当なものを，次の①～④のうちから一つ選べ。 38

① highlighting good users as role models
② locating and removing problematic accounts
③ encouraging top accounts in other SNS to use Instagram
④ teaching their users how to take inspiring photos

問 7　Miley Cyrusという人物の記述として最も適切なものを，次の①～④のうちから一つ選べ。 39

① one of the 22 million followers of the singer-actress
② an LGBT+ youth annoyed by hate comments
③ a top account of Instagram about to leave the service
④ a user who sent threatening messages to an Instagram account

問 8　下線部(エ)のa different planとあるが，Cyrusのoriginal planとして最も適当なものを，次の①～④のうちから一つ選べ。 40

① Porch and Colaco flying to visit Cyrus in Malibu
② Porch and Colaco purchasing some artworks from Cyrus
③ Cyrus using the @instagram account for LGBT+ promotion
④ Cyrus leaving Instagram in protest

問 9　下線部(オ)のthe people Cyrus was hoping to supportに**含まれない**ものを，次の①～④のうちから一つ選べ。 41

① Leo Sheng
② a transgender person
③ those who make hate comments
④ young homeless people

問10　下線部(カ)の bullying の内容として最も適当なものを，次の①～④のうちから一つ選べ。　42

① hate speech
② dissatisfaction
③ controversy
④ concerns

問11　本文の内容と一致するものを，次の①～④のうちから一つ選べ。　43

① Instagram wanted to surpass Facebook by trying to grow at all costs.
② Miley Cyrus stopped using Instagram since it failed to propose a good solution to her problem.
③ Only after becoming a part of Facebook did Instagram begin to pay attention to LGBT+ issues.
④ Even within a far larger company's culture, Instagram managed to retain its originality.

日本史

（60分）

Ⅰ　次の史料Ａ～Ｄを読み，後の問いに答えよ。

史料Ａ

大業三年(1)，其の王多利思比孤，使(2)を遣して朝貢す。……「日出づる処の天子，書を日没する処の天子に致す。恙無きや，云々」と。帝(3)，之を覧て悦ばず，……

問１　下線部(1)にあたる西暦年として最も適当なものを，次の①～④のうちから一つ選べ。　1

①　600年　②　607年　③　614年　④　618年

問２　下線部(2)の使として最も適当なものを，次の①～④のうちから一つ選べ。　2

①　阿倍仲麻呂　②　裴世清　③　犬上御田鍬　④　小野妹子

問３　下線部(3)にあたる人物として最も適当なものを，次の①～④のうちから一つ選べ。　3

①　武　帝　②　始皇帝　③　煬　帝　④　文　帝

問４　史料Ａの出典として最も適当なものを，次の①～④のうちから一つ選べ。　4

①　『魏志』倭人伝　②　『隋書』倭国伝

③　『漢書』地理志　④　『後漢書』東夷伝

史料Ｂ

年ニソヘ日ニソヘテハ，物ノ道理ヲノミ思ツヅケテ，老ノネザメヲモナグサメツツ，イトド，年モカタブキマカルママニ，世中モヒサシクミテ侍レバ，昔ヨリウツリマカル道理モアハレニオボエテ，……保元以後(1)ノコトハミナ乱世ニテ侍レバ，……

問 5　史料Bの出典の作者に関する説明として最も適当なものを，次の①～④のうちから一つ選べ。　5

① 下級官吏として朝廷に仕え，後に出家して歌集をまとめた。
② 禅宗の立場から，日本の仏教の歴史をまとめた。
③ 無常観をもとに平家の滅亡を描いた。
④ 摂関家から天台座主となり，武家政権に至る歴史を書いた。

問 6　下線部(1)に関連して，保元の乱以後の出来事として最も適当なものを，次の①～④のうちから一つ選べ。　6

① この乱ののち，崇徳上皇の院政のもとで武士の間の抗争が激化した。
② この乱ののち，奥州で後三年の役が起こった。
③ この乱ののち，藤原通憲が政治の主導権を握った。
④ この乱ののち，源高明が伊豆に流された。

問 7　史料Bの出典として最も適当なものを，次の①～④のうちから一つ選べ。　7

① 『吾妻鏡』　② 『愚管抄』　③ 『歎異抄』　④ 『方丈記』

史料C

方今大政新ニ復シ，万機之ヲ親(みずか)ラス，実ニ千歳ノ一機其名アッテ其実ナカル可ラス。其実ヲ挙ルハ大義ヲ明ニシ名分ヲ正スヨリ先ナルハナシ。……抑臣等居ル所ハ即チ天子ノ土，臣等牧スル所ハ即チ天子ノ民ナリ，安(いずく)ンソ私ニ有スヘケンヤ。今謹テ其版籍ヲ収メテ之ヲ上ル。……

問 8　史料Cの上表文は四藩主の連名で提出された。この四藩として**不適当なもの**を次の①～④のうちから一つ選べ。　8

① 長州藩　② 越前藩　③ 肥前藩　④ 土佐藩

問 9　史料Cの上表文が提出される前の出来事の説明として最も適当なものを，次の①～④のうちから一つ選べ。　9

① 日米和親条約では，下田・兵庫の２港が開かれた。

② 大老井伊直弼が主導し，紀州藩主徳川慶福が14代将軍に決まった。

③ 桜田門外の変で阿部正弘が殺害された。

④ 王政復古の大号令で，二院六省制が導入された。

問10　史料Cの上表文が提出されたあとの全国の藩主の状況についての説明として最も適当なものを，次の①～④のうちから一つ選べ。　10

① 領民だけ天皇に返上し，領地は旧藩主が支配した。

② 中央政府の行政官吏となり，京都に移住した。

③ 旧藩主は知藩事に任じられた。

④ 明治政府から江戸時代と同じ石高が支払われた。

問11　史料Cの上表文が提出されたあと，明治政府が行った政策として最も適当なものを，次の①～④から一つ選べ。　11

① 全国的に統一された戸籍として庚午年籍を作成した。

② 徴兵令を公布し，満18歳に達した男子に兵役の義務を課した。

③ 新貨条例を公布し，円・銭・厘の十進法をとる硬貨を発行した。

④ 第１回内国勧業博覧会を京都で開催した。

史料D

民本主義といふ文字は，日本語としては極めて新らしい用例である。従来は民主々義といふ語を以て普通に唱へられて居ったやうだ。時としては又民衆主義とか，平民主義(1)とか呼ばれたこともある。然し民主々義といへば，社会民主党(2)などといふ場合に於けるが如く，「国家の主権は人民にあり」といふ危険なる学説と混同され易い。……

問12　史料Dの論文を『中央公論』に発表した人物として最も適当なものを，次の①～④のうちから一つ選べ。　12

① 吉野作造　② 美濃部達吉　③ 石橋湛山　④ 尾崎行雄

問13　下線部(1)に関連して，政府の欧化政策を貴族的欧化主義と批判し，平民中心の欧化主義を主張した人物として最も適当なものを，次の①～④のうちから一つ選べ。　13

①　三宅雪嶺　②　堺利彦　③　徳富蘇峰　④　陸羯南

問14　下線部(2)に関する説明として最も適当なものを，次の①～④のうちから一つ選べ。　14

①　第2次桂太郎内閣は社会民主党の結成を認めた。
②　治安維持法によって，ただちに解散が命じられた。
③　片山潜・幸徳秋水・安部磯雄らが結成した。
④　コミンテルンの日本支部として結成された。

問15　史料Dの論文が発表された1910年代の出来事として**不適当なもの**を，次の①～④のうちから一つ選べ。　15

①　伊藤博文が安重根に暗殺された。
②　富山県で米騒動が起こった。
③　中国に二十一カ条の要求を出した。
④　ジーメンス事件が起こった。

Ⅱ 次のA～Dの文章を読み，後の問いに答えよ。

A 藤原基経の死後，宇多天皇(1)は関白をおかず，菅原道真を蔵人頭(2)として藤原氏をおさえようとした。ついで（ ア ）も摂政・関白(3)をおかず，藤原時平を左大臣，菅原道真を右大臣としたが，道真は901年に大宰府に左遷された。

問1 空欄アに入る人物として最も適当なものを，次の①～④のうちから一つ選べ。 16

① 村上天皇 ② 醍醐天皇 ③ 白河天皇 ④ 三条天皇

問2 下線部(1)の宇多天皇のころ，9世紀末から宮中を警備するために仕えた武士は何と呼ばれたか。最も適当なものを，次の①～④のうちから一つ選べ。 17

① 北面の武士 ② 西面の武士 ③ 滝口の武者 ④ 坂東武者

問3 下線部(2)に関する説明として最も適当なものを，次の①～④のうちから一つ選べ。 18

① 解由状を検査して，国司交替の不正を防ぐのが職務であった。
② 京中の治安維持にあたった。
③ 天皇側近として，機密の文書や訴訟を扱った。
④ 軍団兵士制の廃止に伴い設置された地方兵制の長官であった。

問4 下線部(3)に関する説明として最も適当なものを，次の①～④のうちから一つ選べ。 19

① 藤原良房は嵯峨天皇の摂政となった。
② 藤原基経は清和天皇の関白となった。
③ 藤原頼通は摂政・関白を歴任した。
④ 安和の変後，関白のみが常置されるようになった。

B 承久の乱後，幕府の優位は決定的になり，朝廷の政治にも干渉するようになった。その後天皇家は持明院統と大覚寺統(1)に分かれ，皇位継承をめぐって互いに争うようになった。幕府は1317年，両統から交替で天皇を出す両統迭立の方式を提案し，翌年大覚寺統の後醍醐天皇が即位した。後醍醐天皇は，院政を廃止し，(　ア　)を再興して天皇親政を推し進めた。このころ幕府では，第14代執権北条高時のもとで内管領長崎高資が政治をとりしきり，御家人の反発が強まっていた。後醍醐天皇は⑵幕府を滅ぼそうとしたが失敗し，隠岐に流された。しかし，反幕勢力の挙兵は活発となり，⑶足利高氏(尊氏)らが幕府を攻め，鎌倉幕府は滅んだ。

問 5　空欄アに入る語句として最も適当なものを，次の①～④のうちから一つ選べ。　20

①　評定衆　　②　引付衆　　③　記録所　　④　公文所

問 6　下線部⑴に関する説明として**不適当なもの**を，次の①～④のうちから一つ選べ。　21

①　持明院統は後深草天皇に始まる系統である。

②　大覚寺統は亀山天皇に始まる系統である。

③　持明院統は後の北朝となった。

④　大覚寺統には後小松天皇がいる。

問 7　下線部⑵に関連して，後醍醐天皇が企てた２度目の討幕運動として最も適当なものを，次の①～④のうちから一つ選べ。　22

①　元弘の変　　②　正中の変　　③　鹿ケ谷の陰謀　　④　三浦の乱

問 8　下線部⑶の足利高氏(尊氏)に関する説明として最も適当なものを，次の①～④のうちから一つ選べ。　23

①　鎌倉幕府の有力な御家人であった。

②　建武の新政では陸奥将軍府の中心となった。

③　中先代の乱を起こして，新政府に反旗を翻した。

④　貞永式目を定めて，室町幕府を開いた。

C　徳川家斉の晩年の⑴天保年間にはいると国内外で様々な問題が生じた。1830年代には天候不順による不作で全国的に飢饉となり，各地で一揆や打ちこわしが発生した。(2) 1841年に大御所家斉が死ぬと，(3)老中首座水野忠邦は改革に着手した。

問 9　下線部(1)に関連して，天保年間の出来事として最も適当なものを，次の①～④のうちから一つ選べ。　24

① ロシア使節レザノフが長崎に来航した。

② フェートン号事件が起こった。

③ ロシア使節プチャーチンが長崎に来航した。

④ モリソン号事件が起こった。

問10　下線部(2)に関する説明として最も適当なものを，次の①～④のうちから一つ選べ。　25

① 江戸では陽明学者であった大塩平八郎が武装蜂起した。

② 越後柏崎では国学者生田万が武装蜂起した。

③ 幕府の三方領知替に尾張藩領民が反対運動を起こした。

④ 天領の三河国では佐倉惣五郎一揆が起こった。

問11　下線部(3)の改革として最も適当なものを，次の①～④のうちから一つ選べ。　26

① 江戸・大坂周辺を幕府の直轄地とする上知令を出した。

② 有能な人材を登用するため「足高の制」を始めた。

③ 海船互市新例を出し貿易額を制限した。

④ 囲米を実施し，すべての藩に社倉や義倉を設置させた。

D　(1)佐藤栄作内閣に代わって1972年に誕生した田中角栄内閣は，(2)日中国交正常化や日本列島改造による内需拡大を提唱するなど，積極的な政策を行ったが，(3)第1次石油危機に直面して行き詰まり，金脈問題で批判を浴びて1974年に退陣した。1976年，（　ア　）が発覚し，田中前首相は逮捕された。

問12　下線部(1)の内閣の時の出来事として最も適当なものを，次の①～④のうちから一つ選べ。　27

① 日本万国博覧会が大阪で開催された。

② 日ソ共同宣言が出された。

③ 教育基本法が改正された。

④ 東海道新幹線が営業を開始した。

問13　下線部(2)に関する説明として最も適当なものを，次の①～④から一つ選べ。 28

① 1972年に日中平和友好条約が締結された。

② 日中共同声明は東京で調印された。

③ 日中共同声明はニクソン大統領の訪中後に調印された。

④ 中華民国を唯一の合法政府として承認した。

問14　下線部(3)に関する説明として最も適当なものを，次の①～④のうちから一つ選べ。 29

① 第4次中東戦争がきっかけとなった。

② 日本はアラブ産油国からの石油の輸入を禁止した。

③ OPEC(石油輸出国機構)が原油価格を半分に引き下げた。

④ 日本は全国の原子力発電所の操業を中止した。

問15　空欄アに入る語句として最も適当なものを，次の①～④のうちから一つ選べ。 30

① リクルート事件　　② ロッキード事件

③ 東京佐川急便事件　　④ ダグラス・グラマン事件

Ⅲ　次の問1～問10の主題に関連する説明として最も適当なものを，次の①～④のうちから一つ選べ。

問1　縄文時代と弥生時代の遺跡　31

① 大森貝塚は長野県にある。
② 三内丸山遺跡は青森県にある。
③ 吉野ヶ里遺跡は奈良県にある。
④ 紫雲出山遺跡は佐賀県にある。

問2　白村江の戦い　32

① 高句麗滅亡の後に起こった。
② 斉明天皇が急死したため，天武天皇が日本軍を率いた。
③ 新羅救済のため唐・百済の連合軍と戦った。
④ 戦いのあと，九州の要地防衛のため朝鮮式山城の大野城が建てられた。

問3　『古事記』と『日本書紀』　33

① 『古事記』は稗田阿礼によって漢文で書かれている。
② 『古事記』は国ごとの地誌，地理，説話などを集めている。
③ 『日本書紀』は舎人親王が編纂の中心となった。
④ 『日本書紀』は神代から孝謙天皇までの歴史が書かれている。

問4　国司と郡司　34

① 国司はもとの国造などの在地豪族が任命された。
② 国司は国衙で事務を執り，世襲が原則であった。
③ 郡司は中央から交替で派遣された。
④ 郡司は大領・少領・主政・主帳の四等官に分かれた。

問5　室町時代の戦乱　35

① 応永の乱は山名氏清が起こした。
② 永享の乱は鎌倉公方足利持氏が起こした。
③ 明徳の乱では大内義弘が幕府軍と堺で戦った。
④ 応仁の乱は上杉憲実が起こした。

問 6　江戸時代の天文学と農学　36

① 伊能忠敬が西洋天文学を取り入れた「寛政暦」を作った。

② 杉田玄白が『暦象新書』でニュートンやコペルニクスの説を紹介した。

③ 宮崎安貞が農業経験を集大成した『農業全書』を刊行した。

④ 二宮尊徳が『農政本論』を刊行した。

問 7　ワシントン会議　37

① 四カ国条約は英・米・日・中で結ばれた。

② 海軍軍縮条約では補助艦の保有制限が決まった。

③ 九カ国条約では戦争放棄が決められた。

④ 日本からは海軍大臣加藤友三郎が全権として参加した。

問 8　江戸時代の五街道　38

① 五街道には伊勢街道が含まれる。

② 五街道の江戸における起点は上野である。

③ 奥州道中と日光道中は宇都宮で分かれている。

④ 甲州道中の主な関所として箱根がある。

問 9　戦国大名　39

① 武田信玄は長篠の戦いで織田・徳川連合軍に敗れた。

② 北条早雲は分国法として塵芥集を定めた。

③ 毛利元就は陶晴賢を滅ぼした。

④ 上杉謙信は川中島の戦いで織田信長を破った。

問10　仏教と神道　40

① 親鸞は法華経至上主義を唱え，他の宗派を攻撃した。

② 道元は「悪人正機説」を唱え，浄土宗を開いた。

③ 本居宣長は本地垂迹説を根拠にして伊勢神道を提唱した。

④ 吉田兼倶は神本仏迹説の立場から儒教・仏教を統合した唯一神道を提唱した。

Ⅳ　明治の国際関係の年表をみて，後の問いに答えよ。

年	事　項
1871年	岩倉使節団を派遣した。
1872年	琉球藩を設置した。
1874年	(1)台湾出兵をした。
1875年	(2)樺太・千島交換条約に調印した。
1876年	(　ア　)に調印した。
1894年 A	日清戦争が起こった。
1895年	(3)台湾総督府が設置された。
1904年 B	日露戦争が起こった。

問1　下線部(1)に関する説明として最も適当なものを，次の①～④のうちから一つ選べ。　41

① 台湾の漁民が難破して琉球に漂着した事件がきっかけであった。

② 台湾の漁民を殺害した日本に対して清国が謝罪を要求した。

③ 西郷従道が中心となり軍隊を率いて台湾に攻めこんだ。

④ 日本が清国に賠償金を支払った。

問2　下線部(2)の内容の説明として最も適当なものを，次の①～④のうちから一つ選べ。　42

① 樺太は日露両国人の雑居地となった。

② 樺太の南半分は日本の領土となった。

③ 千島列島の全島は日本の領土となった。

④ 千島列島の国後島と択捉島の間に日露の国境が定められた。

問3　下線部(3)の最初の総督として最も適当なものを，次の①～④のうちから一つ選べ。　43

① 樺山資紀　　② 伊藤博文　　③ 児玉源太郎　　④ 寺内正毅

問 4　表の空欄アに入る条約名として最も適当なものを，次の①～④のうちから一つ選べ。　44

①　日清修好条規　②　日朝修好条規　③　北京議定書　④　日韓基本条約

問 5　表のＡとＢの間の出来事として最も適当なものを，次の①～④のうちから一つ選べ。　45

①　朝鮮半島で壬午軍乱が起こった。

②　天津条約が調印された。

③　日英同盟を結んだ。

④　韓国併合条約が調印された。

Ｖ　次の図版Ａ～Ｅをみて，後の問いに答えよ。

問 1　Ａの絵画は教王護国寺両界曼荼羅(胎蔵界)である。この絵画が描かれた時代の文化として最も適当なものを，次の①～④のうちから一つ選べ。　46

Ａ

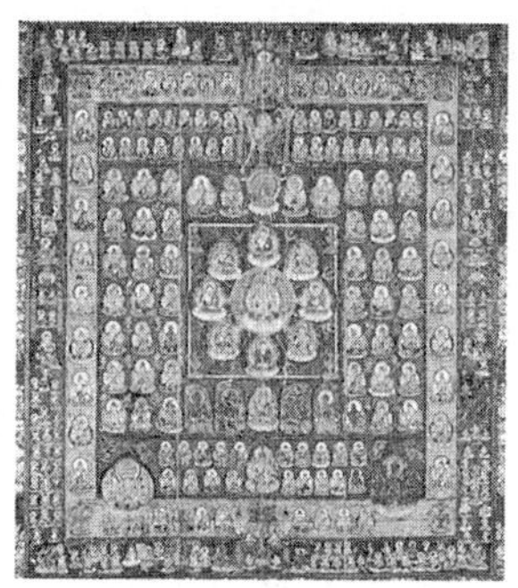

①　天平文化　②　弘仁・貞観文化

③　鎌倉文化　④　北山文化

問 2　Ｂに描かれた４人の人物に関する説明として最も適当なものを，次の①～④のうちから一つ選べ。　47

B

① ローマに到着し，教皇に謁見した。

② フランシスコ＝ザビエルとともに日本を出発した。

③ キリシタン大名の伊達政宗により派遣された。

④ 4人とも日本に帰国できなかった。

問 3　Cの絵画の人物に関する説明として最も適当なものを，次の①～④のうちから一つ選べ。　48

C

① 「天下布武」の印判を用いた。

② 堂島米市場を公認した。

③ ウィリアム＝アダムズを外交顧問とした。

④ 聚楽第に後陽成天皇の行幸をあおいだ。

問 4　Dの小説に関する説明として最も適当なものを，次の①～④のうちから一つ選べ。　49

D

① 雑誌『赤い鳥』に掲載された。

② この小説の作者は雑誌『種蒔く人』を発行した。

③ プロレタリア文学の代表的作品のひとつである。

④ 小石川の共同印刷争議の体験をもとに書かれた。

問 5　Eの絵画の作者として最も適当なものを，次の①～④のうちから一つ選べ。

50

E

① 竹久夢二　　② 岸田劉生

③ 横山大観　　④ 黒田清輝

世界史

（60分）

Ⅰ　次の文章はアレクサンドロス大王の東方遠征に関するものである。設問にしたがって解答せよ。

マケドニアのアレクサンドロス大王は，東方遠征(ア)によって短期間のうちに，ギリシア，エジプトからインド西北部にまたがる大帝国を建設した。しかし，この帝国は彼の死によってマケドニア，（　a　）朝エジプト，（　b　）朝シリアの3国に分裂した。

この東方遠征後，ギリシア文化が広がり，土着の要素と融合し合ってヘレニズム文化を生んだ。この文化の中心地はエジプトのアレクサンドリア(イ)で，ここではとくに自然科学が隆盛を極めた(ウ)。また，1世紀頃からは西北インドにおいてヘレニズム美術の影響を受けて，新たな仏教美術(エ)が開花した。

(1)　下線部(ア)の東方遠征を始めた年代として正しいものを，次の①～④のうちから一つ選べ。　1

①　前444　②　前374

③　前334　④　前294

(2)　空欄aとbの組み合わせとして正しいものを，次の①～④のうちから一つ選べ。　2

①　a―セレウコス　b―アンティゴノス

②　a―アンティゴノス　b―セレウコス

③　a―プトレマイオス　b―アンティゴノス

④　a―プトレマイオス　b―セレウコス

(3)　下線部(イ)に関連して，自然科学などを研究した王立研究所として正しいものを，次の①～④のうちから一つ選べ。　3

①　アゴラ　　　　②　ムセイオン

③　アカデメイア　　　　④　知恵の館

(4)　下線部(ウ)に関連して，太陽中心説をとなえた天文学者として正しいものを，次の①～④のうちから一つ選べ。　**4**

①　エラトステネス　　　　②　アリスタルコス

③　ソフォクレス　　　　④　アルキメデス

(5)　下線部(エ)に関連して，次のａとｂの仏像がつくられた時期と美術様式の組み合わせとして正しいものを，次の①～④のうちから一つ選べ。　**5**

ａ　　　　ｂ

ａ・ｂの写真は，著作権の都合上，類似の写真に差し替えています。
ユニフォトプレス提供

①　ａ　クシャーナ朝―ガンダーラ美術　　ｂ　グプタ朝―マトゥーラー美術

②　ａ　クシャーナ朝―マトゥーラー美術　　ｂ　グプタ朝―ガンダーラ美術

③　ａ　グプタ朝―ガンダーラ美術　　ｂ　クシャーナ朝―マトゥーラー美術

④　ａ　グプタ朝―マトゥーラー美術　　ｂ　クシャーナ朝―ガンダーラ美術

Ⅱ　次の文章は，近世ヨーロッパについて述べたものである。設問にしたがって解答せよ。

近世ヨーロッパにおいてはローマ＝カトリック教会の教義やそれに基づく秩序への対抗的な運動がルネサンスという形でイタリアの諸都市の中でも（　㋐　）で開花し，(イ)（　㋐　）ではメディチ家のコジモやその孫ロレンツォといったパトロンの支援を受けながら多くの芸術家たちが活躍した。プラトン全集やイーリアスなどのラテン語への翻訳も熱心に進められた。当時，オスマン帝国の圧迫から逃れてきた(ウ)ビザンツ帝国におけるギリシア研究者もこの運動に影響を与えたことは言うまでもない。イタリアでルネサンス運動が繰り広げられていた一方，(エ)ドイツにおいてはローマ＝カトリックへの対抗運動として宗教改革が起こっていた。ドイツにおける宗教改革はイギリスに影響を与えながらも，(オ)イギリスではドイツとは異なった形での宗教改革がおこなわれた。

⑴　空欄㋐に入る都市として正しいものを，次の①～④のうちから一つ選べ。　6

①　フィレンツェ　　②　ヴェネツィア
③　ジェノヴァ　　④　ミラノ

⑵　下線部(イ)に関連して，「最後の晩餐」や「モナ＝リザ」で有名な芸術家として正しいものを，次の①～④のうちから一つ選べ。　7

①　ボッティチェリ　　②　ブルネレスキ
③　レオナルド＝ダ＝ヴィンチ　　④　ミケランジェロ

⑶　下線部(ウ)ビザンツ帝国について述べた文として正しいものを，次の①～④のうちから一つ選べ。　8

①　ユスティニアヌス帝によって歴史書の『ローマ史』がまとめられた。
②　イスラーム勢力との対抗上，レオン３世は聖像崇拝禁止令（聖像禁止令）を出した。
③　コンスタンティノープルのハギア＝ソフィア聖堂はムスリムに破壊された。
④　スレイマン１世によって15世紀半ばに滅ぼされた。

⑷　下線部(エ)に関連して述べた文として**誤っているもの**を，次の①～④のうちから一つ選べ。　9

①　宗教改革にさきがけてエラスムスが『愚神礼賛』を著した。

②　ルターは贖宥状(免罪符)販売に抗議して九十五カ条の論題を発表した。

③　ルターはドイツ農民戦争を終始一貫して支持した。

④　アウクスブルクの和議でカトリック側とルター派の妥協が図られた。

⑸　下線部(オ)に関連して述べた文として正しいものを，①～④のうちから一つ選べ。　10

①　国王エドワード6世が王妃との離婚問題を契機にローマ教会と断絶した。

②　エリザベス1世は国教会のあり方をめぐってトマス＝モアと対立した。

③　ヘンリ8世は信仰統一法(統一法)を制定し，イギリス独自の教会体制を築いた。

④　メアリ1世は，イギリスをカトリックに戻し，国教徒を弾圧した。

Ⅲ　次の設問は16～18世紀のヨーロッパの出来事に関するものである。設問にしたがって解答せよ。

⑴　16～18世紀のスペインについて述べた文として正しいものを，次の①～④のうちから一つ選べ。　11

①　中南米の植民地では，植民者に先住民支配を委託するアシエンダ制が実施された。

②　カルロス1世はスペイン王国と神聖ローマ帝国の君主として広大な領土を獲得したが，晩年はオランダ独立戦争に苦しめられた。

③　フェリペ2世の時にポルトガルを併合し，その植民地とアジア貿易の利権を獲得し，「太陽の沈まぬ国」と呼ばれた。

④　スペインによって流入した新大陸の銀は，ヨーロッパの物価の下落を促した。

⑵　16～18世紀のイギリスについて述べた文として正しいものを，次の①～④の

うちから一つ選べ。 12

① ピューリタン革命の後，クロムウェルが護国卿として独裁政治を行なった。

② 名誉革命の後，ハノーヴァー朝のジョージ1世により「権利章典」が立法化された。

③ アン女王の時代にアイルランドが併合され，大ブリテン王国が成立した。

④ トーリー党のウォルポール政権の時に責任内閣制が始まった。

(3) 16～18世紀のヨーロッパの宗教について述べた文として正しいものを，次の①～④のうちから一つ選べ。 13

① ルターは『キリスト教綱要』を著した。

② フスが教皇の至上権を主張した。

③ カルヴァンは予定説を説いた。

④ ライプニッツは汎神論を説いた。

(4) 17～18世紀の戦争について述べた文として正しいものを，次の①～④のうちから一つ選べ。 14

① 三十年戦争でフランスはカトリック側として参戦し，ウェストファリア条約で領土を獲得した。

② イギリス＝オランダ(英蘭)戦争によって，オランダはイギリスから多くの植民地を獲得した。

③ 北方戦争の最中，ロシアのエカチェリーナ2世はペテルブルクに遷都した。

④ プロイセン国王フリードリヒ2世(大王)は，七年戦争でオーストリアからシュレジエンを確保した。

(5) 18世紀の西ヨーロッパの社会・文化について述べた文として**誤っているもの**を，次の①～④のうちから一つ選べ。 15

① 従来の重商主義の経済思想を批判し，ケネーやテュルゴーらが重農主義を提唱した。

② ルイ14世により，ロココ様式の豪壮華麗なヴェルサイユ宮殿が建設された。

③ ヴォルテールやルソーらにより啓蒙思想が広まった。

④ ハイドンやモーツァルト等による古典派音楽が発展した。

Ⅳ　以下の文章はアルザス地方に関わるものである。設問にしたがって解答せよ。

ライン河流域にあるアルザス地方の歴史は先史時代(ア)にまで遡る。この地域の都市の多くはローマ時代に造られたものである。イタリアのポー平野と北方の国々を結ぶ最も短い交通路(イ)は，ローマ軍によって建設された堡塁(ほうるい)であり，ガリア人(ウ)自身からも，ゲルマニアに対する防衛線であると考えられてきた。

17 世紀後半，対外戦争を進めたフランスのルイ 14 世の時代(エ)になると，アルザス地方の中心都市ストラスブールはフランス領になった。ロレーヌもその後フランスに帰属するが，19 世紀後半，ビスマルク(オ)はフランスとプロイセン＝フランス(普仏)戦争(カ)を起こし，アルザス・ロレーヌを割譲させた。

第一次世界大戦後，パリ講和会議でフランス首相がドイツに対して厳しい態度で臨んだ(キ)。アルザスは再びフランス領となった。1920 年代後半からは国際協調の機運が高まる(ク)が，1939 年に第二次世界大戦がはじまると，アルザス・ロレーヌはドイツ軍に占領された。第二次世界大戦末期(ケ)に連合軍によって解放され，アルザスはフランスに復帰した。第二次世界大戦後(コ)，ヨーロッパ石炭鉄鋼共同体(サ)が設立され，ドイツ(シ)・フランス間の対立の一因であったアルザス・ロレーヌなどの石炭・鉄鋼資源の共同利用が目指された。現在，アルザスのストラスブールにはヨーロッパ議会の本会議場が置かれ，ヨーロッパ連合(EU)(ス)とヨーロッパ統合(セ)を象徴する都市となっている。その一方で，この地域はヨーロッパ統合に後ろ向きな極右政党(ソ)が強い地域でもある。

(1)　下線部(ア)に関連して，先史時代の人々が現在のフランスに洞窟壁画を残しているが，その遺跡の地名として正しいものを，次の①～④のうちから一つ選べ。　**16**

①　ラスコー　　②　アルタミラ
③　ジャルモ　　④　ネアンデルタール

(2)　下線部(イ)に関連して，世界の交通の歴史について述べた文として正しいものを，次の①～④のうちから一つ選べ。　**17**

①　最初の旅客鉄道はマンチェスターとロンドンの間で開通した。
②　アメリカの大陸横断鉄道の開通と同じ年にパナマ運河が開通した。

③ シベリア鉄道はフランスの資本の援助を受けて建設された。

④ スエズ運河はムバラク大統領によって国有化宣言が出された。

(3) 下線部(ウ)に関連して，ガリア地方の歴史について述べた文として正しいものを，次の①～④のうちから一つ選べ。 18

① カエサルがこの地域を属州にし，『ガリア戦記』を著した。

② この地域を統一したクローヴィスはアリウス派キリスト教に改宗した。

③ 8世紀にランゴバルド人が王国を建国した。

④ この地にベネディクトゥスがクリュニー修道院を建設した。

(4) 下線部(エ)に関連して，ルイ14世の事績について述べた文として正しいものを，次の①～④のうちから一つ選べ。 19

① 自らはカトリックに改宗した後，ナントの王令(勅令)を出した。

② リシュリューがフロンドの乱を鎮圧した。

③ スペイン継承戦争の結果，ケベックを獲得した。

④ コルベールを登用し，東インド会社を再興した。

(5) 下線部(オ)に関連して，ビスマルクの事績について述べた文として**誤っているもの**を，次の①～④のうちから一つ選べ。 20

① 社会主義者鎮圧法の延長に賛成した。

② カトリック教徒を弾圧する文化闘争を行なった。

③ コンゴの領有をめぐる列国の対立を調停した。

④ サン＝ステファノ条約の締結を仲介した。

(6) 下線部(カ)に関連して，プロイセン＝フランス戦争について述べた文として正しいものを，次の①～④のうちから一つ選べ。 21

① 発端はシュレスヴィヒ・ホルシュタインをめぐる両国の対立であった。

② 戦争に敗れたナポレオン3世は退位し，第三共和政が成立した。

③ プロイセンを支援したイタリアはトリエステを獲得した。

④ 講和に反対するパリの民衆が六月暴動(蜂起)を起こした。

(7) 下線部(キ)に関連して，パリ講和会議に参加したフランスの首相として正しいものを，次の①～④のうちから一つ選べ。 22

① ブルム　　② ダラディエ
③ クレマンソー　　④ ドレフュス

(8) 下線部(ク)に関連して，1920年代のヨーロッパの国際協調について述べた文として**誤っているもの**を，次の①～④のうちから一つ選べ。 23

① クーリッジ大統領の提唱でワシントン会議が開かれた。
② ロカルノ条約が批准され，ドイツが国際連盟に加盟した。
③ ブリアンとケロッグによって不戦条約が提唱された。
④ ドーズ案やヤング案によりドイツの賠償金返済が支援された。

(9) 下線部(ケ)に関連して，第二次世界大戦中に行なわれたノルマンディー上陸作戦の連合国側の総司令官として正しいものを，次の①～④のうちから一つ選べ。 24

① ド＝ゴール　　② ペタン
③ アイゼンハワー　　④ フランコ

(10) 下線部(コ)に関連して，第二次世界大戦後のヨーロッパの分断について述べた文として正しいものを，次の①～④のうちから一つ選べ。 25

① 西ベルリンの通貨改革を契機にベルリンの壁が建設された。
② コメコンの受け入れをめぐりチェコスロヴァキアでクーデタが起きた。
③ 西ヨーロッパ連合条約(ブリュッセル条約)にアメリカなどが加わりNATOが成立した。
④ オーストリアは主権回復と同時に西側陣営に加わった。

(11) 下線部(サ)に関連して，ヨーロッパ石炭鉄鋼共同体の設立を提唱したフランスの外相として正しいものを，次の①～④のうちから一つ選べ。 26

① ポワンカレ　　② ポンピドゥー
③ ジスカール＝デスタン　　④ シューマン

(12) 下線部(シ)に関連して，第二次世界大戦後のドイツについて述べた文として正し

いものを，次の①～④のうちから一つ選べ。 27

① ボンを暫定首都としてドイツ民主共和国が成立した。

② 西ドイツはパリ協定で主権を回復した。

③ アデナウアーが東方外交で東欧諸国と国交を回復した。

④ マルタ会談で東西ドイツの統一が合意された。

(13) 下線部(ス)に関連して，EUとその前身となった組織について述べた文として正しいものを，次の①～④のうちから一つ選べ。 28

① 原加盟国はベネルクス3国とイギリスを含む6か国である。

② 1960年代にECからEECに改組された。

③ マーストリヒト条約の発効によってEUが発足した。

④ EUの本部はジュネーヴ，議会はハーグに設置されている。

(14) 下線部(セ)に関連して，以下の国家のうち古いものから3番目にEUに加盟した国として正しいものを，次の①～④のうちから一つ選べ。 29

① フィンランド　② アイルランド

③ スペイン　④ クロアチア

(15) 下線部(ソ)に関連して，右翼，左翼といった言葉はフランス革命中に誕生したとされる。フランス革命について述べた文として正しいものを，次の①～④のうちから一つ選べ。 30

① 1789年7月14日のバスティーユ牢獄襲撃で始まった。

② 8月10日事件の結果，王政が廃止され新たに立法議会が招集された。

③ 国民公会の時期にフイヤン派がオーストリアに宣戦布告した。

④ ジャコバン派の独裁はバブーフの陰謀によって崩壊した。

V　次の文章は唐の第２代皇帝の太宗(李世民)が臣下の魏徴と交わした問答である。設問にしたがって解答せよ。

貞観(じょうがん)２年(628)，太宗は魏徴に「何をもって明君，暗君というのだろうか」と質問した。(ア)

魏徴は次のように答えた。

「君主が明君だといわれる訳は，衆人の意見を博(ひろ)く聞くということです。暗君だといわれる訳は，偏って信用するということです。…(略)…秦の二世皇帝は，身を宮殿の奥に潜めて卑賤の者を遠ざけ，趙高(ちょうこう)一人を信任しました。そこで天下に反乱がおこっても，それが耳に届きませんでした。(イ)梁の武帝は朱异(しゅい)一人を信任しました。そこで侯景が挙兵して宮殿に迫っても，とうとうそれを知りませんでした。(ウ)隋の煬帝は虞世基(ぐせいき)一人を信任しました。そこで叛賊が町や村を攻撃し略奪する状況になっても，それを知りませんでした。(エ)つまり，こうしたわけで，君主が下の者の意見を博く聞き入れれば，高位の者でも主君の耳をふさぐことはできず，下の事情は必ず上に通じることになるのです」。

太宗はその言葉を甚だ善しとした。

出典：呉兢編　石見清裕訳注『貞観政要　全訳注』(なお，設問の都合上，原文を一部改変した箇所がある)

(1)　下線部(ア)に関連して，７世紀の唐について述べた文として正しいものを，次の①～④のうちから一つ選べ。　31

① 新たな兵制として府兵制から募兵制を導入した。

② 律令格式などの諸制度は，日本・朝鮮の国家の整備に影響をもたらした。

③ 太宗は白村江で新羅・日本の水軍と戦った。

④ 則天武后は周辺民族の直接支配から間接支配の羈縻(きび)政策に変更した。

(2)　下線部(イ)に関連して，秦について述べた文として正しいものを，次の①～④のうちから一つ選べ。　32

① 始皇帝は征服した諸国の反発に配慮し，郡県制と封建制を併用する郡国制を実施した。

② 匈奴との戦いに敗れたため，大月氏との同盟のために張騫を派遣した。

③ 諸子百家の思想の中で法家を重視し，儒家などの他の思想を弾圧(焚書・坑儒)した。

④ 呉楚七国の乱をきっかけに滅亡し，その後，劉邦が前漢を建てた。

(3) 下線部(ウ)に関連して，魏晋南北朝時代について述べた文として正しいものを，次の①～④のうちから一つ選べ。 33

① 西晋の時代に邪馬台国の卑弥呼が朝貢した。

② 梁の昭明太子は『白氏文集』を編纂したが，これは日本の平安文学に大きな影響を与えた。

③ 南朝の諸王朝は仏教を保護し，雲崗や竜門に石窟寺院を造営した。

④ 北魏は孝文帝の時代に都を平城から洛陽に遷し，漢化政策を推進した。

(4) 下線部(エ)に関連して，隋の煬帝の時の出来事として正しいものを，次の①～④のうちから一つ選べ。 34

① 江南と華北を結びつける大運河を完成させた。

② 南朝最後の王朝の陳を滅ぼし，中国を再統一した。

③ 都を大興城(長安)に定めた。

④ 日本が遣隋使を派遣し，政治改革(大化改新)を断行した。

(5) 8世紀の唐について述べた文として**誤っているもの**を，次の①～④のうちから一つ選べ。 35

① 安禄山が唐に対して反乱を起こした。

② 塩の密売人の黄巣が率いる反乱軍が唐を滅ぼした。

③ タラス河畔の戦いでイスラーム帝国に敗れた。

④ 財政難から楊炎により両税法が実施された。

Ⅵ　次の設問は明代の歴史に関するものである。設問にしたがって解答せよ。

(1)　15世紀までの明について述べた文として正しいものを，次の①～④のうちから一つ選べ。　36

① 日本の室町幕府の足利義満が明との勘合貿易を始めた。
② キリスト教徒の鄭和が永楽帝の命を受け，南海諸国への遠征を行った。
③ 靖難の役で正統帝がオイラトのエセン=ハンの捕虜となった。
④ ティムールとの間でトルコマンチャーイ条約を結び，西方の国境を定めた。

(2)　明の統治について述べた文として**誤っているもの**を，次の①～④のうちから一つ選べ。　37

① 中書省を廃止して行政機関の六部は皇帝の直属となった。
② 皇帝を補佐する機関として，内閣と軍機処を設置した。
③ 兵制には軍役に従事する軍戸を組織し，軍隊を編成する衛所制を設けた。
④ 里甲制のもとに民戸を組織し，富裕な戸には治安や徴税を担わせた。

(3)　16世紀から明の滅亡までについて述べた文として**誤っているもの**を，次の①～④のうちから一つ選べ。　38

① 東林派と非東林派の官僚による党争が激化し，政治が混乱した。
② 豊臣秀吉による朝鮮侵攻に対して朝鮮救援の軍を派遣した。
③ 李自成に率いられた白蓮教徒の反乱が明朝を滅ぼした。
④ 従来の税制であった両税法を改め，新たに一条鞭法を導入した。

(4)　明代の学術・文化について述べた文として正しいものを，次の①～④のうちから一つ選べ。　39

① 王守仁により個人の心情を重視する陽明学が生まれた。
② 民間文学が盛んになり，『三国志演義』や『紅楼夢』などの小説が書かれた。
③ カスティリオーネ等イエズス会の宣教師が来航し，西洋の科学技術が伝来した。
④ 徐光啓はマテオ＝リッチと協力して『皇輿全覧図』を著した。

⑸　明代の社会経済について述べた文として正しいものを，次の①～④のうちから一つ選べ。　**40**

① 長江下流域の農業開発が進み，「蘇湖熟すれば天下足る」といわれた。

② 貨幣経済が浸透し，交子や会子が用いられた。

③ 欧米諸国との貿易が広州一港に限定された。

④ 山西商人や徽州（新安）商人による大規模な商業ネットワークが形成された。

Ⅶ　次の文章は清朝時代から現代までの中国大陸を中心とする歴史について述べたものである。設問にしたがって解答せよ。

18世紀後半～19世紀前半，<u>イギリスでは対清貿易の不振を解消することが重要な課題となっていた</u>(ア)。このような状況下で，両者の間に衝突が起こり，1840年に戦端が開かれた。<u>清はこの戦争でイギリスに敗北し，清はイギリスと不平等な条約を結ぶことになっただけでなく，他の外国にも同様なる条約を結ばざるを得なくなった</u>(イ)。<u>この戦争の後にも列強は口実を見つけて清と開戦して勝利することによって，列強の中国大陸への侵食は拍車をかけて進むことになった</u>(ウ)。こうした外国勢力との戦争だけでなく，<u>清朝政府は対内的にも危機的状況にあった</u>(エ)。一方，<u>19世紀後半の朝鮮は，清や日本の動向と絡みながら激動の時代を迎えていた</u>(オ)。

清をめぐる国際情勢の悪化と国内の社会的矛盾は覆いようもなく，ついに清朝では<u>1911年，辛亥革命</u>(カ)が起こった。その後，1919年には（　(キ)　）が北京で起こり，第一次世界大戦後の講和条約に反対する運動が起こった。この（　(キ)　）はそれまでの運動や反乱とは一線を画する，中国におけるナショナリズムのうねりとして注目に値する。この運動／反乱の背景には1919年3月に結成された<u>コミンテルン</u>(ク)の指導があったという説もある。その後，孫文はソ連の援助を受けて上海で国民党を結成し，<u>中国の万里の長城より南の中国本土の統一が目指されることになった。1924年に第1回大会が開催されるものの，孫文は翌年死去した</u>(ケ)。1931年9月に起こった柳条湖事件に端を発する満州事変後，国民党は対外的には日本に対する抗日運動と共に，対内的には共産党とどう対峙していくかが問題となった。後者の問題は，時代により様相を変えつつも，現在の中華人民共和国と<u>台湾</u>(コ)との関係に引き継がれ，予断を許さない状況となっている。

⑴　下線部㋐に関連して，18～19 世紀前半のイギリスと清の貿易について述べた文として**誤っているもの**を，次の①～④のうちから一つ選べ。　41

①　イギリスはインドからアヘンを清に輸出して茶と交換し，清との茶貿易における赤字を解消しようとした。

②　清は，イギリスとの貿易を，会館や公所における貿易に限定した。

③　19 世紀に入ると，イギリス東インド会社の中国貿易独占権が廃止された。

④　イギリスは，自由貿易を求め，マカートニーを清に派遣した。

⑵　下線部㋑に関連して，この戦争以降に清が結んだ条約とその相手国として**誤っているもの**を，次の①～④のうちから一つ選べ。　42

①　天津条約―オランダ　　②　南京条約―イギリス

③　望厦条約―アメリカ　　④　黄埔条約―フランス

⑶　下線部㋒に関連して，ロシアが，清と列強との間の講和を調停した後に結んだ条約と利権について述べた文として正しいものを，次の①～④のうちから一つ選べ。　43

①　ネルチンスク条約によって，ロシアは東清鉄道敷設権を獲得した。

②　キャフタ条約によって，ロシアは新疆ウイグル地区を支配下に入れた。

③　イリ条約によって，黒竜江（アムール川）以北をロシア領とした。

④　北京条約によって，沿海州をロシア領とした。

⑷　下線部㋓に関連して，清朝内部で起こった反乱や運動のうち「扶清滅洋」を唱えたものとして正しいものを，次の①～④のうちから一つ選べ。　44

①　紅巾の乱　　②　太平天国の乱

③　三藩の乱　　④　義和団事件

⑸　下線部㋔に関連して，朝鮮半島で起こった出来事を古いものから年代順に並べた時，3 番目に当たるものとして正しいものを，次の①～④のうちから一つ選べ。　45

①　甲午農民戦争（東学党の乱）が起こると，両国軍が出兵して日清戦争となった。

② 朝鮮は大韓帝国と国号を改め，国王は皇帝となり，清や日本との対等性を表明した。

③ 開化派の金玉均は，日本の支持を背景とした反乱を起こした。

④ 江華島事件の後に，不利な日朝修好条規(江華条約)を締結した。

(6) 下線部(カ)に関連して，辛亥革命前後の状況について述べた文として**誤っているもの**を，次の①～④のうちから一つ選べ。 46

① 清は，幹線鉄道を国有化しようとしたため，国内の反発を招いた。

② 孫文は，革命諸団体の結集をはかり，日本の東京で中国同盟会を組織した。

③ 清は光緒新政と呼ばれる，近代国家の建設に向けた諸改革を行なった。

④ 中華民国は孫文の三民主義に基づき，北京を首都として成立した。

(7) 空欄(キ)に入る語として正しいものを，次の①～④のうちから一つ選べ。 47

① 三・一独立運動　② 五・四運動

③ 五・三〇運動　④ 二・二八事件

(8) 下線部(ク)に関連して，コミンテルンが結成された1919年前後のソヴィエト政府及び列強の状況について述べた文として**誤っているもの**を，次の①～④のうちから一つ選べ。 48

① ソヴィエト政権は，ブレスト＝リトフスク条約によってドイツと単独講和を結んだ。

② トロツキーは一国社会主義を唱え，第1次五カ年計画を実施した。

③ ボリシェヴィキは，共産党と改称し，首都をモスクワに移した。

④ 革命の波及を恐れ，イギリスやフランスは対ソ干渉戦争を行なった。

(9) 下線部(ケ)に関連して，孫文の死以降の蔣介石について述べた文として**誤っているもの**を，次の①～④のうちから一つ選べ。 49

① 上海クーデタを起こして，共産党の弾圧を行なった。

② 西安事件において張学良に捕らえられた。

③ 中国の統一をめざして，北伐を行なった。

④　中国共産党との提携によって民族的統一をはかる，第一次国共合作を行なった。

(10)　下線部(コ)に関連して，台湾の歴史について述べた文として正しいものを，次の①～④のうちから一つ選べ。　50

①　第二次世界大戦後に共産党が分裂し，その分派が台湾を占拠したため，現在も中国共産党と対立している。

②　ポルトガルは17世紀前半に，台湾を領有して，東シナ海の貿易拠点とした。

③　鄭成功は17世紀後半に外国勢力を駆逐し，対清闘争の拠点とした。

④　下関条約で日本が台湾を獲得したことに対し，ロシアなど三国が返還を勧告した。

数学

(60分)

解答上の注意

1　同一の問題文中に [1]，[2・3] 等が2度以上現れる場合，2度目以降は [1]，[2・3] のように細字で表記する。

2　分数で解答する場合は，既約分数(それ以上約分できない分数)で答えよ。符号は分子につけ，分母につけてはいけない。

3　根号を含む形で解答する場合は，根号の中の自然数が最小となる形で答えよ。

I　次の各問に答えよ。

(1)　不等式 $x^2 - 2x - 3 > 3|x - 1|$ を解くと，

$x <$ [1・2]，[3] $< x$ である。

(2)　$x^2 + 2x + 4 = 0$ のとき，x^3 の値を求めると，

$x^3 =$ [4] である。

(3)　$\dfrac{11}{5 - \sqrt{3}}$ の整数部分を a，小数部分を b とする。

$a =$ [5]，$b = \dfrac{\sqrt{[6]} - [7]}{[8]}$ であるから，

$\dfrac{a}{b(b + 1)} =$ [9] である。

(4)　$x^2 - (a + b^2)x - 3a + a^2 = 0$ と $x^2 + 2ax + a^2 + b^2 = 0$ が，ただ 1 つの共通解をもつ。ただし，a，b は実数の定数で $a > 0$ とする。このとき，a，b の値を求めると，

$a =$ [10]，$b =$ [11] である。

II　次の各問に答えよ。

(1)　直線 $3x + y - 5 = 0$ に関して，点 $(4,\ 1)$ と対称な点の座標は，

$\left(\dfrac{[12\cdot13]}{[14]},\ \dfrac{[15\cdot16]}{[17]}\right)$ である。

(2)　点 $(3,\ -2)$ に関して，円 $x^2 + y^2 = 7$ と対称な円の方程式は，

$(x -$ [18] $)^2 + (y +$ [19] $)^2 =$ [20] である。

Ⅲ　関数 $f(\theta)=-\sqrt{3}\sin\dfrac{\theta}{2}+\cos\dfrac{\theta}{2}$ について，次の各問に答えよ。

ただし，$0 \leqq \theta < 2\pi$ とする。

(1)　方程式 $f(\theta)=0$ の解を求めると，

$$\theta=\frac{\pi}{\boxed{21}}$$ である。

(2)　不等式 $f(\theta) \geqq -\sqrt{2}$ の解を求めると，

$$\boxed{22} \leqq \theta \leqq \frac{\boxed{23}}{\boxed{24}}\pi,$$

$$\frac{\boxed{25 \cdot 26}}{\boxed{27}}\pi \leqq \theta < \boxed{28}\,\pi$$ である。

Ⅳ　次の各問に答えよ。

(1)　関数 $y=\log_2(x^2+\sqrt{2})$ は，

$x=\boxed{29}$ のとき，最小値 $\dfrac{\boxed{30}}{\boxed{31}}$ をとる。

(2)　a を実数の定数とするとき，

x の方程式 $\{\log_2(x^2+\sqrt{2})\}^2-2\log_2(x^2+\sqrt{2})+a=0$ について，

解をもつ条件は，$a \leqq \boxed{32}$ であり，

また，$a=\boxed{32}$ のとき，$\boxed{33}$ 個の解をもつ。

V xy 平面上で，2つの放物線 $C_1: y = x^2 + 2ax + 5$ と $C_2: y = -x^2 + 2x + a$ が，$x > 0$ の範囲で1点Pを共有し，点Pで共通の接線をもつ。このとき，次の各問に答えよ。ただし，a を実数の定数とする。

(1) a の値は，

$a =$ [34・35] であり，

点Pの座標は，

([36] , [37・38]) である。

(2) 点Pでの共通接線の方程式は，

$y =$ [39・40] $x +$ [41] である。

VI 赤玉と白玉が合計25個入っている袋の中から，同時に2個の玉を取り出す。取り出した玉が2個とも赤玉である確率が $\frac{2}{5}$ であるとき，次の各問に答えよ。

(1) この袋の中の赤玉の個数は，

[42・43] 個である。

(2) 2個とも白玉である確率は，

$\frac{[44]}{[45・46]}$ である。

化学

（60分）

必要があれば次の数値を使用すること。

原子量	H	1.0	C	12	O	16	Mg	24
	Al	27	Cl	35.5				

標準状態における気体1molの体積　22.4 L

問題文中の体積の単位記号Lはリットルを表す。

Ⅰ　次の設問は化学と人間生活および物質の探求に関するものである。設問にしたがって解答せよ。

問1　プラスチックに関する記述として**誤っているもの**を，次の①～⑤のうちから一つ選べ。 [1]

① ナイロンは世界初の合成繊維である。

② ペットボトルはポリエチレンテレフタラートからできている。

③ ポリエチレンテレフタラートを繊維状にしたものは，合成繊維として利用される。

④ ポリエチレンは食品の包装やゴミ袋に利用されている。

⑤ ポリエチレンテレフタラートは付加重合で合成される。

問2　次の文中の下線を付した酸素のうち，単体ではなく元素を表すものとして最も適当なものを，次の①～⑤のうちから一つ選べ。 [2]

① <u>酸素</u>とオゾンは，互いに同素体である。

② 水を電気分解すると水素と<u>酸素</u>が得られる。

③ <u>酸素</u>の融点は－218℃である。

④ 二酸化炭素は炭素と<u>酸素</u>からなる化合物である。

⑤　空気中には窒素が78%，<u>酸素</u>が21%，アルゴンが1%含まれている。

問 3　セラミックス(窯業製品)に関する記述として**誤っているもの**を，次の①～⑤のうちから一つ選べ。　3

①　ガラス・陶磁器・セメントなどが含まれる。

②　熱や電気を伝えにくいものが多い。

③　熱に弱く，腐食しやすいものが多い。

④　無機物質を原料としている。

⑤　急激な温度変化に弱く，加工しにくい。

問 4　ある地層から木片が出土した。この木片に含まれる炭素$^{14}_{6}C$の存在比は，現在の8分の1であった。この木は何年前まで生存していたと推測されるか。最も適当なものを，次の①～⑧のうちから一つ選べ。ただし，大気中の$^{14}_{6}C$存在比は一定であり，$^{14}_{6}C$の半減期を5730年とする。　4

①　716年前	②　1433年前	③　2865年前	④　5730年前
⑤　11460年前	⑥　14325年前	⑦　17190年前	⑧　45840年前

問 5　物質の状態に関する次の文章を読み，各問いに答えよ。

図1は-10℃の氷130gを1気圧〔1.01×10^{5}Pa〕のもとで均一に加熱し，全部を120℃の水蒸気にしたときの，加熱時間と温度の関係を示したものである。

温度の表記には，セルシウス温度〔記号℃〕と絶対温度〔単位はケルビン，記号K〕などがある。理論上の最低温度は-273℃であり，絶対零度という。絶対温度はセルシウス温度をt〔℃〕で表すと，(ア)〔K〕になる。したがってf点の温度は絶対温度では(イ)〔K〕になる。

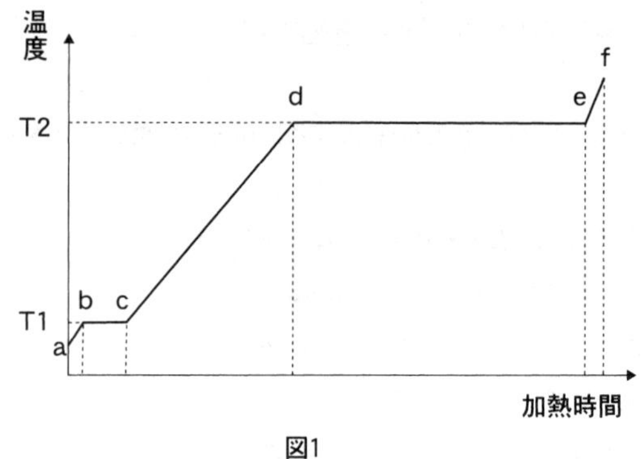

図1

(1)　図1に関する記述として最も適当なものを，次の①～⑤のうちから一つ選べ。　**5**

① T1の温度は一定で100℃である。

② b点での密度はc点での密度より大きい。

③ c−d間はすべて液体で，沸騰はおこっていない。

④ T2の温度は一定で凝固点である。

⑤ a～fのうち，粒子の熱運動が最も激しいのはe点である。

(2)　文中の(ア)・(イ)に入る文字式，数値の組み合わせとして最も適当なものを，次の①～⑥のうちから一つ選べ。　**6**

	(ア)	(イ)
①	$273 + t$	120
②	$273 + t$	393
③	$273 - t$	120
④	$273 - t$	153
⑤	$t - 273$	120
⑥	$t - 273$	393

(3)　b−c間，d−e間の加熱時間はそれぞれ6.0分，44分であった。100℃の水130gを同温度の水蒸気にするために必要な熱量は，0℃の氷130gを同温度の水にするために必要な熱量の何倍か。あてはまる数値として最も適切な

ものを，次の①～⑤のうちから一つ選べ。 **7**

① 0.130　② 0.600　③ 1.67　④ 4.40　⑤ 7.33

(4) 50℃の水 130 g を同条件下で均一に加熱したときの，加熱時間と温度の関係を示した図(実線)として最も適当なものを，次の①～⑤のうちから一つ選べ。ただし，図内の破線は図 1 のグラフである。 **8**

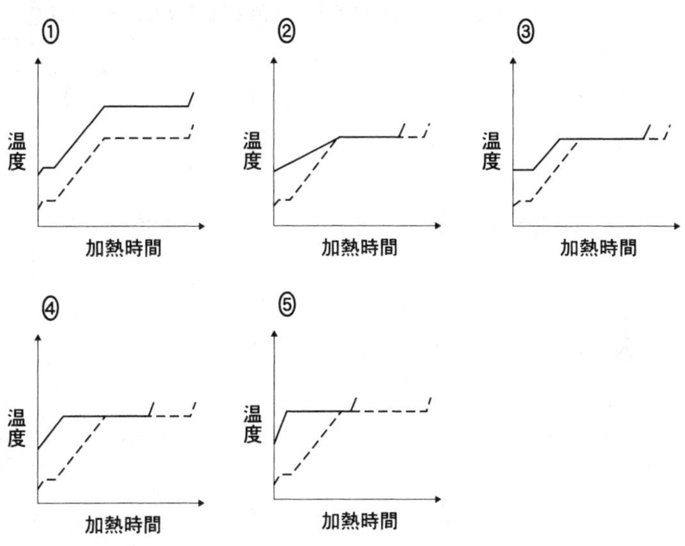

Ⅱ　次の設問は物質と化学結合に関するものである。設問にしたがって解答せよ。

問 1　次の(ア)～(キ)の分子の例について，各問いに答えよ。

(ア)　H_2　(イ)　N_2　(ウ)　CO_2　(エ)　HCl　(オ)　CH_4
(カ)　H_2O　(キ)　NH_3

⑴　原子価が4価の原子を含む分子として最も適当なものを，次の①～⑦のうちから二つ選べ。ただし，解答の順序は問わない。　9　10

①　ア　②　イ　③　ウ　④　エ
⑤　オ　⑥　カ　⑦　キ

⑵　三重結合をもつ分子として最も適当なものを，次の①～⑦のうちから一つ選べ。　11

①　ア　②　イ　③　ウ　④　エ
⑤　オ　⑥　カ　⑦　キ

⑶　非共有電子対を1つもつ分子として最も適当なものを，次の①～⑦のうちから一つ選べ。　12

①　ア　②　イ　③　ウ　④　エ
⑤　オ　⑥　カ　⑦　キ

⑷　極性をもつ分子の数として最も適当なものを，次の①～⑧のうちから一つ選べ。　13

①　1　②　2　③　3　④　4　⑤　5
⑥　6　⑦　7　⑧　0

⑸　燃料電池の燃料として使用されている分子として最も適当なものを，次の①～⑦のうちから一つ選べ。　14

①　ア　②　イ　③　ウ　④　エ
⑤　オ　⑥　カ　⑦　キ

問 2　分子結晶の性質として最も適当なものを，次の①～④のうちから一つ選べ。

15

① 融点が非常に高く，一般的に非常に硬い。

② 電気・熱をよく通し，展性・延性に富む。

③ 融点が低く，物質によっては昇華する。

④ 固体のままでは電気伝導性はないが，融解したり水に溶かしたりすると電気をよく通す。

問 3　物質と結晶の種類の組み合わせとして**誤っているもの**を，次の①～⑤のうちから一つ選べ。

16

	物　質	**結晶の種類**
①	酸化カルシウム	イオン結晶
②	二酸化硫黄	イオン結晶
③	二酸化ケイ素	共有結合の結晶
④	ダイヤモンド	共有結合の結晶
⑤	銅	金属結晶

Ⅲ 次の設問は物質量と化学反応式に関するものである。設問にしたがって解答せよ。

問 1 同じ濃度の塩酸をそれぞれ100mLずつ入れたA～Fの6つのビーカーがある。それぞれのビーカーに質量を変えてマグネシウムを入れたところ，どのビーカーでも反応が起こり同一の気体Xが発生した。各ビーカーに入れたマグネシウムの質量とそのとき発生した気体Xの標準状態での体積は下表のようである。次の各問いに答えよ。また，必要があれば60ページの方眼紙を使いなさい。

ビーカー	A	B	C	D	E	F
入れたマグネシウムの質量〔g〕		0.30	0.48	0.60	1.2	1.5
発生した気体Xの体積〔mL〕	168	280	448	560	672	672

(1) このとき生じた気体Xとして最も適当なものを，次の①～⑤のうちから一つ選べ。 17

① 酸　素　② 塩　素　③ 水　素
④ 塩化水素　⑤ 二酸化炭素

(2) Aのビーカーに入れたマグネシウムの物質量〔mol〕として最も適当なものを，次の①～⑤のうちから一つ選べ。 18

① 2.5×10^{-3}　② 5.0×10^{-3}　③ 7.5×10^{-3}
④ 1.0×10^{-2}　⑤ 1.5×10^{-2}

(3) 実験に用いた塩酸100mLとちょうど反応するマグネシウムの物質量〔mol〕として最も適当なものを，次の①～⑤のうちから一つ選べ。 19

① 0.015　② 0.025　③ 0.030　④ 0.050　⑤ 0.060

(4) Fのビーカーにおいて未反応のマグネシウムの質量〔g〕として最も適当なものを，次の①～⑤のうちから一つ選べ。 20

① 0.30　② 0.54　③ 0.66　④ 0.78　⑤ 0.80

⑸　反応後のCのビーカーの水分を全て蒸発させたところ固体が残った。残った固体の質量〔g〕として最も適当なものを，次の①～⑤のうちから一つ選べ。　21

①　1.3　②　1.9　③　2.4　④　2.9　⑤　3.4

⑹　実験に用いた塩酸の濃度〔mol/L〕として最も適当なものを，次の①～⑤のうちから一つ選べ。　22

①　0.15　②　0.30　③　0.45　④　0.60　⑤　0.90

⑺　12 mol/Lの濃塩酸を用いて実験に使用した塩酸を1.0 L調製したい。このときに必要な濃塩酸の体積〔mL〕として最も適当なものを，次の①～⑤のうちから一つ選べ。　23

①　10　②　25　③　50　④　75　⑤　125

⑻　実験に用いた塩酸と同じ濃度〔mol/L〕の希硫酸60 mLにアルミニウムを0.54 g入れたときの記述として最も適当なものを，次の①～⑤のうちから一つ選べ。　24

①　アルミニウムはすべて溶け，気体Xが発生する。
②　アルミニウムはすべて溶けるが，気体Xとは別の気体が発生する。
③　アルミニウムはすべて溶けず，気体Xが発生する。
④　アルミニウムはすべて溶けず，気体Xとは別の気体が発生する。
⑤　アルミニウムは溶けない。

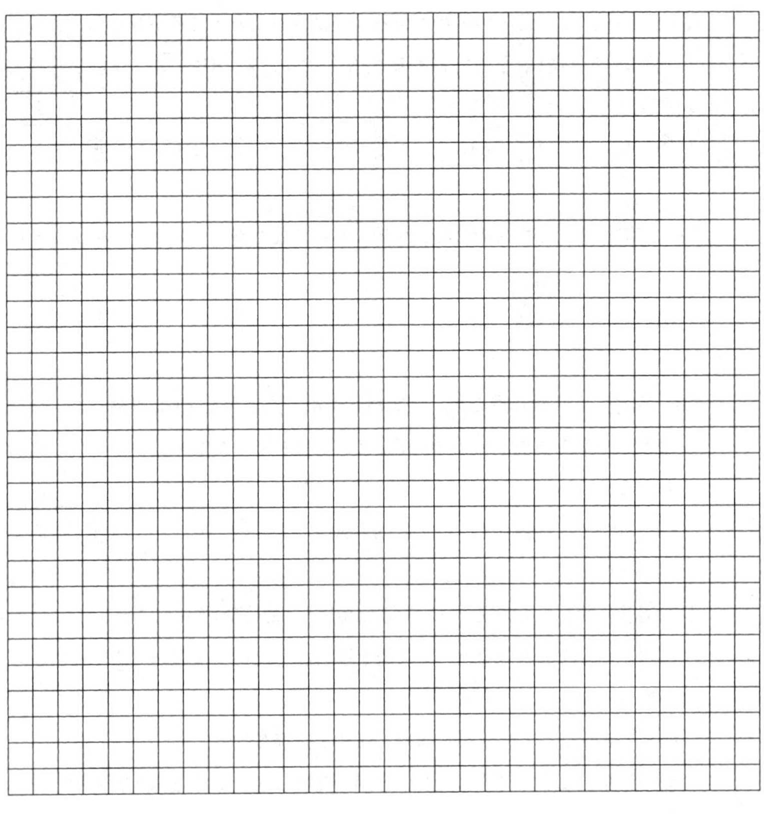

Ⅳ　次の設問は酸と塩基に関するものである。設問にしたがって解答せよ。

問 1　アンモニアを水に溶かすと，次のように電離する。

$$NH_3 + H_2O \leftrightarrows NH_4^+ + OH^-$$

この式において，ブレンステッド・ローリーの定義による酸に該当するものの組み合わせとして最も適当なものを，次の①～⑥のうちから一つ選べ。 25

① NH_3 と H_2O　② NH_3 と NH_4^+　③ NH_3 と OH^-
④ H_2O と NH_4^+　⑤ H_2O と OH^-　⑥ NH_4^+ と OH^-

問 2　次の酸化物について，酸性酸化物と塩基性酸化物の組み合わせとして最も適当なものを，次の①～⑤のうちから一つ選べ。 26

	酸性酸化物	塩基性酸化物
①	CaO	MgO
②	CO_2	SO_2
③	MgO	P_4O_{10}
④	P_4O_{10}	CaO
⑤	Na_2O	CO_2

問 3　次の中和滴定の実験を行った。各問いに答えよ。

0.10 mol/L の酢酸水溶液が 200 mL ある。ホールピペットを用いて酢酸水溶液 20 mL をはかり取り，コニカルビーカーに入れた。その後，指示薬を数滴加え，ビュレットから 0.20 mol/L 水酸化バリウム水溶液を滴下して中和滴定を行った。中和点での溶液はうすい赤色であった。

(1)　酢酸水溶液 200 mL 中に含まれる酢酸の質量〔g〕として最も適当なものを，次の①～⑤のうちから一つ選べ。 27

① 0.30　② 0.60　③ 1.2　④ 1.8　⑤ 2.4

⑵　酢酸水溶液のpHとして最も適当なものを，次の①～⑤のうちから一つ選べ。ただし，酢酸の電離度は0.010とする。　28

①　1　②　2　③　3　④　4　⑤　5

⑶　酢酸水溶液の水酸化物イオン濃度〔mol/L〕として最も適当なものを，次の①～⑥のうちから一つ選べ。ただし，酢酸の電離度は0.010とする。また，水素イオン濃度と水酸化物イオン濃度との積（$[H^+][OH^-]$）は1.0×10^{-14}(mol/L)^{2}とする。　29

①　1.0×10^{-2}　②　1.0×10^{-3}　③　1.0×10^{-4}

④　1.0×10^{-10}　⑤　1.0×10^{-11}　⑥　1.0×10^{-12}

⑷　中和滴定で要した水酸化バリウム水溶液の体積〔mL〕として最も適当なものを，次の①～⑤のうちから一つ選べ。　30

①　5.0　②　7.5　③　10　④　15　⑤　20

⑸　この実験において，0.20mol/L水酸化バリウム水溶液の代わりに0.50mol/L水酸化ナトリウム水溶液を用いて酢酸水溶液を滴定した。このときに用いる指示薬と中和点での溶液の色の記述として最も適当なものを，次の①～⑤のうちから一つ選べ。　31

①　フェノールフタレインを用い，中和点の色はうすい赤色

②　フェノールフタレインを用い，中和点の色は無色

③　メチルオレンジを用い，中和点の色はうすい赤色

④　メチルオレンジを用い，中和点の色は黄色

⑤　フェノールフタレイン，メチルオレンジのいずれも用いてよく，中和点の色はいずれもうすい赤色

⑹　この実験において，0.20mol/L水酸化バリウム水溶液の代わりに0.50mol/L水酸化ナトリウム水溶液を用いて酢酸水溶液を滴定したときの中和点までの滴定量〔mL〕として最も適当なものを，次の①～⑤のうちから一つ選べ。　32

①　2.0　②　4.0　③　8.0　④　10　⑤　15

V　次の設問は酸化と還元に関するものである。設問にしたがって解答せよ。

問 1　CuOとH_2を反応させるとCuとH_2Oが生じる。このときCuOのCuの(ア)は，反応後に(イ)したため(ウ)された。一方，H_2は，Hの(ア)は，反応後に(エ)したため(オ)された。

(1)　(ア)にあてはまる最も適当なものを，次の①～④のうちから一つ選べ。　33

①　原子量　②　酸化数　③　陽子数　④　質量数

(2)　(イ)～(オ)にあてはまる語句の組み合わせとして最も適当なものを，次の①～④のうちから一つ選べ。　34

	(イ)	(ウ)	(エ)	(オ)
①	増　加	酸　化	減　少	還　元
②	増　加	還　元	減　少	酸　化
③	減　少	酸　化	増　加	還　元
④	減　少	還　元	増　加	酸　化

問 2　次の反応a～dのうちで，酸化還元反応の組み合わせとして最も適当なものを，次の①～⑥のうちから一つ選べ。　35

a　$K_2Cr_2O_7 + 2KOH \rightarrow 2K_2CrO_4 + H_2O$

b　$H_2SO_4 + Fe \rightarrow FeSO_4 + H_2$

c　$BaCO_3 + 2HCl \rightarrow H_2O + CO_2 + BaCl_2$

d　$MnO_2 + 4HCl \rightarrow MnCl_2 + 2H_2O + Cl_2$

①　aとb　②　aとc　③　aとd　④　bとc　⑤　bとd　⑥　cとd

問 3　次の反応のうち，下線で示した原子の酸化数が，反応の前後で最も大きく変化しているものとして最も適当なものを，次の①～⑤のうちから一つ選べ。　36

① $2H_2\underline{S} + SO_2 \rightarrow 3\underline{S} + 2H_2O$

② $3Cu + 8H\underline{N}O_3 \rightarrow 3Cu(NO_3)_2 + 4H_2O + 2\underline{N}O$

③ $\underline{S}O_2 + I_2 + 2H_2O \rightarrow H_2\underline{S}O_4 + 2HI$

④ $\underline{Cu}_2S + O_2 \rightarrow 2\underline{Cu} + SO_2$

⑤ $2\underline{Fe}Cl_2 + Cl_2 \rightarrow 2\underline{Fe}Cl_3$

問 4 硫酸酸性にした0.15mol/Lのシュウ酸水溶液25mLに，濃度が未知の二クロム酸カリウム水溶液を加えたところ，すべてのシュウ酸が反応するまで10mLを要した。

このときの酸化剤の半反応式は，

$Cr_2O_7^{2-}$ + (ア)e^- + (イ)$H^+ \rightarrow 2Cr^{3+}$ + (ウ)H_2O

還元剤の半反応式は

$(COOH)_2 \rightarrow 2CO_2 + 2e^- + 2H^+$

となる。したがって，化学反応式は

(エ)$K_2Cr_2O_7$ + (オ)$(COOH)_2$ + (カ)H_2SO_4

→ (エ)$Cr_2(SO_4)_3$ + (ウ)H_2O + (キ)CO_2 + (エ)K_2SO_4

となる。この反応に使用された二クロム酸カリウム水溶液の濃度は(ク) mol/Lである。ただし，(ア)～(キ)は係数をあらわす。

(1) (ア)～(ウ)にあてはまる係数の組み合わせとして最も適当なものを，次の①～⑥のうちから一つ選べ。 **37**

	(ア)	(イ)	(ウ)
①	3	6	3
②	3	12	6
③	3	14	7
④	6	6	3
⑤	6	12	6
⑥	6	14	7

(2) (エ)・(カ)にあてはまる数値の組み合わせとして最も適当なものを，次の①～⑥のうちから一つ選べ。 **38**

	(エ)	(カ)
①	1	2
②	1	4
③	2	2
④	2	4
⑤	4	2
⑥	4	4

⑶　(オ)・(キ)にあてはまる数値の組み合わせとして最も適当なものを，次の①～⑥のうちから一つ選べ。　39

	(オ)	(キ)
①	3	6
②	3	12
③	3	14
④	6	6
⑤	6	12
⑥	6	14

⑷　(ク)にあてはまる数値として最も適当なものを，次の①～⑤のうちから一つ選べ。　40

①　0.0750　　②　0.125　　③　0.175　　④　0.275　　⑤　0.375

生物

（60分）

I　酵素に関する次の文章を読み，各問いに答えよ。

酵素の性質を調べるために実験1と実験2を行った。

［実験1］　試験管に常温の3%過酸化水素水を2mL入れ，そこにブタの肝臓片を1g加えた。すると，<u>気体が発生した</u>[a]ので，<u>試験管の口に炎を消した線香を近づけて観察した</u>[b]。しばらくすると，気体は発生しなくなった。その後，<u>ある物質</u>[c]を試験管に加えたところ再び気体が発生した。

［実験2］　実験1とは別の試験管に3%過酸化水素水を2mL入れ，冷蔵庫で冷やした。そこに冷やしたブタの肝臓片を1g加え，詳細に分析したところ，実験1に比べて気体の発生速度が遅くなっていることが分かった。

問1　下線部aで発生した気体として最も適当なものを，次の①～⑥のうちから一つ選べ。　1

① アンモニア　② 水　素　③ 二酸化炭素
④ 一酸化炭素　⑤ 酸　素　⑥ 窒　素

問2　下線部bの観察結果として最も適当なものを，次の①～⑤のうちから一つ選べ。　2

① 気体の発生が停止した。
② 線香の火が完全に消えた。
③ 線香の火が炎を上げて燃えた。
④ 鼻をさすような強いにおいがした。
⑤ 気体の発生が促進された。

問 3　下線部 c に関する物質として最も適当なものを，次の①～⑤のうちから一つ選べ。 3

① 3％過酸化水素水　② ブタの肝臓片　③ 煮沸したブタの肝臓
④ 石英粒　⑤ 氷　水

問 4　実験1と実験2の結果から考察されることとして最も適当なものを，次の①～④のうちから一つ選べ。 4

① 肝臓片は無機触媒としてはたらいた。
② 過酸化水素は触媒としてはたらいた。
③ 常温のカタラーゼは低温のカタラーゼに比べて化学反応をより促進させた。
④ 常温の過酸化水素水は低温の過酸化水素水に比べて肝臓片の分解をより促進させた。

Ⅱ　細胞周期に関する次の文章を読み，各問いに答えよ。

室温に置いたある植物の根の先端から根端分裂組織を切り出し，いくつかの処理をした。その後，顕微鏡で観察をしたところ，図の模式図に代表されるような細胞分裂の様々な時期の細胞像が観察された。このとき観察された各時期の細胞数は表のとおりであった。なお，すべての細胞は a ～ e のいずれかの形態に分類された。

a
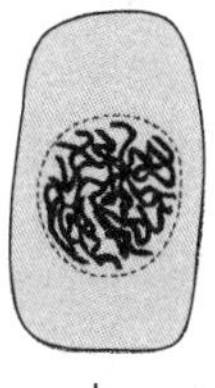
b

c
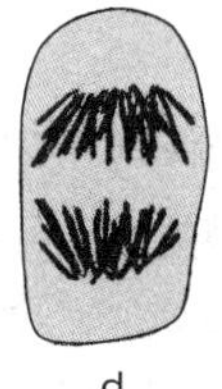
d
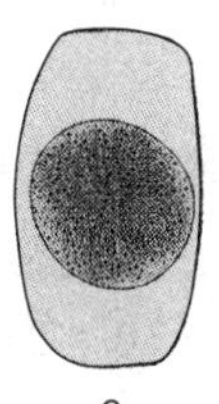
e

図

表

細胞の形態	a	b	c	d	e
細胞数（個）	30	120	90	60	2700

問 1　図中a～eにおいて細胞分裂の順序として最も適当なものを，次の①～⑥のうちから一つ選べ。　5

① a → b → e → d → c
② a → c → d → b → e
③ b → e → a → c → d
④ b → e → a → d → c
⑤ e → b → a → c → d
⑥ e → b → a → d → c

問 2　下線部に含まれる処理として**誤っているもの**を，次の①～④のうちから一つ選べ。　6

① 酢酸とエタノールの混合液に浸して固定した。
② 細胞核や染色体を観察しやすくするために酢酸オルセイン溶液で染色した。
③ エタノールで個々の細胞を解離しやすくした。
④ スライドガラスの上においた組織片にカバーガラスをかけてろ紙をおいて押しつぶした。

問 3　間期の細胞数として最も適当なものを，次の①～⑦のうちから一つ選べ。　7

① 30個　② 60個　③ 90個　④ 120個
⑤ 150個　⑥ 2700個　⑦ 2820個

問 4　この根端分裂細胞では細胞周期に要する時間が15時間であった。このとき，表から推測される細胞分裂の後期の長さとして最も適当なものを，次の①～⑨のうちから一つ選べ。　8

① 9分　② 18分　③ 27分　④ 36分　⑤ 90分
⑥ 180分　⑦ 270分　⑧ 360分　⑨ 810分

Ⅲ　体内の塩類濃度に関する次の文章を読み，各問いに答えよ。

細胞内液と細胞外液との間で塩類濃度の差があると水の移動が起こる場合がある。例えば，赤血球を蒸留水に入れると(　ア　)へ水の移動が起こり，赤血球は(　イ　)。動物には体外の環境が変化しても体内環境を一定に保とうとする性質があり，体液の無機塩類・酸素・グルコースの濃度やpHなどはほぼ一定に保たれている。生物の中には体内に入った水を収縮胞により体外に排出するものが存在する。

問 1　文章中のア・イに入る語句の組み合わせとして最も適当なものを，次の①～⑥のうちから一つ選べ。　9

	ア	イ
①	細胞内から細胞外	変化しない
②	細胞内から細胞外	破裂する
③	細胞内から細胞外	縮　む
④	細胞外から細胞内	変化しない
⑤	細胞外から細胞内	破裂する
⑥	細胞外から細胞内	縮　む

問 2　収縮胞により水を体外に排出している生物として最も適当なものを，次の①～⑥のうちから一つ選べ。　10

①　イ　ネ　　②　ウシガエル　　③　シアノバクテリア
④　ゾウリムシ　　⑤　大腸菌　　⑥　ニホントカゲ

問 3　脊椎動物において，体液の塩類濃度を一定の範囲内に保つために無機塩類を排出している器官として最も適当なものを，次の①～⑦のうちから一つ選べ。　11

①　肝　臓　　②　小　腸　　③　心　臓　　④　腎　臓
⑤　すい臓　　⑥　肺　　⑦　副　腎

問 4　海水産硬骨魚類における塩類濃度の調節に関する組み合わせとして最も適当なものを，次の①～⑥のうちから一つ選べ。　12

	えらのはたらき	尿の濃度	尿　量
①	無機塩類の排出	体液より薄い	少　量
②	無機塩類の排出	体液より薄い	多　量
③	無機塩類の排出	体液と同じ	少　量
④	無機塩類の吸収	体液と同じ	多　量
⑤	無機塩類の吸収	体液より濃い	少　量
⑥	無機塩類の吸収	体液より濃い	多　量

Ⅳ　ヒトの循環系に関する次の文章を読み，各問いに答えよ。

血管系は血液の通り道であり，リンパ系と合わせて循環系を構成している。血液はポンプ機能のある心臓から血管を介して全身に送り届けられる。

問 1　下線部に関する記述として最も適当なものを，次の①～⑥のうちから一つ選べ。　13

① ヒトの血液循環は開放血管系である。

② 血液成分が血管の外に出ることはない。

③ 静脈は動脈より血管壁が厚い。

④ 静脈には弁がある。

⑤ リンパ液は腎臓で生成される。

⑥ リンパ管は肺静脈で血管と合流する。

問 2　肝門脈に関する記述として最も適当なものを，次の①～⑥のうちから一つ選べ。　14

① 小腸と肝臓を結ぶ血管であり，静脈血が流れている。

② 小腸と肝臓を結ぶ血管であり，動脈血が流れている。

③ 心臓と肝臓を結ぶ血管であり，静脈血が流れている。

④ 心臓と肝臓を結ぶ血管であり，動脈血が流れている。

⑤ 胆のうと肝臓を結ぶ血管であり，静脈血が流れている。

⑥ 胆のうと肝臓を結ぶ血管であり，動脈血が流れている。

問 3 毛細血管の構造に関する記述として最も適当なものを，次の①～⑥のうちから一つ選べ。 15

① 内皮と筋肉と弁がある。

② 内皮と筋肉はあるが，弁はない。

③ 内皮と弁はあるが，筋肉はない。

④ 筋肉と弁はあるが，内皮はない。

⑤ 内皮はあるが，筋肉と弁はない。

⑥ 筋肉はあるが，内皮と弁はない。

問 4 心臓の拍動に関する記述として最も適当なものを，次の①～⑥のうちから一つ選べ。 16

① ペースメーカーは右心房にある。

② ペースメーカーは右心室にある。

③ 拍動数は運動神経によって調整される。

④ 拍動数は感覚神経によって調整される。

⑤ 精神的な緊張により拍動は減少する。

⑥ 血液中の二酸化炭素濃度が高まると拍動は減少する。

V　免疫に関する次の文章A・Bを読み，各問いに答えよ。

A　生体には病原体などの侵入を防いだり，侵入した異物を排除したりする免疫とよばれるしくみが備わっている。ヒトの免疫は，大きく分けて自然免疫と適応免疫(獲得免疫)に分けられる。自然免疫には，<u>物理的防御・化学的防御</u>(a)と<u>食細胞によって行われる食作用</u>(b)がある。

問1　下線部aに関する記述として**誤っているもの**を，次の①～⑥のうちから一つ選べ。　**17**

① 粘液や汗は弱アルカリ性に保たれており，病原体の繁殖を抑制している。

② 消化管内の常在菌には，外来の病原体の繁殖を抑えるものもある。

③ 皮膚の角質層は，病原体などの侵入を防いでいる。

④ 気管の繊毛上皮は，病原体などの侵入を防いでいる。

⑤ だ液に含まれるリゾチームは，侵入する細菌の細胞壁を分解する酵素である。

⑥ 粘膜上皮に存在するディフェンシンは，細菌の細胞膜を破壊する物質である。

問2　下線部bに関する記述として最も適当なものを，次の①～⑤のうちから一つ選べ。　**18**

① 食細胞はさまざまなリンパ球を特異的に取り込んでいる。

② 好中球は大形の細胞で組織中のみに分布する食細胞である。

③ 樹状細胞は白血球の中で最も数が多い食細胞である。

④ マクロファージは血液中では単球として存在する。

⑤ 炎症が起こると食細胞の食作用は抑えられる。

B　適応免疫にはT細胞とB細胞の2種類のリンパ球が中心となってはたらいている。体内に存在する多様なリンパ球は，通常，自身のからだをつくる成分に対して免疫反応を生じない状態をつくることができる。この状態を(　ア　)という。

異物を取り込んだ樹状細胞は，異物の一部を細胞の表面に提示する。このようなはたらきを(　イ　)という。樹状細胞の提示を受けたT細胞は活性化して増殖する。T細胞のうち，（　ウ　）は感染細胞などを直接攻撃して死滅させる。一方，（　エ　）は，マクロファージを活性化させて食作用をより活発にする。

また，（　エ　）はB細胞も活性化させる。活性化したB細胞は（　オ　）に分化し，抗体を産生して血液中に放出する。抗体は免疫グロブリンというタンパク質からなり，抗原と特異的に結合して抗原を無毒化する。

問 3　文章中のア・イに入る語の組み合わせとして最も適当なものを，次の①～⑥のうちから一つ選べ。　19

	ア	イ
①	免疫寛容	抗原提示
②	免疫寛容	抗原抗体反応
③	免疫寛容	免疫記憶
④	免疫記憶	抗原抗体反応
⑤	免疫記憶	抗原提示
⑥	免疫記憶	免疫寛容

問 4　文章中のウ～オに入る語の組み合わせとして最も適当なものを，次の①～⑧のうちから一つ選べ。　20

	ウ	エ	オ
①	キラーT細胞	ヘルパーT細胞	好中球
②	キラーT細胞	ヘルパーT細胞	形質細胞
③	キラーT細胞	NK細胞	好中球
④	キラーT細胞	NK細胞	形質細胞
⑤	ヘルパーT細胞	キラーT細胞	好中球
⑥	ヘルパーT細胞	キラーT細胞	形質細胞
⑦	ヘルパーT細胞	NK細胞	好中球
⑧	ヘルパーT細胞	NK細胞	形質細胞

VI　体温調節に関する次の文章を読み，各問いに答えよ。

恒温動物は，外界の温度変化が体温の調節中枢[a]に受容され，中枢が末しょう神経系とホルモンを介して発熱量と放熱量を調節することにより，体温を一定の範囲内に保っている。

例えばヒトでは，体温が低下すると，(　ア　)のはたらきにより，心臓の拍動を促進し，血流量を増加させて，血液によって熱がからだ全体に伝えられるようになる。また，(　イ　)のはたらきにより，皮膚の血管に作用して放熱を抑制している。(　イ　)は立毛筋にもはたらきかけている[b]。さらに，寒さが続くと，複数のホルモンの分泌を促進することにより，肝臓や筋肉における代謝を促進[c]させ，発熱量を増加させる。

一方，体温が上昇したときは，(　ウ　)のはたらきにより，発汗を促進し，放熱量を増加させる。

問1　文章中のア～ウに入る語の組み合わせとして最も適当なものを，次の①～⑧のうちから一つ選べ。　21

	ア	イ	ウ
①	交感神経	交感神経	交感神経
②	交感神経	交感神経	副交感神経
③	交感神経	副交感神経	交感神経
④	交感神経	副交感神経	副交感神経
⑤	副交感神経	交感神経	交感神経
⑥	副交感神経	交感神経	副交感神経
⑦	副交感神経	副交感神経	交感神経
⑧	副交感神経	副交感神経	副交感神経

問2　下線部aに関して，体温の調節中枢として最も適当なものを，次の①～⑥のうちから一つ選べ。　22

①　脳下垂体前葉　　②　脳下垂体後葉　　③　間脳の視床下部
④　副腎皮質　　⑤　延　髄　　⑥　脊　髄

問 3　下線部 b に関して，皮膚の血管と立毛筋の変化の組み合わせとして最も適当なものを，次の①～⑨のうちから一つ選べ。　23

	皮膚の血管	立毛筋
①	収縮する	弛緩する
②	収縮する	収縮する
③	収縮する	変化しない
④	弛緩する	弛緩する
⑤	弛緩する	収縮する
⑥	弛緩する	変化しない
⑦	変化しない	弛緩する
⑧	変化しない	収縮する
⑨	変化しない	変化しない

問 4　下線部 c のときに分泌されるホルモンのうち，副腎から分泌されるホルモンの組み合わせとして最も適当なものを，次の①～⑥のうちから一つ選べ。　24

① アドレナリン，チロキシン
② アドレナリン，糖質コルチコイド
③ インスリン，グルカゴン
④ インスリン，バソプレシン
⑤ 糖質コルチコイド，チロキシン
⑥ 糖質コルチコイド，バソプレシン

Ⅶ　植生の遷移とバイオームに関する次の文章A・Bを読み，各問いに答えよ。

A　火山噴火によって溶岩に覆われた場所では植生がすべて失われるが，その後の長い時間経過の中でゆっくりと植生が回復していく。表は，ある火山島での噴火後の経過年数が異なる地点（a～d）における植物リストを作成したものである。出現種数は数えることで簡単に得られたが，形も大きさも全く違う種類を含んでいるため，ラウンケルの生活形ごとにまとめた。また，地上植物は高さ2m以上の大型と2m未満の小型に分けた。

表　ある火山島における噴火後の経過年数にともなう植物の出現種数の変化および出現種のラウンケルの生活形組成の変化

地点	a	b	c	d
経過年数（年）	15	50	200	500
出現種数	7	73	76	94
生活形組成（%）				
地上植物（大型）	0.0	16.4	17.0	15.9
地上植物（小型）	28.0	33.0	37.0	42.5
地表植物	0.0	5.5	6.6	6.4
半地中植物	57.0	42.5	34.2	30.0
地中植物	14.0	2.7	5.2	5.3

年数に伴う変化ははっきりと表すことができなかったが，いくつかの点を表の数値から読み取ることができる。

問1　ラウンケルの生活形に関する記述として最も適当なものを，次の①～⑤のうちから一つ選べ。　25

①　植物の生育に重要な葉のつく位置に着目して生活形を分類したものである。

②　植物の生育に不適な時期の花のつく位置に着目して生活形を分類したものである。

③　植物の生育に最も適した時期の花の位置に着目して生活形を分類したものである。

④　植物の生育に不適な時期の休眠芽の位置に着目して生活形を分類したものである。

⑤　植物の生育に最も適した時期の休眠芽の位置に着目して生活形を分類したものである。

問2　表から読み取れることの記述として最も適当なものを，次の①～⑤のうちか

ら一つ選べ。　26

① 噴火後の経過年数が長くなるほど出現種数は減少する。

② 地上植物(大型)は経過年数が長くなるほど組成割合が増加するが，地上植物(小型)ではその傾向は見られない。

③ 地表植物は経過年数が長くなるほど組成割合が増加する。

④ 半地中植物は経過年数が長くなるほど組成割合が低下する。

⑤ 地中植物は経過年数が長くなるほど組成割合が増加する。

問 3 火山噴火後の溶岩原からの植生の変化を示す語として最も適当なものを，次の①～⑤のうちから一つ選べ。　27

① 二次遷移　② ギャップ更新　③ 湿性遷移

④ 一次遷移　⑤ 貧栄養化

問 4 表には，ラウンケルの生活形のうち一般的な遷移の初期には必ず出現する主要な生活形の一つが入っていない。その生活形の名称として最も適当なものを，次の①～⑤のうちから一つ選べ。　28

① 陰生植物　② 水生植物　③ 一年生植物

④ 陽生植物　⑤ コケ植物

B バイオームは，年平均気温と年降水量の影響を強く受ける。図1は日本のバイオームの分布を，図2は日本の4地点の月別平均気温と月別降水量を示したものである。ただし，この4地点は，それぞれ別々のバイオームに属するものとする。

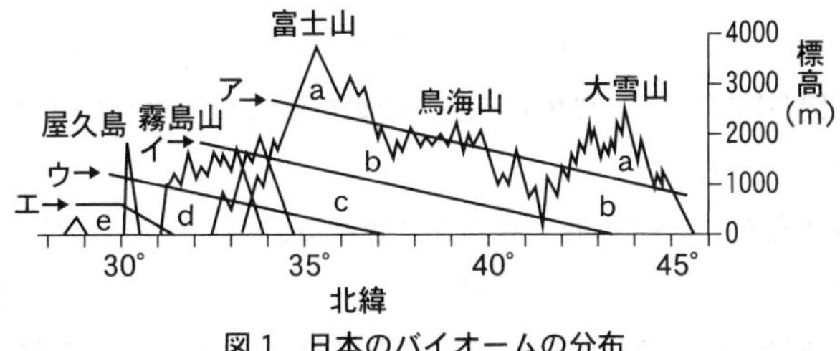

図1 日本のバイオームの分布

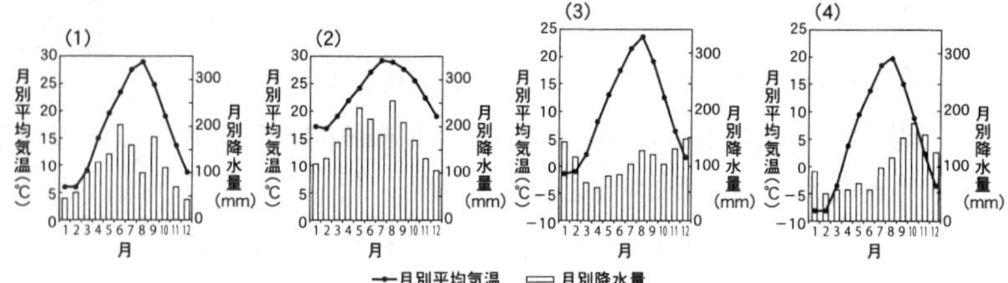

図2 日本各地の月別平均気温と月別降水量

問5 図1中のア～エは日本列島のバイオームの境界を示しているが，北にいくほど(緯度が高いほど)境界の標高が低くなっている傾向が見られる。この理由として最も適当なものを，次の①～⑥のうちから一つ選べ。 29

① 日本列島は北にいくほど年降水量が低下するから。
② 日本列島は北にいくほど年降水量が上昇するから。
③ 日本列島は北にいくほど年平均気温が低下するから。
④ 日本列島は北にいくほど年平均気温が上昇するから。
⑤ 日本列島は北にいくほど高い山が減少するから。
⑥ 日本列島は北にいくほど高い山が増加するから。

問6 図1・図2に関する記述として最も適当なものを，次の①～⑥のうちから一つ選べ。 30

① 図1中のaは針葉樹林を示し，図2の(2)はこの地域に含まれる。
② 図1中のbは針葉樹林を示し，図2の(4)はこの地域に含まれる。
③ 図1中のbは夏緑樹林を示し，図2の(1)はこの地域に含まれる。
④ 図1中のcは夏緑樹林を示し，図2の(1)はこの地域に含まれる。
⑤ 図1中のcは照葉樹林を示し，図2の(4)はこの地域に含まれる。
⑥ 図1中のdは照葉樹林を示し，図2の(4)はこの地域に含まれる。

問7 森林限界についての記述として最も適当なものを，次の①～⑥のうちから一つ選べ。 31

① 図1中のアが森林限界を示し，それより標高の高いところでは植物は生育できない。
② 図1中のアが森林限界を示し，それより標高の高いところでは樹木は生育

できない。

③　図1中のアが森林限界を示し，それより標高の高いところでは森林が形成されない。

④　図1中のイが森林限界を示し，それより標高の高いところでは植物は生育できない。

⑤　図1中のイが森林限界を示し，それより標高の高いところでは樹木は生育できない。

⑥　図1中のイが森林限界を示し，それより標高の高いところでは森林が形成されない。

問 8　亜熱帯多雨林についての記述として最も適当なものを，次の①～⑤のうちから一つ選べ。　32

①　トウヒやトドマツなどの常緑針葉樹が代表的な樹木である。

②　アラカシやスダジイなどのクチクラの発達した葉をもつ常緑広葉樹が代表的な樹木である。

③　コクタンやチークなどの乾季に落葉する高木が存在する。

④　林内にはヘゴやアコウなどが，河口にはマングローブが分布する。

⑤　ブナやミズナラなどの落葉広葉樹が代表的な樹木である。

Ⅷ　生態系に関する次の文章を読み，各問いに答えよ。

ある湖において，植物プランクトン（下線部a）による水深1mの湖水1日あたりの総生産量(mg/L)を調べるため，実験を行った。

（実験）　水深1mから採取した湖水からプランクトン(植物プランクトンと動物プランクトン)以外の大型生物を除去したものを湖水1とした。孔径が0.1μmのフィルターを通して湖水1からすべての生物を除去したものを湖水2とした。湖水1と湖水2をそれぞれ容積が100mLの透明のガラスびん3個に満たした。それぞれのガラスびんについて，処理A～Cを行った。

処理A：湖水1および湖水2の溶存酸素濃度をただちに測定した。

処理B：ガラスびん内に空気が入らないように密封し（下線部b），アルミホイルで覆って内部に光が入らないようにした。

処理C：ガラスびん内に空気が入らないように密封し（下線部b），アルミホイルで覆わずに内部に光が入るようにした。

処理Bおよび処理Cを行ったガラスびんは湖の水深1mに沈めた（下線部c）。1日後，ガラスびんを引き上げ，ガラスびん中の湖水の溶存酸素濃度を測定した。これらの一連の操作から，表に示した結果が得られた。

表　湖水の溶存酸素濃度（mg/L）

	湖水1	湖水2
処理A	6.4	6.4
処理B(1日後)	4.0	6.4
処理C(1日後)	7.2	6.4

問1　下線部aに関連して，光合成だけでなく窒素固定も行う植物プランクトンとして最も適当なものを，次の①～⑤のうちから一つ選べ。　**33**

①　クラミドモナス　　②　クロレラ　　③　ネンジュモ
④　ハネケイソウ　　⑤　ミカヅキモ

問2　湖水1を用いた実験に対する湖水2を用いた実験の名称として最も適当なものを，次の①～⑥のうちから一つ選べ。　**34**

①　交換実験　　②　再現実験　　③　対照実験
④　比較実験　　⑤　基礎実験　　⑥　予備実験

問 3　この湖でのプランクトンによる水深1mの1日あたりの呼吸の酸素量(mg/L)として最も適当なものを，次の①～⑧のうちから一つ選べ。　**35**

① 0.0　② 0.8　③ 1.1　④ 2.4
⑤ 3.2　⑥ 4.4　⑦ 6.4　⑧ 7.2

問 4　湖水1の処理Bの値と処理Cの値が異なる理由として最も適当なものを，次の①～⑥のうちから一つ選べ。　**36**

① 処理Bでは呼吸のみが行われ，処理Cでは光合成のみが行われる。
② 処理Bでは呼吸と光合成が行われ，処理Cでは呼吸のみが行われる。
③ 処理Bでは呼吸と光合成が行われ，処理Cでは光合成のみが行われる。
④ 処理Cでは呼吸のみが行われ，処理Bでは光合成のみが行われる。
⑤ 処理Cでは呼吸と光合成が行われ，処理Bでは呼吸のみが行われる。
⑥ 処理Cでは呼吸と光合成が行われ，処理Bでは光合成のみが行われる。

問 5　湖水の溶存酸素濃度は，湖水1の処理Aの値より処理Cの値が，1日あたりで0.8mg/L大きい。これを説明する記述として最も適当なものを，次の①～⑥のうちから一つ選べ。　**37**

① 植物プランクトンが光合成で放出した酸素量が処理Cでは処理Aより0.8mg/L大きいから。
② 植物プランクトンの純生産量に対応する酸素量が処理Cでは0.8mg/Lだから。
③ 植物プランクトンの総生産量に対応する酸素量が処理Cでは0.8mg/Lだから。
④ 植物プランクトンと動物プランクトンの成長量の合計に対応する酸素量が0.8mg/Lだから。
⑤ 植物プランクトンと動物プランクトンの同化量の合計に対応する酸素量が0.8mg/Lだから。
⑥ 動物プランクトンが吸収した酸素量が処理Aでは処理Cより0.8mg/L小さいから。

問 6　下線部bに関して，この処理を行う理由として最も適当なものを，次の①～⑤のうちから一つ選べ。　38

① ガラスびん内で生じた二酸化炭素を逃さないようにするため。
② ガラスびんから植物プランクトンを逃さないようにするため。
③ ガラスびんが圧力変化で壊れないようにするため。
④ ガラスびん内の温度変化を防ぐため。
⑤ ガラスびん内に空気中の酸素が入り込まないようにするため。

問 7　下線部cに関して，この処理を行う理由として最も適当なものを，次の①～⑤のうちから一つ選べ。　39

① 採取場所と同じ条件で酸素濃度の変化を測定するため。
② 採取場所と同じ条件で二酸化炭素濃度の変化を測定するため。
③ 採取場所と同じ水圧を与えるため。
④ 植物プランクトンの活動を促進するため。
⑤ 動物プランクトンの活動を妨げるため。

問 8　湖沼のプランクトンに関する記述として最も適当なものを，次の①～⑤のうちから一つ選べ。　40

① 赤潮とは，ある種の植物プランクトンなどの分泌物によって，湖沼や海洋の水が青緑色に見える現象のことである。
② 植物プランクトンの多い湖沼の表層水は，溶存酸素濃度が昼間には低く，夜間には高くなることが多い。
③ 窒素やリンが湖沼に流入すると，植物プランクトンの増殖が促進される。
④ 人間活動の影響がなければ，湖沼の富栄養化は起こらない。
⑤ 富栄養化とは，湖沼に新たに高次の消費者が現れ食物連鎖の栄養段階の数が増えることである。

して最も適当なものを、次の①～⑤のうちから一つ選べ。 35

① 希望は無駄とか損といったネガティブな状況認識と相反するものであり、物事を楽観的に受けとめる態度そのものが希望に他ならないということ。

② 希望は思いがけない形で不意に訪れるものであり、挫折を覚えそうになっても、立ち止まらずに行動するなかで発見できるということ。

③ 希望は先人たちが失敗や挫折を経て培ってきたものであり、彼らの声に耳を傾け、謙虚に学ぼうとする実践のなかで見出（みいだ）されるということ。

④ 希望は見方によってはアクシデントと同義であり、目の前の困難な事態に立ち向かう勇気をもつ者だけが希望を手に入れられるということ。

⑤ 希望は息苦しい現代社会において絶滅寸前であり、見失った希望を私たちがふたたび見つけ出すためには相応の時間を要するということ。

問十　問題文の内容に最もよく合致するものを、次の①～⑤のうちから一つ選べ。 36

① 不安の時代を迎えた現在、「大丈夫」という言葉の定義が根底から問い直されようとしている。

② 「大丈夫」という言葉は両義的であるため、この言葉を使う際は相手を思いやることが求められる。

③ 高齢社会は知恵の宝庫の社会でもあり、年長者には若い世代の不安を解消する役割が期待されている。

④ 仕事や人生で壁に直面したとき、乗り越える以外の方法で壁の向こう側へたどりつけることがある。

⑤ たとえ大きな壁にぶつかったとしても、希望を捨てることなくその前に立ち続ければいつか崩壊する。

⑤　社会人に比べて学生を困難が少ない気楽な境遇とみなしている。

問七　空欄 Ⅲ に入る文として最も適当なものを、次の①～⑤のうちから一つ選べ。 33

①　その穴は、行動せずに立ち止まっていただけでは、みつからなかったかもしれない。
②　あわてて戦略を練り直すよりも、目の前の壁に果敢に挑んでいく方が合理的でしょう。
③　いっけん無意味とさえ思われる行いが、結果として深い洞察に結びつくことがある。
④　このとき小さな穴をみつけることができたのも、日ごろの頑張りが実を結んだからです。
⑤　どうしよう、どうしようと周囲に助けを求めたことが幸いして、壁を越えることができました。

問八　空欄 Ⅳ ～ Ⅶ に入ることばの組み合わせとして最も適当なものを、次の①～⑤のうちから一つ選べ。 34

①　Ⅳ　すると　Ⅴ　そのうち　Ⅵ　でも　Ⅶ　だから
②　Ⅳ　すると　Ⅴ　だから　Ⅵ　そのうち　Ⅶ　でも
③　Ⅳ　そのうち　Ⅴ　でも　Ⅵ　だから　Ⅶ　すると
④　Ⅳ　でも　Ⅴ　すると　Ⅵ　だから　Ⅶ　そのうち
⑤　Ⅳ　でも　Ⅴ　だから　Ⅵ　すると　Ⅶ　そのうち

問九　傍線部E「希望は、無駄とか損とかという計算の向こうにみつかったりするものです」とはどういうことか。その説明と

問三　空欄 Ⅱ （二か所ある）に入ることばとして最も適当なものを、次の①～⑤のうちから一つ選べ。 29

① 安心第一の大丈夫
② 条件付きの大丈夫
③ 相手本位の大丈夫
④ 結論ありきの大丈夫
⑤ 経験優先の大丈夫

問四　傍線部B「シン」の漢字として最も適当なものを、次の①～⑤のうちから一つ選べ。 30

① 針　② 信　③ 親　④ 神　⑤ 進

問五　傍線部C「とつとつと」の意味として最も適当なものを、次の①～⑤のうちから一つ選べ。 31

① 得意気に　② おもむろに　③ 何度も繰り返し　④ 力強く　⑤ 口ごもりながら

問六　傍線部D「この種の励まし方」についての説明として**不適当なもの**を、次の①～⑤のうちから一つ選べ。 32

① 新入社員に対して社会人の大変さを説いて奮起を促している。
② 壁を乗り越えるための力として忍耐や努力を重視している。
③ 自らの経験に即して若者たちに具体的な知恵を授けようとしている。
④ 仕事で直面する壁を個人の力で克服可能なものと捉えている。

（玄田有史『希望のつくり方』による。なお、設問の都合上、原文を一部改変した箇所がある）

問一　空欄 Ⅰ に入ることばとして最も適当なものを、次の①～⑤のうちから一つ選べ。 27

①　膠着　②　浸透　③　繁昌　④　流行　⑤　蔓延

問二　傍線部Ａ「「大丈夫？」もけっこうこたえるものです」とあるが、それはなぜか。その説明として最も適当なものを、次の①～⑤のうちから一つ選べ。 28

①　職場のストレスフルな環境のなかで同僚から「大丈夫？」と声をかけられると、実際に具合が悪かったとしても、「大丈夫です！」と嘘をつかなくてはならないから。

②　ほんの少し体調がすぐれないだけで「大丈夫？」と心配されると、その心配りがありがたい反面、相手に何か迷惑をかけているのではと罪悪感を覚えるから。

③　たとえ「大丈夫？」が相手の気遣いから出た言葉だとしても、いわれた側は応答のたびに自分の体調を意識させられてしまい、逆に不安が高まりかねないから。

④　互いを思いやることが少ない現代社会において、「大丈夫？」と心配される機会は滅多にないため、声をかけられた側は感謝を強要されたように感じるから。

⑤　体調を崩している者にとって、「大丈夫？」の一言は激励として受け止められる危険性があり、休みたいといいだせないまま無理を重ねることが懸念されるから。

る。その穴を一所懸命に手で掘り広げていくと、わずかに通り抜けられるくらいのトンネルができたりする。そこに勇気を持ってもぐりこんで、もがいているうちに、壁の向こうにたどりついたりすることがあるんです。

ただ、ウロウロしていても穴もなにもみつからない、ということはあります。いよいよもう駄目なのかと思う。けれど、もう一日だけ粘ってみようとした最後の日の最後の瞬間に、グラッと地面が揺れて、その拍子に壁に亀裂が走る。しまいには壁そのものがガラガラと勝手に崩れていく。土けむりの舞うなかを、自分で乗り越えたわけではないけれど、壁の向こうに行けたりする。それも早々にあきらめていたら、あとで壁が崩れたことにも気づかなかったかもしれないんです。 Ⅲ 。

こんなことだってあります。穴もみつからない。壁もいっこうに崩れそうな気配もない。今度の今度こそ、本当に駄目かもしれないと思う。 Ⅳ 、何か遠くで音がする。ブルブルブルッていう音がする。空をみると、向こうからヘリコプターらしきものが飛んでくる。そのうち自分の上空で旋回を始める。すごい風のなか、なんだろうと思っていると、ヘリコプターからスルスルとロープが降りてくる。これは自分を助けてくれようとしているのか。不安になりながらもロープをつかんでみる。すると、一気にヘリコプターは上昇する。手を離したら死ぬと思って、必死にロープにしがみつく。 Ⅴ 、ヘリコプターはゆっくりと壁の向こうまで移動して、下降していく。ロープを握っていた自分が地面に着いたことを見とどけると、誰が操縦しているのかも結局わからないまま、ヘリコプターはまた遠くに飛んでいってしまう。何がなんだかわからない。 Ⅵ 自分がウロウロしていたからこそ、発見して助けてくれたんだと思う。

壁の前でちゃんとウロウロしていると、いつかそんなことが起こる。 Ⅶ 大丈夫なんです」。

見通しもよくわからないまま、挫折しそうな壁の前で、ただウロウロするなんて、たしかに無駄なことのように思えます。けれども<u>希望は、無駄とか損とかという計算の向こうにみつかったりするものです</u>(E)。そして挫折を経験しながらも、ときに他の誰かの力をかりて試練をくぐり抜けていこうとする行為そのものに、希望は宿るのです。

知恵の宝庫の社会でもあると私が考えるのは、そのためです。

人生という長い道のりのなかでは、遅かれ早かれ、誰もが大きな壁にぶつかります。途方もない大きな壁を前に、悩んだり、苦しんだりします。学校を卒業したばかりの新入社員を対象とした入社式などで、会社の社長や会長などが、よくこんなことをいったりします。「今日からみなさん社会人です。いつまでも学生時代のような気分でいてもらっても困ります。社会人になると、いろいろな困難な壁、大きな壁にぶつかります。けれども、壁にぶつかってもけっしてくじけることなく、頑張って乗り越えていってください」。

D私はこの種の励まし方が、どうしても好きになれません。大きな壁でも頑張って乗り越えろ、なんていわれても、自分の力では到底乗り越えられないことも、しょっちゅう起こるのです。もっといえば、乗り越えられないもののことを、壁というのです。

では人生でも、仕事でも、これから直面するであろう大きな壁を前にしたとき、どうすればいいのでしょうか。そこにはこれが正解というものはありません。私の場合には、自分自身の経験と実感を踏まえて、こんなことを中学生や高校生にいってきました。「大きな壁にぶつかったときに、大切なことはただ一つ。壁の前でちゃんとウロウロしていること。ちゃんとウロウロしていれば、だいたい大丈夫」。

意味がわからず、ポカンとしている生徒さんもいます。ウロウロしているだけでは意味がない。もっと頑張って乗り越えるように努力すべきだ。それでも駄目なら、戦略を練り直して、別の道をすぐに探していくべき。そんな考えが、顔に書いてある人もいます。私はなぜちゃんとウロウロしていれば大丈夫なのか、こう説明します。

「壁の前でただウロウロしているだけでは意味がないと思うかもしれません。でも、どうしよう、どうしようと、とにかく立ち止まらずに壁の前を行ったり来たりする。そのとき本当に偶然なのですが、壁の下に小さな穴がみつかったりすることがあ

ついいってしまった。それがその後に行けなかったことで、かえって傷つけてしまった経験なども、率直にお話しいただいたことがあります。

しかしその一方で、「今のうちにちゃんと失敗しておけば大丈夫だから」とか、「三人、わかってくれる人がいたら大丈夫だから」などのように、聞いた人が希望を持つことができる「大丈夫」もたしかにあります。そのちがいは何なのでしょうか。大丈夫という言葉は、どのように使えばいいのでしょう。

まず大事なことは「○○すれば大丈夫」といった、 Ⅱ であることです。何も考えず、何もしなくても大丈夫ということは、ありません。だとすれば、苦しいときでも、こういうことをしておけば、きっと大丈夫だよと、具体的に語ることです。

そして「こういうことをしておけば」の内容は、誰かから聞いた言葉ではなく、自分自身がかつて苦しいときに経験し、そこで得た知恵に基づいた言葉こそ、力を持ちます。「今のうちにちゃんと失敗しておけば」というのも、実際過去に失敗をして、それをくぐり抜けてきた人の言葉だからこそ、聞いている人に希望を感じさせるのです。

さらに「○○すれば」の中身は、不安になっている人に対して、行動を促す言葉がよいようです。「三人、わかってくれる人がいたら」というのも、人間関係が苦しい時代、みんなと仲良くしなければいけないということはない。本当に信頼できるたった三人との関係を、いつも大切にしているだけでいいんだよという、行動のための目安やシシン(B)を示してくれるからこそ、元気が出るのです。

経験に基づいて行動を促す、 Ⅱ という知恵のある言葉を、さまざまな挫折や試練をくぐり抜けてきた人は、かならず持っているものです。その言葉を自分のなかから掘り起こし、迷っている人に対し、とつとつと(C)話しかける。若い世代など、そこからきっかけを得た人たちは、希望を持って行動していくことができます。高齢社会はたいへんな社会だけれども、

（第三問「漢文」、第四問「現代文」は選択問題である。出願時に選択したものを解答すること）

第四問

次の文章を読んで、後の問いに答えよ。

現代は、困っている人同士がお互いに「大丈夫」と声をかけあうことが少ない時代です。経済の停滞や、高齢化による負担増、緊張を増すばかりの人間関係など、不安をあおる話題ばかりが　Ⅰ　していて、とても大丈夫だなんていえる雰囲気ではありません。ただ、大丈夫という言葉がまったく使われないわけではありません。使われるときにはきまって「?」もついてきます。「大丈夫?」と、きかれるのです。

朝、会社に行くと、職場の一人から「あれ、顔色わるいけど、大丈夫?」なんていわれる。「大丈夫です」とこたえるのですが、また別の人たちから「やっぱり、調子悪そうだよ、大丈夫?」などと立て続けに「?」といわれたり。すると、当初はたいしたことなかったのに、本当に具合が悪くなってきたりします。

「頑張れ」も気をつけて使わないと、いわれたほうはつらいものですが、A「大丈夫?」もけっこうこたえるものです。不安の時代だからこそ、前を向いていくために、「大丈夫?」ではなく、お互いに「大丈夫!」と声をかけあうことが大切なように、私は思います。不安をあおるだけでは、かえって冷静に未来に向かっていくことを困難にするからです。

そんな話を以前、お医者さんの会議に呼ばれてしたところ、ある方からこんなふうにいわれました。「今は医者も患者に気楽に大丈夫だなんていえないんです。そんなことをいって、いざ訴訟にでもなったとき、『あのとき大丈夫っていったじゃないか』といわれてタイヘンなことになる」。びっくりしてしまいました。訴訟はともかく、気楽に大丈夫といいすぎるのも、たしかに問題でしょう。国際救命救急医の二宮宣文（にのみやのりふみ）さんも、医者は安易に希望を与えるよりも、安心を与えることのほうが大事だとおっしゃいました。災害地で治療をして、その場を去ることになったとき、「また来るからね」と、希望を与えるようなことを

二〇二四年度入試では「漢文」は出題範囲外のため省略。

二〇二四年度入試では「漢文」は出題範囲外のため省略。

二〇二四年度入試では「漢文」は出題範囲外のため省略。

二〇二四年度入試では「漢文」は出題範囲外のため省略。

二〇二四年度入試では「漢文」は出題範囲外のため省略。

問九　次の作品のうち成立年代が最も新しいものはどれか。次の①～⑤のうちから一つ選べ。[26]

①　太平記　②　万葉集　③　奥の細道　④　増鏡　⑤　土佐日記

（第三問「漢文」、第四問「現代文」は選択問題である。出願時に選択したものを解答すること）

第三問

次の文章を読んで、後の問いに答えよ。（設問の都合で送り仮名を省いたところがある。）

二〇二四年度入試では「漢文」は出題範囲外のため省略。

問六　空欄 Ⅱ に入ることばとして最も適当なものを、次の①～⑤のうちから一つ選べ。 23

① ざれば　② しむるに　③ ねども　④ ましかば　⑤ まほしけれど

問七　傍線部D「いといとほしくあたらしくなん」の解釈として最も適当なものを、次の①～⑥のうちから一つ選べ。 24

① 大変気の毒であり、新しいことであった。
② 大変気の毒であり、惜しいことであった。
③ 大変いじらしく、惜しいことであった。
④ 大変いじらしく、素晴らしいことであった。
⑤ 大変愛(いと)おしく、素晴らしいことであった。
⑥ 大変愛おしく、新しいことであった。

問八　問題文の内容に最もよく合致するものを、次の①～⑤のうちから一つ選べ。 25

① 宮内卿の君は、村上天皇の御代(みよ)に重用されて左大臣にまで上り詰めた源俊房の子孫にあたる人である。
② 宮内卿の君は、才能はあったものの官職には恵まれず、四位程度で若くして死んでしまった人である。
③ 宮内卿の君は、千五百番歌合での詠歌がきっかけで、後鳥羽上皇に和歌の才能を認められた人である。
④ 宮内卿の君は、人並み外れた和歌の才能によって、目にも見えぬ鬼神をも動かすことのできた人である。
⑤ 宮内卿の君は、後鳥羽上皇に才能を認められ、千五百番歌合で期待に応えて秀歌を披露した人である。

① 尊敬語で、宮内卿の君への敬意を表している。
② 尊敬語で、後鳥羽上皇への敬意を表している。
③ 尊敬語で、古き道の者どもへの敬意を表している。
④ 謙譲語で、宮内卿の君への敬意を表している。
⑤ 謙譲語で、後鳥羽上皇への敬意を表している。
⑥ 謙譲語で、古き道の者どもへの敬意を表している。

問五　傍線部C「薄く濃き野辺の緑の若草に跡まで見ゆる雪のむら消え」についての説明として最も適当なものを、次の①～⑤のうちから一つ選べ。 22

① 野辺の若草の緑色が薄くなるのか濃くなるのかは、前年の雪解けが場所によって遅いのか早いのかによって推測できるとしている。
② 野辺の若草の緑色が薄くなるのか濃くなるのかは、前年の雪解けの時期が例年より遅いのか早いのかによって推測できるとしている。
③ 野辺の若草の緑色が所々薄かったり濃かったりする様子から、前年の雪解けが場所によって遅かったり早かったりしたことを推測している。
④ 野辺の若草の緑色が所々薄かったり濃かったりする様子から、前年の雪解けの時期が例年より遅かったのか早かったのかを推測している。
⑤ 野辺の若草の緑色が本来は薄いけれども部分的に濃くなるのは、前年の雪が遅くまで残っているが溶け始めたら早かったからだと推測している。

a　あて人
① 高貴な人
② 上品な人
③ 多才な人
④ 博識な人
⑤ 有望な人

b　道
① 芸道
② 唱道
③ 道標
④ 道理
⑤ 道筋

c　面
① 一面
② 仮面
③ 体面
④ 顔面
⑤ 文面

問二　空欄 Ⅰ に入ることばとして最も適当なものを、次の①～⑤のうちから一つ選べ。　19

① き　② けり　③ けれ　④ たり　⑤ たる

問三　傍線部Ａ「けしうはあらずと見ゆめればなん」の解釈として最も適当なものを、次の①～⑤のうちから一つ選べ。　20

① そう悪くはないと思ったので、選んだのである。
② あまり良くないと思ったので、遠慮したのである。
③ ひどいわけではないと思ったのだが、加えなかったのである。
④ 大したことはないと思ったのだが、試してみたかったのである。
⑤ 条件を満たしていないと思ったので、許可しなかったのである。

問四　傍線部Ｂ「つかうまつれ」の説明として最も適当なものを、次の①～⑥のうちから一つ選べ。　21

中に、
C薄く濃き野辺の緑の若草に跡まで見ゆる雪のむら消え草の緑の濃き薄き色にて、去年(こぞ)の古雪遅く疾(と)く消えける程を、推し量りたる心ばへなど、まだしからん人は、いと思ひよりがたくや。この人、年つもるまであら［Ⅱ］、げにいかばかり目に見えぬ鬼神(おにがみ)をも動かしなましに、若くて失せにし、Dいといとほしくあたらしくなん。

（『増鏡』による。なお、設問の都合上、原文を一部改変した箇所がある）

〔注〕＊村上の帝……………村上天皇。九二六～九六七年。
＊俊房の左の大臣……源俊房。一〇三五～一一二一年。
＊千五百番の歌合……建仁(けんにん)二年（一二〇二）、後鳥羽天皇が主催した最大規模の歌合。「歌合」とは、歌人を左右のグループに分け同じ題の歌を詠み、その歌を一首ずつ組み合わせて優劣を競う遊戯。
＊院の上………………後鳥羽上皇。一一八〇～一二三九年。
＊こたみは……………このたびは。

問一　傍線部ａ「あて人」、傍線部ｂ「道」、傍線部ｃ「面」の問題文中における意味として最も適当なものを、次の各群の①～⑤のうちからそれぞれ一つずつ選べ。　ａ［16］　ｂ［17］　ｃ［18］

問十一　問題文の内容に最もよく合致するものを、次の①～⑤のうちから一つ選べ。 15

① 文明の世界的な統一という趨勢は、理性の分野においては顕著だが、感性の分野においてもわずかに認められる。
② 小型カメラの普及によって、個人の写真を撮ることが身近になった結果、人々の関心は風景には向かなくなった。
③ 遠近法の統一という趨勢に対して、「現代美術」は抵抗したが、そうした趨勢を変えるまでには至らなかった。
④ 聴覚の想像力は世界的に変化したが、聴覚の想像力の使用は限定的であり、それが人々に与える影響も限定的であった。
⑤ 字幕の貧弱なトーキー映画や無声映画が受け入れられた結果、漫画や劇画といった、音声に頼らない絵画媒体が生まれた。

第二問　次の文章を読んで、後の問いに答えよ。

宮内卿（くないきやう）の君といひしは、村上の帝（みかど）の御後に、俊房（としふさ）の左の大臣（おとど）と聞（きこ）えし人の御末なれば、はやうはあてaなれど、官（つかさ）浅くて、うち続き四位（しゐ）ばかりにて失（う）せにし人の子なり。まだいと若き齢（よはひ）にて、そこひもなく深き心ばへをのみ詠みしこそ、いとありがたく侍り（はべ）　I　。

この千五百番の歌合（うたあはせ）の時、院の上のたまふやう、「こたみは、みな世に許（ゆ）りたる古き道bの者どもなり。宮内卿はまだしかるべけれども、Aけしうはあらずと見ゆめればなん。かまへてまろが面起（おもておこ）cすばかり、Bよき歌つかうまつれ」と仰せらるるに、面うち赤めて涙ぐみてさぶらひけるけしき、限りなき好きのほど、あはれにぞ見えける。さてその御百首の歌、いづれもとりどりなる

問九　空欄 Ⅳ に入ることばとして最も適当なものを、次の①～⑤のうちから一つ選べ。 13

① 近代になって大衆化した楽器が奏でる楽音
② 五線譜に書かれた短調、長調の音階
③ 西洋が翻訳した「民族音楽」
④ 映画やテレビの伴奏音楽や公共施設のバックミュージック
⑤ 全世界で大衆が耳にする日常の音

問十　傍線部Ｄ「当時の観客はそれが示す意味を即座に理解したし、今日も初めて見る世界中の観客が混乱することなく理解している」の説明として最も適当なものを、次の①～⑤のうちから一つ選べ。 14

① 映像をめぐる技法は複雑になっていったが、機械や媒体の発達により、映像を理解するための文法を体得することが容易になっている。
② 映像は人の認識のあり方に即して作られているので、一見新しい文法が使われているように見える映像も、何とか理解することができる。
③ 言語の壁のような障壁を越えて、様々な国や時代の映像に親しんだ人々においては、映像を瞬時に理解できる文法が共有されている。
④ 映像で複雑な技法が示されたとしても、そこには独自の文法が存在しており、そうした文法は当時も今も多くの人に共有されている。
⑤ こうした新しい技法も、実は既存の映像の文法に則したものであり、一見風変わりな技法であっても人々は容易に理解できている。

問六　空欄 Ⅱ に入ることばとして最も適当なものを、次の①～⑤のうちから一つ選べ。 10

① 雑音　② 楽音　③ 擬声語　④ 音階　⑤ 言葉

問七　傍線部C「西洋音楽の仲介によってジャズが生まれたという経緯」の説明として最も適当なものを、次の①～⑤のうちから一つ選べ。 11

① もともとはアフリカの音楽であったジャズが、全世界を覆う傾向のある西洋音楽を取り入れることで、多くの人の嗜好にかなう音楽になった。

② 西洋近代の音階と記譜法で近似的に記録されたアフリカ音楽が、西洋音楽と出会うことによって、ジャズが生まれた。

③ 西洋音楽の技術がアフリカに渡り、アフリカの音楽と西洋音楽とが影響しあう中で、ジャズという新しい西洋音楽が生まれた。

④ 世界各地の音楽が西洋音楽によって分かりやすく翻訳された結果、そこから新しい音楽が見出されたが、ジャズもそうした音楽の一つである。

⑤ アフリカ音楽がそのままの形で世界に紹介され、そのアフリカ音楽を西洋音楽に近い形に再編をすることで、ジャズという新しい音楽が生まれた。

問八　空欄 Ⅲ に入ることばとして最も適当なものを、次の①～⑤のうちから一つ選べ。 12

① 理想　② 究極　③ 象徴　④ 例外　⑤ 実際

問二　問題文中のア～エの文をもとの順番に並べ替えたものとして最も適当なものを、次の①～⑧のうちから一つ選べ。 6

①　ア↓ウ↓イ↓エ　②　ア↓エ↓ウ↓イ　③　イ↓ア↓エ↓ウ　④　イ↓エ↓ウ↓ア
⑤　ウ↓イ↓ア↓エ　⑥　ウ↓イ↓エ↓ア　⑦　エ↓ア↓イ↓ウ　⑧　エ↓ウ↓ア↓イ

問三　傍線部A「あたかも」の意味として最も適当なものを、次の①～⑤のうちから一つ選べ。 7

①　そもそも　②　たいてい　③　まるで　④　ひいては　⑤　たしかに

問四　傍線部B「写真の嘘」の説明として最も適当なものを、次の①～⑤のうちから一つ選べ。 8

①　媒体によってすり込まれたものの見方に過ぎず、一つの遠近法によって複雑な事象を単純化しているということ。
②　現実の人の目に写るものの見方に過ぎず、見たいと思っているものを見ているだけでしかないということ。
③　狭い枠組みで切り取ったものの見方に過ぎず、それらをつなげることで現実とは異なる画像をも作り出せるということ。
④　脳内で統合されたものの見方に過ぎず、現実に広がっている風景を意識的に排除しているということ。
⑤　ある特定の遠近法によるものの見方に過ぎず、狭い枠組みで切り取られたものでしかないということ。

問五　空欄 I に入ることばとして最も適当なものを、次の①～⑤のうちから一つ選べ。 9

①　手練手管　②　試行錯誤　③　臨機応変　④　談論風発　⑤　五里霧中

a　ハアク

①　両手でハジする
②　ハケン社員
③　書類をハキする
④　ハロウ注意報
⑤　リーグ戦のハシャ

b　キョウジュ

①　キョウアク犯罪
②　ダキョウの余地はない
③　キョウジュンの意を表す
④　需要とキョウキュウ
⑤　キョウラク的な生活

c　メイリョウ

①　学生リョウに住む
②　日本リョウリ
③　一目リョウゼン
④　作業がカンリョウした
⑤　リョウシュウ書

d　コチョウ

①　士気をコブする
②　コダイ広告
③　液体がギョウコする
④　コグン奮闘
⑤　資源がコカツする

e　リュウセイ

①　ごセイキョをいたむ
②　セイゾウ販売
③　夏のセイザ
④　セイダイに祝う
⑤　選手センセイ

の映像の世界を超え、漫画や劇画といった絵画媒体にも浸透しているのである。

（山崎正和（やまざきまさかず）『世界文明史の試み』による。なお、設問の都合上、原文を一部改変した箇所がある）

〔注〕＊楽音……………音楽の素材になる音。

＊音階……………楽音を高さの順に並べた、音の列。長音階、短音階などといった区別がある。

＊記譜法…………音楽を図表・文字・記号などを用いて書き表す方法。

＊溶暗……………画像が徐々に暗くなっていく画像効果のこと。フェードアウト。

＊ワイプ…………一つの画面を片隅からふき取るように消していき、そのあとに次の画面を現していく場面転換の方法。また、画面上に別の場面を重ねること。

＊エイゼンシュテイン……旧ソ連の映画監督、理論家（一八九八―一九四八年）。映画『戦艦ポチョムキン』（一九二五年）はその代表作。

＊トーキー………発声映画。無声映画はその対語。

問一　傍線部a〜eと同一の漢字を使うものを、次の各群の①〜⑤のうちからそれぞれ一つずつ選べ。

a [1]　b [2]　c [3]　d [4]　e [5]

これにつけて大きな役割をはたしたのは、ピアノを代表とする鍵盤楽器の発展だったことは疑いない。音とキーとの一対一の対応関係は、音階の分節性をメイリョウに理解するのに便利だからである。足踏みオルガン、アコーデオン、バンドネオンといった大衆的な楽器が広く生産されるにつれて、これらは娯楽の場でも学校教育の場でも急速に普及した。それとともに五線楽譜が印刷可能になり、安価に販売され始めたことも大きな助けとなった。

そのうえ二十世紀を通じてラジオやレコードやＣＤなどの伝達手段が発明され、西洋音楽の普及を機械工業が助けたことも見逃せない。現代では映画やテレビの伴奏音楽として、ホテルや商店や公共施設のバックミュージックとして、さらには歩行者の耳をふさぐ携帯電話のイヤフォンからも、　Ⅳ　が流れている。同じ事態はしだいにアフリカやラテンアメリカの村にもおよび、全世界で大衆が耳にする日常の音の半ばを「西洋」音楽が占めている、といってコチョウではあるまい。

ちなみにさらに忘れてはならないものに、現代における映像の文法の支配がある。映像がリュウセイを見せ、ついでテレビやパソコンやＤＶＤが誕生したのは二十世紀の一〇〇年間であるから、現代人のすべてが同じ映像の見方を身につけているのは当然だろう。その見方を映像の文法と呼ぶなら、現代人は言語のそれとはちがうもう一つの文法を共有している。カメラの移動、接写や遠景撮影、高速や低速の撮影、溶暗やワイプなど画面転換の複雑な技法について、観客はそれらがめざす意味と心理効果をただちに理解できるのである。

たとえばエイゼンシュテインの「モンタージュ」という技法は、二つの画面を衝突させることで第三の意味を創造するという点で、言語を用いない新しい文法の典型だといえよう。だがエイゼンシュテインがこれを『戦艦ポチョムキン』で使ったとき、当時の観客はそれが示す意味を即座に理解したし、今日も初めて見る世界中の観客が混乱することなく理解している。それをいえばかつてせりふのない無声映画が国境を越えてキョウジュされ、いまも字幕の貧弱なトーキーが言語の壁を越えて喜ばれているが、これこそ映像が独自の文法を持ち、それが全人類を支配していることの格好の証拠だろう。しかもこの映像の文法は狭義

覚の想像力は視覚のそれとはちがって、もともと立体を平面に移して表現するような抽象性に乏しく、せいぜい一定の音組織を整理し、それに適応する「楽音」を選定する程度にしか働かない。擬声語を使って音を言葉に翻訳する場合を除けば、結局、聴覚の想像力とは音楽を作るさいにのみ働くものと考えられる。

　この音楽ももちろん、かつては多様をきわめ、音組織の中核をなす音階も、それを記録する記譜法も地域ごとに異なっていた。同一の音階や記譜法の普及範囲は言語や文字よりも狭く、同じ東洋でも中国と日本のあいだでさえ共通性はなかった。だが十九世紀末から近代化が進むとともに、必ずしも近代化の必須要素とはいえない音楽もまた統一を見せ始めた。端的にいえば中世数百年の［ Ⅰ ］を経て、十七世紀以降の鍵盤楽器の発展とともに育った西洋音楽が世界に広まった。基本的に半音を含む七音の音列が単位をなし、短音階と長音階の二つに整理された音の組織、およびそれを記録する五線記譜法が普及したのである。

　繰り返すが、聴覚の形式は日常のすべての音の聴き方を規定するものではなく、いわゆる「［ Ⅱ ］」は整理されないまま外界に放置されている。いいかえれば人類は現実そのものを[a]ハアクできるような、一つの中心的な聴覚的想像力を持っているわけではない。だがその代わりに二十世紀に起こったことは、西洋に生まれたこの近代音楽がほとんど全人類の嗜好（しこう）を捉え、流行のあまり現実の雑音を押しのけて日常に氾濫するという事態であった。

　じっさい西洋近代の音階と記譜法は繊細かつ柔軟であって、さまざまな「民族音楽」を近似的に記録するにも便利であり、とくに異文明の音楽をたがいに翻訳しあうのに効果を発揮した。たとえばアフリカ音楽を万人が[b]キョウジュするにつけて、[c]西洋音楽の仲介によってジャズが生まれたという経緯を見ても、そのことは明らかだろう。昨今の例でも西アジアの多様な楽器と旋律を合奏するにあたって、中心になっているのが中国人を両親に持つチェロ奏者、ヨーヨー・マだというのは、［ Ⅲ ］的であるといえる。

ア　普及はまず西洋絵画の移転というかたちで芽生え、やがて写真という機械がこの遠近法を採用したことによって、爆発的に世界のはてにまで及んだ。

イ　かつて文明が地域的に割拠していたとき、遠近法はそれぞれの文明ごとに違っていた。

ウ　だが十九世紀の後半から、いわゆる一点の消去点を持つ遠近法、西洋のルネサンスに生まれた遠近法が世界の共通語になり始めた。

エ　たとえば中国には「三遠の法」と呼ばれる遠近法があったし、日本のやまと絵には逆遠近法などという技法も見られた。

それに伴って陰影法もまた、Aあたかも写真が写すような立体の捉え方に統一された。

十九世紀末から二十世紀初頭にかけて、ライカとコダックの小型カメラがあいついで発売されたが、これは一般民衆に自分で写真を撮ることを可能にし、そのことによって写真的な遠近法へと人びとのものの見方を誘導した。いうまでもなく写真の写す現実は日常の人の目に映る現実ではなく、フレームに切り取られた風景は通常、人が見たと思っている風景よりもはるかに狭い。日常の人間は風景を見るとき視線を無意識に動かし、広い視野を脳内で統合して一つの風景として見るからである。にもかかわらず人びとはB写真の嘘(うそ)に気づくことなく、写真的な遠近法こそ現実の正しい見方だという信仰を深めたのであった。

やがて二十世紀を通じて、この写真的な遠近法はさまざまな媒体に載って、文字通り世界のすみずみまで民衆の生活空間を埋め尽くした。グラビア印刷によるおびただしい数の新聞と写真雑誌、さらにくだってはテレビ、パソコン、携帯電話の画像にいたるまで、人びとの視覚をただ一種類の遠近法へと誘導しつづけてきた。その圧倒的な力のまえには、いわゆる「現代美術」のさまざまな抵抗もむなしく、美術家の珍奇な実験と見なされるのが限度であった。

そして同じ時期に聴覚の想像力、いいかえれば音楽的な感受性の形式もまた、急速に地球規模で統一されてきた。もっとも聴

国語

（六〇分）

（注）第三問「漢文」、第四問「現代文」は選択問題である。出願時に選択したものを解答すること。

第一問　次の文章を読んで、後の問いに答えよ。

数学と、それにもとづく自然科学は通常いわゆる理性の営みに分類され、したがってその世界的な普及を説明するにつけても、合理的なものが普遍化するのは当然だという論理で考えられやすい。近代は理性の時代であって、それゆえに近代化は世界を統一するのだといった、安易な論法に還元されやすい。その場合、いったい理性とは何であり、たとえば感性とはどう違うのかがまず問題だが、ここではそういう哲学論議はしばらく措(お)こう。

現実の歴史を見れば、いま進行しつつある文明統一の趨勢(すうせい)は、けっして狭義の理性の分野に限られていないのは明らかである。むしろ俗にいう感性の分野において、具体的には想像力と身体の分野において、それはよりめざましいかたちで現れているといえる。

わかりやすい順序でいえば、誰もが認めるのは視覚的想像力の形式の一つ、すなわち遠近法と陰影法の地球規模での統一だろう。

解答編

英語

Ⅰ

解答　1—②　2—①　3—③　4—④　5—②　6—③

解説　1.「大きさや重要さを減らすこと」→「〜を減らす，軽んじる」

2.「何か楽しいことが起こったために人々が手配する特別なイベント」→「祝賀会」

3.「気持ちや指示を伝えるためにする身体の動き」→「身振り」

4.「気前のよい」→「必要とする以上のものを自ら進んで与えようとすること」

5.「願望，欲望」→「何かを欲する強い気持ち」

6.「〜と認める，気づく」→「以前に会ったり見たりしたことがあるので，人あるいは物のことがわかること」

Ⅱ

解答　7—③　8—①　9—③　10—②　11—④　12—④　13—②　14—④　15—①　16—③　17—①　18—④　19—③　20—④

解説　7. except for 〜「〜を除いて」

8. promise to *do*「〜すると約束する」

9. so that S can *do*「Sが〜できるように」

10. directly「直接に，じかに」 fixed を修飾する副詞を選ぶ。

11. 前半の their new system を受けて，「私たちのシステム」となるようにする。

12. established client「固定客」 cheaper alternatives「割安な代替え品」

13. 直前に be 動詞があるので，補語となれる形容詞を選ぶ。

14. get の目的語になる目的格の代名詞を選ぶ。

15. say「～と伝える」 三人称単数の主語に合わせて，三単現の s のついた形を選ぶ。

16. make a reservation「予約を取る」

17. be chosen as ～「～として選ばれる」

18. When you eat a whole cooked fish, … と言い換えられる。

19. require のように，要求や提案，命令などを表す動詞に続く that 節では，動詞が原形になる（仮定法現在）。ただし，イギリス英語では should be translated のように should を用いることが多い。

20. If S were to ～「仮に S が～すれば」

III　解答

21―①　22―①　23―②　24―④　25―①　26―③
27―③　28―②　29―①　30―②　31―①　32―①

解説　≪大学生と母親の会話≫

21. エレンの第1発言第1文（It's information …）から，海外のスペイン語プログラムについてのパンフレットだとわかる。

22. 母親の第2発言第4文（We're already …）に「すでにあなたの学費は支払っている」とあることから，お金について述べていることが推測できる。

23. 22と同様に，母親の第2発言第4文より，お金のこととわかる。

24. 下線部(ウ)の意味は「この夏にスーパーの仕事で十分貯めた」となるため，④が正解。plenty「多く，十分」

25. 下線部(エ)は「彼女は自分の予算について教えてくれた」という意味。take *A* through *B* ～「*A*（人）に *B* を説明する」 budget「予算」

26. エレンの第2発言最終2文（She had … be fine.）に，友達の2倍のお金を貯めたとある。よって，③が正解。

27. 下線部(オ)の意味は「都市部と田舎での生活費を比べることはできない」。つまり，都市部のほうがより生活費が高くつくということを示唆している。この次のエレンの発言（I'll pick …）もヒントになるだろう。③が正解。

28. 下線部(カ)の意味は「私は小さな町か田舎の大学を選ぶ」。田舎のほうが生活費が少なくてすむとエレンは考えているので，②が正解。

29. 空所直前の文（But does …）では「あなたにぴったりのプログラム

があるかどうか」を母親が尋ねており，空所直後の文（And by …）からはエレンの大学での成績が良くないことがわかる。よって，①が正解。

30. 下線部(キ)は「あなたの成績は残念なものだった」という意味。よって，②が正解。

31. 母親の最後の発言の最終文（Going on …）「冒険するのは良いが友人と一緒に卒業できる機会を危険にさらすかもしれない」より，①「エレンは留学するよりも良い成績をとることに集中すべきだ」が正解。

32. エレンの最後の発言（This *is* my …）の「今は冒険する時なの」から，①を選ぶ。

Ⅳ **解答**

33―③　34―①　35―②　36―④　37―①　38―①
39―③　40―④　41―③　42―①　43―④

解説　≪Instagram 社の裏話≫

33. luxurious「快適な，贅沢な」 第 1 段では，Instagram 社は Facebook 社のおかげで，優秀な社員の確保も新商品機能の立ち上げも簡単にできたことが述べられているので，③の「Instagram は Facebook の豊かな資源を利用することができた」が正解。

34. 第 2 段の空所の直後（He did …）に「彼は会社を大きくはしたいが，Facebook にはなりたくなかった」とあることから，①の「Facebook 社に頼りすぎるのは危険だろう」が適切。

35. 第 2 段最終文（Even with …）より，Instagram 社のユーザー数は「Twitter 社のユーザー数よりも多く，Facebook 社のユーザー数のほぼ 3 分の 1 」だとわかる。

36. 下線部(イ)の意味は「Instagram 社を特別にしているもの」である。これに含まれないものを考える。第 3 段第 3 文（He focused …）には，「ブランドを守るため，大きな変化を避けている」とあることから，④の内容は一致しない。

37. 第 4 段の内容を踏まえると，「Facebook 社は大部分のユーザーに届く（技術的）解決策を示し，Instagram 社は（個人）レベルで問題を解決している」とすると自然である。

38. 第 4 段第 2 文（For the …）の「Instagram 社の社員は目立たせる良いユーザーを探している」より，①の「手本となる良いユーザーを目立た

せるようにしている」が正解

39. 第5段第1・2文（In early … photo comments.）より，top accounts の一人であった Miley Cyrus が，Instagram をやめようとしていたことがわかる。③が正解。be about to *do*「まさに～しようとしている」

40. 第5段第2文（That year, …）より，LGBT＋へのヘイトスピーチや辛辣な表現に心を痛めた Cyrus は，当初 Instagram をやめようとしていた（＝original plan）。しかし第6段第2文（They sat …）で，Instagram 側は逆に LGBT＋への支援のツールとして利用すること（＝a different plan）を彼女に提示した，という流れになっている。したがって，正解は④である。

41. ①・②・④はいずれも，Cyrus がサポートしようと望んでいる人にあたるが，③の「嫌がらせのコメントをする人々」はその中に含まれない。

42. 第5段第2文（That year, …）より，Cyrus はヘイトスピーチなどの人を傷つけるコメントに心を痛めていることがわかる。よって，①が正解。bullying「（弱い者に対する）いじめ」

43. 第3段には，Instagram 社がその独自性を失わないために行ったことが具体的に書かれている。これは，④の「Instagram 社は，より大きな企業の文化に身を置きながらも，何とかその独自性を保とうとした」に一致している。 surpass ～「～より優れている」 stop *doing*「～をするのをやめる」 fail to *do*「～できない」 pay attention to ～「～に注意を払う」

日本史

Ⅰ　解答　《飛鳥～大正期の政治・文化》

1－②　2－④　3－③　4－②　5－④　6－③　7－②　8－②
9－②　10－③　11－③　12－①　13－③　14－③　15－①

Ⅱ　解答　《平安～昭和戦後の政治》

16－②　17－③　18－③　19－③　20－③　21－④　22－①　23－①
24－④　25－②　26－①　27－①　28－③　29－①　30－②

Ⅲ　解答　《原始～大正期の小問集合》

31－②　32－④　33－③　34－④　35－②　36－③　37－④　38－③
39－③　40－④

Ⅳ　解答　《明治期の外交》

41－③　42－③　43－①　44－②　45－③

Ⅴ　解答　《平安～大正期の政治・文化史の小問集合》

46－②　47－①　48－④　49－③　50－①

世界史

I 解答 ≪ヘレニズム≫

1―③ 2―④ 3―② 4―② 5―①

II 解答 ≪ルネサンスと宗教改革≫

6―① 7―③ 8―② 9―③ 10―④

III 解答 ≪16～18世紀のヨーロッパ≫

11―③ 12―① 13―③ 14―④ 15―②

IV 解答 ≪アルザス地方の歴史≫

16―① 17―③ 18―① 19―④ 20―④ 21―② 22―③ 23―①
24―③ 25―③ 26―④ 27―② 28―③ 29―① 30―①

V 解答 ≪秦から唐までの中国≫

31―② 32―③ 33―④ 34―① 35―②

VI 解答 ≪明代の中国≫

36―① 37―② 38―③ 39―① 40―④

VII 解答 ≪清朝から現代の中国≫

41―② 42―① 43―④ 44―④ 45―① 46―④ 47―② 48―②
49―④ 50―③

数学

I　解答　《小問 4 問》

1・2．−3　3．5　4．8　5．3　6．3　7．1　8．2
9．6　10．1　11．0

II　解答　《図形と方程式》

12・13．−4　14．5　15・16．−3　17．5　18．6　19．4　20．7

III　解答　《三角関数》

21．3　22．0　23．5　24．6　25・26．11　27．6　28．2

IV　解答　《対数関数》

29．0　30．1　31．2　32．1　33．2

V　解答　《微分法》

34・35．−3　36．2　37・38．−3　39・40．−2　41．1

VI　解答　《確　率》

42・43．16　44．3　45・46．25

化学

Ⅰ　解答　≪化学と人間生活，物質の探求≫

1—⑤　2—④　3—③　4—⑦　5—③　6—②　7—⑤　8—④

Ⅱ　解答　≪主な分子の性質と特徴，物質名と化学結合・結晶の性質≫

9・10—③・⑤（順不同）　11—②　12—⑦　13—③　14—①　15—③　16—②

Ⅲ　解答　≪物質量と化学反応式≫

17—③　18—③　19—③　20—④　21—②　22—④　23—③　24—①

Ⅳ　解答　≪酸と塩基≫

25—④　26—④　27—③　28—③　29—⑤　30—①　31—①　32—②

Ⅴ　解答　≪酸化還元反応≫

33—②　34—④　35—⑤　36—②　37—⑥　38—②　39—①　40—②

生物

I 解答 ≪酵素のはたらき≫

1 ―⑤　2 ―③　3 ―①　4 ―③

II 解答 ≪細胞の観察と細胞周期≫

5 ―⑥　6 ―③　7 ―⑥　8 ―②

III 解答 ≪体内の塩類濃度調節≫

9 ―⑤　10―④　11―④　12―③

IV 解答 ≪ヒトの循環系≫

13―④　14―①　15―⑤　16―①

V 解答 ≪免疫のしくみ≫

17―①　18―④　19―①　20―②

VI 解答 ≪体温調節≫

21―①　22―③　23―②　24―②

VII 解答 ≪遷移とバイオーム≫

25―④　26―④　27―④　28―③　29―③　30―②　31―③　32―④

Ⅷ 解答 ≪生態系≫

33―③　34―③　35―④　36―⑤　37―②　38―⑤　39―①　40―③

れている」とまでは書かれていない。④は第十二段落以降の内容に合致しているので、これを選ぶ。⑤は「立ち続ければ」が「ウロウロ」と合わない。

問六　傍線部を具体例で示しているのは直前の段落であるが、これを傍線部の直後で「大きな壁でも頑張って乗り越えろ」と簡潔にまとめてある。これと対比的に筆者が提示しているのが、問三で触れた「苦しいときでも、こういうことをしておけば、きっと大丈夫だよと、具体的に語ること」で、さらに「こういうことをしておけば」について、「自分自身がかつて苦しいときに経験し、そこで得た知恵に基づいた言葉」であること、「経験に基づいて行動を促す」ものであることの重要性を筆者は説いている。これに適う③が傍線部に対立するので、これを選ぶとよい。

問七　空欄を含む段落は、二つ前の段落に言う「大きな壁にぶつかったときに、大切なこと」として筆者が「壁の前でちゃんとウロウロしていること」だと言う理由を説明している。「とにかく立ち止まらずに壁の前を行ったり来たりする」と「壁の下に小さな穴がみつかったりすることがある」ということを受けての空欄なので、「穴」への言及が必須と考えると①・④に絞れる。さらに、「ウロウロ」は「行動」ではあっても「日ごろの頑張り」と言うのは難しいことから、①を選ぶ。

問八　空欄Ⅳは、「本当に駄目かもしれないと思」ったところに、思いがけなく「何か遠くで音がする」のだから、「すると」が適切。空欄Ⅴは、「必死にロープにしがみつく」と、「ヘリコプターは……移動して、下降していく」ので、時間の推移を窺わせる「そのうち」が適切。空欄Ⅵは、直前の「何がなんだかわからない」と直後の「自分がウロウロしていたからこそ」助かったという内容とが相反することから、「でも」とする。空欄Ⅶは、直前の「壁の前で……起こる」は、直後の「大丈夫なんです」に帰結するので、「だから」が入る。以上から①が適切である。

問九　「ウロウロ」など「たしかに無駄なことのように思えるのだが、「自分がウロウロしていたからこそ、発見して助けてくれた」といったことが起こりうる。このことを「希望は思いがけない形で不意に訪れるものであり」、「立ち止まらずに行動する」と言い換えていると取って、②を選ぶのが適切である。

問十　①は「定義」が本文になく、不適。②は「相手を思いやること」がやはり本文にない。③は第九段落に「高齢社会は……知恵の宝庫の社会でもある」と「私が考える」とあるが、年長者に「若い世代の不安を解消する役割が期待さ

四

出典　玄田有史『希望のつくり方』＜第4章　希望を取り戻せ＞（岩波新書）

解答

問一　⑤
問二　③
問三　②
問四　①
問五　⑤
問六　③
問七　①
問八　①
問九　②
問十　④

解説

問一　空欄の直前に「不安をあおる話題ばかりが」とあるので、空欄にはよくないものが広がる、という意味の語句が入る。これに見合うのは⑤の「蔓延」である。

問二　傍線部直前の段落に着目する。「大丈夫？」と「立て続けに」言われると、「当初はたいしたことなかったのに、本当に具合が悪くなってきたりします」とあるが、このことを第三段落では「不安をあおる」と言い換えている。以上から③を選ぶ。

問三　前の空欄について、直前に「といった」とあるので、ここには「〇〇すれば大丈夫」という内容が来るはずである。さらに空欄の二文後に、「苦しいときでも、こういうことをしておけば、きっと大丈夫だよ」とあることを併せ考えると、②の「条件付きの大丈夫」が適切である。

抜擢した理由を述べた箇所である。以上から①が選べる。

問四　この「つかうまつれ」は謙譲語で、ここでは〝和歌を詠み申し上げよ〟という意味である。「千五百番の歌合」は、〔注〕によると後鳥羽天皇（このときは上皇）主催なので、動作の対象すなわち敬意の対象は後鳥羽上皇である。よって、⑤が選べる。ちなみにここは、上皇が自分自身に対して敬意を表しており、自敬表現（尊大表現）である。

問五　直後の文によると、この歌は、草の緑の濃淡から去年の雪の解け具合の早さ遅さを推量した歌である。以上に合致するのは③。②は雪解けの早さ遅さから草の緑の濃淡を推測するというのだから、因果関係が逆である。また④は、「程」を程度ではなく「時期」と取っているのが誤り。

問六　少しあとに「動かしなましに」と反実仮想の助動詞「まし」があることに着目できると、④「ましかば」が選べる。〝もし年を取るまで生きていたとしたら……だろうに〟の意となる。

問七　「いとほしく」は、歌人としての大成を予感させた宮内卿が若くして死んだことについての思いであるから、〝気の毒だ〟という意味で取りたい。「あたらしく」は漢字で書くと「惜しく」で、〝もったいない。残念だ〟という意味である。以上から②が選べる。

問八　①は「村上天皇の御代に」が誤り。本文にある「御後」とは後裔つまり子孫の意味である。②の内容は宮内卿ではなく、その父についての内容である。③は「きっかけで」が不適。④は問六で言及したとおり反実仮想で言われており、実際に「目にも見えぬ鬼神をも動かし」たわけではない。⑤はこの文章全体のまとめとして適切であるので、これを選ぶ。

三

（省略）

二

出典　『増鏡』〈第一　おどろのした〉

解答

問一　a―①　b―①　c―③

問二　③

問三　①

問四　⑤

問五　③

問六　④

問七　②

問八　⑤

問九　③

解説　問一　aの「あて人」は漢字で書くと「貴人」で、〃高貴な人、上品な人〃という意味である。よって、①を選ぶ。bの「道」は、「千五百番の歌合」のメンバーについて「みな世に許りたる古き道の者ども」と紹介されているところから、和歌の道のことだと考えられる。選択肢で言うと、①の「芸道」を選ぶのが適切である。cの「面」は、後鳥羽上皇が特に若手の宮内卿を抜擢したのだから、ということで、それに応えられる秀歌を詠むように諭している文脈で使われていることから、面目を立てるという意味で考えたい。以上から③の「体面」が選べる。

問二　空欄直前の「侍り」が連用形なので、連用形接続の語であること、また文中に係助詞「こそ」があるので、その結びとしてそれ自体が已然形であることが必要。以上を満たすのは、③の「けれ」である。

問三　「けしうはあらず」は漢字で書くと「怪しうはあらず」で、〃そう悪くはない〃という意味である。問一でも言及したが、「千五百番の歌合」で後鳥羽上皇が、世間で認められたベテランの歌人たちの中に混じって、若手の宮内卿を

めた」様子を「西洋絵画の移転」と具体的に言い、「写真という機械」についての説明がその後の展開を説明していると考えて、ウの後に置く。以上から④イ→エ→ウ→アを選ぶ。

問四　写真が採用するのは「写真的な遠近法」であって、そこにあるのは「人が見たと思っている風景よりもはるかに狭い」「フレームに切り取られた風景」である。この二点を押さえた⑤を選ぶ。

問六　空欄Ⅱは、「聴覚の形式」が「日常のすべての音の聴き方を規定するものではな」いことから、「整理されないまま外界に放置されている」ものである。その続きをたどると、「西洋に生まれたこの近代音楽が……現実の雑音を押しのけて日常に氾濫する」とある。「放置されてい」たものが「押しのけ」られたと考えて、①の「雑音」を選ぶ。

問七　傍線部を含む一文は、段落冒頭の「西洋近代の音階と記譜法」が「異文明の音楽をたがいに翻訳しあうのに効果を発揮した」ことを示す具体例となっている。このことを、「世界各地の音楽が西洋音楽によって分かりやすく翻訳された」（＝「西洋音楽の仲介」）結果、生まれた「新しい音楽」の一つが「ジャズ」であると説明した④を選ぶ。

問九　空欄Ⅳを含む文に続いて、「全世界で大衆が耳にする日常の音の半ばを『西洋』音楽が占めている」とあり、それは「携帯電話のイヤフォンから」流れるものでも同じと考えられる。その「『西洋』音楽」の最大の特徴と筆者が考えるのは、問七でも言及した「西洋近代の音階と記譜法」である。このことと最も関連が深いのは、②の「五線譜に書かれた短調、長調の音階」である。

問十　傍線部内の「それ」は「エイゼンシュテインの『モンタージュ』という技法」を受けるが、これは「言語を用いない新しい文法の典型だ」と筆者は言う。これを今昔問わず「世界中の観客が混乱することなく理解している」のも、「映像が独自の文法を持ち、それが全人類を支配している」からである。これに見合うのは④である。

問十一　①は「わずかに」が第二段落の「めざましいかたち」と合わない。②は「個人の写真を撮ることが」以下が本文に合致しない。③は第五段落の内容に合致するので、これを選ぶ。④は「人々に与える影響も限定的」が不適。⑤は「トーキー映画」以下の因果関係が本文には認められず、不適である。

国語

一

出典　山崎正和『世界文明史の試み――神話と舞踊』〈序章　世界文明統一への趨勢〉（中央公論新社）

解答

問一　a―①　b―⑤　c―③　d―②　e―④
問二　④
問三　③
問四　⑤
問五　②
問六　①
問七　④
問八　③
問九　②
問十　④
問十一　③

解説

問二　まずここは「遠近法と陰影法の地球規模での統一」についての具体的説明であることを押さえる。イに「かつて」とあり、ウに「だが十九世紀の後半から」とあるので、ウはイの後に来ると決められる。エはイに言う「それぞれの文明ごと」の具体的説明なので、イの直後に入れたい。アはウに言う「遠近法が世界の共通語になり始

■一般入試前期 3 教科型・2 教科型・共通テストプラス型 ：2 月 2 日実施分

問題編

▶試験科目・配点

〔前期 3 教科型〕

学部・学科	教　科	科　　目		配　点
文（国文／教育）	国　語	国語総合・現代文B・古典B		100 点
	英　語	コミュニケーション英語Ⅰ・Ⅱ，英語表現Ⅰ・Ⅱ		100 点
	数　学	数学Ⅰ・Ⅱ・A	1 教科選択	100 点
	地歴・理　科	日本史B，世界史B，化学基礎，生物基礎より 1 科目選択		
文（総合英語）／交流文化	英　語	コミュニケーション英語Ⅰ・Ⅱ，英語表現Ⅰ・Ⅱ		100 点
	国　語	国語総合・現代文B・古典B	2 教科選択	各 100 点
	数　学	数学Ⅰ・Ⅱ・A		
	地歴・理　科	日本史B，世界史B，化学基礎，生物基礎より 1 科目選択		
グローバル・コミュニケーション	英　語	コミュニケーション英語Ⅰ・Ⅱ，英語表現Ⅰ・Ⅱ		200 点
	国　語	国語総合・現代文B・古典B	2 教科選択	各 100 点
	数　学	数学Ⅰ・Ⅱ・A		
	地歴・理　科	日本史B，世界史B，化学基礎，生物基礎より 1 科目選択		
創造表現（創造表現〈創作表現〉）／健康医療科（医療貢献〈視覚科学〉）	国　語	国語総合・現代文B・古典B		100 点
	英　語	コミュニケーション英語Ⅰ・Ⅱ，英語表現Ⅰ・Ⅱ	2 教科選択	各 100 点
	数　学	数学Ⅰ・Ⅱ・A		
	地歴・理　科	日本史B，世界史B，化学基礎，生物基礎より 1 科目選択		

<table>
<tr><td rowspan="4">健康医療科（健康栄養）</td><td>理　科</td><td colspan="2">化学基礎，生物基礎より１科目選択</td><td>100点</td></tr>
<tr><td>国　語</td><td>国語総合・現代文Ｂ・古典Ｂ</td><td rowspan="3">２教科選択</td><td rowspan="3">各100点</td></tr>
<tr><td>英　語</td><td>コミュニケーション英語Ⅰ・Ⅱ，英語表現Ⅰ・Ⅱ</td></tr>
<tr><td>数　学</td><td>数学Ⅰ・Ⅱ・Ａ</td></tr>
<tr><td rowspan="4">上記以外の学部・学科</td><td>国　語</td><td>国語総合・現代文Ｂ・古典Ｂ</td><td rowspan="4">３教科選択</td><td rowspan="4">各100点</td></tr>
<tr><td>英　語</td><td>コミュニケーション英語Ⅰ・Ⅱ，英語表現Ⅰ・Ⅱ</td></tr>
<tr><td>数　学</td><td>数学Ⅰ・Ⅱ・Ａ</td></tr>
<tr><td>地歴・理　科</td><td>日本史Ｂ，世界史Ｂ，化学基礎，生物基礎より１科目選択</td></tr>
</table>

〔前期２教科型〕

<table>
<tr><th>学部・学科</th><th>教　科</th><th colspan="2">科　　　目</th><th>配　点</th></tr>
<tr><td rowspan="4">文（国文）</td><td>国　語</td><td colspan="2">国語総合・現代文Ｂ・古典Ｂ</td><td>100点</td></tr>
<tr><td>英　語</td><td>コミュニケーション英語Ⅰ・Ⅱ，英語表現Ⅰ・Ⅱ</td><td rowspan="3">１教科選択</td><td rowspan="3">100点</td></tr>
<tr><td>数　学</td><td>数学Ⅰ・Ⅱ・Ａ</td></tr>
<tr><td>地歴・理　科</td><td>日本史Ｂ，世界史Ｂ，化学基礎，生物基礎より１科目選択</td></tr>
<tr><td rowspan="4">文（総合英語）</td><td>英　語</td><td colspan="2">コミュニケーション英語Ⅰ・Ⅱ，英語表現Ⅰ・Ⅱ</td><td>100点</td></tr>
<tr><td>国　語</td><td>国語総合・現代文Ｂ・古典Ｂ</td><td rowspan="3">１教科選択</td><td rowspan="3">100点</td></tr>
<tr><td>数　学</td><td>数学Ⅰ・Ⅱ・Ａ</td></tr>
<tr><td>地歴・理　科</td><td>日本史Ｂ，世界史Ｂ，化学基礎，生物基礎より１科目選択</td></tr>
<tr><td rowspan="4">グローバル・コミュニケーション</td><td>英　語</td><td colspan="2">コミュニケーション英語Ⅰ・Ⅱ，英語表現Ⅰ・Ⅱ</td><td>150点</td></tr>
<tr><td>国　語</td><td>国語総合・現代文Ｂ・古典Ｂ</td><td rowspan="3">１教科選択</td><td rowspan="3">100点</td></tr>
<tr><td>数　学</td><td>数学Ⅰ・Ⅱ・Ａ</td></tr>
<tr><td>地歴・理　科</td><td>日本史Ｂ，世界史Ｂ，化学基礎，生物基礎より１科目選択</td></tr>
</table>

<table>
<tr><td rowspan="4">健康医療科
（健康栄養）</td><td>理　科</td><td colspan="2">化学基礎，生物基礎より 1 科目選択</td><td>100 点</td></tr>
<tr><td>国　語</td><td>国語総合・現代文 B・古典 B</td><td rowspan="3">1 教科
選択</td><td rowspan="3">100 点</td></tr>
<tr><td>英　語</td><td>コミュニケーション英語Ⅰ・Ⅱ，英語表現Ⅰ・Ⅱ</td></tr>
<tr><td>数　学</td><td>数学Ⅰ・Ⅱ・A</td></tr>
<tr><td rowspan="4">上記以外の
学部・学科</td><td>国　語</td><td>国語総合・現代文 B・古典 B</td><td rowspan="4">2 教科
選択</td><td rowspan="4">各 100 点</td></tr>
<tr><td>英　語</td><td>コミュニケーション英語Ⅰ・Ⅱ，英語表現Ⅰ・Ⅱ</td></tr>
<tr><td>数　学</td><td>数学Ⅰ・Ⅱ・A</td></tr>
<tr><td>地歴・
理　科</td><td>日本史 B，世界史 B，化学基礎，生物基礎より 1 科目選択</td></tr>
</table>

▶備　考

- 国語は第一問「現代文」，第二問「古文」は必須，さらに第三問「漢文」，第四問「現代文」のいずれかを出願時に選択する。

〔共通テストプラス型〕

一般入試前期 3 教科型または前期 2 教科型を出願する際に，共通テストプラス型も同時に出願できる。前期 3 教科型または前期 2 教科型で受験した教科（科目）のうち高得点 1 教科（科目）+ 大学入学共通テストの高得点 2 教科（科目）の成績で判定する。ただし，国文学科，総合英語学科，健康栄養学科，グローバル・コミュニケーション学科の大学独自試験は下記の指定科目の得点を利用する。

〈指定科目〉

国文学科：国語

総合英語学科，グローバル・コミュニケーション学科：英語

健康栄養学科：理科

英語

（60分）

Ⅰ 次の問1～問3については，説明にあう単語として最も適当なものを，問4～問6については，単語の説明として最も適当なものを，それぞれの①～④のうちから一つずつ選べ。

問 1 something you must do as part of your responsibility [1]

① walk ② duty
③ occupation ④ career

問 2 having a warm feeling for someone or something [2]

① fond ② able
③ possible ④ unable

問 3 to save someone or something from a dangerous or harmful situation [3]

① assist ② resist
③ rescue ④ support

問 4 speech [4]

① a talk someone gives in another language
② a talk, especially a formal one, about a particular subject, given to a group of people
③ a discussion about a subject on which people have different views
④ a discussion about something by a group of people, often in order to reach a decision

問 5　political　　5

① solely concerned with the money, industry, and trade of a region

② solely concerned with or related to education

③ relating to religion or to the way religion is organized

④ relating to the way power is achieved and used in a country or society

問 6　decide　　6

① to grow or change into something bigger

② to participate in an activity or event

③ to make a choice or judgement about something

④ to say firmly that something is expensive

Ⅱ　次の 7 ～ 20 について，空欄に入る語句として最も適当なものを，それぞれの①～④のうちから一つずつ選べ。

問 1　 7 my surprise, she turned out to be a famous singer.

① At　　② In

③ Into　　④ To

問 2　Leave now, 8 you will miss the flight.

① unless　　② nor

③ so as　　④ or

問 3　Now 9 the guys are here, we can start our project.

① this　　② that

③ these　　④ those

問 4　Mary 10 a little coffee shop.

① runs　　② governs

③ engages　　④ engages in

問 5　Every country should spend more money on [11] its children.

① telling　　② speaking
③ talking　　④ educating

問 6　I cannot [12] the loud noise.

① sit　　② sit on
③ stand　　④ listen

問 7　Language [13] is caused by many factors including the emergence of a more prestigious language.

① death　　② dead
③ died　　④ dying

問 8　Not all the members seemed satisfied, but [14] dared to object.

① fewer　　② little
③ none　　④ any

問 9　John [15] Mary's sister.

① got marry　　② married
③ married to　　④ married with

問10　Peter saw the girl [16] the street.

① crossing　　② to cross
③ has been crossing　　④ to have crossed

問11　I am [17] going to Hawaii this summer.

① thinking of　　② making a plan
③ planning to　　④ wishing to

問12　Basketball is [18] a popular sport that you can always find someone to play with.

① so　　② too
③ such　　④ much

問13 [19], Tom will be taking over the project.

① As it were　　② As you might know
③ As you like it　　④ As we know this

問14 Perhaps she said so, but we [20] criticize her.

① better than　　② will not be better
③ had not better　　④ had better not

Ⅲ　次の会話文を読んで，設問に答えよ。

Ash and his girlfriend Linda are planning their summer vacation. They cannot decide where to go.

Ash: So, was there anywhere you wanted to go for our vacation?

Linda: I have no [21]! How about France or Japan?

Ash: No, they are too far. Let's stay in America.

Linda: OK. What are our options?

Ash: Option one is a beach-side hotel.

Linda: That sounds wonderful! Swimming in the sea in the summertime would be so much fun. How much is a room?

Ash: It does sound like a lot of fun, but it might be a little too expensive for us, I think. It looks like a twin room would be $500.

Linda: Oh ... is option two less expensive?

Ash: It is much cheaper! My friend lives in Jacksonville in Florida, and he said we could stay with him for free.

Linda: Wow! That is very cheap, and Florida will be nice and hot in the summer. Does he have a spare bedroom?

Ash: Not exactly. He said we could sleep on his couch for the weekend.

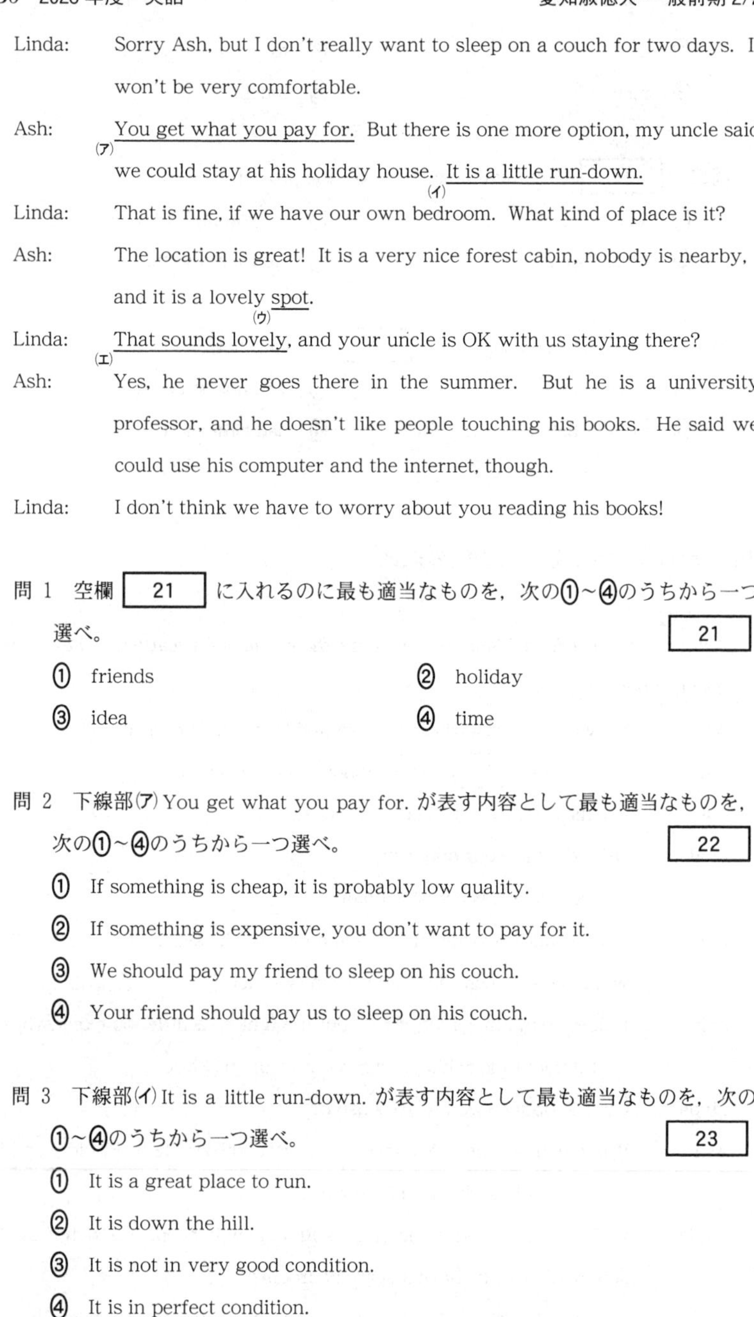

Linda: Sorry Ash, but I don't really want to sleep on a couch for two days. It won't be very comfortable.

Ash: (ア)You get what you pay for. But there is one more option, my uncle said we could stay at his holiday house. (イ)It is a little run-down.

Linda: That is fine, if we have our own bedroom. What kind of place is it?

Ash: The location is great! It is a very nice forest cabin, nobody is nearby, and it is a lovely (ウ)spot.

Linda: (エ)That sounds lovely, and your uncle is OK with us staying there?

Ash: Yes, he never goes there in the summer. But he is a university professor, and he doesn't like people touching his books. He said we could use his computer and the internet, though.

Linda: I don't think we have to worry about you reading his books!

問 1 空欄 [21] に入れるのに最も適当なものを，次の①～④のうちから一つ選べ。 [21]

① friends ② holiday

③ idea ④ time

問 2 下線部(ア) You get what you pay for. が表す内容として最も適当なものを，次の①～④のうちから一つ選べ。 [22]

① If something is cheap, it is probably low quality.

② If something is expensive, you don't want to pay for it.

③ We should pay my friend to sleep on his couch.

④ Your friend should pay us to sleep on his couch.

問 3 下線部(イ) It is a little run-down. が表す内容として最も適当なものを，次の①～④のうちから一つ選べ。 [23]

① It is a great place to run.

② It is down the hill.

③ It is not in very good condition.

④ It is in perfect condition.

問 4　下線部(ウ) spotが表す内容として最も適当なものを，次の①～④のうちから一つ選べ。 24

① circle　② area
③ scene　④ viewpoint

問 5　下線部(エ) That sounds lovelyが表す内容として最も適当なものを，次の①～④のうちから一つ選べ。 25

① I can hear it.　② That is incorrect.
③ I love you.　④ That will be very nice.

問 6　Ashのおじの別荘にあるもののうち，おじが**触れてほしくない**ものとして最も適当なものを，次の①～④のうちから一つ選べ。 26

① books　② computer
③ microwave　④ refrigerator

問 7　会話文の内容に関する What time of year are they planning the holiday for? という質問に対する返答として最も適当なものを，次の①～④のうちから一つ選べ。 27

① Spring.　② 4:30 p.m.
③ Summer.　④ This year.

問 8　会話文の内容に関する In which country is their vacation destination? という質問に対する返答として最も適当なものを，次の①～④のうちから一つ選べ。 28

① Japan.　② France.
③ The USA.　④ The UAE.

Ⅳ 次の英文を読んで，設問に答えよ。＊印のついた語句には文末に注がある。英文の左にある(1)~(5)は段落の番号を表している。

(1) When I returned to Japan in 1997, I was widely regarded as "other Japanese." For 17 years prior to that, I had lived in the U.S., had internalized "American" values, and had acquired "American" behavioral patterns. Furthermore, when I was hired by my university in Japan, people there knew that I had lived in the U.S. for a long time, and therefore I was already perceived as "Americanized." As an informed intercultural communication scholar, I thought that I would not fit into the "Japanese" cultural boundaries. I was correct in (ア)this anticipation. In the beginning of my return to Japan, I experienced three types of difficulties in (イ)negotiating the "Japanese" cultural boundaries.

(2) One of my first difficulties had to do with my (ウ)attire. When I first began working, I noticed that most of the other professors wore suits and carried professional briefcases to class. I quickly surmised* that, at least at my university, the faculty norm for attire was quite [32a]. However, after living in the U.S. for a long time, I was used to comfortable and functional attire. I also felt that [32b] attire would create too much interpersonal distance between my students and me. Thus, to this day, I wear a pair of khaki pants and a polo shirt, and I carry a backpack to my classes. I also wear sunglasses most of the time, since bright sunlight hurts my eyes. In this way, from the beginning of my life on campus, I decided to look different.

(3) Because of my casual appearance, I anticipated comments from others that I looked atypical of a professor. However, most of the comments I received were that I looked "American." What is intriguing is that one of my "American" colleagues sometimes wears shorts to his classes, but (エ)people rarely comment about him. Because my colleague is European American, his "American" casual attire is perceived as natural and does not attract any special comments. In contrast, since my culture is "Japanese," and therefore I

am expected to look like a "Japanese" professor (that is, wear a suit), I am regarded as being "Americanized."

(4) In the early days of my cultural boundary negotiations, I experienced a second difficulty, because I had overadapted to the prevailing beliefs, values, norms and cultural practices for communicating with elder professors. Although I was rusty at first,(オ) I tried to communicate with my distinguished colleagues in a polite and respectful manner, using the honorific style of communication available in the Japanese language. However, this polite and respectful manner surprised some people, because I came to my university with the reputation of having lived in the U.S. for a very long time. One professor told me, "You are not as bad as I thought. You are more Japanese than I expected." This comment illustrated that I was already given leeway* as an "Americanized" "other Japanese." I was expected to act differently. Since then, I have made my communication with senior professors less formal, [37] in public settings (that is, in the presence of others), I retain the honorific style.

(5) My final difficulty in the beginning of my boundary negotiations was experienced in communicating with my students. My students and young-generation "Japanese" in general have developed a different set of cultural patterns. Even though they are silent and polite in the classrooms, I found that their behavior outside of the classroom setting is much [39a] than when I was a college student in Japan. They were much quicker to say what they thought, and they stated their ideas more directly. At a class party, for instance, I was shocked when a female student said to me, "You know, what a waste you are! You are so good looking above your shoulders!"(カ) Hopefully she only meant to say that my face was attractive, but indirectly she was referring to my being overweight. When I was a college student in Japan almost 30 years ago, I would never have dared to comment to my professors on their physical features. From these types of informal interactions with my students, I realized that "Japanese" cultural practices for communicating with my students are much [39b] than I had anticipated. Therefore, despite

my initial culture shock at the behavior of the younger generation, I found myself comfortably interacting with my students, as their informality was closer to what I was used to with "American" students.

[Adapted from Todd T. Imahori, *On living in between*. In Myron W. Lustig & Jolene Koester *AmongUS: Essays on Identity, Belonging, and Intercultural Competence, Second Edition*. (2006).]

注：surmise　推量する

leeway　自由に考え，行動する裁量

問 1　下線部(ア) this anticipationが表す内容として最も適当なものを，次の①～④のうちから一つ選べ。 29

① The author will fully adopt to Japanese culture again.

② The author will appropriately follow traditional Japanese behavioral norms.

③ The author will not like the emerging Japanese culture.

④ The author will have some difficulty re-adjusting to Japanese culture.

問 2　下線部(イ) negotiating the "Japanese" cultural boundariesが表す内容として最も適当なものを，次の①～④のうちから一つ選べ。 30

① The author argued with other Japanese people about the definition of Japanese culture.

② The author examined how often he should talk in English to other Japanese people.

③ The author was to decide to what extent he should adopt Japanese culture.

④ The author examined how much he knew Japanese culture by talking with other Japanese.

問 3　下線部(ウ) attireが表す内容として最も適当なものを，次の①～④のうちから一つ選べ。 31

① clothes　　② attitudes

③ behaviors　　④ preferences

問 4　空欄 [32a] と [32b] には同じ語が入る。最も適当なものを，次の①～④のうちから一つ選べ。　[32]

① formal　② normal
③ clear　④ casual

問 5　第2段落の内容と一致するものを，次の①～④のうちから一つ選べ。　[33]

① The author wore a polo shirt and khaki pants on campus because he wanted to be kind to his students.
② The author was made to wear a polo shirt and khaki pants because he was from the U.S.
③ The author did not have suits when he came back to Japan from the U.S.
④ The author wore a polo shirt and khaki pants to look different from his colleagues.

問 6　下線部(エ) people rarely comment about him の理由として最も適当なものを，次の①～④のうちから一つ選べ。　[34]

① People tend to feel distant from the European American professor.
② The European American professor fits the Japanese image of American people well.
③ People do not want to talk with the European American professor.
④ People do not think of the European American professor as particularly attractive.

問 7　第3段落の内容と一致するものを，次の①～④のうちから一つ選べ。　[35]

① The author's colleagues and students saw the author as Americanized.
② The author's colleagues and students looked upon the author as a difficult professor.
③ The author did not want others to see him as Japanese.
④ The author was shocked to realize that others saw him as Japanese American.

問 8　下線部(オ) I was rusty at first が表す内容として最も適当なものを，次の①～④のうちから一つ選べ。　36

① I was nervous the first few times
② I struggled in the beginning
③ I felt too much pressure in the beginning
④ I was careless the first few times

問 9　空欄 37 に入れるのに最も適当なものを，次の①～④のうちから一つ選べ。　37

① or else
② even though
③ and so
④ as well as

問10　第4段落の内容と一致するものを，次の①～④のうちから一つ選べ。　38

① The author surprised some of his colleagues because of his use of the American communication style he used with them.
② The author used honorifics well, but they fell short of his colleagues' expectations.
③ The author tried but could not speak as politely as some of the senior colleagues in his department.
④ Some of the author's colleagues were surprised because he used polite expressions so well.

問11　空欄 39a と 39b には同じ表現が入る。最も適当なものを，次の①～④のうちから一つ選べ。　39

① less friendly
② more traditional
③ less formal
④ more passive

問12　下線部(カ) "You know, what a waste you are! You are so good looking above your shoulders!" の話者が，筆者に伝えようとしたこととして最も適当なものを，次の①～④のうちから一つ選べ。　40

① apology　　② compliment
③ sadness　　④ criticism

問13　第5段落の内容と一致するものを，次の①～④のうちから一つ選べ。

41

① The author found adapting to Japanese culture impossible.

② The author found that Japanese students and American students have similarities in their communication behaviors.

③ The author's colleagues accepted the author because of his polite language.

④ The author's American colleague in the department was seen as an individual, and not as an American.

日本史

（60分）

I　次の史料A～Fを読み，後の問いに答えよ。

史料A

……白河院……天下ヲ治給コト十四年。太子(1)ニユヅリテ尊号アリ。世ノ政ヲハジメテ院中ニテシラセ給。後ニ出家セサセ給テモ猶ソノママニテ御一期ハスゴサセマシマシキ。

オリヰニテ世ヲシラセ給コト昔ハナカリシナリ。……マシテ此御代ニハ，院ニテ政ヲキカセ給ヘバ，執柄ハタダ，職ニソナハリタルバカリニナリヌ。……

問 1　下線部(1)にあたる人物として最も適当なものを，次の①～④のうちから一つ選べ。　1

①　後三条天皇　②　堀河天皇　③　鳥羽天皇　④　崇徳天皇

問 2　史料Aに記されていることとして最も適当なものを，次の①～④のうちから一つ選べ。　2

①　白河院の院政は14年で終わった。

②　白河院は上皇として14年間政治を執り行ったあと出家した。

③　退位した天皇が政治を執り行うのは，古くからのしきたりであった。

④　摂政・関白はその職についただけであり，政治は白河院が執り行った。

問 3　史料Aの出典は『神皇正統記』である。『神皇正統記』に関する説明として最も適当なものを，次の①～④のうちから一つ選べ。　3

①　九条兼実が著した。　②　慈円が著した。

③　13世紀に成立した。　④　14世紀に成立した。

史料B

近曾(ちかごろ)関東の成敗と称し，天下の政務を乱る。纔(わずか)に将軍の名を帯ぶると雖も，猶以て幼稚の齢に在り(1)。然る間，彼の義時朝臣(2)，偏へに言詞を教命に仮り，恣に裁断を都鄙に致す。剰(あまつさ)へ己が威を耀かし，皇憲を忘れたるが如し。これを政道に論ずるに，謀反と謂ふべし。早く五畿七道の諸国に下知し，彼の朝臣の身を追討せしめよ。……

問 4　下線部(1)にあたる人物として最も適当なものを，次の①～④のうちから一つ選べ。　4

①　源頼家　②　源実朝　③　藤原頼経　④　北条政子

問 5　下線部(2)の人物の説明として最も適当なものを，次の①～④のうちから一つ選べ。　5

①　北条時政の子である。
②　北条政子の夫である。
③　北条時房の父である。
④　北条泰時の兄である。

問 6　史料Bの追討令を出した人物の説明として最も適当なものを，次の①～④のうちから一つ選べ。　6

①　北面の武士を新設した。
②　のちに佐渡に配流された。
③　『新古今和歌集』の編纂を命じた。
④　自らの皇子を将軍につけた。

史料C

御合体の事，連々兼熙卿を以て申し合はせ候の処，入眼の条珍重に候。三種神器帰座有るべきの上は，御譲国の儀式を為すべきの旨，其の意を得候。自今以後，両朝の御流相代はりて御譲位治定せしめ候ひ畢んぬ。就中，諸国の国衙は悉く皆御計たるべく候。長講堂に於いては，諸国分は一円持明院殿(1)の御進止たるべく候。……

(明徳三年)十一月十三日　　義満(2)

阿野前内大臣殿

問 7　下線部(1)にあたる人物として最も適当なものを，次の①～④のうちから一つ選べ。　7

①　後亀山天皇　②　後小松天皇　③　後醍醐天皇　④　後村上天皇

問 8　下線部(2)の人物の説明として最も適当なものを，次の①～④のうちから一つ選べ。　8

①　対立した足利持氏を滅ぼした。

②　京都東山に寝殿造の寺院を建てた。

③　観世座の観阿弥・世阿弥父子を保護した。

④　将軍を辞したあとも関白として実権をにぎった。

問 9　史料Cにみられる和解に至るまでに起こった出来事の説明として最も適当なものを，次の①～④のうちから一つ選べ。　9

①　中先代の乱で北条高時・長崎高資が滅ぼされた。

②　湊川の戦いで北畠顕家が敗死した。

③　足利尊氏が持明院統の光明天皇を擁立した。

④　観応の擾乱で高師直が足利尊氏を暗殺した。

史料D

一　（　ア　）諸芸能の事，第一御（　イ　）也。……

一　摂家(1)為りと雖も，其器用無きは，三公摂関に任ぜらるべからず。況んや其外をや。……

一　紫衣の寺，住持職，先規希有の事也。近年猥りに勅許の事，且は臈次（ろうじ）を乱し，且は官寺を汚し，甚だ然るべからず，……

問10　空欄ア・イに入る語句の組み合わせとして最も適当なものを，次の①～④のうちから一つ選べ。　10

①　アー公家　イー学問　②　アー公家　イー仏教

③　アー天子　イー学問　④　アー天子　イー仏教

問11　下線部(1)が示す五摂家に関する説明として最も適当なものを，次の①～④の

うちから一つ選べ。 11

① 五摂家とは，近衛家・一条家・二条家・三条家・豊臣家を指す。

② 豊臣秀吉の命により五摂家が確立した。

③ 五摂家の源流は藤原北家である。

④ 五摂家のうち近衛家は，江戸時代中期に断絶した。

問12　史料Dの法令を起草した人物の説明として最も適当なものを，次の①〜④のうちから一つ選べ。 12

① 金地院(以心)崇伝　② 沢　庵

③ 藤原惺窩　④ 中江藤樹

史料E

第四条　天皇ハ国ノ元首ニシテ統治権ヲ総攬シ此ノ憲法ノ条規ニ依リ之ヲ行フ

第五条　天皇ハ帝国議会ノ協賛ヲ以テ(　ア　)ヲ行フ……

第十四条　天皇ハ戒厳ヲ宣告ス(1)……

問13　空欄アに入るものとして最も適当なものを，次の①〜④のうちから一つ選べ。 13

① 立法権　② 司法権　③ 行政権　④ 統帥権

問14　下線部(1)に関連し，戒厳令が出された事例とその時の内閣の組み合わせとして最も適当なものを，次の①〜④のうちから一つ選べ。 14

① 日比谷焼打ち事件　−　第1次桂太郎内閣

② 日比谷焼打ち事件　−　第1次西園寺公望内閣

③ 二・二六事件　−　斎藤実内閣

④ 二・二六事件　−　林銑十郎内閣

問15　史料Eの法令を発布したときの首相として最も適当なものを，次の①〜④のうちから一つ選べ。 15

① 松方正義　② 大隈重信　③ 山県有朋　④ 黒田清隆

史料F

恭しく惟みるに，わが国体は，天孫降臨の際下し賜へる御神勅に依り明示せらるる所にして，万世一系の天皇国を統治し給ひ，宝祚の隆は天地と与に窮なし。されば憲法発布の御上諭に「国家統治ノ大権ハ之ヲ祖宗ニ承ケテ之ヲ子孫ニ伝フル所ナリ」と宣ひ，憲法第一条には「大日本帝国ハ万世一系ノ天皇之ヲ統治ス」と明示し給ふ。即ち大日本帝国統治の大権は儼として天皇に存すること明かなり。若し夫れ統治権が天皇に存せずして天皇は之を行使する為の機関なりと為すが如きは，是れ全く万邦無比なる我が国体の本義を愆るものなり。近時憲法学説を繞(めぐ)り国体の本義に関連して兎角の論議を見るに至れるは寔(まこと)に遺憾に堪へず。政府は愈々国体の明徴に力を効し其の精華を発揚せんことを期す。

問16　史料Fの声明を出した内閣として最も適当なものを，次の①～④のうちから一つ選べ。　16

①　岡田啓介内閣　②　広田弘毅内閣　③　東条英機内閣　④　米内光政内閣

問17　史料Fの声明に記されている内容の説明として最も適当なものを，次の①～④のうちから一つ選べ。　17

①　天孫降臨は非科学的な創作であり，史実ではない。

②　天皇は日本国および日本国民統合の象徴である。

③　元老・重臣ら天皇の側近を排除し，天皇親政を実現すべきである。

④　古来，万世一系の天皇が国を治めるのが，我が国固有のやり方である。

問18　史料Fの声明で否定された憲法学説を唱えた人物として最も適当なものを，次の①～④のうちから一つ選べ。　18

①　滝川幸辰　②　北一輝　③　吉野作造　④　美濃部達吉

Ⅱ　次のＡ～Ｅの文章を読み，後の問いに答えよ。

Ａ　大臣の蘇我馬子は，587年に大連の物部守屋を滅ぼし，592年には(　ア　)を暗殺して政治の権力をにぎった。敏達天皇の后が推古天皇として即位すると，蘇我馬子や厩戸王らが協力して国家組織の形成を進め，(1)603年には冠位十二階，604年には憲法十七条が定められた。同じ時期，中国では589年に隋が国内を統一し，東アジアの国々に影響を与えはじめていた。そこで，倭の五王以来とだえていた中国との国交を再開し，(2)遣隋使を派遣した。

問 1　空欄アに入る人物として最も適当なものを，次の①～④のうちから一つ選べ。　19

①　崇峻天皇　　②　欽明天皇　　③　用明天皇　　④　舒明天皇

問 2　下線部(1)に関する説明として最も適当なものを，次の①～④のうちから一つ選べ。　20

①　冠位は氏によって世襲された。
②　徳・仁・礼・信・義・智をそれぞれ大小に分けて十二階とした。
③　憲法十七条の第一条は，天皇に臣従すべきことを定めている。
④　憲法十七条の第二条は，神道を信仰することを定めている。

問 3　下線部(2)の説明として最も適当なものを，次の①～④のうちから一つ選べ。　21

①　『日本書紀』には，最初の遣隋使の派遣は590年と記されている。
②　607年には，遣隋使として小野妹子が派遣された。
③　607年の遣隋使が渡した国書は，隋の玄宗の怒りをかった。
④　学問僧として玄昉が遣隋使に同行した。

Ｂ　10世紀の前半は，醍醐天皇・(　ア　)・村上天皇が皇位についた。このうち醍醐天皇・村上天皇は親政をおこない，これはのちに(1)「延喜・天暦の治」と称された。しかし村上天皇が亡くなったあと，(2)安和の変が起こると，藤原北家の勢力は不動のものとなり，その後は摂政・関白が常設され，(　イ　)の子孫がつくのが慣例となった。

問 4 空欄ア・イに入る人物の組み合わせとして最も適当なものを，次の①～④のうちから一つ選べ。 22

① アー朱雀天皇 イー藤原忠平 ② アー朱雀天皇 イー藤原種継

③ アー宇多天皇 イー藤原忠平 ④ アー宇多天皇 イー藤原種継

問 5 下線部(1)に関連し，延喜・天暦年間の出来事として最も適当なものを，次の①～④のうちから一つ選べ。 23

① 延喜年間には，菅原道真が遣唐使の中止を建議した。

② 延喜年間には，三善清行が「意見封事十二箇条」を奏上した。

③ 天暦年間には，平将門の乱が起った。

④ 天暦年間には，藤原純友の乱が起った。

問 6 下線部(2)に関する説明として最も適当なものを，次の①～④のうちから一つ選べ。 24

① 959年に起こった。

② 一条天皇の治世下で起こった。

③ 藤原氏が源高明を失脚させた。

④ 藤原氏が源満仲を失脚させた。

C イエズス会の宣教師フランシスコ＝ザビエルは，日本での布教を目指し，1549年に（ ア ）に上陸した。その後，ザビエルは，山口の大内氏，府内の大友氏らの保護を受けて布教をすすめた。ザビエルのあと，宣教師らはあいついで来日し，各地にコレジオ・セミナリオなどをつくるなどして布教につとめた。宣教師を乗せた船は布教を認めた大名領に入港したため，大名は貿易をのぞんで布教活動を保護し，なかには洗礼を受けた大名(1)もいた。

問 7 空欄アに入る地名として最も適当なものを，次の①～④のうちから一つ選べ。 25

① 鹿児島 ② 対 馬 ③ 高 知 ④ 下 田

問 8　下線部(1)に該当する人物として最も適当なものを，次の①～④のうちから一つ選べ。 26

① 長宗我部元親　② 毛利輝元　③ 伊達政宗　④ 大村純忠

問 9　来日した宣教師とその事績の組み合わせとして最も適当なものを，次の①～④のうちから一つ選べ。 27

① ヴァリニャーニ　－　慶長遣欧使節に同行した。
② ガスパル＝ヴィレラ　－　安土にセミナリオを建設した。
③ ルイス＝ソテロ　－　天正遣欧使節に同行した。
④ ルイス＝フロイス　－　『日本史』を著した。

D　1871年，廃藩置県を断行して国内の政治的統一を果たした新政府は，同年中に，岩倉具視を全権大使とし，木戸孝允・大久保利通らを副使とする大規模な使節団(1)を欧米諸国に派遣した。使節団が不在の間は，西郷隆盛を中心とする留守政府が，1873年までの間に，学制・徴兵令の公布や地租改正の実施など大規模な内政改革を推進した。

問10　下線部(1)に関する説明として最も適当なものを，次の①～④のうちから一つ選べ。 28

① 同行した留学生には津田梅子・山川捨松ら女子も含まれていた。
② シベリア経由でヨーロッパに到着し，その後，アメリカに渡った。
③ イギリスは訪問国に含まれなかった。
④ 江藤新平が公式報告書『特命全権大使米欧回覧実記』を著した。

問11　文章D中の各施策に関する説明として最も適当なものを，次の①～④のうちから一つ選べ。 29

① 廃藩置県のあと，あらたに知藩事が任命された。
② 学制は，イギリスの教育制度にならって制定された。
③ 徴兵令により，男子は満20歳で徴兵検査を受けることになった。
④ 地租改正により，地租は地価の8%に定められた。

問12　文章D中の人物に関する説明として最も適当なものを，次の①～④のうちから一つ選べ。　30

① 岩倉具視は，1874年に初代内務卿となり新政府を主導した。

② 木戸孝允は，元老として首相指名に関与した。

③ 大久保利通は，紀尾井坂の変で暗殺された。

④ 西郷隆盛は，池田屋事件で新選組を壊滅させた。

E　1918年，シベリア出兵のための米の買い付けにより米価が急騰すると，7月下旬には(　ア　)の漁村の女性の行動をきっかけに「越中女房一揆」とよばれる騒動が起こり，この動きが全国に広がった。寺内正毅(1)内閣は，警察・軍隊を出動させてその鎮圧にあたったが，騒動の収束後まもなく，責任を取って総辞職した。民衆運動の力を目の当たりにした元老たちは，ついに政党内閣を認めることとなり，立憲政友会の総裁(　イ　)を首相とする内閣が成立した。

問13　空欄アに入る県名として最も適当なものを，次の①～④のうちから一つ選べ。　31

① 新潟県　② 富山県　③ 石川県　④ 福井県

問14　下線部(1)に関する説明として最も適当なものを，次の①～④のうちから一つ選べ。　32

① 長州藩出身で，初代朝鮮総督をつとめた。

② 薩摩藩出身で，海軍大臣をつとめた。

③ 貴族院議員の出身で，枢密院議長をつとめた。

④ 財政家としての評価が高く，日銀総裁・大蔵大臣を歴任した。

問15　空欄イに入る人名として最も適当なものを，次の①～④のうちから一つ選べ。　33

① 加藤友三郎　② 高橋是清　③ 原　敬　④ 山本権兵衛

Ⅲ　次の問1～問12の主題に関連する説明として最も適当なものを，①～④のうちからそれぞれ一つ選べ。

問1　弥生時代の遺跡・農業　34

① 大規模な環濠集落が発掘された吉野ケ里遺跡は，佐賀県にある。
② 大規模な環濠集落が発掘された唐古・鍵遺跡は，福岡県にある。
③ 弥生時代前期の東北地方では，生産性の高い乾田が作られた。
④ 弥生時代前期の南西諸島では，鉄鎌による根刈りが行われた。

問2　平城京　35

① 朱雀大路の北端に羅城門があった。
② 左京には薬師寺・唐招提寺・広隆寺があった。
③ 右京には興福寺・東大寺・仁和寺があった。
④ 左京に東市が，右京に西市が設けられた。

問3　蝦夷との戦い　36

① 渟足柵・磐舟柵が現在の秋田県に築かれた。
② 多賀城が現在の岩手県に築かれた。
③ 797年に坂上田村麻呂が征夷大将軍となった。
④ 811年に阿倍比羅夫が蝦夷を平定した。

問4　平安時代の文学作品　37

① 『伊勢物語』の主人公は藤原頼通である。
② 『栄華物語』の主人公は醍醐天皇である。
③ 藤原道長は『御堂関白記』を残した。
④ 紀貫之・藤原定家らは『古今和歌集』を編纂した。

問5　室町時代の商工業・産業　38

① 大山崎の油座は石清水八幡宮を本所とした。
② 地方では，土倉・酒屋とよばれる運送業者が活躍した。
③ 大原女や桂女が全国各地を行商した。

④　幕府や大名は撰銭令によって私鋳銭の使用を奨励した。

問 6　豊臣秀吉の統一事業・政策　39

①　賤ケ岳の戦いで明智光秀を滅ぼした。
②　九州を平定したあとバテレン追放令をだした。
③　聚楽第を造営し，正親町天皇の行幸をあおいだ。
④　太閤検地では石高制を禁止し，貫高制を採用した。

問 7　江戸時代初期の外交・貿易　40

①　徳川家康が田中勝介らをイタリアに派遣した。
②　島津氏と琉球王国の間で己酉約条がむすばれた。
③　幕府は1616年，中国船を除く外国船の来航を出島に限定した。
④　幕府は1639年，ポルトガル船の来航を禁じた。

問 8　江戸時代の思想家　41

①　林子平が『赤蝦夷風説考』で海岸防備を主張した。
②　工藤平助が『海国兵談』を田沼意次に献上した。
③　頼山陽が『西域物語』で開国を提案した。
④　安藤昌益が『自然真営道』で万人直耕を説いた。

問 9　日清戦争と三国干渉　42

①　日清戦争の開始前に日英同盟が結ばれた。
②　下関条約の日本側全権は，伊藤博文と陸奥宗光であった。
③　下関条約で日本は賠償金を得ることができなかった。
④　露・独・米の3国は遼東半島の返還を日本に勧告した。

問10　中国の五・四運動と朝鮮の三・一独立運動　43

①　五・四運動は，1918年5月に起こった。
②　中国政府がヴェルサイユ条約に調印したあと，五・四運動が起こった。
③　三・一独立運動は，1919年3月に起こった。
④　朝鮮総督府は，三・一独立運動を支援した。

問11　第2次世界大戦後の日韓・日朝関係　44

① 1955年に朝鮮戦争がはじまり，特需が発生した。

② 1965年に日韓基本条約が調印された。

③ 2010年にFIFAサッカー・ワールドカップを日韓で共催した。

④ 中曽根康弘首相が北朝鮮を訪問し，金正日総書記と会談した。

問12　竹下登内閣　45

① 消費税導入を決定した。

② 消費税率を3%から5%に引き上げた。

③ 郵政・道路公団の民営化を実現した。

④ 伊勢志摩サミットを主催した。

Ⅳ　次の図版A～Eをみて，それぞれの問いに答えよ。

問1　Aの仏像を安置する寺院として最も適当なものを，次の①～④のうちから一つ選べ。　46

① 中尊寺　② 醍醐寺　③ 青蓮院　④ 蓮華王院

A

問2　Bの庭園をもつ寺院として最も適当なものを，次の①～④のうちから一つ選べ。　47

① 龍安寺　② 知恩院　③ 天龍寺　④ 仁和寺

B

問 3 Cの絵画の作者として最も適当なものを，次の①～④のうちから一つ選べ。 48

① 鈴木春信 ② 菱川師宣 ③ 東洲斎写楽 ④ 喜多川歌麿

C

問 4 Dの新聞に関する説明として最も適当なものを，次の①～④のうちから一つ選べ。 49

① 黒岩涙香によって創刊された。

② 陸羯南によって創刊された。

③ 福沢諭吉が「脱亜論」を掲載した。

④ 夏目漱石が『こころ』を連載した。

D

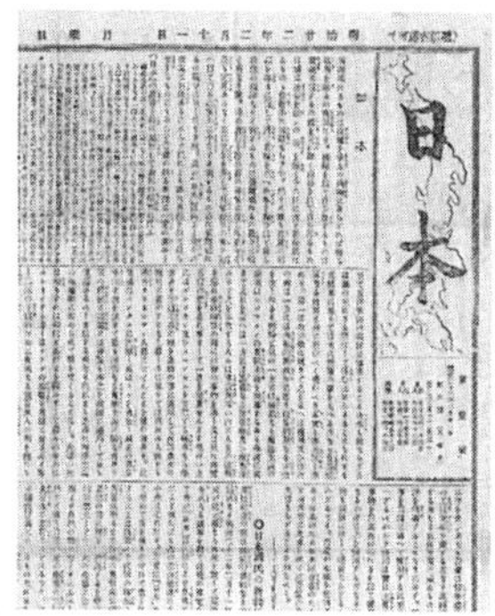

日本

問 5　Eの写真はいつ頃のものであるか。最も適当なものを，次の①～④のうちから一つ選べ。　50

① 三国干渉が行われた1895年頃

② 昭和金融恐慌が起こった1927年頃

③ 奢侈品等の製造・販売が制限・禁止された1940年頃

④ 第一次石油危機が起こった1973年頃

E

世界史

（60分）

Ⅰ　次の設問は古代ギリシアの文化に関するものである。設問にしたがって解答せよ。

(1) ペルシア戦争の歴史を物語風に記述した人物の名称として正しいものを，次の①～④のうちから一つ選べ。 1

① ホメロス　② ヘロドトス
③ トゥキディデス　④ リウィウス

(2) 「無知の知」を問答法によって市民に説き，最期は毒杯をあおって亡くなった人物として正しいものを，次の①～④のうちから一つ選べ。 2

① アリストテレス　② プラトン
③ ソクラテス　④ プロタゴラス

(3) 女性のストライキによって和平がおとずれるという，反戦の喜劇『女の平和』を著した作家の名称として正しいものを，次の①～④のうちから一つ選べ。 3

① アリストファネス　② ソフォクレス
③ アイスキュロス　④ エウリピデス

(4) アテネのパルテノン神殿の建築様式として正しいものを，次の①～④のうちから一つ選べ。 4

① バロック式　② イオニア式
③ コリント式　④ ドーリア式

(5) ヘレニズム文化に関する文として**誤っているもの**を，次の①～④のうちから一つ選べ。 5

① アルキメデスは地球の円周を計測した。

② 「ミロのヴィーナス」や「ラオコーン」が作られた。

③ コイネーと呼ばれるギリシア語が広がり，共通語となった。

④ 世界市民主義(コスモポリタニズム)や個人主義の風潮が芽生えた。

Ⅱ　次の文章はヨーロッパに関するものである。設問にしたがって解答せよ。

10世紀から11世紀にかけてのヨーロッパはいわゆる第二次民族大移動期にあたり，各地に次々と新しい国家が建設された。

東フランク王国では，カロリング朝断絶後，ザクセン家のオットー1世が国王に選出され，その後(　(ア)　)を撃退し，教皇からローマ皇帝の冠を授けられた。これが神聖ローマ帝国の起源である。西フランクでは，10世紀にカロリング朝が断絶し，(　(イ)　)が新たな王朝を開いた。

北ヨーロッパではノルマン人が，ノルウェー，スウェーデン，デンマークの三国を建てた。ノルマン人はヘイスティングズの戦いに勝利し，最終的にイングランド(ウ)を支配することになった。これは西暦1066年のことであった。

東ヨーロッパでは，9世紀にキエフ公国が成立し，ウラディミル1世のとき(　(エ)　)に改宗し，スラヴ系(オ)のポーランド人は自らの王国を建て，(　(ア)　)はハンガリー王国を建てた。

(1)　空欄(ア)に当てはまる語句として正しいものを，次の①～④のうちから一つ選べ。　6

① ブルガール人　　② フン人

③ アヴァール人　　④ マジャール人

(2)　空欄(イ)に当てはまる語句として正しいものを，次の①～④のうちから一つ選べ。　7

① フィリップ2世　　② ルイ9世

③ ユーグ=カペー　　④ ロ　ロ

(3) 下線部(ウ)に関連して，イングランドの状況を説明した文として**誤っているもの**を，次の①～④のうちから一つ選べ。 8

① ジョン王はフランス国王フィリップ2世と争って領地を失った。

② 大憲章(マグナ=カルタ)を認めないヘンリ3世に対して，シモン=ド=モンフォールが反乱を起こした。

③ エドワード3世の時代に模範議会が招集された。

④ リチャード1世が，十字軍を率いてサラディンと戦った。

(4) 空欄(エ)に当てはまる語句として正しいものを，次の①～④のうちから一つ選べ。 9

① ローマ=カトリック　② コプト派

③ プロテスタント　④ ギリシア正教

(5) 下線部(オ)に関連して，スラヴ人について述べた文として正しいものを，次の①～④のうちから一つ選べ。 10

① セルビア人はビザンツ帝国の影響を受け，ローマ=カトリックに改宗した。

② モスクワ大公国のイヴァン3世は，はじめてツァーリを自称した。

③ 西スラヴに属するルーマニア人は，カトリックに改宗した。

④ チェック人は，リトアニアと同君連合を結成しヤゲウォ朝を開いた。

Ⅲ　以下の文章は遠藤周作に関わるものである。設問にしたがって解答せよ。

遠藤周作は，今から100年前の1923年(ア)に生まれ，12歳の時にカトリックの洗礼を受けた。彼はフランス(イ)留学を経て発表した小説『白い人』で第33回芥川賞を受賞した。以後，『沈黙』，『女の一生』などでキリスト教信仰と日本の精神風土との異質性の問題を掘り下げ，代表的なカトリック作家となった。代表作の『沈黙』は，島原の乱が鎮圧(ウ)されて間もない時期のキリシタン禁制(エ)の厳しい日本が舞台である。マカオ(オ)で出会った日本人キチジローの案内で長崎(カ)の五島列島に潜入したポルトガル人司祭(キ)ロドリゴが，日本人信徒たちの悲惨な殉教の姿(ク)に接して苦悩し，自身もまた棄教するか否かを巡って苦悩する。やがて，ロドリゴは，日本にはキリスト教は根付かない(ケ)と考えた師のフェレイラと同様に棄教する。その際にロドリゴは踏絵を踏むことで初めて神の教えの意味を理解し，日本で最後のキリスト教司祭であることを自覚するのである。

『女の一生』では，第一部で幕末から明治維新(コ)前後のキリシタンの迫害からキリスト教信仰が認められるまでの時期が取り上げられる。第二部は戦時中の長崎が舞台で，アウシュヴィッツ(サ)で非業の死を遂げたコルベ神父や長崎への原爆投下(シ)について語られる。遠藤周作自身は，第二次世界大戦中，病により入隊が延期されたまま終戦を迎え，戦後(ス)に創作活動を本格的に開始した。キリスト教と戦争というふたつの要素は彼の文学に大きな影響を与えていると言えよう。日本人とキリスト教をテーマとした遠藤最後の作品は1993年の『深い河』でガンジス川(セ)が舞台となっている。そして，遠藤周作は1996年(ソ)に呼吸不全で世を去った。73歳であった。

⑴　下線部㋐に関して，1923年にアジアで起こった出来事として正しいものを，次の①～④のうちから一つ選べ。　11

①　日本が袁世凱に対華二十一か条の要求を認めさせた。

②　朝鮮で三・一独立運動が起き，全土に波及した。

③　イランで立憲革命が起こった。

④　トルコ共和国が成立し，連合国とローザンヌ条約を結んだ。

⑵　下線部㋑に関して，フランスの歴史について述べた文として正しいものを，次の①～④のうちから一つ選べ。　12

① 宰相のリシュリューが三十年戦争に新教側として参戦した。

② アンリ4世が英仏百年戦争を終結させた。

③ ルイ13世の時代にコルベールが東インド会社を設立した。

④ 七年戦争でイギリスに敗れてジブラルタルを失った。

(3) 下線部(ウ)に関して，島原の乱のような宗教を理由のひとつとする戦争は近世のヨーロッパでも起こっている。以下の選択肢のうち宗教戦争として**誤っているもの**を，次の①～④のうちから一つ選べ。 13

① オランダ独立戦争　② ユグノー戦争

③ イタリア戦争　④ ドイツ農民戦争

(4) 下線部(エ)に関して，17世紀前半に江戸幕府はキリスト教を禁止するとともに海外との交易を制限する鎖国を実施した。この前後の日本やアジア地域の交易について述べた文として正しいものを，次の①～④のうちから一つ選べ。

14

① ジャワ島のアチェー王国が香辛料貿易で栄えた。

② 17世紀，ミャンマーではラタナコーシン朝が商業国家として繁栄した。

③ 江戸時代初期，日本は勘合貿易を行ない，東南アジア各地に日本町ができた。

④ オランダはバタヴィアを拠点に長崎の出島で日本と交易した。

(5) 下線部(オ)に関して，ポルトガルがマカオに居住権を認められたのは1557年であるが，同じ世紀の中国の状況について述べた文として正しいものを，次の①～④のうちから一つ選べ。 15

① 万暦帝が土木の変で捕虜になった。

② 一条鞭法が制定された。

③ 鄭和による南海大遠征が実施された。

④ ヌルハチが女真族を統一した。

(6) 下線部(カ)に関して，長崎はキリシタン大名大村純忠によってイエズス会に寄進された地でもある。イエズス会の歴史について述べた文として正しいものを，次

の①～④のうちから一つ選べ。 16

① フランシスコ＝ザビエルを初代総長として成立した。

② マテオ＝リッチが徐光啓と『幾何原本』を編さんした。

③ ブーヴェとレジスが円明園を設計した。

④ フランスが総督府を置いたゴアなどを拠点にアジア布教を行なった。

(7) 下線部(キ)に関して，ポルトガルの歴史について述べた文として正しいものを，次の①～④のうちから一つ選べ。 17

① 航海王子エンリケのもとでアフリカ西岸の航路を開拓した。

② ナスル朝の都であるグラナダを陥落させた。

③ モルッカ諸島でアンボイナ事件を起こした。

④ ジョアン２世のスペインに併合された。

(8) 下線部(ク)に関して，近世ヨーロッパにおける宗教対立に関連して述べた文として正しいものを，次の①～④のうちから一つ選べ。 18

① ベーメンへのカルヴァン派の強制に反発した旧教徒の反乱が三十年戦争を引き起こした。

② イギリス国教会の強制に反発したスコットランドで反乱が起こった。

③ カール５世を支持するカトリックはシュマルカルデン同盟を結成した。

④ アウクスブルクの宗教和議ではルター派に個人の信仰の自由を認めた。

(9) 下線部(ケ)に関して，中国でも清の時代にキリスト教の布教は全面的に禁止されたが，その命令を下した皇帝として正しいものを，次の①～④のうちから一つ選べ。 19

① 順治帝　　② 康熙帝

③ 雍正帝　　④ 乾隆帝

(10) 下線部(コ)に関して，明治時代の日本や同時代のアジアについて述べた文として正しいものを，次の①～④のうちから一つ選べ。 20

① 日本は樺太・千島交換条約で樺太の南半分を領土とした。

② アブデュル＝メジト１世がミドハト憲法を制定させた。

③　朝鮮で金玉均が，甲午農民戦争を指導した。

④　日清戦争後の三国干渉で日本は遼東半島を返還した。

(11)　下線部(サ)に関して，アウシュヴィッツで迫害されたユダヤ人は，第二次世界大戦後にイスラエルを建国したが，イスラエルについて述べた文として正しいものを，次の①～④のうちから一つ選べ。　21

①　第2次中東戦争の際に，スエズ運河の国有化を宣言した。

②　第3次中東戦争の際に，ゴラン高原やヨルダン川西岸地区などを占領した。

③　第4次中東戦争の際に，インティファーダを起こした。

④　エジプトとの平和条約を結んだ結果，サダトが暗殺された。

(12)　下線部(シ)に関して，長崎への原爆投下前後に関する以下の出来事を古いものから順に並べたとき3番目に当たるものを，次の①～④のうちから一つ選べ。

22

①　沖縄にアメリカ軍が上陸し，地上戦が始まった。

②　ミッドウェー海戦で日本海軍は空母4隻を失う大敗を喫した。

③　ソ連が対日参戦し，満州に侵攻した。

④　ヒトラーが自殺し，ドイツが降伏した。

(13)　下線部(ス)に関して，第二次世界大戦後のアジアについて述べた文として正しいものを，次の①～④のうちから一つ選べ。　23

①　インドネシアはスハルトを初代大統領として独立した。

②　国共内戦に敗れた蔣介石は台湾で中華民国政府を維持した。

③　中華人民共和国で鄧小平がプロレタリア文化大革命を起こした。

④　大韓民国で朴正熙が民主化を求める光州事件を起こした。

(14)　下線部(セ)に関連して，近現代のインドについて述べた文として正しいものを，次の①～④のうちから一つ選べ。　24

①　インド大反乱（シパーヒーの反乱）の勃発を契機にイギリス東インド会社は解散させられた。

②　ベンガル分割令に反対する人々がアムリットサルで虐殺された。

③　ガンディーが全インド＝ムスリム連盟を主導した。

④　第２次インド＝パキスタン戦争でバングラデシュが独立した。

⒂　下線部(ソ)に関して，1990年代のアジアやアフリカでの出来事について述べた文として正しいものを，次の①～④のうちから一つ選べ。　25

①　9・11同時多発テロ事件を契機に，アフガン戦争が始まった。

②　ゴルバチョフが訪中し，中ソ対立が解消された。

③　チュニジアでの独裁政権への反政府運動を契機に「アラブの春」が始まった。

④　韓国と北朝鮮が国連に同時に加盟した。

Ⅳ　次の文章はイギリスで有名な探偵小説を話題にしながら，ヨーロッパの近代・現代の歴史に触れたものである。設問にしたがって解答せよ。

日本でもよく知られている探偵推理小説『シャーロック・ホームズ』の作者コナン・ドイルが当該シリーズを発表したのは1887年から1927年までの間である。ロンドンを本拠地とするホームズと助手で医者のワトソン博士の遭遇する事件の一つに『赤毛連盟』に関連する事件がある。この事件が起こったのは1887年とされている。ちなみに，当該作品はこれまで何度か映像化されているものの，名優ジェレミー・ブレット演じるシャーロック・ホームズのテレビドラマ・シリーズは日本でも大人気を博した。原作とは異なる部分もあるものの，以下においてはこのドラマシリーズの『赤毛連盟』の内容に基づいて記すことにしたい。

ある日，ホームズとワトソンのもとに，赤毛の中年男性が訪ねてくる。彼は質屋を営んでいるが，ひょんなことから得た高額収入の短期アルバイトが前触れなく突然打ち切られた理由を突き止めてもらいたいとホームズに依頼する。彼の短期アルバイトとは大英百科事典を書写する仕事(ア)であった。依頼人は赤毛連盟の面接に行って彼の見事な赤毛ゆえに合格し，その仕事を得たのだった。面接の応募者は赤毛に限るという条件が課されていたが，依頼人は，赤毛連盟の説明として，アメリカに渡って成功したペンシルヴェニアの故ホプキンスという人物が故郷の赤毛男性を支援するために設けた組織だという説明を受けたとホームズに伝える(イ)。依頼人は最初こそ不可解な仕事だと思っていたが，書写するうちに彼の知的欲求は大いに満たされていき，その仕事を手放すことが惜しくなってしまったのだった。

ホームズは，その仕事の勤務時間帯の限定性やその時間帯に一切の外出が禁じられているという奇妙な条件から，その出来事の背後で世紀の銀行強盗事件が計画されていることを見破る。犯人一味は銀行を襲うために地下通路を掘っていたのだ。そして，その通路上に位置していた質屋の店主が邪魔になった。そして，書写仕事を質屋の店主専用に捏造したのであった。当然ながら，質屋の地下を掘り終わった段階で彼の仕事は不要となる。つまり，(ウ)赤毛連盟の欠員補充をする面接会場となった建物には，たった一人の応募枠に大勢の応募者がつめかけていたものの，その面接は依頼人を雇用するためだけに演出された芝居であった。1870年代以降，19世紀末の世界全体は不況に見舞われていたことが当該作品に反映されている。当該作品ではホームズの天才的洞察力が遺憾なく発揮されているが，作品の冒頭にも，(エ)ホームズはこの質屋の主人が元船大工という職業で中国に行った経験があることを腕の入れ墨やアクセサリーから言い当てている。イギリスは中国に対してだけでなく他国へも植民地政策を推進していたが，(オ)領土拡大への野心は，19世紀後半の状況を見ると，イギリスだけの専売特許ではなかった。だが，(カ)こうした植民地政策は他国と激しい衝突を引き起こすものであった。植民地獲得競争ばかりでなく，イギリスは(キ)アイルランド問題も膝元で抱えていた。一方，国内に目を向けると，人々の不満もあり，(ク)政治参加の基本的条件である選挙法が徐々に改善されていった。

ところで，赤毛の依頼人には(ケ)ユダヤ人の影がつきまとっている。赤毛はアイルランド人やユダヤ人に付されるステレオタイプのイメージであるが，彼が質屋であるということでユダヤ人という可能性が濃厚となる。とくに，この人物は犯人である従業員を“相場の半額”で雇っていた。ここには明らかに“強欲性”といったユダヤ人に対する偏見が刻印されているのである。本作品にはその他に，ホームズがヴァイオリンの音楽会を楽しんだり，結末の場面で(コ)フロベールの言葉を引用したりするなど，19世紀の文化が色濃く反映されている。

(1) 下線部(ア)を見ると，すでにこの頃，読み書きできる層が一般市民の中にいたことから，イギリスの教育や法制度が整っていたことが分かる。19世紀のイギリスの教育や法制度とそれを制定した内閣について述べたａとｂの文の正誤の組み合わせとして正しいものを，次の①～④のうちから一つ選べ。　26

ａ　ディズレーリ内閣は労働組合を合法化する労働組合法を制定した。

b　グラッドストン内閣は初等教育の普及を促す教育法を制定した。

① a―正　b―正　② a―正　b―誤
③ a―誤　b―正　④ a―誤　b―誤

⑵　下線部⑷におけるペンシルヴェニアはアメリカの独立当時の13植民地の一つである。これに関連して，アメリカの独立について述べた文として正しいものを，次の①～④のうちから一つ選べ。　27

① 独立宣言はワシントンが起草を主導した。
② 13植民地の代表はボストンで独立宣言を発表した。
③ 印紙法に対して，植民地側は「代表なくして課税なし」と主張した。
④ イギリスは1783年のロンドン条約でアメリカ合衆国を承認した。

⑶　下線部⑼に関連して，イギリスに限らず，ヨーロッパでは深刻な労働問題が生じていたが，このような資本主義社会の矛盾を指摘する社会主義的思想が現われた。これについて説明した文として**誤っているもの**を，次の①～④のうちから一つ選べ。　28

① トマス＝ペインは労働者の待遇改善を唱え，工場法制定に尽力した。
② プルードンは労働に基づかない私有財産を否定し，無政府主義運動に影響を与えた。
③ マルクスはエンゲルスと共同で，『共産党宣言』で「万国の労働者よ，団結せよ」と呼びかけた。
④ ルイ＝ブランは二月革命後に，国立作業場を設立した。

⑷　下線部㈤に関連して，イギリスが中国に対して19世紀に仕掛けた戦争の名前としてaとbの正誤の組み合わせとして正しいものを，次の①～④のうちから一つ選べ。　29

a　アロー戦争　　b　アヘン戦争

① a―正　b―正　② a―正　b―誤
③ a―誤　b―正　④ a―誤　b―誤

(5) 下線部(オ)に関連して，19世紀後半における列強の勢力拡大をめぐる戦争について述べた文として**誤っているもの**を，次の①～④のうちから一つ選べ。 30

① ロシアはロシア＝トルコ(露土)戦争に勝利したが，ベルリン会議で南下政策を阻止された。

② アメリカ＝スペイン(米西)戦争によってアメリカはフィリピンを領有した。

③ 第2次アフガン戦争後に，イギリスはアフガニスタンを保護国化した。

④ オスマン帝国は，第2次ウィーン包囲に失敗してハンガリーをオーストリアに割譲した。

(6) 下線部(カ)に関連して，アフリカの植民地をめぐってイギリスがフランスと対立した出来事として正しいものを，次の①～④のうちから一つ選べ。 31

① ファショダ事件　　② コンゴ動乱

③ モロッコ事件　　④ ブーランジェ事件

(7) 下線部(キ)に関連して，1870年代以降のアイルランドについて述べた文として正しいものを，次の①～④のうちから一つ選べ。 32

① イギリス本国によるアイルランド併合により，大ブリテンおよびアイルランド連合王国が成立した。

② アイルランドでジャガイモ飢饉が起き，多くの人々が亡くなった。

③ アイルランド自治法が成立したが，実施は延期された。

④ カトリック教徒解放法が成立し，アイルランド人のイギリス議会への進出が可能になった。

(8) 下線部(ク)に関連して，1887年に赤毛連盟の事件が起きたとされる。1880年代のイギリスの選挙法改正によって新たに選挙権を得た人々として正しいものを，次の①～④のうちから一つ選べ。 33

① 都市労働者

② 農業労働者と鉱山労働者

③ 満21歳以上の男性と満30歳以上の女性

④ 満21歳以上の男女

⑼　下線部(ケ)に関連して，ユダヤ人について述べた文として**誤っているもの**を，次の①～④のうちから一つ選べ。　34

① フランスでは，ユダヤ系軍人であるドレフュスが無実の罪で訴えられた。

② 戦争協力を得るため，第二次世界大戦中にイギリスはユダヤ人とサイクス＝ピコ協定を結んだ。

③ ヘルツルらはユダヤ人の祖国を建設しようとするシオニズムを唱えた。

④ 第二次世界大戦において行なわれた，ナチス＝ドイツによるユダヤ人の大量虐殺はホロコーストと呼ばれる。

⑽　下線部(コ)に関連して，19 世紀におけるヨーロッパにおいてはフロベールのような人間・社会をありのままに表現する写実主義を標榜する作品が流行した。以下の作家のうち，写実主義に属さない作家として正しいものを，次の①～④のうちから一つ選べ。　35

① スタンダール　　② バルザック

③ ディケンズ　　④ ヴィクトル＝ユゴー

V　次の設問は3～6 世紀の東アジアに関するものである。設問にしたがって解答せよ。

⑴　3～4 世紀の中国について述べた文として正しいものを，次の①～④のうちから一つ選べ。　36

① 黄巾の乱後，群雄割拠の中から台頭した曹操は，皇帝になり魏を建てた。

② 司馬炎は西晋を建てた後，蜀と呉を滅ぼして中国を統一した。

③ 八王の乱で衰退した西晋は，五胡の一つである鮮卑によって滅ぼされた。

④ 司馬睿が東晋を建てると，多くの人々が戦乱から逃れて江南に移住し，開発が進んだ。

⑵　5～6 世紀の中国について述べた文として正しいものを，次の①～④のうちから一つ選べ。　37

① 東晋が滅亡すると，江南では宋・斉・梁・陳が相次いで興り，南朝と総称さ

れる。

② 匈奴の建てた北魏が華北を統一し，江南と華北の両王朝が対立する南北朝時代となった。

③ 北魏の分裂後，東魏を継いだ北斉が，西魏を継いだ北周を併合して華北を再統一した。

④ 隋を建国した楊堅(文帝)は洛陽に都を置き，南朝の陳を滅ぼして中国を再統一した。

(3) 魏晋南北朝時代の諸制度について述べた文として**誤っているもの**を，次の①～④のうちから一つ選べ。 38

① 魏は屯田制を実施して，農民たちに農地を与えて耕作させた。

② 西晋の時に官吏登用法として郷挙里選が採用された。

③ 北魏は均田制や三長制を施行して，税の確実な徴収をはかった。

④ 東晋や南朝では土断を施行し，貴族の開発による大土地経営に制限をかけた。

(4) 魏晋南北朝時代の文化について述べた文として正しいものを，次の①～④のうちから一つ選べ。 39

① 北魏の寇謙之は道教の教団を形成し，孝文帝の庇護を受けた。

② 江南では優雅で洗練された六朝文化が栄え，陶淵明や顧愷之が活躍した。

③ 顔真卿等の有名な書家があらわれ，彼らの書風は後世に大きな影響をあたえた。

④ 法顕はインドからの帰国時に鳩摩羅什を招いて，仏典の漢訳を行なわせた。

(5) 3～6世紀の東アジア諸国について述べた文として**誤っているもの**を，次の①～④のうちから一つ選べ。 40

① 倭国では邪馬台国が魏に朝貢し，「親魏倭王」の称号を得た。

② 高句麗が4世紀はじめに楽浪郡を滅ぼし，朝鮮半島北部を支配した。

③ 5世紀の倭国では，中国の南朝からの渡来人が仏教をもたらした。

④ モンゴル高原では，柔然や突厥が勢力を拡大した。

VI　次の文章は9世紀以降のイスラーム世界の分裂と拡大に関するものである。設問にしたがって解答せよ。

8世紀，イスラーム帝国のアッバース朝は中央アジアから北アフリカまでの広大な領土を支配し，第5代カリフのハールーン＝アッラシードの治世に最盛期を迎えた。だが彼の死後，9世紀に入ると，後継者争いやトルコ人の奴隷軍人(マムルーク)が勢力を増大させたことから，カリフの権威が低下し，各地で地方政権が自立する傾向をみせるようになった。

10世紀になると，北アフリカ・エジプトを支配したファーティマ朝(ア)，イベリア半島の後ウマイヤ朝(イ)がそれぞれカリフを称したため，3人のカリフが並び立つことになり，イスラーム世界の分裂は決定的になった。アッバース朝のカリフは実権を失って名目的存在となり，諸王朝の君主が支配権を行使した(ウ)。

11世紀には，中央アジアで成立したトルコ人のセルジューク朝が小アジアにまで進出してビザンツ帝国を圧迫したことから，ヨーロッパで十字軍の活動(エ)が起こり，以後のシリア・エジプト・小アジアの地中海東岸では十字軍国家とイスラーム王朝の抗争が生じた。北アフリカのイスラーム諸王朝は，後ウマイヤ朝の崩壊後，イベリア半島に進出してキリスト教勢力と対抗した。また中央アジアのガズナ朝やゴール朝がインドへの進出を試みたことから，13世紀以降，北インドにイスラーム諸王朝(オ)が成立した。

(1)　下線部(ア)について述べた文として正しいものを，次の①～④のうちから一つ選べ。　41

①　スンナ派の一派であるイスマーイール派の活動から生まれた。

②　エジプトに成立した当初から，カイロに都を置いた。

③　カイロにアズハル学院を設置した。

④　後ウマイヤ朝と同盟を結び，アッバース朝のカリフと対抗した。

(2)　下線部(イ)について述べた文として正しいものを，次の①～④のうちから一つ選べ。　42

①　トゥール・ポワティエ間の戦いでフランク王国に敗れた。

②　成立当初からカリフを称し，アッバース朝カリフの権威を否定した。

③ アブド＝アッラフマーン3世の時に最盛期を迎えた。

④ 首都のコルドバにアルハンブラ宮殿が建てられた。

(3) 下線部(ウ)について述べた文として正しいものを，次の①～④のうちから一つ選べ。 43

① トルコ系のブワイフ朝がバグダードに入城し，カリフから大アミールに任じられた。

② セルジューク朝はブワイフ朝を打倒し，カリフからスルタンの称号を与えられた。

③ セルジューク朝がイクター制を初めて導入した。

④ アッバース朝はエジプトのマムルーク朝がカリフを殺害したことで滅亡した。

(4) 下線部(エ)について述べた文として正しいものを，次の①～④のうちから一つ選べ。 44

① イェルサレム王国は，アイユーブ朝のサラディンによって滅ぼされた。

② ビザンツ帝国では，セルジューク朝の侵攻に対抗するため，テマ制が施行された。

③ 第4回十字軍はコンスタンティノープルを征服し，ラテン帝国を建てた。

④ フランス王のルイ9世が一時的に聖地イェルサレムを回復した。

(5) 下線部(オ)について述べた文として**誤っているもの**を，次の①～④のうちから一つ選べ。 45

① ベルベル人が建国したムラービト朝は，ガーナ王国を攻撃した。

② ナスル朝が1492年に滅んだことで，イベリア半島のレコンキスタは完了した。

③ マムルーク出身であったアイバクは，インドのデリー周辺を支配して奴隷王朝を創始した。

④ デリー＝スルタン朝のロディー朝は，ホラズム＝シャー朝の創始者バーブルに敗れた。

Ⅶ　次の設問は，主に，ヨーロッパ文化に関するものである。設問にしたがって解答せよ。

(1)　次の歴史上の人物と関係の深い言葉の組み合わせとして**誤っているもの**を，次の①～④のうちから一つ選べ。　46

① フリードリヒ2世(大王)／「君主は国家第一の僕(しもべ)」

② ルイ14世／「朕は国家なり」

③ シェイエス／「第三身分とは何か。すべてである。」

④ ムハンマド／「もし人が『人の息』(注：自由民)の眼を潰したる時には，彼の眼を潰す」

(2)　次の思想家のうち，考え方が他と異なる人物として正しいものを，次の①～④のうちから一つ選べ。　47

① モンテスキュー　② ヴォルテール

③ ルソー　④ ジョン＝ステュアート＝ミル

(3)　次の作家のうち，作品に示された傾向性が他と異なる人物として正しいものを，次の①～④のうちから一つ選べ。　48

① グリム兄弟　② ハイネ

③ バイロン　④ イプセン

(4)　次の建築物のうち，様式が異なるものを，次の①～④のうちから一つ選べ。　49

① シャルトル大聖堂　② ケルン大聖堂

③ ノートルダム大聖堂(パリ)　④ ピサ大聖堂

(5)　次の人物のうち，哲学的な考え方が他のものと異なる人物として正しいものを，次の①～④のうちから一つ選べ。　50

① ゼノン

② エピクロス

③ セネカ

④ マルクス＝アウレリウス＝アントニヌス帝

数学

（60分）

解答上の注意

1　同一の問題文中に [1]，[2・3] 等が2度以上現れる場合，2度目以降は [1]，[2・3] のように細字で表記する。

2　分数で解答する場合は，既約分数(それ以上約分できない分数)で答えよ。符号は分子につけ，分母につけてはいけない。

3　根号を含む形で解答する場合は，根号の中の自然数が最小となる形で答えよ。

Ⅰ　次の各問に答えよ。

(1)　$2x^2-3y^2+5xy-4x-5y+2$ を因数分解すると，

$$(x+\boxed{1}\,y-\boxed{2})(\boxed{3}\,x-y-\boxed{4})$$

である。

(2)　$x=\dfrac{\sqrt{5}+1}{\sqrt{5}-1}$，$y=\dfrac{\sqrt{5}-1}{\sqrt{5}+1}$ のとき，

$x^4+y^4=\boxed{5・6}$ である。

(3)　$(x^2-3y)^5$ の展開式における x^6y^2 の項の係数は $\boxed{7・8}$ である。

(4)　$\sqrt{4n^2+165}$ が自然数となるような自然数 n は全部で $\boxed{9}$ 個ある。

Ⅱ　xy 平面上に２点 A(－１，３)，B(５，11)がある。このとき，次の各問に答えよ。

(1)　直線 $y=2x$ に関して，点 A と対称な点 P の座標を求めると，

([10] , [11]) である。

(2)　点 Q が直線 $y=2x$ 上にあるとき，２つの線分 QA と QB の長さの和 QA＋QB を最小にする点 Q の座標を求めると，

$\left(\dfrac{[12・13]}{[14]},\ \dfrac{[15・16]}{[17]}\right)$ である。

Ⅲ　関数 $f(\theta)=\cos^2\theta+\cos\theta-1$ について，次の各問に答えよ。ただし，$0\leqq\theta<2\pi$ とする。

(1)　$f(\theta)$ の最大値と最小値を求めると，

最大値は [18] ，

最小値は $\dfrac{[19・20]}{[21]}$ である。

(2)　a を実数の定数とする。方程式 $f(\theta)=a$ が４つの解をもつような a の値の範囲を求めると，

$\dfrac{[22・23]}{[24]}<a<[25・26]$ である。

Ⅳ　次の各問に答えよ。

(1)　不等式 $4^x - 65 \cdot 2^{x+2} + 1024 \leqq 0$ を満たす x の値の範囲を求めると，

$\boxed{27} \leqq x \leqq \boxed{28}$ である。

(2)　x が(1)の範囲にあるとき，関数 $y = \left(\log_2 \dfrac{16}{x}\right)\left(\log_2 \dfrac{x^2}{4}\right)$ は，

$x = \boxed{29}\sqrt{\boxed{30}}$ のとき，最大値 $\dfrac{\boxed{31}}{\boxed{32}}$ をとり，

$x = \boxed{33}$ のとき，最小値 $\boxed{34}$ をとる。

Ⅴ　3次関数 $f(x)$ は，$x = -1$ で極小値 $-\dfrac{4}{3}$ をとり，

$x = 3$ で極大値をとる。また，曲線 $y = f(x)$ は点$(0, 2)$を通る。

このとき，次の各問に答えよ。

(1)　$f(x)$ の導関数 $f'(x)$ は，

$(x + \boxed{35})(x - \boxed{36})$で割り切れる。

(2)　$f(x)$ を求めると，

$$f(x) = \frac{\boxed{37 \cdot 38}}{\boxed{39}}x^3 + \boxed{40}\,x^2 + \boxed{41}\,x + \boxed{42}$$

である。

Ⅵ　ある工場では同じ部品を 2 台の機械 A，B で製造しているが，それぞれ 2 %，3 % の割合で不良品が含まれている。機械 A，B で製造する部品の割合は 5 ： 4 である。このとき，製造された部品のある 1 個について，次の各問に答えよ。

(1)　それが不良品である確率は，

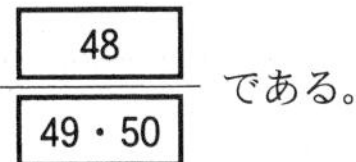

である。

(2)　不良品であったとき，それが機械 A で製造されたものである確率は，

$\dfrac{\boxed{48}}{\boxed{49 \cdot 50}}$ である。

化学

（60分）

必要があれば次の数値を使用すること。

原子量	H	1.0	C	12	O	16	Mg	24	Al	27
	S	32	Cl	35.5	Ca	40	Ag	108		

標準状態における気体1molの体積　22.4 L

問題文中の体積の単位記号Lはリットルを表す。

Ⅰ　次の設問は物質の成分と構成元素および元素の周期表に関するものである。設問にしたがって解答せよ。

問1　ベーキングパウダーの成分を確認するために実験をおこなった。各問いに答えよ。

【実験1】　ベーキングパウダーをふたまた試験管の片方にいれ，他方に希塩酸約5mLを加えた。気体誘導管をつないでその先を石灰水の入った試験管に入れたあと，ふたまた試験管の中の物質を反応させ，発生した気体を石灰水に通して変化を観察した。

【実験2】　実験1のふたまた試験管に残った反応後の液をろ過した。ろ液を白金線につけてガスバーナーの外炎にかざし，炎色反応を観察した。

(1)　実験1において下線の発生した気体として最も適当なものを，次の①～⑤のうちから一つ選べ。　1

①　O_2　　②　N_2　　③　NO_2　　④　CO_2　　⑤　H_2

⑵　実験２において観察された炎色反応として最も適当なものを，次の①～⑤のうちから一つ選べ。　2

①　黄　色　②　橙赤色　③　青緑色　④　赤紫色　⑤　赤　色

問 2　混合物の分離・精製に関する記述として最も適当なものを，次の①～⑤のうちから一つ選べ。　3

①　固体の溶けた液体を加熱して発生する蒸気を冷却し，再び液体として分離する操作を分留という。

②　液体の混合物を，沸点の差を利用して蒸留し，それぞれの成分に分離する操作を抽出という。

③　固体が直接気体になる現象を利用して混合物を分離する方法を昇華法という。

④　ろ紙などの吸着剤に対する物質の吸着されやすさの違いを利用して分離する操作をろ過という。

⑤　目的の物質をよく溶かす溶媒を用い，溶媒に対する溶解度の差を利用して，目的の成分を分離する操作をクロマトグラフィーという。

問 3　次の図は元素の周期表の領域を示している。次のａ～ｅにあてはまる領域として最も適当なものを，次の①～⑦のうちからそれぞれ一つずつ選べ。ただし，同じものを繰り返し選んでもよい。

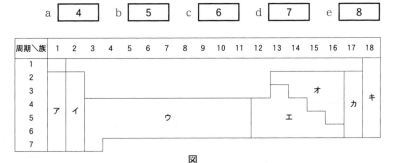

a　4　b　5　c　6　d　7　e　8

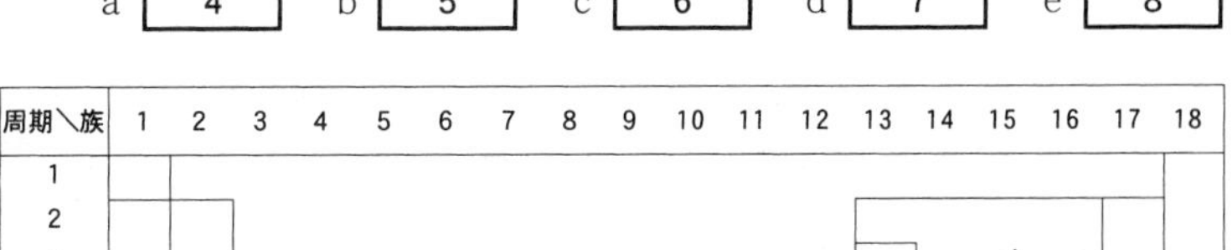

図

ａ　非金属元素であり，１価の陰イオンになりやすい。

ｂ　常温・常圧での単体状態は気体であり，原子は安定な電子配置をとる。

c　遷移元素，かつ，金属元素である。

d　原子番号が増加しても価電子の数は増加せず，価電子の数は1または2個である。

e　第一イオン化エネルギーが最も小さい元素を含む領域である。

① ア　② イ　③ ウ　④ エ
⑤ オ　⑥ カ　⑦ キ

Ⅱ　次の設問は粒子の結合に関するものである。設問にしたがって解答せよ。

問1　次の表は(ア)～(オ)の原子の電子配置を示したものである。各問いに答えよ。

	電子殻		
	K	L	M
原子(ア)	1		
原子(イ)	2	4	
原子(ウ)	2	6	
原子(エ)	2	8	1
原子(オ)	2	8	7

(1)　(ア)～(オ)の原子のうち1価の陰イオンになりやすいものとして最も適当なものを，次の①～⑤のうちから一つ選べ。　**9**

① ア　② イ　③ ウ　④ エ　⑤ オ

(2)　(ア)～(オ)の原子のうち，電気陰性度の最も小さいものを，次の①～⑤のうちから一つ選べ。　**10**

① ア　② イ　③ ウ　④ エ　⑤ オ

(3)　組成比が1：1のイオン結合をつくる原子の組み合わせとして最も適当なものを，次の①～⑥のうちから一つ選べ。　**11**

① アとイ　② アとウ　③ イとウ
④ イとエ　⑤ ウとオ　⑥ エとオ

(4) 構成原子の数の比が1：2で，二重結合を2つもつ分子をつくる原子の組み合わせとして最も適当なものを，次の①～⑦のうちから一つ選べ。 12

① アとイ　② アとウ　③ アとエ　④ イとウ
⑤ イとオ　⑥ ウとオ　⑦ エとオ

(5) (イ)の原子が1個と(ア)の原子が4個からなる分子の形として最も適当なものを，次の①～⑥のうちから一つ選べ。 13

① 直線形　② 折れ線形　③ 正三角形
④ 四角錘形　⑤ 正方形　⑥ 正四面体形

(6) 次のａとｂを構成する分子について，非共有電子対の数として最も適当なものを，次の①～⑤のうちからそれぞれ一つずつ選べ。ただし，同じものを繰り返し選んでもよい。　a 14　b 15

a　アの原子が2個とウの原子が1個からなる分子
b　アの原子が1個とオの原子が1個からなる分子

① 1　② 2　③ 3　④ 4　⑤ 0

問 2 金属に関する記述として最も適当なものを，次の①～⑤のうちから一つ選べ。 16

① 金属結晶中には，自由に動きまわることができる自由電子が存在しない。
② 金属の単体は，常温ですべて固体の状態にある。
③ 典型元素からなる金属の融点は，一般に，遷移元素からなる金属よりも高い。
④ 金属結晶が強い力を受けてもくだけにくいのは，金属結合が保たれるためである。

⑤　金属は，電気伝導性は大きいが，熱伝導性は小さい。

Ⅲ　次の設問は物質量・化学反応に関するものである。設問にしたがって解答せよ。

問1　不純物を含む炭酸カルシウム25gを完全に希塩酸と反応させて二酸化炭素を標準状態で4.48L得た。各問いに答えよ。ただし，不純物は希塩酸と反応しないものとする。

(1)　二酸化炭素4.48Lを得るのに必要な炭酸カルシウムの質量〔g〕として最も適当なものを，次の①～⑤のうちから一つ選べ。　17

①　5　　②　10　　③　15　　④　20　　⑤　25

(2)　この炭酸カルシウムの純度〔%〕として最も適当なものを，次の①～⑤のうちから一つ選べ。　18

①　20　　②　40　　③　60　　④　80　　⑤　90

問2　アルミニウム8.1gを完全に溶解させるのに必要な質量パーセント濃度が20%の塩酸の質量〔g〕として最も適当なものを，次の①～⑤のうちから一つ選べ。

19

①　32　　②　64　　③　96　　④　128　　⑤　164

問3　硫酸マグネシウムn水和物($MgSO_4 \cdot nH_2O$)2.46gをるつぼにはかり取り，水和水が完全になくなるまで加熱した。放冷後に残った無水物の質量は1.20gであった。

この時の反応式は

$MgSO_4 \cdot nH_2O \rightarrow MgSO_4 + nH_2O$である。

反応式のnとして最も適当なものを，次の①～⑤のうちから一つ選べ。

20

①　1　　②　3　　③　5　　④　7　　⑤　9

問 4　分子式C_xH_{2x+2}(ただし，xは自然数で$0 < x < 8$の範囲をとる。)で表される化合物Aを完全燃焼したときの化学反応式は

C_xH_{2x+2} ＋ (ア)O_2 → (イ)CO_2 ＋ (ウ)H_2O

である。ただし，(ア)～(ウ)は係数をあらわす。

⑴　反応式中の(ア)をxを用いて表したものとして最も適当なものを，次の①～⑤のうちから一つ選べ。　**21**

① $\frac{x+1}{2}$　② $\frac{2x+1}{2}$　③ $\frac{3x+1}{2}$　④ x　⑤ $\frac{3x}{2}$

⑵　反応式中の(イ)をxを用いて表したものとして最も適当なものを，次の①～⑤のうちから一つ選べ。　**22**

① x　② $2x$　③ $3x$　④ $4x$　⑤ $5x$

⑶　反応式中の(ウ)をxを用いて表したものとして最も適当なものを，次の①～⑤のうちから一つ選べ。　**23**

① $x+1$　② $2x+1$　③ $3x+1$　④ $2x$　⑤ $3x$

⑷　化合物A 1.44 gを完全燃焼させたところ，4.40 gの二酸化炭素を生じた。化合物Aの分子式として最も適当なものを，次の①～⑤のうちから一つ選べ。　**24**

① CH_4　② C_2H_6　③ C_3H_8　④ C_4H_{10}　⑤ C_5H_{12}

Ⅳ　次の設問は酸と塩基に関するものである。設問にしたがって解答せよ。ただし，強酸・強塩基は完全に電離しているものとする。

問 1　次の表は酸と塩基の反応で生成する塩の分類と，それぞれの組成式を示す。塩に関する記述として最も適当なものを，次の①～⑤のうちから一つ選べ。　25

分　類	酸性塩	正　塩	塩基性塩
	$NaHSO_4$	$NaCl$	$MgCl(OH)$
	$NaHCO_3$	$(NH_4)_2SO_4$	$CuCl(OH)$
	$KHSO_4$	CH_3COONa	$CaCl(OH)$

① 強酸と強塩基が反応して生成する塩はすべて正塩である。

② 酸性塩を水に溶かすと水溶液はすべて酸性を示す。

③ 弱酸と強塩基が反応して生成する塩はすべて塩基性塩である。

④ 正塩を水に溶かすと水溶液はすべて中性を示す。

⑤ 強酸と弱塩基から生成した正塩の水溶液はすべて酸性を示す。

問 2　1価の塩基Aの0.25 mol/L水溶液12 mLを，ある酸Bの水溶液で中和滴定したときのpHの変化を図に示した。次の問いに答えよ。

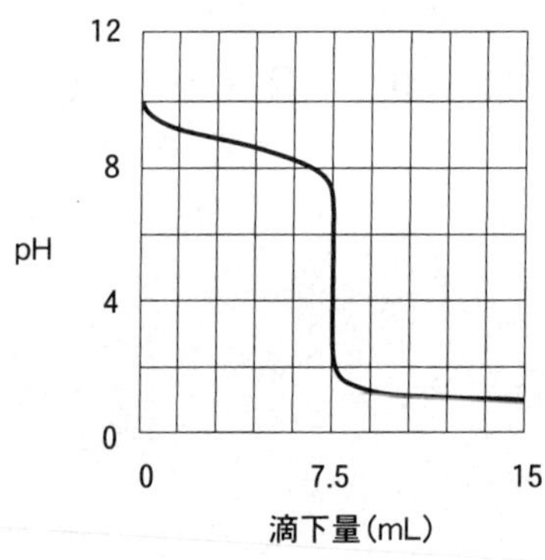

(1)　この滴定に用いた酸Bとして最も適当なものを，次の①～⑥のうちから一つ選べ。　26

① 0.15 mol/L リン酸水溶液

② 0.20 mol/L 硫酸水溶液

③ 0.20 mol/L シュウ酸水溶液

④ 0.30 mol/L 塩酸

⑤ 0.30 mol/L 硫化水素水溶液

⑥ 0.40 mol/L 酢酸水溶液

(2) この滴定に関する記述として**誤っているもの**を，次の①～⑤のうちから一つ選べ。 27

① 塩基Aは弱塩基である。

② 酸Bの水溶液のpHは1.0より小さい。

③ 中和点における水溶液のpHは7である。

④ この滴定に適した指示薬はメチルオレンジである。

⑤ 塩基Aの物質量は3×10^{-3}mol である。

問 3 次の水溶液のpHに関する記述として最も適当なものを，次の①～⑤のうちから一つ選べ。ただし，水素イオン濃度と水酸化物イオン濃度との積($[H^+][OH^-]$)は$1.0\times10^{-14}(mol/L)^2$とする。 28

① 酸性が強いほどpHは大きくなる。

② pH＝11の水酸化ナトリウム水溶液を水で100倍に薄めると，pH＝13になる。

③ pH＝5の塩酸を水で1000倍に薄めると，pH＝8になる。

④ 同じモル濃度の希塩酸と希硫酸のpHを比較すると，希塩酸のpHのほうが小さい。

⑤ 同じモル濃度のアンモニア水と水酸化ナトリウム水溶液のpHを比較すると，アンモニア水のpHのほうが小さい。

問 4 0.10 mol/L の水酸化バリウム水溶液50 mLに，ある気体中の二酸化炭素をすべて吸収させた。生じた沈殿物を取り除き，未反応の水酸化バリウムを0.20 mol/L の塩酸で中和滴定したところ18 mLを要した。次の問いに答えよ。ただし，水酸化バリウムと反応したのは気体中の二酸化炭素のみとする。

(1) 未反応の水酸化バリウムの物質量〔mol〕として最も適当なものを，次の①～⑤のうちから一つ選べ。 29

① 9.0×10^{-4}　② 1.8×10^{-3}　③ 3.6×10^{-3}
④ 5.4×10^{-3}　⑤ 7.2×10^{-3}

(2) 吸収させた二酸化炭素の標準状態での体積〔mL〕として最も適当なものを，次の①～⑤のうちから一つ選べ。 30

① 36　② 60　③ 72
④ 100　⑤ 140

問 5 次の水溶液のうち，最もpHが小さいものとして最も適当なものを，次の①～⑤のうちから一つ選べ。ただし，混合後の水溶液の体積は混合前の水溶液の体積の和に等しいものとする。また水素イオン濃度と水酸化物イオン濃度との積（$[H^+][OH^-]$）は1.0×10^{-14}(mol/L)^{2}とする。 31

① 0.050mol/L酢酸水溶液（電離度0.020）
② 0.040mol/Lアンモニア水（電離度0.025）
③ 硫酸0.49gを水に溶かした1.0Lの水溶液（電離度1.0）
④ 標準状態で224mLの塩化水素を水に溶かした1.0Lの水溶液（電離度1.0）
⑤ 0.30mol/Lの塩酸1.0Lと0.10mol/Lの水酸化ナトリウム水溶液1.0Lの混合液

問 6 次の水溶液を0.020mol/Lの塩酸で中和するとき，滴下量が最も大きくなるものとして，最も適当なものを，次の①～⑤のうちから一つ選べ。

32

① 0.020mol/Lアンモニア水20mL
② 0.020mol/L水酸化ナトリウム水溶液10mL
③ 0.020mol/L水酸化カルシウム水溶液15mL
④ 0.020mol/L水酸化カリウム水溶液15mL
⑤ 0.010mol/L水酸化バリウム水溶液20mL

V　次の設問は酸化還元反応に関するものである。設問にしたがって解答せよ。

問 1　希硝酸・濃硝酸はそれぞれ酸化剤として次のようにはたらく。各問いに答えよ。

希硝酸　$HNO_3 + 3H^+ + 3e^- \rightarrow NO + 2H_2O$

濃硝酸　$HNO_3 + H^+ + e^- \rightarrow NO_2 + H_2O$

⑴　次の各反応式中の下線をつけた原子の酸化数の変化量が，希硝酸中の窒素原子の酸化数の変化量と同じものの組み合わせとして最も適当なものを，次の①～⑥のうちから一つ選べ。　33

a　$\underline{N}_2 + 3H_2 \rightarrow 2NH_3$

b　$2H_2S + \underline{S}O_2 \rightarrow 3S + 2H_2O$

c　$2K\underline{Mn}O_4 + 3H_2SO_4 + 5H_2O_2 \rightarrow 2MnSO_4 + K_2SO_4 + 8H_2O + 5O_2$

d　$K_2\underline{Cr}_2O_7 + H_2SO_4 + 3SO_2 \rightarrow Cr_2(SO_4)_3 + H_2O + K_2SO_4$

① a・b　② a・c　③ a・d
④ b・c　⑤ b・d　⑥ c・d

⑵　次のうち**金属が溶けないもの**として最も適当なものを，次の①～⑤のうちから一つ選べ。　34

① 濃硝酸に鉄を入れる。
② 水にカリウムを入れる。
③ 希硫酸にアルミニウムを入れる。
④ 希硝酸に鉛を入れる。
⑤ 希塩酸にマグネシウムを入れる。

⑶　モル濃度〔mol/L〕が等しい希硝酸・濃硝酸をそれぞれ10mLはかり取り，それぞれ十分な量の銀を加え反応させたところ，いずれも未反応の銀が残った。次のaとbの問いに答えよ。

a　このとき発生するそれぞれの気体の標準状態での体積比として最も適当なものを，次の①～⑤のうちから一つ選べ。　35

	希硝酸：濃硝酸
①	1 : 1
②	1 : 2
③	1 : 3
④	2 : 1
⑤	3 : 2

b　このとき反応する銀の質量比として最も適当なものを，次の①～⑤のうちから一つ選べ。　36

	希硝酸：濃硝酸
①	1 : 2
②	1 : 3
③	2 : 1
④	2 : 3
⑤	3 : 2

(4)　希硝酸・濃硝酸にそれぞれ同じ質量の銀を入れたところいずれも銀はすべて溶けた。このとき発生したそれぞれの気体の標準状態での体積比として最も適当なものを，次の①～⑤のうちから一つ選べ。　37

	希硝酸：濃硝酸
①	1 : 2
②	1 : 3
③	2 : 1
④	2 : 3
⑤	3 : 2

(5)　銅と濃硝酸の反応は次式のようである。反応式中の係数(イ)・(エ)にあてはまる数の組み合わせとして最も適当なものを，次の①～⑥のうちから一つ

選べ。　38

(ア) Cu + (イ) HNO_3 → (ウ) $Cu(NO_3)_2$ + (エ) NO_2 + $2H_2O$

	(イ)	(エ)
①	4	2
②	4	3
③	4	4
④	8	2
⑤	8	3
⑥	8	4

問 2　次のａ・ｂの化学反応がある。ａの反応における酸化剤とｂの反応における還元剤の組み合わせとして最も適当なものを，次の①～⑥のうちから一つ選べ。　39

a　$O_3 + H_2O + 2KI \rightarrow O_2 + I_2 + 2KOH$

b　$I_2 + 2Na_2S_2O_3 \rightarrow 2NaI + Na_2S_4O_6$

	ａでの酸化剤	ｂでの還元剤
①	O_3	$Na_2S_2O_3$
②	O_3	I_2
③	H_2O	$Na_2S_2O_3$
④	H_2O	I_2
⑤	KI	$Na_2S_2O_3$
⑥	KI	I_2

問 3　下線を付けた原子の酸化数が他と異なるものとして最も適当なものを，次の①～⑤のうちから一つ選べ。　40

① $H\underline{F}$　② $Na\underline{Br}$　③ $H_2\underline{O}_2$　④ $H\underline{Cl}O$　⑤ $Ca\underline{H}_2$

生物

（60分）

Ⅰ 細胞や物質の大きさを測定する方法に関する次の文章を読み，各問いに答えよ。

顕微鏡を使って細胞の大きさを測定する場合，接眼ミクロメーターと対物ミクロメーターを使用する。顕微鏡に2つのミクロメーターをセットし，図1のように両方の目盛りが視野の中で重なるように操作した。次に，同じ倍率で接眼ミクロメーターを使って，ある細胞を観察したところ図2のようになった。

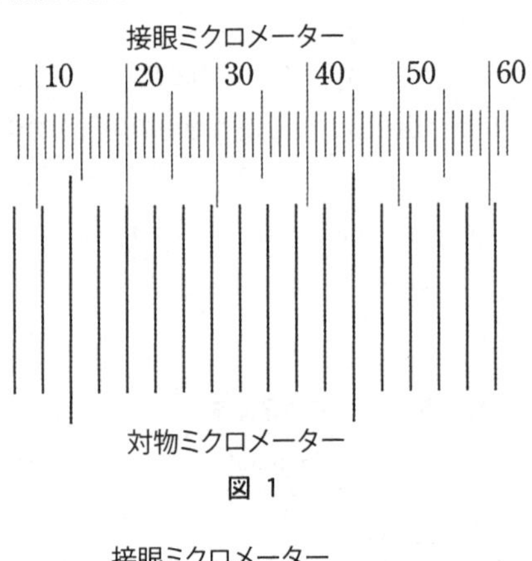

図 1

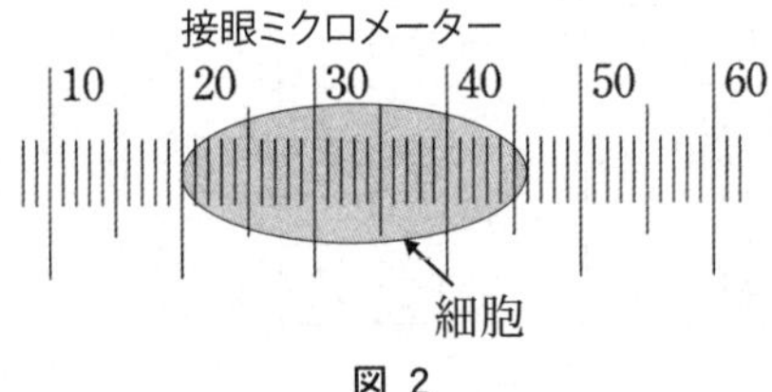

図 2

問 1 光学顕微鏡では存在が確認できないものとして最も適当なものを，次の①～⑥のうちから一つ選べ。 [1]

① ゾウリムシ　② 大腸菌　③ ヘモグロビン
④ ヒトの赤血球　⑤ ヒトの白血球　⑥ ミドリムシ

問 2　対物ミクロメーターの目盛りは，1mmを100等分してある。対物ミクロメーターの1目盛りの長さ〔μm〕として最も適当なものを，次の①～⑤のうちから一つ選べ。　**2**

① 0.01　② 0.1　③ 1　④ 10　⑤ 100

問 3　図1から，この倍率における接眼ミクロメーター1目盛りの長さ〔μm〕として最も適当なものを，次の①～⑤のうちから一つ選べ。　**3**

① 0.3　② 3.1　③ 3.2　④ 31　⑤ 32

問 4　図2の細胞の長径〔μm〕として最も適当なものを，次の①～⑤のうちから一つ選べ。　**4**

① 7.8　② 80.6　③ 83.2　④ 806　⑤ 832

Ⅱ　細胞周期に関する次の文章を読み，各問いに答えよ。

体細胞分裂を繰り返す細胞では，分裂が終わってから次の分裂が終わるまでを細胞周期という。図は，細胞周期における動物の細胞1個あたりのDNA量の変化を示したものである。エ～キは分裂期の各期をあらわしてる。

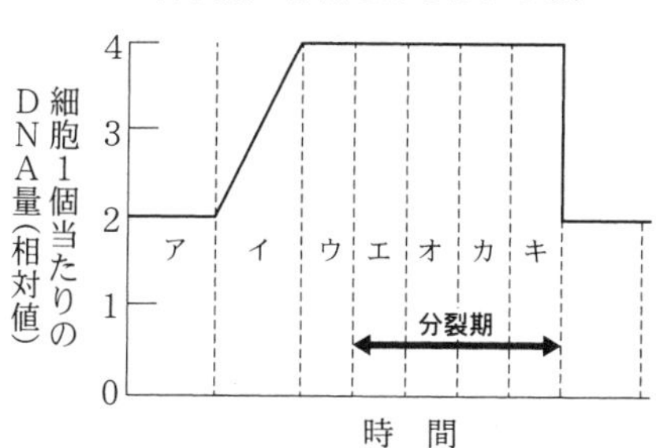

体細胞分裂と DNA 量の変化

図

問 1　図中のア～キでDNA合成が行われている時期として最も適当なものを，次の①～⑦のうちから一つ選べ。　**5**

① ア　② イ　③ ウ　④ エ

⑤ オ　　⑥ カ　　⑦ キ

問 2　図中のア～ウの時期の名称として最も適当なものを，次の①～⑤のうちから一つ選べ。　6

① 間　期　② 前　期　③ 中　期　④ 後　期　⑤ 終　期

問 3　図中のウの時期の名称として最も適当なものを，次の①～⑥のうちから一つ選べ。　7

① DNA合成準備期　② DNA合成期　③ G_1期
④ G_2期　⑤ M期　⑥ S期

問 4　顕微鏡で観察を行い，視野に見えるア～キの時期の細胞の数を数えたところ，エの細胞の割合は全体の5%であった。細胞周期の長さを24時間とすると，エの時期の長さとして最も適当なものを，次の①～⑤のうちから一つ選べ。　8

① 36分　② 60分　③ 72分　④ 120分　⑤ 180分

Ⅲ　ヒトの血液の循環に関する次の文章を読み，各問いに答えよ。

血液は，心臓の筋肉(心筋)が休みなく収縮と弛緩を繰り返す活動によって，栄養や酸素などを全身へ運搬している。ア心筋の収縮リズムは，洞房結節と呼ばれる場所で作り出される。

ヒトの血液循環は，肺循環と体循環とからなる。体循環によって全身を循環して心臓に戻ってきた静脈血は，肺循環を経て動脈血となり，再び全身へ送り出される。イ動脈血と静脈血は，色が異なっている。図は，ヒトの心臓を模式的に表したものである。

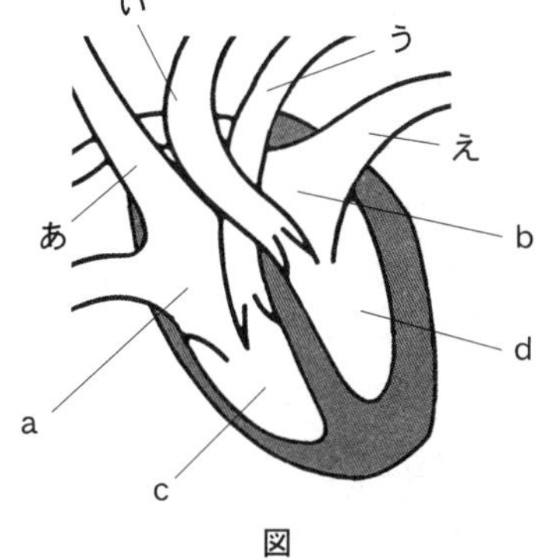

図

問 1　図中の血管あ～えの名称の組み合わせとして最も適当なものを，次の①～⑧のうちから一つ選べ。　9

	あ	い	う	え
①	大静脈	大動脈	肺静脈	肺動脈
②	大静脈	大動脈	肺動脈	肺静脈
③	大動脈	大静脈	肺静脈	肺動脈
④	大動脈	大静脈	肺動脈	肺静脈
⑤	肺静脈	肺動脈	大静脈	大動脈
⑥	肺静脈	肺動脈	大動脈	大静脈
⑦	肺動脈	肺静脈	大静脈	大動脈
⑧	肺動脈	肺静脈	大動脈	大静脈

問 2　下線部アに関する記述として最も適当なものを，次の①～⑤のうちから一つ選べ。　10

① 心室は上から下に向かって収縮する。

② 心房と心室は同時に収縮する。

③ 洞房結節からの信号は最初に左心房と左心室の収縮を引き起こす。

④ 洞房結節は左心房上部にある。

⑤ 洞房結節は自律的に電気的な信号を発生させる。

問 3　図中の部位ａ～ｄのうち体循環に血液を送り出している部位とその名称の組み合わせとして最も適当なものを，次の①～⑧のうちから一つ選べ。

11

	部位	名称
①	a	右心房
②	a	左心房
③	b	右心房
④	b	左心房
⑤	c	右心室
⑥	c	左心室
⑦	d	右心室
⑧	d	左心室

問 4　下線部イについて，暗赤色の血液に関する記述として最も適当なものを，次の①～⑥のうちから一つ選べ。　12

① 酸素があまり含まれておらず，大動脈を流れる。

② 酸素があまり含まれておらず，肺静脈を流れる。

③ 酸素があまり含まれておらず，肺動脈を流れる。

④ 酸素が多く含まれており，大動脈を流れる。

⑤ 酸素が多く含まれており，肺静脈を流れる。

⑥ 酸素が多く含まれており，肺動脈を流れる。

Ⅳ　腎臓に関する次の文章を読み，各問いに答えよ。

腎臓では，血液中の血しょうの一部がろ過されて原尿になる。その後，再吸収の過程を経て尿となり，尿は体外に排出される。

植物由来の多糖類であるイヌリンはヒトの体内では合成・分解されず，腎臓でろ過され，再吸収されずに尿として排出される。再吸収と排出に関する測定をするために，健康なヒトにイヌリンを注射した。表は，腎臓における血しょう，原尿，尿の各成分の濃度[mg/mL]である。

表

成　分	血しょう	原　尿	尿
タンパク質	72	0	0
ナトリウムイオン	3.2	3.2	3.5
尿　素	0.3	0.3	20
グルコース	1	1	0
尿　酸	0.02	0.02	0.5
イヌリン	1	1	120

問 1　腎臓のはたらきとして最も適当なものを，次の①～⑤のうちから一つ選べ。　13

① アンモニアを解毒する。
② 血液中のグルコース濃度を一定に保つ。
③ 赤血球を破壊する。
④ 体液中のナトリウムイオン濃度を一定に保つ。
⑤ 胆汁を合成する。

問 2　原尿に含まれない成分として最も適当なものを，次の①～⑥のうちから一つ選べ。　14

① カリウムイオン　② グルコース　③ 血　球
④ 尿　酸　⑤ 尿　素　⑥ 水

問 3　1時間に生成される原尿量[mL]として最も適当なものを，次の①～⑥のう

ちから一つ選べ。なお，1分間に1mLの尿が生成されるものとする。　15

① 60　② 72　③ 1200
④ 1440　⑤ 6000　⑥ 7200

問 4　1時間に再吸収された尿素量[mg]として最も適当なものを，次の①～⑦のうちから一つ選べ。なお，再吸収量はろ過でこし出された量と尿中に排出された量の差である。　16

① 16　② 19.7　③ 36　④ 43.2
⑤ 960　⑥ 1200　⑦ 2160

V　自律神経系に関する次の文章を読み，各問いに答えよ。

ヒトは外界からの刺激を情報として受け取り，周囲の変化に対して迅速に対応し，体内環境の恒常性を維持している。体内での情報のやり取り(a)には神経系が重要な役割を担っている。自律神経系は交感神経と副交感神経で構成され，交感神経と副交感神経が拮抗的にはたらいている(b)。なおかつ，自律神経系のはたらきは自分の意志で調節することができず，無意識かつ自律的におこなわれている。

問 1　交感神経に関する記述として最も適当なものを，次の①～⑤のうちから一つ選べ。　17

① 体性神経系に分類され，中枢神経系には分類されない。
② 体性神経系に分類され，末梢神経系には分類されない。
③ 中枢神経系に分類され，末梢神経系には分類されない。
④ 中枢神経系に分類され，体性神経系には分類されない。
⑤ 末梢神経系に分類され，体性神経系には分類されない。

問 2　下線部aについて，自律神経系のはたらきとして最も適当なものを，次の①～⑤のうちから一つ選べ。　18

① 脳からの信号を伝え，胃の動きを制御している。

② 手足の動きを脳に伝えている。

③ 脳からの信号を伝え，手足を動かしている。

④ 脳からの信号を伝え，耳で音の情報を受け取っている。

⑤ 耳で受け取った音の情報を脳に伝えている。

問 3 激しい運動をおこなったとき，血液中の二酸化炭素濃度の変化とそれに伴って作用する自律神経系と心拍数の変化の組み合わせとして最も適当なものを，次の①～⑧のうちから一つ選べ。 19

	血中の二酸化炭素濃度	作用する自律神経系	心拍数
①	上　昇	交感神経	上　昇
②	上　昇	交感神経	低　下
③	上　昇	副交感神経	上　昇
④	上　昇	副交感神経	低　下
⑤	低　下	交感神経	上　昇
⑥	低　下	交感神経	低　下
⑦	低　下	副交感神経	上　昇
⑧	低　下	副交感神経	低　下

問 4 下線部 b について，交感神経のはたらきが抑えられているときの反応として最も適当なものを，次の①～⑦のうちから一つ選べ。 20

① 胃腸のぜん動は促進される。

② 気管支は拡張する。

③ 瞳孔は拡大する。

④ 排尿は抑制される。

⑤ 発汗は促進される。

⑥ 皮膚の血管は収縮する。

⑦ 立毛筋は収縮する。

Ⅵ　ヒトの免疫に関する次の文章を読み，各問いに答えよ。

体内に侵入した病原体が抗原として認識されると，ヘルパーT細胞が抗体産生細胞(形質細胞)を活性化する。抗体産生細胞が産生した抗体は病原体と特異的に結合し，感染力や毒性が弱められる。また，食細胞などによる病原体の排除が促進される。

赤血球の表面には，2種類の凝集原(A抗原とB抗原)があり，血しょう中にはそれらの抗原に特異的に結合する凝集素(抗A抗体と抗B抗体)がある。ABO式血液型は，この抗体と抗原の組み合わせで，表のように4種類に分類される。抗A抗体とA抗原または抗B抗体とB抗原がともに存在すると凝集(赤血球が集まって塊状になること)がおこる。

輸血をおこなう際は凝集原と凝集素の組み合わせによっては極めて危険な場合がある。かつては採血されたまますべての成分を含んだ血液を輸血することが主流であったが，近年は赤血球のみや血しょうのみといった血液中の特定の成分のみを輸血する成分輸血が主流となっている。

表　血液型と凝集原・凝集素

血液型	A型	B型	AB型	O型
凝集原(抗原)	A抗原	B抗原	A抗原とB抗原	な　し
凝集素(抗体)	抗B抗体	抗A抗体	な　し	抗A抗体と抗B抗体

問1　下線部について病原体に反応しヘルパーT細胞に病原体の情報を伝える細胞として最も適当なものを，次の①～⑥のうちから一つ選べ。　21

①　キラーT細胞　②　血小板　③　好中球　④　樹状細胞
⑤　赤血球　⑥　ナチュラルキラー細胞(NK細胞)

問2　ある血液の赤血球に抗A抗体を含む血しょうを加えると凝集が起こらず，抗B抗体を含む血しょうを加えると凝集が起きた。この場合に考えられるABO式血液型として最も適当なものを，次の①～④のうちから一つ選べ。

22

①　A型　②　B型　③　AB型　④　O型

問 3　ABO式血液型のみを考慮した場合，理論的にO型の赤血球成分を輸血できる血液型がすべて含まれるものとして最も適当なものを，次の①～⑧のうちから一つ選べ。　23

① A型　② B型　③ AB型　④ A型とB型
⑤ A型とAB型　⑥ B型とAB型　⑦ A型とB型とAB型
⑧ A型とB型とAB型のすべてに輸血できない。

問 4　ABO式血液型のみを考慮した場合，理論的にO型の血しょう成分を輸血できる血液型がすべて含まれるものとして最も適当なものを，次の①～⑧のうちから一つ選べ。　24

① A型　② B型　③ AB型　④ A型とB型
⑤ A型とAB型　⑥ B型とAB型　⑦ A型とB型とAB型
⑧ A型とB型とAB型のすべてに輸血できない。

Ⅶ　森林とその変化に関する次の文章を読み，各問いに答えよ。

森林の内部には，高さの異なる樹木が生育している。この構造を階層構造という。森林の最上部にある葉や枝の集まりを(　ア　)といい，最も広く葉を広げているものを(　イ　)という。また，森林の最下部を(　ウ　)という。図1は，ある森林の階層構造を，樹木(樹種A～樹種D)のみで示した模式図である。

□樹種A　△樹種B　○樹種C　⬭樹種D

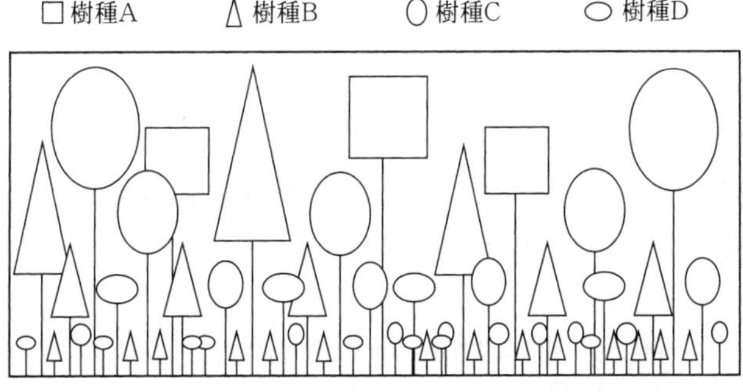

図 1　森林の模式図

問1　文章中のア～ウに入る語の組み合わせとして最も適当なものを，次の①～⑧のうちから一つ選べ。　25

	ア	イ	ウ
①	林　冠	占有種	林　床
②	林　冠	占有種	林　底
③	林　冠	優占種	林　床
④	林　冠	優占種	林　底
⑤	林　頂	占有種	林　床
⑥	林　頂	占有種	林　底
⑦	林　頂	優占種	林　床
⑧	林　頂	優占種	林　底

問2　この森林のすべての樹木を対象にして作成した樹高と本数の関係として最も適当なものを，次の①～⑤から一つ選べ。　26

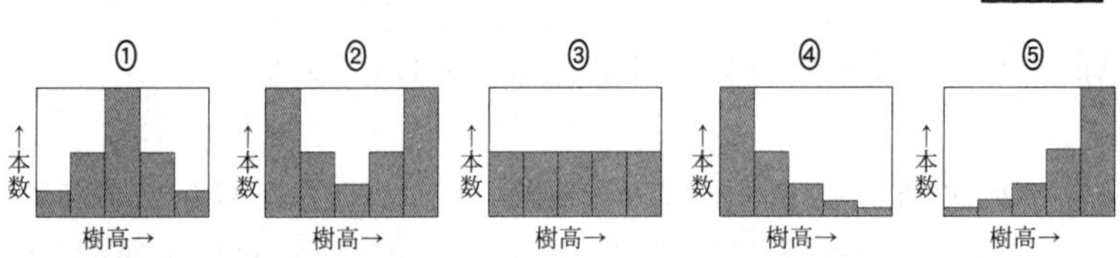

問3　この森林は，どのように成立した森林であると考えられるか。最も適当なものを，次の①～⑤のうちから一つ選べ。　27

① 単一の樹種が一斉に植林されて成立した人工林
② 単一の樹種の植林が繰り返された人工林
③ 長い期間にわたって，樹木がくりかえし更新して成立した森林
④ 人間によって皆伐されたあと，まもなく成立した森林
⑤ 大規模な山火事の直後に成立した森林

問4　この森林の高木層と低木層を構成する植物の組み合わせとして最も適当なものを，次の①～⑨のうちから一つ選べ。　28

	高木層	低木層
①	陽樹のみ	陽樹のみ
②	陽樹のみ	陰樹のみ
③	陽樹のみ	陽樹と陰樹
④	陰樹のみ	陽樹のみ
⑤	陰樹のみ	陰樹のみ
⑥	陰樹のみ	陽樹と陰樹
⑦	陽樹と陰樹	陽樹のみ
⑧	陽樹と陰樹	陰樹のみ
⑨	陽樹と陰樹	陽樹と陰樹

問 5　樹種Ａ～Ｄのうち，遷移の初期に出現してくると考えられる樹種として最も適当なものを，次の①～④のうちから一つ選べ。　29

①　樹種Ａ　　②　樹種Ｂ　　③　樹種Ｃ　　④　樹種Ｄ

問 6　問5で答えた理由として最も適当なものを，次の①～④のうちから一つ選べ。　30

①　低木層や草本層にはみられず，陰樹の高木であるから。
②　低木層や草本層にはみられず，陽樹の高木であるから。
③　低木層や草本層にもみられ，陰樹の高木であるから。
④　低木層や草本層にもみられ，陽樹の高木であるから。

問 7　この森林における高木層から草本層まで広く生育する樹種Ｂの光合成曲線(光の強さと二酸化炭素の吸収速度の関係)として最も適当なものを，次の①～④のうちから一つ選べ。　31

①　ア　　②　イ　　③　ウ　　④　エ

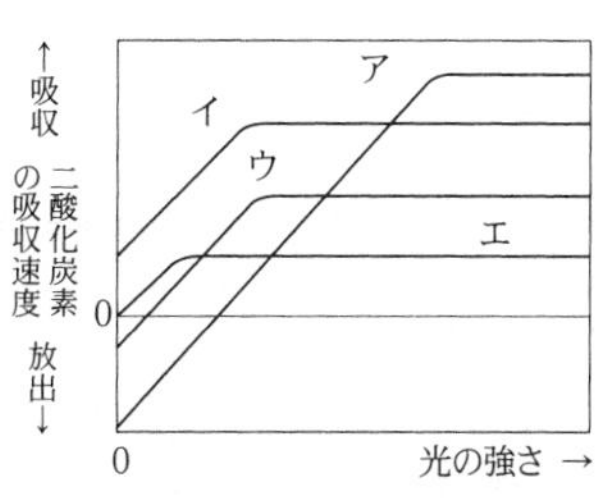

図 2　樹種Ｂの光合成曲線

問 8　問7で答えた理由として最も適当なものを，次の①～⑧のうちから一つ選べ。 32

① 樹種Bは高木となる陰樹であり，アは陽生植物の，ウは陰生植物の光合成曲線であるから。

② 樹種Bは高木となる陰樹であり，イは陽生植物の，エは陰生植物の光合成曲線であるから。

③ 樹種Bは高木となる陰樹であり，ウは陽生植物の，アは陰生植物の光合成曲線であるから。

④ 樹種Bは高木となる陰樹であり，エは陽生植物の，イは陰生植物の光合成曲線であるから。

⑤ 樹種Bは高木となる陽樹であり，アは陽生植物の，ウは陰生植物の光合成曲線であるから。

⑥ 樹種Bは高木となる陽樹であり，イは陽生植物の，エは陰生植物の光合成曲線であるから。

⑦ 樹種Bは高木となる陽樹であり，ウは陽生植物の，アは陰生植物の光合成曲線であるから。

⑧ 樹種Bは高木となる陽樹であり，エは陽生植物の，イは陰生植物の光合成曲線であるから。

Ⅷ　生態系と人の活動に関する次の文章A・Bを読み，各問いに答えよ。

A　二酸化炭素は地表からの(　ア　)を吸収する性質があるため，その一部が地表に放射され，地表や大気の温度が高くなる。これを温室効果という。産業革命以来，ヒトが(　イ　)を大量に消費していることが主な原因となり，大気中の二酸化炭素がふえ[a]，年々気温が上昇している。

また，自動車の排気ガスや工場の排煙に含まれる(　ウ　)や窒素酸化物が大気中で化学変化を起こし，(　エ　)や硝酸となって雨に溶けたものを酸性雨という。酸性雨は森林や湖，建築物などに大きな被害をもたらしている。

問 1　文章中のア・イに入る語の組み合わせとして最も適当なものを，次の①～⑨のうちから一つ選べ。　33

	ア	イ
①	紫外線	化石燃料
②	紫外線	酸　素
③	紫外線	有機物
④	水蒸気	化石燃料
⑤	水蒸気	酸　素
⑥	水蒸気	有機物
⑦	熱	化石燃料
⑧	熱	酸　素
⑨	熱	有機物

問 2　文章中のウ・エに入る語の組み合わせとして最も適当なものを，次の①～⑨のうちから一つ選べ。　34

	ウ	エ
①	硫黄酸化物	DDT
②	硫黄酸化物	メタン
③	硫黄酸化物	硫　酸
④	オゾン	DDT
⑤	オゾン	メタン
⑥	オゾン	硫　酸
⑦	二酸化炭素	DDT
⑧	二酸化炭素	メタン
⑨	二酸化炭素	硫　酸

問 3　下線部aに関して，産業革命前は大気中の二酸化炭素濃度は年平均で280 ppmと言われている。ハワイ諸島における現在の大気中の二酸化炭素濃度の年平均として最も適当なものを，次の①～⑦のうちから一つ選べ。なお，ppmは体積として100万分の1の単位である。　**35**

①　300 ppm　　②　400 ppm　　③　500 ppm　　④　600 ppm
⑤　700 ppm　　⑥　800 ppm　　⑦　900 ppm

問 4　二酸化炭素以外で温室効果が大きなものとして最も適当なものを，次の①～⑥のうちから一つ選べ。　**36**

①　アルゴン　　②　酸　素　　③　窒　素
④　ネオン　　⑤　ヘリウム　　⑥　メタン

B　生物にとっての環境は，光・温度・水・土壌・栄養塩類などからなる非生物的環境と，同種・異種の生物からなる生物的環境に分けて考えることができる。生物と非生物的環境を物質循環などの観点から一つのまとまりとしてみるとき，これを生態系という。生態系内で，非生物的環境は生物にさまざまな影響を及ぼしている。この<u>非生物的環境から生物への働きかけを作用という。一方，生物も環境に影響を及ぼしており，この働きかけを環境形成作用という</u>(b)。

生態系の一員である人間も，非生物的環境と密接な関係をもちながら生活しており，非生物的環境から様々な影響を受けるだけでなく，<u>非生物的環境にいろい</u>(c)

ろな影響を与えている。

また，生態系では物質は非生物的環境と生物の間で循環している。(d)

問 5　下線部 b に関して，「作用」の過程のみを示している記述として最も適当なものを，次の①～⑥のうちから一つ選べ。　**37**

① 雨が少ない砂漠では茎や葉が厚くなって，多肉性を示し，体内に水分を蓄える植物が多くなる。

② 洪水などにより土砂が流出しやすい河川敷でも，ヨシなどによって草原の植生が見られる。

③ 樹木が行う光合成は光や温度の影響を受け，樹木が生育すると，その下は暗くなり，風はさえぎられ，一日の温度変化も小さくなる。

④ 生態系内では，植物は動物に食物と生活する場所を与えたり，動物は植物の花粉や種子を運んだりする。

⑤ 生物の体内の有機物は，呼吸によって分解され，このとき，生じる二酸化炭素は，体外に放出されて大気中や水中に戻される。

⑥ 琵琶湖にオオクチバスが侵入し，他の魚を盛んに捕食して増殖しはじめ，その結果ゲンゴロウブナやホンモロコのような在来種の魚の個体数が激減している。

問 6　下線部 c に関する記述として**誤っているもの**を，次の①～⑤のうちから一つ選べ。　**38**

① 自然界にはない合成物質であるフロンガスが，大気の上層にあるオゾン層のオゾンを分解したので，地表の紫外線量が増加した。

② 人類による化学物質の利用は急速に進み，体内から排出されにくく分解されにくいダイオキシンのような有害物質の場合，栄養段階の低い生物ほど，体内でより高濃度に蓄積される生物濃縮がおこり，生命が危うくなることもある。

③ 砂漠化の原因には，干ばつなどの気候的要因のほかに，過度の放牧や耕作，森林の伐採などの人為的要因がある。

④ 人間活動によって排出された窒素・リンが川や海に蓄積して高濃度になり，富栄養化が起こる。

⑤ マメ科植物であるゲンゲ(レンゲ)を春の水田で栽培し，土中の無機窒素化合物を増やす。

問 7 下線部dに関して窒素の移動にはいろいろな微生物がはたらいている。それらのうち，脱窒素細菌と硝化菌が窒素移動に果たす主な役割として最も適当なものを，次の①～⑥のうちからそれぞれ一つ選べ。

脱窒素細菌 39 硝化菌 40

① アンモニウムイオンを亜硝酸イオンや硝酸イオンに変える。
② アンモニウムイオンをアミノ酸に変える。
③ 硝酸イオンや亜硝酸イオンを窒素(N_2)に変える。
④ 硝酸イオンをアンモニウムイオンに変える。
⑤ タンパク質をアンモニウムイオンに分解する。
⑥ 窒素をアンモニウムイオンに変える。

② ポートレイト写真が始まった時は鏡がなく、自分の顔を認識できている人はいなかった。

③ 一九世紀の人々は、すでに自分の写真写りや写真映えをよく分かっていた。

④ 一九世紀になって、人物の個性を伝えるようなポートレイト写真が成立した。

⑤ 写真が発明されてから現代まで、ソフトウェアによる画像処理やセットの改良は続けられてきた。

④　背景からはみ出ている
⑤　背景と伯仲している

問七　傍線部D「鷹揚な」の意味として最も適当なものを、次の①～⑤のうちから一つ選べ。　32

①　親切な　②　思うままな　③　尊大な　④　大らかな　⑤　謙虚な

問八　空欄 Ⅲ に入ることばとして最も適当なものを、次の①～⑤のうちから一つ選べ。　33

①　だからこそ　②　とりわけ　③　そのうえ　④　といいつつも　⑤　それでもなお

問九　傍線部E「ナダールの写真」についての説明として**不適当なもの**を、次の①～⑤のうちから一つ選べ。　34

①　まさに息をしているように感じられる、被写体のありのままの姿を写した写真となっている。
②　セットを用いず、照明は自然光を利用し、表情を立体的に浮かび上がらせている。
③　被写体と写真家は親しい仲であり、被写体はカメラの前で自然な表情を出せた。
④　被写体の表情の変化を、写真家の洞察力によって素早くカメラにおさめた。
⑤　撮影技法とコミュニケーションの重要さにおいて、ポートレイト写真の古典中の古典と呼ばれる。

問十　問題文の内容に最もよく合致するものを、次の①～⑤のうちから一つ選べ。　35

①　写真が発明された当初、写真家の技術が未熟であるため、撮影時間は数分に及んだ。

⑤ 客観的な自分の良さを引き出しつつ、自分の理想も表してほしいということ。

問四　空欄 Ⅰ に入ることばとして最も適当なものを、次の①～⑤のうちから一つ選べ。 29

① 成果をおさめます　② あまねく周知します　③ 雑然としています

④ 多岐にわたります　⑤ 混乱しています

問五　傍線部C「当時の写真スタジオのセット」から分かることとして最も適当なものを、次の①～⑤のうちから一つ選べ。 30

① 被写体を上質な調度品ばかりでなく緑豊かな自然で囲むことで、人格の高さを示そうとしている。

② 被写体を上流階級を思わせる豪華な調度品で囲むことで、財力と個性を示そうとしている。

③ 被写体を当時の価値観にかなう装置で囲むことで、洗練された人物であることを示そうとしている。

④ 被写体をその人が仕事で使用している小道具で囲むことで、職業を示そうとしている。

⑤ 被写体を洗練された空間で囲むことで、当時の社会の標準を示そうとしている。

問六　空欄 Ⅱ に入ることばとして最も適当なものを、次の①～⑤のうちから一つ選べ。 31

① 背景と入り乱れている

② 背景にはめ込まれている

③ 背景を圧倒している

なぜこういう事態がおこったかといえば、それまで自分の顔を客観的に見た人がとても少なかったからです。

① 〔ア〕　② 〔イ〕　③ 〔ウ〕　④ 〔エ〕　⑤ 〔オ〕

問二　傍線部A「そのように」の指し示している内容として最も適当なものを、次の①～⑤のうちから一つ選べ。 27

① 主観的なイメージのままに
② ありのままを克明に
③ 現実よりも良いものに
④ 自分が把握している通りに
⑤ 明るく鮮明に

問三　傍線部B「写真家たちは求められるのです」とあるが、何を求められるというのか。最も適当なものを、次の①～⑤のうちから一つ選べ。 28

① 客観的な自分を気にせず、理想的な自分をそこに表してほしいということ。
② 理想の自分を客観的な自分に近づけるため、クレームにも応えてほしいということ。
③ 客観性を追求することで、自分の魅力的な個性を明瞭に表してほしいということ。
④ 理想の自分を表すために、客観的な自分は軽視してほしいということ。

の三ほどを画面に入れています。照明は斜め上の高い天窓から射しこむ光を利用していて、表情を立体的に浮かび上がらせています。それによって私たちの意識を顔に集中させているのです。そのため、彼らと対話しているように感じられます。

もう一つは写真家と被写体との関係です。じつはナダールにとってこれらの被写体は、個人的な友人であり活動を支持していた仲間でした。公私にわたってお互いのことをよく知っており、D鷹揚（おう）な人柄だった彼のスタジオには仲間たちが集い、新しい文化が花開いたサロンでもあったのです。だからこそ被写体はレンズの前で自分を装うことなく自然体でふるまえました。そして、その微細な表情の変化を、親しみやすさと洞察力を持ったナダールは素早くすくい取ることができたのです。

それから約一五〇年、いまや撮影機材やソフトウェアによる撮影終了後の画像処理の発達によって、人のあらゆるナルシシズムと理想像は写真に反映できるようになりました。［Ⅲ］最も基本的で重要なことのひとつが、被写体と写真家との関係のあり方であることに変わりはありません。

Eナダールの写真は、被写体の表情に見るものの意識を集中させる撮影技法と、コミュニケーションの重要さを教えてくれるのです。それがポートレイト写真の古典中の古典と呼ばれる理由でもあります。

（鳥原学（とりはらまなぶ）『写真のなかの「わたし」』による。なお、設問の都合上、原文を一部改変した箇所がある）

（注）＊ポートレイト……肖像。人物写真。
　　＊テンプレート……ひな型。定型書式。

問一　問題文からは次の一文が欠落している。補うべき場所として最も適当なものを、次の①～⑤のうちから一つ選べ。［26］

片側に寄せられた分厚いカーテンがあって、椅子やソファや石柱が設(しつら)えられています。あるいは緑豊かな庭園が描かれている背景なども使われました。

机の上には、その人物の社会的な地位や職業を表すための、本や楽器などの小道具が置かれている。被写体は、ときにそれらを手に持っていることもある。フォーマルな装いで、やや斜めを向いた姿勢で、全身か膝から上が写されていることが多い。顔に笑顔はなく、真剣な面持ちをし、その目線はレンズを見返すのではなくどこか遠い眼差(まなざ)しをしている。

この時代の写真を見ていると、全体的に被写体がなにか **Ⅱ** ような印象を持ちます。写された人の社会的な役割は伝わってきても、個性はその役割の背後に隠れてしまって見えにくいからです。写真のセットが示しているのは、その時代の標準となっている社会一般の価値観なのでしょう。つまり自分はその標準的な価値を体現した、洗練された人物であるという証明書、あるいはパフォーマンスなのです。

そんな一九世紀にあって、人物の個性が生き生きとしてより強く伝わってくるポートレイトも誕生しています。写されたその人が、まさに息をしているように感じられる、ありのままの姿を写していると思わせてくれるような写真。それをいち早く実践したのが、パリで写真館を開いていたナダールという人物でした。

ナダールは当時の文化人たちをよく写したことで知られます。今でも人気を保っている作品を作った表現者たちが少なくありません。そのような歴史的人物の持っていたであろう生き生きとした雰囲気が、ナダールの写真にはあります。親しみに溢(あふ)れた表情でこちらを見つめ、いまにも言葉を発しそうです。

ナダールはなぜこのような表情を捉えられたのでしょうか。そこには二つの要素があるように思えます。そのひとつは撮影方法です。

これらの写真でナダールはとても単純な撮り方をしています。セットを使わず灰色のバックの前に人物を配置し、全身の四分

洋建築の室内は電気照明もなくうす暗く、自分の顔を鮮明に把握していた人は少数であったのです。心理学の本を読むと、人は自分の顔を現実よりも良いものとして認識しているとありますが、当時であればなおのことでしょう。自分の姿形に対して、より主観的なイメージを持っている人たちにとって、ありのままの姿を克明につきつけることは幻滅をもたらしたのです。

〔オ〕写真は客観的に、そして精細に事実を描写する。私たちはそれを信じて写真を見て、その写された物事について検討するわけです。しかし、ポートレイト写真において、Aそのように撮って欲しい人は、じつはあまりいないのです。それに気づいた写真家たちは、客観性を保ちながらもお客を満足させる技術の開発に取り組むようになっていきました。

現代では鏡を見たことのない人も、生まれてから写真に写されたことのない人もまずいません。記憶のないうちから自分の写真は撮られ続けてきました。一九世紀のように「これは自分ではない」というクレームをつける人もいませんが、そのぶん自分の「写真写り」や「写真映え」というものをよく知っています。

理想的なイメージを求める自己愛(ナルシシズム)を満足させるための、撮影技術もより高度になっている。ありのままの姿から魅力を発見して、そのうえにこうあって欲しいという理想のイメージを重ねる技術を、B写真家たちは求められるのです。それは被写体の顔をその時代の基準となる美しさや健康観に沿ったものに近づけ、さらに社会的な地位に応じたものにするための進化、ということができるでしょう。

いつの時代も、熱心な写真家は斬新な撮影手法を取り入れます。それは被写体への光の当て方(ライティング)、ポーズの付け方、構図、撮影場所やスタジオのセット、そして画像の修整方法など　Ⅰ　。こうして次々と新たなスタイルのポートレイトが生まれ、それらのなかで広く人気を集めた手法が定番、あるいはテンプレートとなっていくのです。

テンプレート化した撮影方法は、さらに効率化されることで広く普及し、写真の産業化について大きな役割を果たします。

C当時の写真スタジオのセットを見ると、書斎や居間など、上流階級の生活空間を再現していることがわかります。奥の壁には

二〇二四年度入試では「漢文」は出題範囲外のため省略。

（第三問「漢文」、第四問「現代文」は選択問題である。いずれか一問を選択し、解答すること。）

第四問

次の文章を読んで、後の問いに答えよ。

　写真が発明されるとポートレイト撮影はまたたくまに世界に広まっていきました。ただ、この頃の技術は未熟でしたから、写真に撮られた人たちがまず味わったのは、ひどい苦痛でした。

〔ア〕当初は撮影時間が数分もかかり、その間、少し頭が揺れただけでも画像はぶれて不鮮明になります。それを防止するために、写真館ではお客の頭を固定し、体を支えるための支柱を用いました。その不自由な姿勢のために強張（こわば）って不機嫌になった表情が、そのまま定着してしまうことも少なくなかった。

〔イ〕また、写真家がその人の表情をよく撮れたと考えても、できあがった写真を見たお客から「自分はそんな顔をしていない！」とクレームをつけられることもしばしばありました。別人の写真を自分の顔だとして指さす人もあったといいます。

〔ウ〕自分の顔なら鏡で見ていたのではないか？　そう疑問に思う人がいるかもしれません。

〔エ〕ですが、じっさいはいま私たちが使っている明るく反射する鏡の製法も、また写真とほぼ同じ時期である一八三五年に、ドイツで発明されたものなのです。それ以前の鏡は高価だったこともあり、大衆には普及していません。分厚い壁で囲まれた西

二〇二四年度入試では「漢文」は出題範囲外のため省略。

二〇二四年度入試では「漢文」は出題範囲外のため省略。

二〇二四年度入試では「漢文」は出題範囲外のため省略。

二〇二四年度入試では「漢文」は出題範囲外のため省略。

二〇二四年度入試では「漢文」は出題範囲外のため省略。

問八　傍線部Ｉ「絵見知りたる人」が指す人物として最も適当なものを、次の①～⑤のうちから一つ選べ。 24

① 伊予の入道　② 父　③ 客人　④ まことしきもの　⑤ 小童

問九　『古今著聞集』は鎌倉時代に成立した作品である。これとは**異なる時代**に成立した作品を、次の①～⑤のうちから一つ選べ。 25

① 新古今和歌集　② 平家物語　③ 方丈記　④ 宇治拾遺物語　⑤ 伊勢物語

（第三問「漢文」、第四問「現代文」は選択問題である。出願時に選択したものを解答すること）

第三問

次の文章を読んで、後の問いに答えよ。（設問の都合で送り仮名を省いたところがある。）

二〇二四年度入試では「漢文」は出題範囲外のため省略。

問五　傍線部F「然るべき天骨」とあるが、そのように判断した理由として最も適当なものを、次の①～⑤のうちから一つ選べ。　21

①　一心不乱に絵を書いていたから。
②　見事な出来栄えの絵を書いていたから。
③　元服もしていないのに絵を書いていたから。
④　父の指導通りに絵を書いていたから。
⑤　きちんとした画材もないのに絵を書いていたから。

問六　傍線部G「給ふ」と傍線部H「候ふ」の敬語の説明として最も適当なものを、次の①～⑤のうちから一つ選べ。　22

①　Gは尊敬語の本動詞、Hも尊敬語の本動詞である。
②　Gは謙譲語の本動詞、Hは丁寧語の補助動詞である。
③　Gは尊敬語の補助動詞、Hも尊敬語の補助動詞である。
④　Gは尊敬語の補助動詞、Hは丁寧語の補助動詞である。
⑤　Gは尊敬語の補助動詞、Hは丁寧語の本動詞である。

問七　空欄 Ⅰ にあてはまることばとして最も適当なものを、次の①～⑤のうちから一つ選べ。　23

①　とかく　②　おのづから　③　さすがに　④　なじかは　⑤　げにも

① 尊敬　② 存続　③ 使役　④ 自発　⑤ 過去

C　に

① 完了　② 推量　③ 断定　④ 過去　⑤ 伝聞

問三　傍線部D「これはまことしきもののかきたるには候はず」の解釈として最も適当なものを、次の①～⑤のうちから一つ選べ。 19

① これは身分の高い貴族が書いたものではございません。
② これは誠実な心を持つ人物が書いたものではございません。
③ これは本当に不動明王を見たことのある人物が書いたものではございません。
④ これは本格的な絵を書く人物が書いたものではございません。
⑤ これは成人している人物が書いたものではございません。

問四　傍線部E「いよいよ」と同じ品詞のことばに傍線が引かれているものを、次の①～⑤のうちから一つ選べ。 20

① さかしく思ひしづむる心も失せて
② その条々をことごとく行ふべし
③ まめやかにとぶらひたまふ
④ やをらものするやうにて起き出でたるを
⑤ あいぎやうおくれたる人の顔などを見ては

〔注〕＊伊予の入道……藤原隆親（ふじわらのたかちか）。
＊をさなくより……連用形「をさなく」を名詞として用いている。
＊なん思へりけり……係助詞「なん」を終止形で結ぶ破格の用法。
＊中門……表門と寝殿のあいだにある門。
＊かはらけ……素焼きの器。
＊不動……不動明王。

問一　傍線部Ａ「うけぬ事になん思へりけり」の解釈として最も適当なものを、次の①～⑤のうちから一つ選べ。 16

①　伊予の入道が絵を書くことを自慢に思っていた。
②　伊予の入道が絵を書くことを予想だにしていなかった。
③　伊予の入道の書く絵の出来栄えに満足していなかった。
④　伊予の入道が絵を書くことを快く思っていなかった。
⑤　伊予の入道が絵を書くことを知られたくないと思っていた。

問二　傍線部Ｂ「る」、傍線部Ｃ「に」の助動詞の意味・用法として最も適当なものを、次の①～⑤のうちから一つずつ選べ。 Ｂ 17　Ｃ 18

Ｂ　る

る。

② 赤ん坊は目についたものを何でも口に入れることによって、事物の本質を把握し、精神的に成長をとげる。

③ 魔術と技術は、自分のからだを自由に動かしたいという願望が誕生の端緒になっている点で共通している。

④ 自分で自分をくすぐってもくすぐったくないのは、自己把握と他者把握がすれちがいを生じているためである。

⑤ 主体身体、対象身体、対他身体が統合されて成り立つ私の身体は、それゆえに自分の思い通りにならない身体でもある。

第二問　次の文章を読んで、後の問いに答えよ。

伊予の入道は、をさなくより絵をよく書き侍(はべ)りけり。A父うけぬ事になん思へりけり。無下に幼少の時、父の家の中門の廊の壁に、かはらけのわれにて不動の立ち給へるを書きたりけるを、客人(まらうど)誰(たれ)とかや慥(たし)かに聞きしを忘れにけり、これを見て、「たがかきて候ふにか」と、おどろきたる気色(けしき)にて問ひければ、あるじうちわらひて、「これはまことしきもののかきたるには候はず。愚息の小童(こわらは)が書きて候ふ」といはれければ、いよいよ尋ねて、「然(しか)るべき天骨とはこれを申し候ふぞ。この事制し給ふ事あるまじく候ふ」となんいひける。

〔 I 〕よく絵見知りたる人なるべし。

（『古今著聞集』による。なお、設問の都合上、原文を一部改変した箇所がある）

問九　空欄 Ⅳ ・ Ⅴ に入ることばの組み合わせとして最も適当なものを、次の①～⑥のうちから一つ選べ。 13

① Ⅳ 目をもつ主体　Ⅴ まなざす客体
② Ⅳ 目をもつ客体　Ⅴ まなざす主体
③ Ⅳ まなざす主体　Ⅴ 目をもつ客体
④ Ⅳ まなざす客体　Ⅴ 目をもつ主体
⑤ Ⅳ 目でまなざす客体　Ⅴ 見える主体
⑥ Ⅳ 見える主体　Ⅴ 目でまなざす客体

問十　傍線部D「他有化された自己」についての説明として**不適当なもの**を、次の①～⑤のうちから一つ選べ。 14

① 他者から一方的に格付けされ、評価を下された自己。
② 他者との関係において、見られる側に立たされた自己。
③ 私自身から疎外されることによって、恥ずかしさが増した自己。
④ 他者の自由にゆだねられ、いら立ちや屈辱を覚えてしまう自己。
⑤ 私でありながら、私の力ではコントロールできなくなった自己。

問十一　問題文の内容に最もよく合致するものを、次の①～⑤のうちから一つ選べ。 15

① 手は開いたり閉じたりできるという独自のはたらきによって、芸術家のインスピレーションの源泉であった時期があ

問六　空欄 Ⅱ に入ることばとして最も適当なものを、次の①～⑤のうちから一つ選べ。 10

①　意　②　個　③　自　④　恣　⑤　我

問七　空欄 Ⅲ に入ることばとして最も適当なものを、次の①～⑤のうちから一つ選べ。 11

①　そして　②　あるいは　③　つまり　④　けれども　⑤　さらに

問八　傍線部C「人に対する恥ずかしさ」についての説明として最も適当なものを、次の①～⑤のうちから一つ選べ。 12

①　対他身体が対象身体を先導することから生じる感情であり、そこでは「他者との関係」が「自分の存在の把握」に大きな影響を及ぼしている。

②　他者との関係を不可欠とする感情であり、そこでは「他人に見られているわが身」というように自己把握と他者把握が同時に成立する。

③　「他者のまなざし」を前提とする感情であり、他人と自分とを対等に位置付けることによってその感情はさらに増幅される。

④　人見知りや照れと同じく社会的な感情であり、生理的触覚とは対照的にその発動には「自己に対する反省」が不可欠である。

⑤　対象身体と主体身体の統合によって生み出される感情であり、「身の折り返し」による自意識の産物に他ならない。

問三　傍線部Ａ「対象としての自分の手と、内側から感じている自分の手がまだうまく統合されていない」とはどういうことか。その説明として最も適当なものを、次の①～⑤のうちから一つ選べ。　7

① 開いたり閉じたりすることができる自分の手の動きに対して、言い知れぬ不安を感じているということ。
② 目の前に見えている自分の手と、物をつかむために使っている自分の手の感覚との間に食い違いがあるということ。
③ 自分の手を自由に動かせる楽しさは享受しているものの、まだ不器用で目的物にうまく手が届かないということ。
④ 人間以外の動物と同じく、対象として見えている手と主体として感じている手が別個に意識されているということ。
⑤ 見えている手と内側から感じている手とが二重化しており、自己意識が曖昧になってしまうということ。

問四　空欄 Ⅰ に入ることばとして最も適当なものを、次の①～⑤のうちから一つ選べ。　8

① とらえる　② うだる　③ たぎる　④ むさぼる　⑤ ひるがえる

問五　傍線部Ｂ「動物は足そのものを見ているのではない」の説明として最も適当なものを、次の①～⑤のうちから一つ選べ。　9

① 動物は自分のからだを遊ぶ道具として使用しない。
② 動物は自分の行為の一部分しか認識できない。
③ 動物は対象身体と主体身体を瞬時に統合できる。
④ 動物は自分のからだを見る対象として把握しない。
⑤ 動物は自分のからだと捕えた獲物を同時に知覚している。

a	b	c	d	e
2	3	4	5	6

a　チョウコク
① 確定シンコク
② ザッコクの収穫
③ シッコクの闇
④ コクショの日が続く
⑤ シンコクな悩み

b　クフウ
① クナイ庁長官
② ダイクの道具
③ クオンの理想
④ ケイクを吐く
⑤ ねずみをクジョする

c　キミョウ
① シキ折々の風物
② キシュウ攻撃をかける
③ 責任をホウキする
④ 壁にキレツが走る
⑤ キショク満面

d　セマる
① 旅館にシュクハクする
② ハクジョウな仕打ち
③ 特権をハクダツする
④ ハクガイを逃れる
⑤ ハクシャを加える

e　ケイキ
① 神社にサンケイする
② 増加のケイコウに転じる
③ 国旗ケイヨウ
④ 一筆ケイジョウ
⑤ 賃貸ケイヤク

どう思っているのだ」としつこくセマる人があります。これは他有化された自己を必死で取りもどそうとしているのでしょう。恥ずかしさにともなうある種の屈辱感は、自己が他有化され、疎外されることから来るのでしょう。何もおかしなことをしていないのに、見られるだけで恥ずかしいのはそのためです。〔オ〕

このように私自身の身体の把握のなかにも、すでに他者に対する私の身体の把握という他者性のケイキが含まれています。主体としての身体、対象として(しかし二重感覚とともに)とらえられる身体、さらに他者によってとらえられる身体、これらが分かちがたく統合されているのが、私の具体的な身体です。

(市川浩(いちかわひろし)『〈身〉の構造』による。なお、設問の都合上、原文を一部改変した箇所がある)

〔注〕　＊リルケ……Rainer Maria Rilke(一八七五～一九二六)ドイツの詩人・作家。

問一　問題文からは次の一文が欠落している。補うべき場所として最も適当なものを、次の①～⑤のうちから一つ選べ。　1

> それどころか逆に私自身を支配しさえする。

①〔ア〕　②〔イ〕　③〔ウ〕　④〔エ〕　⑤〔オ〕

問二　傍線部a～eと同一の漢字を使うものを、次の各群の①～⑤のうちからそれぞれ一つずつ選べ。

ないのに、他方はくすぐったい。［Ⅲ］、触覚のような非常に原始的な感覚の中にも、すでに他であるものの直覚的な把握があります。これがただちに他者の把握といえるかどうかはわかりませんが、他者把握のはじまりにはちがいないでしょう。〔ア〕

そのような他者との関係においてある私の身体（対他身体）というものがあります。そして他人（ひと）から見られた身体、他人によってとらえられた自分の存在の把握があります。人見知りや照れや恥ずかしさは他人に見られているわが身（自分）について照れたり、恥ずかしがっているのであり、そこに他者の把握があるのはあきらかでしょう。恥ずかしさは次第に抽象的な自己を恥じるレヴェルにまで達するとしても、まず自分が見える（見られる）ものであるからこそ恥ずかしいのです。もし私が見えないものであったとすれば、<u>人に対する恥ずかしさ</u>(C)は生まれなかったでしょう。それは反省が抽象的な自己に対する反省のレヴェルにまでいたるとしても、まず見える自己に対する身の折り返しからはじまるのと同じです。こうして子供が恥ずかしいと感ずるようになったということは、他者をとらえるようになったと同時に、自己を把握するようになったということでもあるわけです。〔イ〕

その場合に、われわれが恥ずかしい思いをするというのは、他者の目を感じて恥ずかしいのではない。他者のまなざしが恥ずかしいのです。他者は［Ⅳ］としてではなく、［Ｖ］としてとらえられている。単なる物体的なものとしてとらえているわけではない。だからといって単なる精神でもない。目でまなざす主体、したがってまた私がまなざしかえすことができる見える主体として、私と対等であるからこそ恥ずかしいのです。〔ウ〕

しかし他者に見られている私は、<u>キミョウ</u>(c)な存在です。それは確かに私でありながら、私の自由になりません。他人（ひと）が私をどう見ているかは私にはわからない。見られている私はある意味では他者の自由にゆだねられ、いわば他者に所有（他有化）されています。〈他有化〉をあらわすヨーロッパ語は〈疎外〉とも訳されます。他人に見られている私は、私でありながら私自身から疎外され、私の自由にならないものになっている。〔エ〕

私が他人から貼られるレッテルにいら立ち、世評を気にするのはこのためです。酔っぱらうと、「お前は本当のところ、俺を

ことの間に区別はないでしょう。われわれだって、「食べたいほどかわいい」とか、「　Ⅰ　ように見る」とか、また逆に「食いたりない」とかいいます。手をがぶっと口にくわえるとき、対象としての身体(対象身体)と、内側から感じている身体(主体身体)が一瞬に統合され、確認される、そういう体験だろうと思うのです。

動物も自分のからだが見えないわけではありません。しかし前足は、それをなめる行為や獲物を押さえる行為の一部として見えているのであって、B動物は足そのものを見ているのではない。手そのものを見て遊ぶ赤ん坊の手遊びは、身が身へ折り返す二重化のはじまりであり、もっとも原初的な自意識の萌芽(ほうが)ではないでしょうか。自分の自分に対する関係が反省ですが、身体的レヴェルでの反省ともいうべきものが、この二重感覚にはあるわけです。そして赤ん坊は、最後に手をくわえることによって、見える手を自己に同一化し、見える手と内から感じている手の分裂をのりこえるのでしょう。

それにひきかえ、からだ以外のものを手のように自由に動かせないのは、何という不条理でしょう。これは　Ⅱ　のままにならない〈他〉の発見です。魔術や技術は、世界のすべてを自分のからだのように自在に処理しようとする願望であり、bクフウだといえるでしょう。

この〈他〉の発見が〈自己〉の発見のはじまりです。身が身に折りかえす身の二重化だけでは、まだそれは自己の把握とはいえません。自己の把握は、自分に対する自己と同時に、他者に対する自己がとらえられたときに、初めて確立します。自己把握と他者把握はほとんど同時的な出来事であって、この二つは分けることができません。他者を把握することによって自己を把握する。また、自己を把握することによって他者を把握する。そしてその自己を自己自身がとらえる(反省)という二重の関係をとおして自己が形成され、自覚されてゆきます。

小さいときから非常に不思議だったのですが、自分で自分をくすぐってもくすぐったくない。ところが、人にくすぐられると非常にくすぐったい。生理的な触覚としては、ほとんど同じ刺激を与えることができるはずです。ところが一方はくすぐったく

国語

（六〇分）

（注） 第三問「漢文」、第四問「現代文」は選択問題である。出願時に選択したものを解答すること。

第一問 次の文章を読んで、後の問いに答えよ。

赤ん坊がまじまじと自分の手を見つめながら、手を開いたり閉じたりしていることがあります。あたかも不思議なものを見るかのように、あきずにくりかえしている。リルケの『マルテの手記』に出てくる自分の手の不気味な描写や、かずかずの手のチョウコク[a]をあげるまでもなく、手はからだのどの部分にもまして、われわれの注意をひき、われわれを不安にさせる何かを含んでいます。

赤ん坊は、何か物を取ろうとしても、なかなかうまく手を届かせることができません。[A]対象としての自分の手と、内側から感じている自分の手がまだうまく統合されていないのでしょう。考えてみれば、対象として見えている手が、同時に主体として感じている手でもあるというのは、不思議なことですね。赤ん坊は、そういう不思議さを、自分の手を動かして見ながら感じているのでしょう。そして最後に自分の手をがぶりとくわえます。手にかぎらない。赤ん坊は、目についたものは何でも口に入れます。あれを見ると、確かに「認識するとは食べることだなあ」と思うわけです。じっさいアメーバーでは食べることと認識する

解答編

英語

I

解答　1―②　2―①　3―③　4―②　5―④　6―③

解説　1．「責任としてしなければならないこと」→「義務」

2．「人や物に対して温かい気持ちがあること」→「優しい，好きである」

3．「危険あるいは有害な状況から人や物を救うこと」→「救助する」

4．「スピーチ」→「話，特に大勢の人に向けた，あるテーマについての正式な話」

5．「政治的な」→「国や社会において，権力が獲得され，使われる方法に関すること」

6．「決める」→「何かについて選択や判断をすること」

II

解答　7―④　8―④　9―②　10―①　11―④　12―③
13―①　14―③　15―②　16―①　17―①　18―③
19―②　20―④

解説　7．To *one's* surprise「驚いたことに」

8．命令文，or ～「…しなさい，さもないと～」

9．now that ～「今や～なので」

10．run「～を経営する」

11．educate「～を教育する」

12．stand「～を我慢する」

13．language death「言語消滅」

14．none「誰も～ない」 not all ～「すべてが～というわけではない」 dare to *do*「あえて～する」 object「異議を唱える」

15．marry「～と結婚する」

16．see *A doing*「*A*（人）が～しているのを見る」

17. be thinking of *doing*「～しようと思っている」
18. such ～ that …「とても～なので…」
19. as you might know「ご存じかもしれないが」
20. had better not *do*「～しないほうがよい」

III 解答

21―③　22―①　23―③　24―②　25―④　26―①
27―③　28―③

解説　≪夏休みの予定≫

21. I have no idea.「まったくわからない」
22. You get what you pay for.「値段に見合った物しか手に入らない（→安かろう悪かろう）」
23. run-down「うらぶれた，みすぼらしい」
24. spot「場所」＝area
25. That sounds lovely.「それはいいですね」＝That will be very nice.
26. アッシュの第 9 発言第 2 文（But he …）に，he doesn't like people touching his books とある。
27. 会話が始まる前の文に Ash and his girlfriend Linda are planning their summer vacation. とある。
28. アッシュの第 2 発言第 2 文に Let's stay in America. とある。

IV 解答

29―④　30―③　31―①　32―①　33―④　34―②
35―①　36―②　37―②　38―④　39―③　40―②
41―②

解説　≪アメリカと日本の文化の狭間で感じたこと≫

29. anticipation「予想」　下線部(ア)の直前の文（As an informed …）に，I thought that I would not fit into the "Japanese" cultural boundaries「自分は日本の文化的境界に合わないだろうと思った」とあることから，④の「筆者は日本文化に再びなじむのに苦労するだろう」が正解。
30. negotiating the "Japanese" cultural boundaries は「『日本』の文化的境界に折り合いをつけること」という意味。③の to what extent は「どの程度まで」という意味。adopt「～を採用する，取り入れる」
31. 第 2 段第 2 文（When I …）の「働き始めたとき，ほとんどの教授がスーツを着ていた」の部分がヒントになる。attire「服装」

32. 第 2 段第 2 文の内容より，第 3 文（I quickly …）は「服装に対する教授間の基準はかなり正式なものだと推量した」とするのが自然。formal「正式な」

33. 第 2 段最終文（In this …）に「キャンパスでの初日から私はみんなと違うように見えるようにすることに決めた」とある。

34. 下線部(エ)は「人々はめったに彼について意見を言わなかった」という意味。この直後の文（Because my …）に「私の同僚はヨーロッパ系アメリカ人なので，彼のアメリカ的なカジュアルな服装は自然だと見なされた」とあることから，②の「ヨーロッパ系アメリカ人の教授は，日本人が抱くアメリカ人のイメージによく合っていた」が正解。

35. 第 3 段最終文（In contrast, …）に「反対に，私の文化は『日本的』で，その結果私は『日本人の』教授に見えるように（つまり，スーツを着るように）期待されていたので，私は『アメリカナイズ（アメリカ化）されている』と見なされている」とある。よって，①の「筆者の同僚や生徒たちは，筆者のことを『アメリカナイズされている』と見なした」が正解。

36. I was rusty at first.「はじめは（久しぶりで）戸惑った」 struggle「悪戦苦闘する」

37. even though ～「～ではあるが，たとえ～ではあっても」 in public setting「公共の場で」 retain the honorific style「敬意を表す態度を保つ」

38. 第 4 段第 3 文（However, this …）に「しかし，この礼儀正しい振る舞いに驚く人もいた」とあることから，④の「筆者が丁寧な表現をうまく使ったので，彼の同僚の中には驚く人もいた」が正解。

39. 第 5 段第 3 文（Even though …）は，「たとえ彼らが授業で静かで礼儀正しくあっても，外での彼らの振る舞いは私が日本で過ごした大学生の時よりもずっとくだけたものだった」とするのが自然。

40. what a waste you are! You are so good looking above your shoulders!「もったいない。肩から上はすごくかっこいいのに」 compliment「褒め言葉」

41. 第 5 段最終文（Therefore, despite …）に「それゆえ，最初は若い世代の振る舞いにカルチャーショックを受けたにもかかわらず，私自身も気楽に学生たちと接することができた。というのも，彼らのカジュアルさはアメリカ人の学生と接するときに慣れていた感じに近かったからだ」とある。この内容に一致するのは，②の「筆者は，日本人の学生たちとアメリカ人の学生たちのコミュニケーション行動には類似点があると知った」である。

日本史

I 解答 ≪平安～昭和戦前期の政治・文化史≫

1－② 2－④ 3－④ 4－③ 5－① 6－③ 7－② 8－③
9－③ 10－③ 11－③ 12－① 13－① 14－① 15－④ 16－①
17－④ 18－④

II 解答 ≪飛鳥～大正期の総合問題≫

19－① 20－② 21－② 22－① 23－② 24－③ 25－① 26－④
27－④ 28－① 29－③ 30－③ 31－② 32－① 33－③

III 解答 ≪原始～昭和戦後までの政治・文化史の小問集合≫

34－① 35－④ 36－③ 37－③ 38－① 39－② 40－④ 41－④
42－② 43－③ 44－② 45－①

IV 解答 ≪平安～昭和戦前までの文化・政治史の小問集合≫

46－④ 47－① 48－④ 49－② 50－③

46 の出典追記：写真提供　妙法院

世界史

Ⅰ　解答　≪古代ギリシアの文化≫

1 ―②　2 ―③　3 ―①　4 ―④　5 ―①

Ⅱ　解答　≪中世のヨーロッパ≫

6 ―④　7 ―③　8 ―③　9 ―④　10―②

Ⅲ　解答　≪遠藤周作を話題とした小問集合≫

11―④　12―①　13―③　14―④　15―②　16―②　17―①　18―②
19―③　20―④　21―②　22―④　23―②　24―①　25―④

Ⅳ　解答　≪近・現代のヨーロッパ≫

26―③　27―③　28―①　29―①　30―④　31―①　32―③　33―②
34―②　35―④

Ⅴ　解答　≪3～6世紀の東アジア≫

36―④　37―①　38―②　39―②　40―③

Ⅵ　解答　≪イスラーム世界の分裂と拡大≫

41―③　42―③　43―②　44―③　45―④

Ⅶ　解答　≪ヨーロッパの文化≫

46―④　47―④　48―④　49―④　50―②

数学

Ⅰ　解答　≪小問 4 問≫

1．3　2．1　3．2　4．2　5・6．47　7・8．90　9．4

Ⅱ　解答　≪図形と方程式≫

10．3　11．1　12・13．14　14．3　15・16．28　17．3

Ⅲ　解答　≪三角関数≫

18．1　19・20．−5　21．4　22・23．−5　24．4　25・26．−1

Ⅳ　解答　≪指数・対数関数≫

27．2　28．8　29．4　30．2　31．9　32．2　33．2　34．0

Ⅴ　解答　≪微・積分法≫

35．1　36．3　37・38．−2　39．3　40．2　41．6　42．2

Ⅵ　解答　≪確　率≫

43・44．11　45・46・47．450　48．5　49・50．11

化学

I　解答　≪物質の成分と構成元素，元素の周期表≫

1 ―④　2 ―①　3 ―③　4 ―⑥　5 ―⑦　6 ―③　7 ―③　8 ―①

II　解答　≪電子配置と元素の性質，金属結合≫

9 ―⑤　10―④　11―⑥　12―④　13―⑥　14―②　15―③　16―④

III　解答　≪物質量と化学反応式の量的関係≫

17―④　18―④　19―⑤　20―④　21―③　22―①　23―①　24―⑤

IV　解答　≪酸と塩基≫

25―⑤　26―②　27―③　28―⑤　29―②　30―③　31―⑤　32―③

V　解答　≪酸化還元反応≫

33―③　34―①　35―②　36―⑤　37―②　38―①　39―①　40―④

生物

Ⅰ 解答 ≪細胞の観察とミクロメーター≫

1―③　2―④　3―③　4―③

Ⅱ 解答 ≪細胞周期≫

5―②　6―①　7―④　8―③

Ⅲ 解答 ≪ヒトの心臓と血液の循環≫

9―②　10―⑤　11―⑧　12―③

Ⅳ 解答 ≪腎臓のはたらきと尿生成≫

13―④　14―③　15―⑥　16―⑤

Ⅴ 解答 ≪自律神経系のはたらき≫

17―⑤　18―①　19―①　20―①

Ⅵ 解答 ≪ヒトの免疫，ABO 式血液型≫

21―④　22―②　23―⑦　24―⑧

Ⅶ 解答 ≪森林の構造と遷移≫

25―③　26―④　27―③　28―⑨　29―①　30―②　31―③　32―①

Ⅷ　解答　≪生態系と人間の活動≫

33―⑦　34―③　35―②　36―⑥　37―①　38―②　39―③　40―①

問九　ポートレイト写真において、①の「被写体のありのままの姿を写した写真」は「幻滅をもたら」すもの（第五段落）とされる。空欄Ⅱの段落の次段落には「ありのままの姿を写していると思わせてくれるような写真」とあるばかりなので、①が不適当な選択肢。②は終わりから四つ目の段落、③・④は終わりから三つ目の段落、⑤は最終段落にそれぞれ合致する。

問十　①は「写真家の技術」が第一段落の「技術」すなわちテクノロジーとは別で、不適。②は「鏡がなく」が、第五段落の「それ以前の鏡」についての話と矛盾する。③の「よく分かっていた」というのは、第七段落によると現代人なので不適。④は空欄Ⅱの段落の次段落に合致するので、これを選ぶ。⑤は「セットの改良」が本文にはなく、不適。

として、〔ウ〕の直後に「自分の顔なら鏡で見ていたのではないか?」と、「自分の顔を客観的に見」る方法について言及しているので、ここに入れるのが適切である。よって、③を選ぶ。

問二　傍線部の二つ前の文に、「写真は客観的に、そして精細に事実を描写する」とあるのに着目したい。前段落の最終文に「自分の姿形に対して」「ありのままの姿を克明につきつけることは幻滅をもたらした」とあるが、これは「そのように撮って欲しい人は、じつはあまりいない」というのと同じ文脈で理解できる。したがって、「そのように」とは、②の「ありのままを克明に」を受けると考えられる。

問三　傍線部の直前部に着目する。「写真家たち」に「求められる」のは、「ありのままの姿から魅力を発見」することと、「そのうえにこうあって欲しいという理想のイメージを重ねる技術」との二点。これらをそれぞれ「客観的な自分の良さ」「自分の理想」と言い換えている⑤が適切である。

問五　傍線部の二つ後の段落の、終わりから二つ目の文に、「写真のセットが示しているのは、その時代の標準となっている社会一般の価値観」だとあり、それについて続いて、「自分はその標準的な価値を体現した、洗練された人物であるという証明書、あるいはパフォーマンス」という説明がある。これに適うのは③である。⑤は「洗練された空間」が不適。

問六　「被写体」は直後の文では「写された人」だが、その「社会的な役割は伝わってきても、個性はその役割の背後に隠れてしまって見えにくい」とある。「社会的な役割」とは前段落第一文の「その人物の社会的な地位や職業」であり、それを表すのは「小道具」すなわち「写真スタジオのセット」である。これは写真の「背景」をなすものであり、これに「被写体」が埋もれていることを言う②を選ぶのが適切である。

問八　ナダールの時代から「約一五〇年」が過ぎ、「人のあらゆるナルシシズムと理想像は写真に反映できるようになった」ものの、「最も基本的で重要なことのひとつが、被写体と写真家との関係のあり方であること」は依然として変わりない、と言うのだから、⑤の「それでもなお」を空欄に入れるのが適切である。

ど、本当に〟といった意味の語が入る。これに見合うのは⑤の「げにも」である。

問八　問七でも言及したが、「絵見知りたる人」とは、絵の良し悪しがわかる人という意味である。それは子ども時代の「伊予の入道」の絵に天賦の才を認めた「客人」である。よって、③が選べる。

三

（省略）

四

出典　鳥原学『写真のなかの「わたし」――ポートレイトの歴史を読む』〈第一章　ポートレイトは何を語るのか　第二節　パターンのなかの個性〉（ちくまプリマー新書）

解答

問一　③
問二　②
問三　⑤
問四　④
問五　③
問六　②
問七　④
問八　⑤
問九　①
問十　④

解説　問一　欠落文に「それまで自分の顔を客観的に見た人がとても少なかった」とあるが、「それ」は写真を受ける

のので連体形で、打消の助動詞「ず」である。「伊予の入道」が「をさなくより絵をよく書」いていたのを受け入れないというのだから、④の「快く思っていなかった」が適切である。

問二　傍線部Bは、直前の「給へ」がハ行四段活用の補助動詞「給ふ」の已然形なので、これに接続するのは完了・存続の助動詞「り」の連体形。よって、②を選ぶ。傍線部Cは、直前の「候ふ」がハ行四段活用の補助動詞「候ふ」の連体形であること、また直後に疑問の係助詞「か」があり、口語訳も〝～であるのでしょうか〟となることから、「か」の直後に「あらむ」が省略されていると考えられる。よって、断定の助動詞「なり」の連用形であり、③を選ぶ。

問三　「まことしき」は漢字にすると「真しき（実しき）」で、〝本当らしい〟というところから、ここでは〝本格的だ〟の意と考えられる。よって、④が選べる。

問四　「いよいよ」は自立語で活用せず、用言（ここでは「尋ね」）を修飾するので、副詞である。①はシク活用形容詞「さかし」の連用形。②が副詞で、これを選ぶ。③はナリ活用形容動詞「まめやかなり」の連用形。④はサ変動詞「ものす」の連体形。⑤は「愛敬」で名詞である。

問五　「然るべき」はここでは〝立派だ、すぐれている〟の意。「天骨」は〝天賦の才〟というほどの意味であるが、絵を見た「客人」が、「『たがかきて候ふにか』と、おどろきたる気色にて問」うているところから把握したい。直後に「この事制し給ふ事あるまじく候ふ」とあるが、「この事」とは「愚息の小童」すなわち子ども時代の「伊予の入道」が絵を描くことで、それをやめさせてはいけない、という意味である。以上から、絵の出来栄えへの感動を言う②が選べる。

問六　傍線部Gは、直前に「制し」という動詞（サ変動詞「制す」の連用形）があることから尊敬語の補助動詞。傍線部Hは、「あるまじく候ふ」が〝あってはならないことです〟と訳せることから、丁寧語の補助動詞。よって、④が選べる。

問七　空欄の直後は、〝よく絵の良し悪しを理解している人であるに違いない〟と訳せる。となると、空欄には〝なるほ

問十　①は同じ段落の「レッテル」貼りのことである。②は前段落の「他者に見られている私」の説明に合致する。③は「疎外されることによって、恥ずかしさが増」す、という指摘が不適切。あらかじめあった「恥ずかしさ」が増幅されたというような記述はない。④は前段落の「他者の自由にゆだねられ」および傍線部の段落の「レッテルにいら立ち」「ある種の屈辱感」に合致する。⑤は前段落最終文に合致する。

問十一　①は「時期がある」が本文にない言い方である。②は第二段落に照らすと、「事物の本質を把握し」以下は言い過ぎ。③は第四段落最終文に合わない。④は、「自分で自分をくすぐ」ることは「他者把握」とは無関係なので不適。⑤は最終段落の内容に合致し、適切である。

二

出典　橘成季『古今著聞集』〈巻第十一　画図第十六　三九九　伊予入道、幼少の時不動明王の像を書く事〉

解答

問一　④
問二　B—②　C—③
問三　④
問四　②
問五　②
問六　④
問七　⑤
問八　③
問九　⑤

解説　問一　「うけぬ事」は漢字にすると「受けぬ事」で、「うけ」は〝受け入れる〟という意。「ぬ」は直後が名詞な

問三　傍線部直後の文に、「対象として見えている手が、同時に主体として感じている手でもある」ことについて「不思議なこと」と述べられているが、この違和感が傍線部に言う「うまく統合されていない」ことに起因すると考えられる。②に言う「物をつかむために使っている自分の手の感覚」が「主体として感じている手」すなわち「内側から感じている自分の手」にあたり、「食い違い」が先に説明した違和感にあたると考えると、②が選べる。

問五　傍線部に言う「足そのものを見」るとは、直前段落の言葉を借りると、足を「対象としての身体（対象身体）」として捉えるということである。これをさらに言い換えるのが、④の「自分のからだを見る対象として把握」する、という表現である。

問七　空欄の直後に言うのは、「触覚」について「他であるものの直覚的な把握があ」るということ。空欄直前文の「一方」は「自分で自分をくすぐ」ること、また「他方」は「人にくすぐられる」ことを受けることから、ここで言うのは、自分で自分をくすぐってもくすぐったくないが、人にくすぐられるとくすぐったい、ということである。これは「他であるものの直覚的な把握」とイコールであるので、空欄には③の「つまり」を入れるとよい。

問八　傍線部に言う「人に対する恥ずかしさ」が「生まれ」るのは、直前文によると「まず自分が見える（見られる）ものであるから」である。また傍線部の二つ後の文に「子供が恥ずかしいと感ずるようにな」るための条件という体裁で、「他者をとらえるようになったと同時に、自己を把握するようになったということ」が挙げられている。以上に適うのは②である。

問九　直前文との対応関係を考えると、空欄Ⅳには「他者の目を感じて」、空欄Ⅴには「他者のまなざし」という内容が入るはずである。「他者の目を感じて」とは、「他者の目」を自分とは切り離されたものとして「感じ」るということなので、空欄Ⅳには「目をもつ客体」を入れるのが適切。一方、「他者のまなざし」とは、こちらをまなざす「他者」の主体性をそこに感じ取ることを意味することから、空欄Ⅴには「まなざす主体」が入る。以上からここでは②を選ぶのが適切である。

国語

一

出典　市川浩『〈身〉の構造――身体論を超えて』〈I　〈身〉の風景　3　手をみつめる〉（講談社学術文庫）

解答

問一　④
問二　a―⑤　b―②　c―②　d―④　e―⑤
問三　②
問四　④
問五　④
問六　①
問七　③
問八　②
問九　②
問十　③
問十一　⑤

解説　問一　欠落文に「それどころか逆に」とあることから、直前の内容は「私」に属するものが「私」から離れている状況を示すものになるだろう。〔エ〕の直前に「私でありながら……私の自由にならないものになっている」とあるのが、これに相当する。よって、④を選ぶ。

■一般入試後期（1 教科型）

問題編

▶試験科目・配点

〔後期（1 教科型）〕

<table>
<tr><th>学部・学科</th><th>教　科</th><th colspan="2">科　　　目</th><th>配　点</th></tr>
<tr><td>文（国文）</td><td>国　語</td><td colspan="2">国語総合・現代文B・古典B</td><td>100 点</td></tr>
<tr><td>文(総合英語)／グローバル・コミュニケーション</td><td>英　語</td><td colspan="2">コミュニケーション英語Ⅰ・Ⅱ，英語表現Ⅰ・Ⅱ</td><td>100 点</td></tr>
<tr><td rowspan="3">上記以外の学部・学科</td><td>国　語</td><td>国語総合・現代文B・古典B</td><td rowspan="3">1 教科選択</td><td rowspan="3">100 点</td></tr>
<tr><td>英　語</td><td>コミュニケーション英語Ⅰ・Ⅱ，英語表現Ⅰ・Ⅱ</td></tr>
<tr><td>数　学</td><td>数学Ⅰ・Ⅱ・A</td></tr>
</table>

▶備　考

- 国語は第一問「現代文」，第二問「古文」は必須，さらに第三問「漢文」，第四問「現代文」のいずれかを出願時に選択する。

英語

（60分）

Ⅰ　次の問1～問3については，説明にあう単語として最も適当なものを，問4～問6については，単語の説明として最も適当なものを，それぞれの①～④のうちから一つずつ選べ。

問 1　an important system or custom that has existed for a long time　1

①　instruction　②　institution
③　demonstration　④　determination

問 2　effectively conveying thoughts or feelings　2

①　expressive　②　compressive
③　repressive　④　depressive

問 3　a written or printed statement acknowledging that something has been paid for　3

①　receipt　②　discount
③　change　④　material

問 4　imminent　4

①　involved in the essential character of something
②　without fault or blame
③　ready to take place
④　able to live eternally

問 5　resolution　5

①　the process by which people exchange information

② a condition or combination of conditions that exist at a particular time

③ the general opinion that people have about someone or something

④ a promise to yourself to do or to not do something

問 6 compensate [6]

① to communicate an idea or feeling without saying it directly

② to give something in return for loss or injury

③ to provide something that is wanted or needed

④ to experience something bad as a result of actions you have taken

Ⅱ 次の [7] ～ [20] について，空欄に入る語句として最も適当なものを，それぞれの①～④のうちから一つずつ選べ。

問 1 Never before [7] in greater need of modern public transport than it is today.

① has this city been ② this city has been

③ was this city ④ this city was

問 2 I found this assignment [8] me.

① in ② beyond

③ over ④ out

問 3 All of us have to [9] our talents.

① pay up ② make the most of

③ stay on ④ keep up with

問 4 She did not care where she lived [10] she could get away from her violent husband.

① how ② however

③ nor ④ as long as

問 5　If you are interested in studying abroad, [11] join orientation this week?

① how about　② how come you
③ what do you say to　④ why don't you

問 6　Strictly [12], tomatoes are not vegetables.

① speaking　② to speak
③ spoken　④ spoke

問 7　After the party, she got her husband [13] her home.

① drive　② to drive
③ drove　④ driven

問 8　You should visit Venice. Nowhere else [14] such beautiful canals.

① can you find　② you cannot find
③ you can find　④ cannot you find

問 9　I have found it hard to study lately because a road [15] in my neighborhood.

① builds　② has built
③ is being built　④ is building

問10　Do you think this is [16] she wanted to show us?

① which　② what
③ whose　④ who

問11　[17] the Nile, there would be no Egypt.

① No　② To stop
③ Without　④ Except

問12　Temperatures fell [18] freezing that night.

① into ② over

③ down ④ below

問13 It is about time the children [19] to bed.

① are going ② went

③ have gone ④ will go

問14 Jack never fails [20] his girlfriend a birthday present.

① for sending ② of sending

③ to send ④ send

Ⅲ 次の会話文を読んで，設問に答えよ。また，＊印のついた語句には文末に注がある。

Two university students, Cathy and Nick, are talking about their plans.

Cathy: What are you doing this morning?

Nick: Going to a coffee shop. I need to write some job applications. Hey, can you come with me? I need some help. (ア)I'll treat you to a latte.

Cathy: Sure, I'd love a latte. Why are you job hunting, Nick? I thought you already had a job at the bookstore.

Nick: My boss cut my hours. I think she hates me because [22]. I don't make enough money anymore, so I'm looking for a new job. Anyway, I'd be better as a waiter than as a bookstore clerk. I've got a great memory, I'm friendly, I'm fast...

Cathy: Sure, we'll write (イ)all that on your applications. You know, I was thinking of looking for a job myself. Maybe [24].

Nick: Why do you need a job? Saving up for next term's (ウ)tuition?

Cathy: Not exactly. I'm thinking about the summer break. It would be awesome* to travel around Europe. A backpack, a few clothes, a rail pass, and my camera... But I can't do it without funds. Backpacking is more expensive than you'd think. I've got six weeks to get my act together*.

Nick: OK, let's do it. (エ)Where should we go?

Cathy: Great! Barcelona to start, then through Italy and Greece...

Nick: I mean which coffee shop, silly. How about Minty Café around the corner?

Cathy: I was thinking of Café Crème near the station.

Nick: [27]. We might need to look up some information.

Cathy: True, but isn't Minty Café too noisy?

Nick: It will do. (オ)It's not too bad before lunchtime. And I love their coffee. Hey, maybe they're looking for a barista*. I could do that!

Cathy: Okay, and you can give me some tips. I want to work in a coffee shop too!

注：awesome　とてもいい，かっこいい

get one's act together　(旅行の準備を)整える，ちゃんとする

barista　バリスタ，コーヒー専門店でコーヒーをいれる人

問 1　下線部(ア)I'll treat you to a latteの理由として最も適当なものを，次の①～④のうちから一つ選べ。 [21]

① Nick is asking Cathy out on a date.

② Nick is offering Cathy a latte for no reason.

③ Nick thinks Cathy would like a treat.

④ Nick wants Cathy's help writing his job applications.

問 2　空欄 [22] に入れるのに最も適当なものを，次の①～④のうちから一つ選べ。 [22]

① I came in late for my shift too often

② I save too much money

③ my job performance was excellent

④ the other employees were so helpful

問 3　下線部(イ)all　thatの内容として最も適当なものを，次の①～④のうちから一つ選べ。 [23]

① everything you write down

② your dream of being a waiter

③ your failure as a bookstore clerk

④ your good qualities

問 4　空欄 24 に入れるのに最も適当なものを，次の①～④のうちから一つ選べ。 24

① I can help you find a really good job

② I can save up money to pay my fees

③ I should write some applications too

④ I shouldn't work too hard while I'm a student

問 5　下線部(ウ) tuition と同じ意味の語句として最も適当なものを，次の①～④のうちから一つ選べ。 25

① school fees　　② funds

③ emergency　　④ training

問 6　Nick が下線部(エ) Where によって意図したものとして最も適当なものを，次の①～④のうちから一つ選べ。 26

① Which backpacking destination

② Which coffee shop

③ Which city in Europe

④ Which job search office

問 7　空欄 27 に入れるのに最も適当なものを，次の①～④のうちから一つ選べ。 27

① Their chairs are so comfortable

② Their location is good

③ They don't have Wi-Fi

④ They have the worst coffee

問 8　下線部(オ)It's not too badの内容として最も適当なものを，次の①～④のうちから一つ選べ。　28

① The Wi-Fi connection in the café is acceptable.

② The café's distance from the station is acceptable.

③ The noise level in the café is acceptable.

④ The quality of the coffee served at the café is acceptable.

問 9　会話の内容と一致するものを，次の①～④のうちから一つ選べ。　29

① Nick and Cathy will go to Minty Café this morning.

② Cathy will give Nick some tips on how to be a barista this morning.

③ Nick will go to work at Café Crème this morning.

④ Nick and Cathy will look up some information in the library this morning.

Ⅳ　次の英文を読んで，設問に答えよ。また，＊印のついた語句には文末に注がある。英文の左にある(1)～(12)は段落の番号を表している。

(1)　(ア)<u>Staying spry and fit can help people stay sharp in their golden years</u>. Now, a new study finds getting plenty of exercise is linked to better brain health in adolescence*, too.

(2)　During puberty*, the brain matures dramatically. Yet it's also a time when a kid's physical activity tends to plummet. Compared to young children, adolescents lead more sedentary lives. One reason: many spend more time in front of screens.

(3)　The new study looked at the effects of exercise on brain health in 12-year-olds. Researchers scanned their brains using a non-invasive* technology. It's called magnetic resonance imaging*(MRI). Such scans reveal information about the brain's structure and function. The researchers analyzed the MRI images alongside other health measures.

(4)　Heidi Johansen-Berg is a neuroscientist* at the University of Oxford in England. "Physical activity and aerobic exercise* have a much more widespread effect on brain processes than previously thought", she told reporters at a virtual news briefing*. The Society of Neuroscience convened* the briefing about her team's work on January 12.

(5) Her study enrolled* 26 girls and 24 boys. Past studies had looked at how a single bout* of exercise affected someone's performance on specific tests. Those tests might ask how well someone remembered images or recalled locations of objects on a screen. And if that research used MRI, the scans likely focused on the hippocampus*. That's the brain's memory hub*, notes Piergiorgio Salvan. He's a brain scientist at the University of Oxford.

(6) He and Johansen-Berg designed a broader study. They wanted to understand how fitness and exercise relate to brain-wide health. Explains Salvan, "The idea was to ask, 'what's going on in the rest of the brain(イ)?'"

A holistic approach(ウ)

(7) For seven days before the testing, each kid wore a wrist accelerometer*. This electronic motion sensor tracked their activity over the week. The researchers also gathered basic information, such as a recruit's gender and stage of puberty. They asked about each kid's mental health and also recorded their height, weight, blood pressure and heart rate.

(8) Once in the lab, the children hopped on stationary bikes and pedaled as fast as they could. The researchers measured each cyclist's maximum rate of oxygen consumption. This common indicator of aerobic fitness* is known as VO2 max.

(9) Before the cycling, each participant watched a wildlife movie while lying in an MRI scanner. The movie helped them remain still as the machine took pictures of their brain. Those images pointed to which nerve networks were active. And the researchers could see how those networks connected. "You can literally visualize what the brain is doing," Salvan says.

(10) The researchers measured how much blood entered various brain areas and how fast it flowed. Scientists call that flow perfusion*. Children with higher VO2 max had stronger perfusion throughout their brains. Perfusion was highest in endurance athletes, such as runners and rowers. Sedentary or overweight children had less perfusion.

(11) The researchers also studied the brain's so-called white matter*. Its

nerve bundles* branch* like " 'highways of the brain' that connect different regions, " Salvan notes. Children who were more fit had more glial cells* in their white matter. These cells provide structural and metabolic* support.

(12) The Oxford group described its findings February 3 in the *Journal of Neuroscience*.

〔Adapted from Esther Landhuis "Active bodies build stronger brains" March 3, 2021〕

注：

adolescence	青年期
puberty	思春期。adolescenceとほぼ同時期。
non-invasive	非侵襲的な（切開などで体に傷をつけないこと）
magnetic resonance imaging	核磁気共鳴画像法
neuroscientist	神経科学者
aerobic exercise	有酸素運動
convene	開催する
briefing	記者会見
enroll	（実験の被験者として）登録する
bout	ひとつのまとまり，セッション，クール
hippocampus	海馬（脳の部位）
memory hub	記憶中枢
accelerometer	加速度計
aerobic fitness	有酸素適性
perfusion	灌流
white matter	白質（脳の領域の名称）
nerve bundle	神経束（神経の束）
branch	分岐する
glial cells	神経膠細胞（神経系を構成する神経細胞ではない細胞）
metabolic	代謝の

出典追記：Active bodies build stronger brains, Science News Explores on March 3, 2021 by Esther Landhuis, Society for Science & the Public

問 1　下線部(ア)の Staying spry and fit can help people stay sharp in their golden years. の意味に最も近いものを，次の①～④のうちから一つ選べ。

30

① Physical training helps children become more active.

② Senior citizens can remain intelligent by doing exercise.

③ People sometimes get clever ideas while staying in their home.

④ Going to fitness clubs and gyms helps athletes to get gold medals.

問 2　第2段落の内容と一致するものを，次の①～④のうちから一つ選べ。

31

① Studying in a quiet room could seriously harm an adolescent's brain.

② Adolescents tend to spend much more time playing outdoors than young children.

③ Using smartphones can make children more intelligent.

④ The older children become, the less physical activity they engage in.

問 3　第3段落の内容と一致するものを，次の①～④のうちから一つ選べ。

32

① The scientists of the new study gathered information on how children's brains are made and work.

② Researchers had only to look at MRI images to see how exercise affected children's brains.

③ MRI scanning revealed how children's brains worked while they exercised.

④ Twelve-year-olds looked at an image of their own brain before doing exercises in their new textbook.

問 4　第4段落の内容と一致するものを，次の①～④のうちから一つ選べ。

33

① Heidi Johansen-Berg teaches aerobic exercise at the University of Oxford.

② Heidi Johansen-Berg is a representative of the Society of Neuroscience.

③ News reporters assembled in one room to hear the news briefing.

④ The news briefing suggested that scientists should revise previous assumptions about the effect of exercise on the brain.

問 5 第5～6段落の内容と一致するものを，次の①～④のうちから一つ選べ。 34

① Heidi Johansen-Berg studied how one session of exercise affected children's test performance.

② Heidi Johansen-Berg's research team took an approach somewhat different from previous studies.

③ Heidi Johansen-Berg's study enrolled 50 students at the University of Oxford.

④ Heidi Johansen-Berg asked children to remember where an object was on a screen.

問 6 下線部(イ)の the rest of the brain に**含まれないもの**を，次の①～④のうちから一つ選べ。 35

① the brain's white matter

② nerve networks

③ various brain areas

④ the brain's memory hub

問 7 下線部(ウ)A holistic approach は第7～11段落に対する小見出しである。holistic を言い換えたものとして最も適当なものを，次の①～④のうちから一つ選べ。 36

① comprehensive　② religious

③ terrible　④ traditional

問 8 第7段落の内容と一致するものを，次の①～④のうちから一つ選べ。 37

① Seven days before the testing, each kid took a test measuring their mental health.

② A wrist accelerometer gathered basic information on each child such as gender or age.

③ Children had their activity history and physical characteristics recorded.

④ Researchers asked children questions to find out how often and how hard they exercised over a week.

問 9　第8段落の内容と一致するものを，次の①～④のうちから一つ選べ。

38

① Children were asked to ride a bike to the laboratory once a week for an experiment.

② Researchers measured children's VO2 max while they exercised hard on a machine.

③ Children had to breathe as fast as they could in order to take in a lot of oxygen.

④ The experiment indicated that all the children had physical abilities in common.

問10　第9段落の内容と一致するものを，次の①～④のうちから一つ選べ。

39

① MRI brain images showed how the brain was working after the exercise.

② Children had to memorize what pictures they saw in the wildlife movie.

③ Researchers could see the connection of active nerve networks in children's brains.

④ Each participant watched a wildlife movie while they were doing exercise.

問11　第10段落の内容と一致するものを，次の①～④のうちから一つ選べ。

40

① Blood flows strongly in the brains of children who take in a lot of oxygen.

② The faster children breathed, the slower blood flowed into various brain areas.

③ Perfusion was highest for children who endured long and hard weight training.

④ Fat children tend to be less active, and have a smaller amount of blood in the body.

問12 第11段落の内容と一致するものを，次の①～④のうちから一つ選べ。

41

① Children who exercise every day can be expected to have more white matter.

② Glial cells are a kind of highway through which blood flows to many different body parts.

③ White matter in the brain provides structural and metabolic support for nerves.

④ Active children are likely to have good connections among various regions of the brain.

数学

（60分）

解答上の注意

1　同一の問題文中に **[1]**，**[2・3]** 等が2度以上現れる場合，2度目以降は [1]，[2・3] のように細字で表記する。

2　分数で解答する場合は，既約分数（それ以上約分できない分数）で答えよ。符号は分子につけ，分母につけてはいけない。

3　根号を含む形で解答する場合は，根号の中の自然数が最小となる形で答えよ。

[I]　次の各問に答えよ。

(1)　$x = \dfrac{\sqrt{5} - 2}{2}$ のとき，

$$\frac{2}{x-1} - \frac{2x+5}{x^2+2x-3} = \frac{\boxed{1\cdot 2}}{\boxed{3\cdot 4}}$$ である。

(2)　$\dfrac{4}{1+\sqrt{2}+\sqrt{3}}$ の分母を有理化すると，

$$\boxed{5} + \sqrt{2} - \sqrt{\boxed{6}}$$ となる。

(3)　$(\sqrt{3}+i)^4 + (\sqrt{3}-i)^4 = \boxed{7\cdot 8\cdot 9}$ である。

ただし，i は虚数単位を表す。

II　$\dfrac{1}{\sqrt{5}-2}$ の整数部分を p，小数部分を q とするとき，次の各問に答えよ。

(1)　$\dfrac{p}{2q}+\dfrac{q}{p}$ の値を求めると，

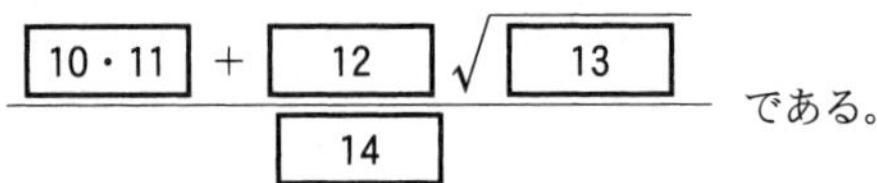
$\dfrac{\boxed{10 \cdot 11}+\boxed{12}\sqrt{\boxed{13}}}{\boxed{14}}$ である。

(2)　$6p+k(q^2+4q+2)=0$ となる k の値を求めると，

$k=\boxed{15 \cdot 16}$ である。

III　三角形 ABC において，AB ＝ 4，AC ＝ 5，∠ BAC ＝ 120°　とする。
∠ BAC の二等分線と辺 BC との交点を D とする。このとき，
次の各問に答えよ。

(1)　三角形 ADC と三角形 ABD の面積について，$\dfrac{\triangle \mathrm{ADC}}{\triangle \mathrm{ABD}}$ を求めると，

$\dfrac{\boxed{17}}{\boxed{18}}$ である。

(2)　線分 CD と線分 BD の長さについて，$\dfrac{\mathrm{CD}}{\mathrm{BD}}$ を求めると，

$\dfrac{\boxed{19}}{\boxed{20}}$ である。

(3)　線分 AD の長さを求めると，$\dfrac{\boxed{21 \cdot 22}}{\boxed{23}}$ である。

Ⅳ 関数 $y = 2(4^x + 4^{-x}) - 10(2^x + 2^{-x}) - 1$ について，次の各問に答えよ。ただし，$x \geqq 0$ とする。

(1) $2^x + 2^{-x} = t$ とおくと，$y = 2t^2 -$ [24・25] $t -$ [26] である。

(2) y は，$x =$ [27] のとき，最小値 $\dfrac{\boxed{28・29・30}}{\boxed{31}}$ をとる。

Ⅴ xy 平面上の 2 つの放物線 $y = -x^2$ と $y = 3x(x - k)$ について，次の各問に答えよ。ただし，k は定数で $k > 0$ とする。

(1) 2 つの放物線の原点とは異なる交点において，それぞれの放物線に引いた接線が直交するとき，k の値を求めると，

$$k = \frac{\boxed{32}}{\boxed{33}} \text{ である。}$$

(2) (1)のとき，2 つの放物線で囲まれた部分の面積 S を求めると，

$$S = \frac{\boxed{34}}{\boxed{35・36}} \text{ である。}$$

Ⅵ 正七角形について，次の各問に答えよ。

(1) 対角線の総数を求めると， 37・38 本である。

(2) 対角線を2本選ぶ組合せは， 39・40 通りある。

(3) 頂点を共有する2本の対角線は， 41・42 組ある。

(4) 共有点をもたない2本の対角線は， 43・44 組ある。

(5) 正七角形の内部で交わる2本の対角線は， 45・46 組ある。

④　打ち合わせの相手が、頭木さんが断ってもなお料理を食べるようにと勧めてくるのは、「利他」の思いが裏切られたことによって、相手の心のうちに潜んでいた「利己」的な復讐（ふくしゅう）心が掻（か）き立てられたからである。

⑤　「利他」的と思って行った行為が「利他」か否かについては与える側が決めることはできず、もし受け取った側が「利他」的ではないと判断したならば、それは「利他」とはいえないものとなってしまう。

③　食べられない料理が出されたことで、本来ならあり得た、会食を通じて良好な関係を築ける可能性が消えたこと。
④　場合によっては命の危険にさらされかねない料理を、少しでいいから食べてみるようにと相手から圧迫されたこと。
⑤　すれ違いによって、「利他」的ともなりえた行為の「利己」的側面が攻撃的な形で突きつけられることになったこと。

問八　空欄 Ⅸ に入る文として最も適当なものを、次の①〜⑤のうちから一つ選べ。　34

①　特定の行為が利他的になるか否かは、事後的にしかわからないということです
②　利己的な行為でも、相手にそれを受け入れさせれば利他的になるということです
③　事前にしっかりと配慮をしておけば、利他的に受け止めてもらえるということです
④　ある行為を利他的とするためには、利己的な支配欲を隠し通す必要があるということです
⑤　相手を利己的だと非難するなら、まず自身が利己的でないかを顧みるべきだということです

問九　問題文の内容と最もよく合致するものを、次の①〜⑤のうちから一つ選べ。　35

①　いくら表面上は「利他」的にみえる行為であっても、その端々に「利己」的な下心が垣間見え(かいまみ)てしまうと、行為の素晴らしさより広告や宣伝の下手さがどうしても目につき、手放しで礼賛する気が失せてしまう。
②　ＳＤＧｓに積極的に関わろうとする企業に限って実は社会貢献をする気などはほとんどなく、その取り組みは結局、自分たちのイメージアップとそれによってもたらされる利潤を追求するための手段に過ぎない。
③　いくら他者のことを思って行ったことでも、その受け手にとっては迷惑であるといったケースは少なくないが、だからといって「利他」的行為を「利己」的であるとして非難するのは、やはり行き過ぎである。

問五　空欄 Ⅲ ・ Ⅳ ・ Ⅵ ・ Ⅶ ・ Ⅷ に入る接続詞の組み合わせとして最も適当なものを、次の①～⑤のうちから一つ選べ。 31

① Ⅲ ちなみに　Ⅳ そのため　Ⅵ だから　Ⅶ しかし　Ⅷ ところが
② Ⅲ ただし　Ⅳ しかし　Ⅵ そのため　Ⅶ ちなみに　Ⅷ だから
③ Ⅲ そのため　Ⅳ ちなみに　Ⅵ だから　Ⅶ ただし　Ⅷ しかし
④ Ⅲ ところが　Ⅳ しかし　Ⅵ そのため　Ⅶ ちなみに　Ⅷ だから
⑤ Ⅲ だから　Ⅳ ちなみに　Ⅵ しかし　Ⅶ そのため　Ⅷ ところが

問六　空欄 Ⅴ に入ることばとして最も適当なものを、次の①～⑤のうちから一つ選べ。 32

① 相手は「これは失礼しました」、「喜んでいただけるかと思いましたが勇み足というやつでしたね」と言いながら
② 周りの人は相手に気をつかって「私はおいしくいただいていますよ」とか「それなら私が代わりに」とか言って
③ 席を囲んだ人々は「そういえば重い病気を抱えていましたね」、「それなら今回は無理をなさらずに」など言いつつ
④ 相手もさらに「私がせっかく予約までしておいたんですから、それを断るのはちょっと失礼でしょう」と言って
⑤ 周りの人まで「これ、おいしいですよ」とか「ちょっとだけ食べておけばいいじゃないですか」とか言いながら

問七　傍線部C「頭木さんの悲劇」が指す内容として**適当ではないもの**を、次の①～⑤のうちから一つ選べ。 33

① 相手の意に沿えなかったことで、会食が気まずい雰囲気となり、結果的に仕事の依頼を逃してしまったこと。
② 若い時に患った潰瘍性大腸炎がいまだに完治せず、それと付き合いながら生活をし続けなければならないこと。

る。

問三　空欄 Ⅰ ・ Ⅱ に入ることばとして最も適当なものを、次の①～⑥のうちからそれぞれ一つずつ選べ。Ⅰ 28 Ⅱ 29
（同一記号の反復使用は不可）

①　ケア　②　コミット　③　イノベーション　④　ペイ　⑤　シフト　⑥　モチベーション

問四　傍線部B「私がとても重要だと考えている一冊」とあるが、その理由として最も適当なものを、次の①～⑤のうちから一つ選べ。30

①　「利他」的とされる行為が実際に他者を助けることはまずなく、逆にそのような行為が他者を苦しめたり、自分自身の過剰な欲望をかき立てたりしてしまう現実を教えてくれるから。
②　命にかかわる病気を抱えた人にとっては、たとえ周囲から「利己」的だと思われたとしても自分の身を守ることを最優先しなければならない場合があることを学ばせてくれるから。
③　いくら他者のことを思って行ったことでも、受け手にそれを「利他」的だと感じてもらえなければ意味はなく、相手への誠意の伝え方が重要であることを再認識させてくれるから。
④　「利他」が拒否された反動で「利己」的な感情を肥大化させてしまう人間の醜さをリアルに描出し、そうした感情を押し付けられることの恐怖を擬似的に体験させてくれるから。
⑤　自分の利益を放棄して他者に尽くそうとする「利他」だが、そこには他者をコントロールしたり支配したりしたいという欲望がしばしば潜んでいるという事実に気づかせてくれるから。

問一　問題文からは次の一文が欠落している。補うべき場所として最も適当なものを、次の①～⑤のうちから一つ選べ。 26

いわゆる「ありがた迷惑」というものですね。

① 〔ア〕　② 〔イ〕　③ 〔ウ〕　④ 〔エ〕　⑤ 〔オ〕

問二　傍線部A「「利他」の反対語は「利己」」という一般認識に対する筆者の考えとして最も適当なものを、次の①～⑤のうちから一つ選べ。 27

① 「利他」は賞賛され、「利己」は非難されるということが多いのだが、両方とも自己中心的な要素を持つ点は変わらない。

② 「利他」と「利己」の関係は対立ではなく、表裏一体でどちらにも入れ替わり得る連続的なものだと理解すべきである。

③ 他者を顧みない「利己」と他者のために尽くす「利他」には、実は自分よりも他者を気にしているという共通点がある。

④ 「利己」を「利他」の反対とする誤解のせいで、少しの「利己」にも冷めた見方をする不寛容な人々が増えてしまった。

⑤ 「利他」的なことも一皮むけば「利己」的であることが多く、対立するようにみえても本質はあくまで「利己」にあ

（中略）

C頭木さんの悲劇は、レストランで出てきた「お勧めの料理」が、食べられないものだったことによって生じたものでした。

さて、です。もしこれが食べられるもので、頭木さんが「おいしい！」と感激していたら、どうなっていたでしょう。その場は和気あいあいとしたものになり、相手と頭木さんの関係も良好に推移したかもしれません。頭木さんも「あんなおいしいものを紹介してもらえて、本当にありがたい」と思ったかもしれません。その場合、相手の行為は「利他的なもの」と捉えられ、感謝の対象となったでしょう。〔イ〕

しかし、この場合、「お勧めの料理」は、残念ながら頭木さんの食べられないものでした。そのため、相手の行為は「利他」の方向へと流れていかず、むしろ「利己」的側面が際立つ結果になりました。〔ウ〕

ここから見えてくるのは、［ Ⅸ ］。いくら相手のことを思ってやったことでも、それが相手にとって「利他的」であるかはわかりません。与え手が「利他」だと思った行為であっても、受け手にとってネガティブな行為であれば、それは「利他」とは言えません。むしろ、暴力的なことになる可能性もあります。〔エ〕

つまり、「利他」は与えたときに発生するのではなく、それが受け取られたときにこそ発生するのです。自分の行為の結果は、所有できません。あらゆる未来は不確実です。そのため、「与え手」の側は、その行為が利他的であるか否かを決定することができません。あくまでも、その行為が「利他的なもの」として受け取られたときにこそ、「利他」が生まれるのです。〔オ〕

（中島岳志（なかじまたけし）『思いがけず利他』による。なお、設問の都合上、原文を一部改変した箇所がある）

〔注〕　＊メビウスの輪……帯を一回ひねり、両端を張り合わせて出来る図形。表裏がない曲面の例とされる。メビウスの帯とも言う。

この相手の行為は、「利他」と「利己」の問題を考える際、重要な問題を含んでいます。

確かに相手は、頭木さんに「おいしいものを食べさせたい」という利他的な思いがあったのでしょう。[VI]、自分で店を予約し、お勧めの料理を前もって注文するという手間のかかることを行ったわけです。

[VII]、いくら他者のことを思って行ったことでも、その受け手にとって「ありがたくないこと」だったり、「迷惑なこと」だったりすることは、十分ありえます。実際、頭木さんにとって、食べられないものを食べるように勧められることは、迷惑どころか、場合によっては命の危険にさらされる危険な行為です。当然、受け入れることはできません。

[VIII]、相手の「お勧め」を断ると、場が気まずくなります。そして、自分の思いが受け入れられなかった相手は気分を害し、徐々に「利他」の中に潜んでいた「利己」を前衛化させていきます。頭木さんの病気を熟知している上、「食べられないものだ」ということを知らされても、時間が経つと「少しぐらい大丈夫なんじゃないですか」と言って、自己の行為を押し付けようとします。こうなると、「この料理を食べさせてあげたい」という「利他」が、「自分の思いを受け入れないなんて気に入らない」「何とかおいしいと言わせたい」という「利己」に覆いつくされ、頭木さんに襲いかかってきます。利他的押し付けは、頭木さんにとっては恐怖でしかありません。

このエピソードは、利他を考える際、大切なポイントをいくつも含んでいます。

まず考えなければならないのは、「支配」という問題です。「利他」行為の中には、多くの場合、相手をコントロールしたいという欲望が含まれています。頭木さんに料理を勧めた人の場合、「自分がおいしいと思っているものを、頭木さんにも共有してほしい」という思いがあり、それを拒絶されると、「何とかおいしいと言わせたい」という支配欲が加速していきました。相手に共感を求める行為は、思ったような反応が得られない場合、自分の思いに服従させたいという欲望へと容易に転化することがあります。これが「利他」の中に含まれる「コントロール」や「支配」の欲望です。〔ア〕

この両者は、反対語というよりも、どうもメビウスの輪のようにつながっているもののようです。

利他的なことを行っていても、動機づけが利己的であれば、「利己的」と見なされますし、逆に自分のために行っていたことが、自然と相手を［Ⅱ］することにつながっていれば、それは「利他的」と見なされます。

「利他」と「利己」の複雑な関係を認識すると、途端に「利他」とは何かが、わからなくなってきます。

「利他」の問題を考える際、^B^私がとても重要だと考えている一冊があります。頭木弘樹（かしらぎひろき）さんの『食べることと出すこと』です。［Ⅲ］、頭木さんは、二十歳のときに潰瘍性大腸炎を患い、五十代になった今も、病気と付き合いながら生活しています。何でも食べられるわけではなく、「これを食べると激しい腹痛や下痢になる」というものがあります。

あるとき、頭木さんは仕事の打ち合わせで、食事をすることになりました。指定の店に行くと、すでにお勧めの料理が注文されており、頭木さんが選ぶことができない状態でした。注文された料理が出てくると、それは食べることができないものでした。

相手は「これおいしいですよ」と、頭木さんに勧めます。［Ⅳ］、その人は頭木さんが難病を抱えており、食べることができないものがあることを知っています。頭木さんは「すみません。これはちょっと無理でして」と答え、食べられないものであることを伝えました。

相手は「ああそうですか。それは残念です」と答え、その場はいったん収まったものの、しばらくすると、また同じものを勧めてきました。「少しくらいなら大丈夫なんじゃないですか」と言って、食べることを促します。難病を抱える頭木さんにとって、その料理を口にすることは、いくら「少しくらい」であっても、大変な不調をきたすことにつながり、どうしてもできません。そのため、手を付けないままにしていると、［Ⅴ］、同調圧力を強めてきます。その場は、気まずい雰囲気になり、結局、その相手からは仕事の依頼はなくなったと言います。

たちはどのような思いを抱くでしょうか？
おそらく、そのような行為は、利己的だと見なされるでしょう。一見すると、利他的なことを行っているのですが、端々に「いい人だと思われたい」「称賛を得たい」というような下心が見え隠れしていると、やはりその人は「利己的な人」と見なされるのではないでしょうか。「あの人、褒められたいからやってるだけだよね」と思うと、途端に「利他的な行為」がうさん臭く見えますよね。その行為を「利他的で素晴らしい」と手放しで礼賛する気にはならないでしょう。
近年、大手企業は「社会的貢献」を重視し、様々な取り組みを行っています。例えばSDGs（エスディージーズ）という言葉を、最近よく目にします。これは「持続可能な開発目標」のことで、貧困、紛争、気候変動、感染症のような地球規模の課題に対して、二〇三〇年までに達成すべき目標が設定されています。企業はこのSDGsに　Ｉ　していることを強調し、自社の取り組みをアピールしています。
どうでしょう？　この取り組みを見ていて、「なんと利他的で素晴らしい企業なんだろう」と心を動かされるでしょうか。もちろんほとんどの取り組みは素晴らしい事業で、実際、大きな貢献を果たしていると思います。SDGsにかかわり、行動を起こすことはとても大切なことです。
しかし、どこかで「何かうさん臭いな」という気持ちを持ってしまうことはないでしょうか。結局のところ、企業のイメージアップのために「社会的貢献」を行っているだけで、それって企業の利潤追求の一環だよね、という冷めた見方を、私たちはどこか心の片隅に持っていないでしょうか。
正直なことを言うと、私はそう思ってしまいます。特に「社会的貢献」の成果を、CMや広告でことさら強調されると、どうしても企業の「利己性」を感じてしまいます。
――「利他」と「利己」。

二〇二四年度入試では「漢文」は出題範囲外のため省略。

（第三問「漢文」、第四問「現代文」は選択問題である。出願時に選択したものを解答すること）

第四問　次の文章を読んで、後の問いに答えよ。

「利他」の反対語は「利己」とされています。「あの人は利己的だ」というと、自分のことばかり考えて、他者のことは顧みない人を批判する言葉ですよね。これに対して、「あの人は利他的だ」というと、自分の利益を放棄して、他者のために尽くす人を称賛する言葉になります。A「利他」の反対語は「利己」。そう認識されています。

確かに、表面的には「利他」と「利己」は対立しているように見えます。両者は真逆の観念で、一方は称賛され、一方は非難されます。

しかし、どうでしょうか。例えば、ある人が「評価を得たい」「名誉を得たい」と考えて、利他的なことを行っていたとすると、その行為は純粋に「利他的」と言えるでしょうか？　行為自体は「利他的」だけれども、動機づけが「利己的」な場合、私

二〇二四年度入試では「漢文」は出題範囲外のため省略。

二〇二四年度入試では「漢文」は出題範囲外のため省略。

二〇二四年度入試では「漢文」は出題範囲外のため省略。

③　天竺の人の子に亀を売ろうとしなかった舟人は、その強欲があだとなり身を滅ぼしてしまった。
④　天竺の人の子に助けられた亀は、自分を買い取るために子が使った銭を天竺の親のもとに届けた。
⑤　天竺の人の子は殺されそうだった亀を買い逃がしてやったところ、その行いによって大金持ちになった。

問十　『宇治拾遺物語』と同じく「説話集」に属する作品として最も適当なものを、次の①～⑤のうちから一つ選べ。 25

①　伊勢物語　②　宇津保物語　③　今昔物語集　④　堤中納言物語　⑤　平治物語

（第三問「漢文」、第四問「現代文」は選択問題である。出願時に選択したものを解答すること）

第三問

次の文章を読んで、後の問いに答えよ。（設問の都合で送り仮名を省いたところがある）

二〇二四年度入試では「漢文」は出題範囲外のため省略。

③ 預かった銭を親のもとに送り返したこと。
④ 五十貫で買った亀を逃がしてしまったこと。
⑤ 預かった銭を返すつもりがなかったこと。

問七 空欄 I に入る数字として最も適当なものを、次の①～⑤のうちから一つ選べ。 22

① 一　② 五　③ 十　④ 五十　⑤ 百

問八 傍線部F「その銭川に落ち入る」と同じできごとを述べている部分として最も適当なものを、次の①～⑤のうちから一つ選べ。 23

① 「昔、天竺の人、宝を買はんために、銭五十貫を子に持たせてやる」
② 「大きなる川の端を行くに、舟に乗りたる人あり」
③ 「五十貫の銭にて亀を買ひ取りて放ちつ」
④ 「ここに亀売りつる人は、この下の渡にて舟うち返して死ぬ」
⑤ 「親のもとに子の帰らぬさきにやりける」

問九 問題文の内容と最もよく合致するものを、次の①～⑤のうちから一つ選べ。 24

① 天竺の人の子は親から託された銭で亀を買ったことを知られてしまい、親からひどく叱られた。
② 天竺の人の子は親のために買った亀を逃がしてしまい、家に戻ったところ亀が先に帰っていた。

べ。 19

①　腹立ち／給はん／ずらん
②　腹立ち／給は／ん／ずらん
③　腹立ち／給は／んず／らん
④　腹立ち／給は／ん／ずら／ん
⑤　腹立ち／給は／んず／ら／ん

問五　傍線部Ｄ「親のもとへ行かであるべきにあらねば」の解釈として最も適当なものを、次の①～⑤のうちから一つ選べ。 20

①　親のもとへ帰らないで済ませるわけにはいかないので
②　親の許しを得ないままよそへ行くことはできないので
③　親のもとへは帰らないで用事を済ませてしまいたいので
④　親のもと以外に帰るべきところがあるわけではないので
⑤　親のもとへ目的を果たさないまま帰るわけにはいかないので

問六　傍線部Ｅ「さる事」が示す内容として最も適当なものを、次の①～⑤のうちから一つ選べ。 21

①　預かった銭を無駄遣いしたこと。
②　宝を買い求める前に家に戻ってきたこと。

選べ。　16

① a「天竺の人」―d「銭持ちたる人」
② b「子」―f「人」
③ c「舟に乗りたる人」―g「亀売りつる人」
④ d「銭持ちたる人」―h「黒き衣きたる人」
⑤ e「親」―h「黒き衣きたる人」

問二　傍線部A「その亀買はん」と言った理由として最も適当なものを、次の①～⑤のうちから一つ選べ。　17

① 亀が殺されると聞いて、助けようと思ったから。
② 立派な亀だったため、宝と同等の価値があると思ったから。
③ この亀こそ、親が探し求めていた宝に違いないと思ったから。
④ 亀を買い取って、別の人に高値で売って儲(もう)けようと思ったから。
⑤ 大切に育てられた亀だったため、自分のものにしたいと思ったから。

問三　傍線部B「あながちに」の問題文中での意味として最も適当なものを、次の①～⑤のうちから一つ選べ。　18

① いい加減に　② 勝手に　③ 必ずしも　④ 滅多に　⑤ 無理やりに

問四　傍線部C「腹立ち給はんずらん」を品詞によって分けたものとして最も適当なものを、次の①～⑤のうちから一つ選

第二問 次の文章を読んで、後の問いに答えよ。

昔、天竺の人、宝を買はんために、銭五十貫を子に持たせてやる。大きなる川の端を行くに、舟に乗りたる人あり。舟の方を見やれば、舟より亀、首をさし出したり。銭持ちたる人立ち止りて、この亀をば、「何の料ぞ」と問へば、「殺して物にせんずる」といふ。「その亀買はん」といへば、この舟の人曰く、いみじき大切の事ありて設けたる亀なれば、いみじき価なりとも売るまじき由をいへば、なほあながちに手を摺りて、この五十貫の銭にて亀を買ひ取りて放ちつ。

心に思ふやう、「親の、宝買ひに隣の国へやりつる銭を、亀にかへてやみぬれば、親、いかに腹立ち給はんずらん」。さりとてまた、親のもとへ行かであるべきにあらねば、親のもとへ帰り行くに、道に人のゐていふやう、「ここに亀売りつる人は、この下の渡にて舟うち返して死ぬ」と語るを聞きて、親の家に帰り行きて、銭は亀にかへつる由語らんと思ふ程に、親のいふやう、「何とてこの銭をば返しおこせたるぞ」と問へば、子のいふ、「さる事なし。その銭にては、しかじか亀にかへてゆるしつれば、その由を申さんとて参りつるなり」といへば、親のいふやう、「黒き衣きたる人、同じやうなるが五人、おのおの［Ⅰ］貫づつ持ちて来たりつる。これ、そなる」とて見せければ、この銭いまだ濡れながらあり。

はや、買ひて放しつる亀の、その銭川に落ち入るを見て、取り持ちて、親のもとに子の帰らぬさきにやりけるなり。

（『宇治拾遺物語』による。なお、設問の都合上、原文を一部改変した箇所がある）

〔注〕 ＊天竺……インドの古称。

問一 波線部a～hのうち、同じ人物を表しているものの組み合わせとして最も適当なものを、次の①～⑤のうちから一つ

問十一　問題文の内容と最もよく合致するものを、次の①～⑤のうちから一つ選べ。 15

① リチャードソンやルソーの書簡体小説の読者は、周囲に流されてしまう主人公の心の弱さに自分自身を重ね合わせ、他者の境遇について想像力を高めることになった。

② 女性、ユダヤ人、黒人、性的マイノリティーといった理不尽な仕打ちを受けやすい人々を助けるために、普遍的人権思想のルーツがあるヨーロッパ諸国が、人権主体の範囲を拡大させていくことが望ましい。

③ アンダーソンによれば、近代の国民国家の思想によって内集団が拡大され、日常的に顔を合わせない人も共同体の一員であると考えられるようになり、それが国際的に人権思想が発展するきっかけになった。

④ キリスト教では人道的な価値観が大切にされるので、異教徒に対しても拷問を禁じていたが、カラス事件によって密かに拷問が行われていたとわかり、教会関係者が冤罪事件に巻き込まれた。

⑤ ハントの主張によると、啓蒙時代の西欧では、書簡体小説や社会的に注目された事件を通じて、難しい思想を知らない一般の人も自分と立場の異なる人への共感能力を高め、それが現在の国際人権思想が発展する土台になった。

問八　傍線部C「ユニーク」の問題文中での意味として最も適当なものを、次の①～⑤のうちから一つ選べ。12

①　おもしろい　②　独創性がある　③　奇妙な　④　的はずれな　⑤　価値が高い

問九　空欄 Ⅵ に入ることばとして最も適当なものを、次の①～⑤のうちから一つ選べ。13

①　客観　②　実体　③　主観　④　観念　⑤　権威

問十　傍線部D「一番最近、人権運動に加わった社会集団としては、性的マイノリティーが挙げられるだろう」とあるが、この状況が起きたのはなぜか。筆者の考える理由として最も適当なものを、次の①～⑤のうちから一つ選べ。14

①　普遍的人権思想が世界に十分広まったことによって、性的マイノリティー自身が、人権主体として認めるよう社会に対して要求できるようになったから。

②　人権思想が他者の苦しみへの共感を土台にして、人権主体の範囲を徐々に拡大していく中で、性的マイノリティーも人権の原則を当てはめるべき集団として認知されるようになったから。

③　最近ではグローバル化が進み、同じような価値観を持つ内集団を基準にしては物事を考えられなくなったので、外集団である性的マイノリティーの権利について人々が関心を持たざるを得ないから。

④　性的マイノリティーに対して差別的な取り扱いをすることは、神に与えられた神聖な身体を冒してはならないというキリスト教的な価値観に反していると考えられるようになったから。

⑤　性的マイノリティーは社会の中で広く活躍しており、マジョリティーの人々の日常生活にも密接な関係を持っているので、権利を認めないとトラブルの原因になり不都合が起こるから。

問五　空欄［Ⅰ］に入ることばとして最も適当なものを、次の①～⑤のうちから一つ選べ。［8］

① この自律性も人権感覚の基盤として重要であった
② この教養も権利を主張する武器として有効であった
③ この社会秩序を重視する態度も近代国家には不可欠であった
④ この自由を尊重する価値観も女性解放に役立った
⑤ この娯楽を楽しむ余裕も社会の成熟には大切であった

問六　空欄［Ⅱ］・［Ⅴ］・［Ⅶ］・［Ⅷ］には、「内集団」または「外集団」という語が入る。その組み合わせとして最も適当なものを、次の①～⑤のうちから一つ選べ。［9］

① Ⅱ 外集団　Ⅴ 外集団　Ⅶ 内集団　Ⅷ 外集団
② Ⅱ 外集団　Ⅴ 内集団　Ⅶ 内集団　Ⅷ 外集団
③ Ⅱ 内集団　Ⅴ 外集団　Ⅶ 外集団　Ⅷ 外集団
④ Ⅱ 外集団　Ⅴ 外集団　Ⅶ 外集団　Ⅷ 内集団
⑤ Ⅱ 内集団　Ⅴ 外集団　Ⅶ 内集団　Ⅷ 外集団

問七　空欄［Ⅲ］・［Ⅳ］に入ることばとして最も適当なものを、次の①～⑥のうちからそれぞれ一つずつ選べ。
（同一記号の反復使用は不可）　Ⅲ［10］　Ⅳ［11］

① しかしながら　② さらには　③ むしろ　④ なお　⑤ それゆえに　⑥ ところで

③　美術館や博物館で展示されている作品や文化財は、世界的にも高い価値を持つと保証されているので、それらを鑑賞することで自分が属する国家が他国より優れていると感じられるから。

④　近代国家は複数の民族が国民としてまとめられることで成り立っているが、美術館や博物館で多種多様な文化を知ることによって、それぞれの民族の独立性を尊重できるようになるから。

⑤　美術館や博物館で宗教や政治の価値観が異なる他国の文化に触れることを通じて、近代国家の国民としてふさわしい他者への共感能力を身につけることができるから。

問四　傍線部B「書簡体小説」は、読者に対してどのような効果を持ったと説明されているか。最も適当なものを、次の①～⑤のうちから一つ選べ。　7

①　手紙は日常的な言葉で書かれているので、中流階級の読者たちも親しみを持って読むことができ、識字率を上昇させた。

②　恋愛や結婚、裏切り、出世など世俗的なことが題材に選ばれているので、読者にもまるで自分のことのように感じられた。

③　手紙の書き手である主人公に感情移入しやすく、読者はその苦しみを疑似体験することで異なる立場の人への共感が芽生えた。

④　手紙の交換を読むというスタイルによって、読者は他人の秘密をのぞき見ているような気分になり、好奇心をそそられた。

⑤　新教徒への迫害や拷問事件が起きていることを読者に知らせ、非人道的なことはやめるべきという考えを広めた。

a　ジョウセイ
① 尊敬語とケンジョウ語
② 戦国時代のジョウカク
③ 貴族のレイジョウ
④ 日本酒をジョウゾウする
⑤ 容疑者にテジョウをはめる

b　タンショ
① イッショに行動する
② 重要ショルイを郵送する
③ イタリア語のショホを学ぶ
④ 資源ごみをショリする
⑤ ショミンの暮らし

c　ソンゲン
① 生命のコンゲンを探る
② 事件ゲンバからの中継
③ ゲンミツな検査
④ 株主に利益をカンゲンする
⑤ ゲンシ時代の遺跡

d　キハン
① 商売ハンジョウを願う
② ショハンの事情で延期する
③ タイハンの人が知る常識
④ 通信ハンバイを利用する
⑤ モハン的な生徒

問三　傍線部A「ナショナリズム」が「国民」の形成に貢献する際に、美術館や博物館が媒体になるのはなぜか。その説明として最も適当なものを、次の①～⑤のうちから一つ選べ。　6

① 遠い昔の文化財から現代の作品まで幅広く展示している美術館や博物館を活用すれば、古代文明に始まり近代の国民国家を形成するまでに至った人間の歴史を深く学ぶことができるから。

② 美術館や博物館が作品や文化財を同じ国家に属する文化として展示することで、自分が暮らす地域には見られないものであっても、自分を含む国民全体で共有する文化であるように感じるから。

＊サミュエル・リチャードソン……一八世紀前期に活動したイギリスの小説家。書簡体小説を得意とした。
＊ジャン＝ジャック・ルソー………一八世紀フランスで活躍した思想家。代表的著作に『社会契約論』。
＊ナラティブ…………………………物語の叙述のしかた。語り口。
＊チェザーレ・ベッカリア…………一八世紀イタリアの法学者。刑法改革に取り組んだ。
＊テーゼ………………………………「AはBである」のような、あるまとまった考えや主張。命題。

問一　問題文からは次の一文が欠落している。補うべき箇所として最も適当なものを、次の①～⑤のうちから一つ選べ。　1

こうして、異教徒、異人種、異性と次々に人権主体の範囲が拡大され、全ての人間集団が含まれるようになったのが、世界人権宣言である。

①〔ア〕　②〔イ〕　③〔ウ〕　④〔エ〕　⑤〔オ〕

問二　傍線部a～dのカタカナと同じ漢字を含むものを、次の各群の①～⑤のうちからそれぞれ一つずつ選べ。

a 2　b 3　c 4　d 5

え、国境を越えて広く他国にも広がったという点で、最初の国際人権運動と呼べるかもしれない。〔エ〕そしてこれを可能にしたのが、書簡体小説などで広がった他者への共感能力であるというのだ。

ハントの主張には、様々な批判もあり、また反証可能性のあるようなテーゼではないが、18世紀の啓蒙思想家と小説家、そして当時の読者市民に普遍的人権のルーツを求める、ユニークな歴史学的試みである。もちろん、啓蒙主義に人権思想のルーツを見出す（いだ）のは一般的なアプローチであるが、そうした思想家の間での［Ⅵ］的議論が当時の大衆文化と呼べる小説や社会的注目を集めた事件によって、一般に広まり、社会運動を盛り上げ、人権に関連するキハンや法制度さえも変えていったのは、その後の国際人権の発展の原型とも言えるモデルであった。

そして、人権思想の内在的論理とも言えるものが、権利主体の範囲を徐々に拡大していくのも、この時期から見られたプロセスであった。ある集団を新しく人権を付与するに値するとみなすことになれば、次には違う集団も同様に扱わなければならなくなる可能性が高まる。人間の身体のソンゲンが神聖なものであるとすれば、それは［Ⅶ］だけでなく、少なくとも周りにいる同じ人間と認識された［Ⅷ］には広がらなければならない。人間であることがこの原理の適用の基準であるならば、男性だけでなくて女性、さらにはもっと遠くにいる見知らぬ人々にも同じ原則を当てはめなければならない。〔オ〕この人権主体の範囲の拡大は今でも続いており、例えば、一番最近、人権運動に加わった社会集団としては、性的マイノリティーが挙げられるだろう。人権理論の議論の中では、この流れは人間集団を超えて、動物やロボットの権利にまで敷衍（ふえん）しているのである。

（筒井清輝（つついきよてる）『人権と国家』による。なお、設問の都合上、原文を一部改変した箇所がある）

〔注〕　＊『想像の共同体』……………近代国家において国民意識がどのように作られたかを論じた著書。

＊リン・ハント……………一九四五年生まれ。アメリカの歴史学者で、フランス革命史を研究。

こうしたナラティブ構成が、階級や性別を超えた［Ⅱ］への共感を可能にし、自律的な個人を大事にする人権理念を受け入れる土壌を作ったというのがハントの主張である。そして、後にこの共感の範囲の拡大が、例えばフランスで政治参加の権利がカトリック教徒だけだったのが、プロテスタント、ユダヤ人、黒人へと広がっていくこととつながっていく。これらの小説で中心的な役割を果たした女性の権利はまだ限定されていたが、平等な相続の権利や離婚する権利などは獲得し始めていた。〔イ〕

また、時を同じくして18世紀半ば、南フランスでカラス事件という異教徒迫害の冤罪（えんざい）事件が起こった。カラス家での自殺に際して、司法が父親を殺人犯に仕立て上げ、厳しい拷問の末に死刑に処したが、後に冤罪と認められたという有名な事件である。この事件の背景には、異教徒尋問のためということで長らく教会で正当性を持っていた拷問が、この時期も広く公開で行われていたこと、［Ⅲ］ヨーロッパでの宗教紛争が影を落とし、南フランスでも新教徒に対する迫害が起こっており、カラス家もその新教徒であったことがある。当時の高名な啓蒙思想家ヴォルテールはこの事件に大きな関心を持ち、カラス家の父の名誉回復に奔走し、それに成功、その後も冤罪事件のための活動に身を捧（ささ）げた。そして、この事件に触発されて、チェザーレ・ベッカリアが『犯罪と刑罰』を著し、司法改革、特に拷問廃止を訴えるなど、拷問反対運動が高まった。

この運動の中では、人間の身体のソンゲン（c）が強調され、キリスト教的な価値観とも結び付いて、神によって与えられた身体を冒す拷問の非人道性がクローズアップされた。そして、身体のソンゲンを持つ主体はキリスト教徒に限らず、人間誰にでも属する特性であることが徐々に確認されていく。［Ⅳ］、異教徒や異人種でも拷問に処することは憚（はばか）られるという考え方が広がったのだ。〔ウ〕

運動はその後、ヨーロッパ諸国での拷問廃止への流れを作り、19世紀初頭にはヨーロッパのほとんどの国で拷問は法的正当性を失った。この拷問廃止運動は［Ⅴ］である異教徒に対しても当てはまるものであり、また地理的に限定的であったとはい

この国民意識の形成は、内集団の拡大にとって重要であり、普遍的人権思想の発展にも貢献したが、集団間の壁を超えて、他の国や他の宗教集団に対する共感をジョウセイするものではなかった。例えば、明治時代以降にジョウセイされた日本のナショナリズムは、遠くに住む見知らぬ日本人同士の間での共感の発展に大きく貢献し、国内で国民の権利が守られるためには重要な要素であるが、異国に住む見知らぬルワンダ人やクロアチア人への共感には直接つながらないのである。

では、自分とは違う社会集団に属する人間に対する共感はいつ芽生え、どのようにして広がったのか？　リン・ハントは著書『人権を創造する』の中で、啓蒙(けいもう)主義の時代に西欧で流行したB書簡体小説にそのタンbショを見る。サミュエル・リチャードソンやジャン＝ジャック・ルソーによる書簡体小説は、手紙の交換を読むというスタイルで読者の埋没感を高め、登場人物との一体化を促進した。そこで繰り広げられる人間ドラマは、恋愛や結婚、裏切り、出世など世俗的なことが多かったが、登場人物の階層・宗教・国籍・性別の違いが物語のバックボーンをなす場合が多く、そうした社会集団の壁を超えた人間関係を想像させるものとなっていた。〔ア〕

例えば、リチャードソンの代表作『パメラ』では、召使の女性である主人公パメラが、低い身分ゆえに受ける理不尽な仕打ちに苦しみながらも、その精神的美徳を貫き、階層を超えて結婚し、その後もその出自を理由とした屈辱的な扱いを受けながらも、その高潔なる振る舞いゆえに周りの人々の尊敬を勝ち取っていく。またルソーの『新エロイーズ』でも、貴族の娘ジュリーが平民の家庭教師の青年と恋に落ちるが、階級を超えた恋に対する家族の反対など様々な障害に直面し、それを乗り越えようとする姿が描かれている。手紙の交換や日記を読むという形態で書かれたこれらの作品で、読者は主人公の視点に立ち、女性の権利が様々に制限された当時の社会で女性が自己実現を図り、強く生き抜く姿を自分に置き換えて体験したのであった。中流階級以上の間での識字率の上昇によって、より幅広く読まれるようになったこれらの小説では、個人が自己の運命を自分で決することが重視されており、〔　I　〕。

国語

（六〇分）

（注）第三問「漢文」、第四問「現代文」は選択問題である。出願時に選択したものを解答すること。

第一問

次の文章を読んで、後の問いに答えよ。

普遍的人権思想の根底にあるのは、他者への共感である。しかも、自分もした同じ経験をもとにする他者との共感・同感ではなくて、見知らぬ他者の、自分ではしたことのない経験に思いを馳(は)せて感じる他者への共感が重要になってくる。多くの人間が、家族やその延長線上にある内集団の構成員の痛みや苦しみに共感する能力は持っている。しかし、自分とは異質な外集団の構成員に対する共感は、特に政治的・宗教的な距離があればあるほど、難しくなってくる。

近代の国民国家形成の歴史の中で、内集団の拡大が重要であったことは、ベネディクト・アンダーソンの『想像の共同体』などで広く指摘されてきたところである。同じ生活空間で日常的に顔を合わせる者との間に限られてきた共同体の概念を、「国民」という観念に拡大し、一生会うこともない見知らぬ他者でも、同じ国家に属しているという一点で内集団の一員と考えさせるのが、国民国家の思想である。こうしてジョウセイ(a)されたナショナリズム(A)は、新聞などのメディアや教育、文化をはじめ、美術館、博物館、地図、歴史、「創られた伝統」などを媒体に、近代国家を構成する国民の形成に貢献してきた。

解答編

英語

I

解答　1―②　2―①　3―①　4―③　5―④　6―②

解説　1.「長い間残っている重要な制度あるいは習慣」→「(社会的) 慣習」

2.「考えや気持ちを上手く伝える」→「表情が豊かな」

3.「何かに支払ったことを示す，手書きあるいは印字された文書」→「レシート」

4.「差し迫った」→「すぐに起こりそうな」

5.「決意」→「何かをするかしないかの自分自身への誓い」

6.「損失を補う」→「損失や負傷の見返りに何かを与えること」

II

解答　7―①　8―②　9―②　10―④　11―④　12―①　13―②　14―①　15―③　16―②　17―③　18―④　19―②　20―③

解説　7. 否定語が文頭に来ているので倒置が起こっている。

8. beyond me「私の理解を超えている，皆目わからない」

9. make the most of ～「～を最大限に活かす」

10. as long as ～「～しさえすれば」

11. Why don't you *do*?「～してはどうですか？」

12. strictly speaking「厳密に言うと」

13. get *A* to *do*「*A*（人）に～させる」

14. 否定語が文頭に来ているので倒置が起こっている。

15. a road が主語になっている点に着目し，受け身になっているものを選ぶ。

16. what she wants to show us「彼女が私たちに見せたい物」

17. without～「もし～がなければ」 仮定法の文。
18. fall below freezing「氷点下になる」
19. It is about time＋仮定法過去「もう～してもよい時間だ」
20. never fail to *do*「必ず～する」

Ⅲ　**解答**　21―④　22―①　23―④　24―③　25―①　26―②　27―③　28―③　29―①

解 説　≪大学生同士の会話≫

21. ニックの最初の発言の第2～4文（I need … some help.）より，ニックはキャシーに求職申し込み書を書くのを手伝ってもらいたがっていることがわかる。
22. 空所の直前に「上司は僕のことを嫌っている」とあることから，選択肢の中からマイナスな要因が書かれているものを選ぶ。
23. 下線部(イ)はニックの第2発言最終文（I've got …）を指し，そこではニックが自分のことを「記憶力が良く，親しみやすい」などと述べている。
24. 空所の前文（You know, …）に，「自分のために仕事を探そうかと考えていた」とあることと，空所のキャシーの発言に対するニックの返事が「どうして仕事が必要なの？」となっていることから，キャシーは仕事を探していたと考えるのが自然。よって，③の「私も応募書類を書くべきなの」が正解。
25. tuition「学費」＝school fees
26. ニックの第5発言第1文（I mean …）に「どのコーヒーショップにするかって意味なんだけど」とあることから，②が正解。
27. 空所直後のニックの発言（We might …）「情報について調べる必要がある」とあることから，③の「そこにはWi-Fiがない」を選ぶ。
28. 下線部(オ)の直前のキャシーの発言（True, but …）「Minty Caféは騒がしすぎない？」を受けている。not too bad「それほど悪くはない」
29. ニックの最後の発言（It will do. …）から，二人がMinty Caféに行くとわかる。

Ⅳ 解答

30―②　31―④　32―①　33―④　34―②　35―④
36―①　37―③　38―②　39―③　40―①　41―④

解説　≪身体を動かして脳を鍛える≫

30. 下線部(ア)を直訳すると，「元気で健康でいることは，老後に頭が冴えたままでいる助けになる」となる。これに意味として最も近いのは，②の「高齢者は運動をすることで，知的でいることができる」である。

31. 第2段第3文（Compared to …）に「幼い子どもに比べると，青年期の若者はより座りっぱなしな生活を送る」とあることから，④の「子どもは大きくなるにつれ，身体活動をすることが少なくなる」が正解。

32. ②については，第3段最終文（The researchers …）に，alongside other health measures とあることから，MRI だけを見ればよいとは言えないため不適。また，③は，最後の while they exercised の部分が第3段内では述べられていないため不適と言える。④の内容も本文にそのような記述はないため不適。一方，第3段第4文（Such scans …）には「スキャンすることで脳の構造と機能に関する情報を明らかにできる」とあることから，①が正解として妥当であろう。

33. 第4段第2文（"Physical activity …）に「身体活動や有酸素運動は，これまで考えられていたよりもはるかに広い範囲で脳のプロセスに影響を与えている」とあることから，④の「その記者会見では，運動が与える脳への影響について，科学者たちはそれまでの思いこみを見直すべきだと示された」が正解。

34. 第5段では従来の研究について説明されているが，それと比較して第6段では Johansen-Berg の研究について述べられている。以前の研究では海馬に焦点を当てられる場合が多かったが，新しい研究はより広範囲に及ぶ研究であるため，②が正解。

35. 第5段第5文（That's the …）に「それは脳の記憶中枢だ」とあり，これ以外が the rest of the brain になる。

36. holistic「全体的な，総合的な」 comprehensive「包括的な」

37. 第7段第2文（This electronic …）に「この電子運動計は1週間の彼らの行動を追跡した」とある。また，続く第3・4文（The researchers … heart rate.）より，子どもの性別や健康状態などのデータが集められていたことがわかる。③の「子どもたちの活動履歴や身体的特徴は記録された」が一致する。

38. 第8段第2文（The researchers …）に「研究者は子どもたちが自転車をこいでいるときの最大酸素消費量を測定した」とあることから，②が正解。

39. 第9段第3・4文（Those images … networks connected.）に，活動している神経網（神経のネットワーク）がどのようにつながっているかを研究者は知ることができたとある。

40. 第10段第3文（Children with …）に「VO2 max が高い子どもは脳全体の灌流が強かった」とある。

41. 第11段第3文（Children who …）に，元気な子どもは白質中に神経膠細胞をよりたくさんもっていることが述べられている。また，同段第1・2文（The researchers … Salvan notes.）より，白質は脳の各部位をつなぐ役割をしていることがわかる。よって，④の「活発な子どもは脳の各部位のつながりが良い可能性がある」が最も適切である。①については，本文に記述がないため不適。②も，本文の内容とは一致していない。③についても，structural and metabolic support を与えているのは白質ではなく，神経膠細胞であるため不適である。

数学

Ⅰ　解答　≪小問3問≫

1・2．−4　3・4．11　5．2　6．6　7・8・9．−16

Ⅱ　解答　≪数と式≫

10・11．14　12．9　13．5　14．4　15・16．−8

Ⅲ　解答　≪図形と計量≫

17．5　18．4　19．5　20．4　21・22．20　23．9

Ⅳ　解答　≪指数関数≫

24・25．10　26．5　27．1　28・29・30．−35　31．2

Ⅴ　解答　≪微・積分法≫

32．2　33．3　34．1　35・36．12

Ⅵ　解答　≪場合の数≫

37・38．14　39・40．91　41・42．42　43・44．14　45・46．35

に勧められたと考えられる。以上から⑤が適切である。

問七　「頭木さんの悲劇」は、直後によると「『お勧めの料理』が、食べられないものだったことによ」る。すなわちそれは、料理およびそれを勧める人との関わりの中で生じたものである。選択肢の中で②だけはこのことへの言及がないので、これを選ぶのが適切である。⑤は終わりから三つ目・二つ目の段落に適う。

問八　空欄はここまでのまとめで、これ以降にその説明があると考えられる。まず直後の文に「いくら相手のことを思ってやったことでも、それが相手にとって『利他的』であるかはわかりません」とある。そして最終段落に「その行為が『利他的なもの』として受け取られたときにこそ、『利他』が生まれるのです」とあるが、これは「利他」が「事後的に」生じることを言っているので、これに適う①を選ぶ。

問九　①は「宣伝の下手さ」が本文になく、不適。②は「社会貢献をする気などはほとんどなく」がやはり本文にない。③は「『利他』的行為を『利己』的であるとして非難する」という文脈がそもそも本文からたどれない。④は「復讐心」とあるが、これは第二十三段落に言う「相手をコントロールしたいという欲望」とすべきところ。⑤は最終段落の内容に合致するので、これを選ぶ。

問六　⑤
問七　②
問八　①
問九　⑤

解説

問一　欠落文には主語がないので、何が「ありがた迷惑」なのかと考える。すると、〔エ〕の前に「与え手が『利他』だと思った行為であっても、受け手にとってネガティブな行為であれば、それは『利他』とは言えません。むしろ、暴力的なことになる可能性もあります」とあるのに着目できる。したがって④が適切である。

問二　第九・十段落に「『利他』と『利己』」とについて、「反対語というよりも、どうもメビウスの輪のようにつながっているもののようです」とあることに着目する。「メビウスの輪」とあるので、裏が表に、表が裏につながるということだから、これを「表裏一体でどちらにも入れ替わり得る連続的なもの」と取る②が適切である。

問四　『食べることと出すこと』のエピソードは、ひとまずは空欄Ⅵのある第十九段落に言うように「相手は、頭木さんに『おいしいものを食べさせたい』という利他的な思いがあった」ことを示している。しかしながら筆者はここに「相手をコントロールしたいという欲望が含まれてい」ることを、（中略）直前の第二十三段落で指摘する。しかもそれは「『利他』行為」の「多くの場合」に言えることだ、とも言うのである。以上に見合う⑤を選ぶ。

問五　空欄Ⅲは、直前の「病気と付き合いながら生活してい」ることが、直後の「何でも食べられるわけではな」いことの理由なので、③の「そのため」か⑤の「だから」に絞れる。空欄Ⅵは、直前の「利他的な思いがあった」ことが、直後の「手間のかかることを行った」の理由なので、③の「だから」が入る。以上から③が選べる。

問六　「少しくらいなら大丈夫なんじゃないですか」と「食べることを促」された頭木さんが、「いくら『少しくらい』であっても、大変な不調をきたすことにつなが」るので「手を付けないままにしている」のに対しての「同調圧力」のあり方が問われている。「同調」とは〝他に調子を合わせること〟なので、他の人からも「相手」の促しに沿うよう

問六　傍線部は〝そのようなこと〟と直訳できる。これは親の「何とてこの銭をば返しおこせたるぞ」（〝どうしてこの銭を返してよこしたのだ〟）という問いに答えて、そのようなことはない、と応じたものである。以上から③が適切である。

問七　「親」が「子」に託したのは「銭五十貫」である。これを返しに来た「黒き衣きたる人」は「五人」いたというのだから、一人当たり十貫ずつ持って来た計算になる。以上から③の「十」が選べる。

問八　傍線部の「その銭」は売った「亀」の代価であり、それが「川に落ち入」ったのは、「亀売りつる人は、この下の渡にて舟うち返し」たからである。以上から④が適切である。

問九　①は「ひどく叱られた」が本文にない。②は「親のために」が不適。③は「亀を売ろうとしなかった」ことを「強欲」と捉えている点が不適。④は最終文に合致するので、これを選ぶ。⑤は「大金持ちになった」が本文にない。

三

（省略）

四

出典　中島岳志『思いがけず利他』＜第三章　受け取ること＞（ミシマ社）

解答

問一　④　　問二　②

問三　Ⅰ－②　Ⅱ－①

問四　⑤

問五　③

問八　④
問九　④
問十　③

解説　問一　波線部aとbとは、aが父、bが子の親子関係で、「銭五十貫を子に持たせてやる」とあるので、波線部dはbと同じ「子」である。波線部cは、「舟より亀、首をさし出したり」とあって、第一段落の最後から亀を「銭持ちたる人」すなわち「子」に売ったことがわかるので、波線部gと同一人物となり、③が選べる。ちなみに波線部eはaと同一人物。波線部fは通りすがりの人で、波線部hは「子」に救われた「亀」である。

問二　「この亀」について「何の料ぞ」（〝どうするのか〟）と「子」が尋ねると、「殺して物にせんずる」（〝殺して何かの役に立てるつもりだ〟）と「舟に乗りたる人」が答えたので「その亀買はん」と言ったことから、殺されようとしている亀を救おうとしたと考えられる。実際に第一段落の最後で「亀を買ひ取りて放ちつ」ともあるので、①が適切である。

問三　「あながちに」は漢字にすると「強ちに」で、〝身勝手だ、一途だ〟などの意味を持つ重要語。ここは亀について「いみじき価なりとも売るまじき」と渋っている相手から買い取ったのだから、⑤の「無理やりに」が適切である。

問四　「腹立ち」はタ行四段活用動詞「腹立つ」の連用形。「給は」は尊敬の意のハ行四段活用の補助動詞「給ふ」の未然形。「んず」は推量の助動詞「んず」の終止形。「らん」は現在推量の助動詞「らん」の終止形である。以上から③が選べる。

問五　「で」は打消の意味の接続助詞なので、「行かで」は〝行かないで〟と訳せる。「べき」はここは適当の意で取れる。また「ね」は打消の助動詞「ず」の已然形で、直後の接続助詞「ば」は順接確定条件で、ここでは原因・理由を表している。以上から「あるべきにあらねば」は〝あってよいことではないので〟と直訳できる。まとめると、〝親のもとに帰らないわけにはいかない〟となって①が選べる。

ま」ったというのだから、それらと対照を成す④の「観念」が適切である。

問十　筆者は傍線部の段落冒頭に言う「人権思想の内在的論理とも言えるもの」を、本文冒頭に言う「他者への共感」に見る。そしてこれが、最終段落に言うように「権利主体の範囲を徐々に拡大していく」わけだが、「この人権主体の範囲の拡大は今でも続いており」、その一環として「性的マイノリティー」が「一番最近、人権運動に加わった社会集団」だというのである。以上に見合う②を選ぶ。

問十一　①は「主人公の心の弱さ」が、第五段落第一文の「精神的美徳を貫き」に反する。②は「ヨーロッパ諸国が」以下が本文にない。③は、「国際的に人権思想が発展するきっかけになった」が第三段落第一文の「他の国や他の宗教集団に対する共感をジョウセイするものではなかった」と矛盾する。④は「異教徒に対しても拷問を禁じていた」が第七段落の「異教徒尋問のためということで長らく教会で正当性を持っていた拷問」に反する。⑤は第四段落から第十段落までの内容に合致し、適切である。

二

出典　『宇治拾遺物語』〈巻第十三　四　亀を買ひて放つ事〉

解答

問一　③

問二　①

問三　⑤

問四　③

問五　①

問六　③

問七　③

ら、⑤が適切である。

問三　「ナショナリズム」すなわち「国民国家の思想」は、傍線部の直前文によると「共同体の概念を、『国民』という観念に拡大し、一生会うこともない見知らぬ他者でも、同じ国家に属しているという一点で内集団の一員と考えさせる」ものであり、その手立てとして「美術館、博物館」が例示されている。以上を簡潔に表した②を選ぶ。

問四　リン・ハントの説を祖述して筆者が指摘するのは、「書簡体小説」が「手紙の交換を読むというスタイルで読者の埋没感を高め、登場人物との一体化を促進した」こと、また「そこで繰り広げられる人間ドラマ」が「社会集団の壁を超えた人間関係を想像させる」ということである。この二点を「感情移入」「異なる立場の人への共感」と言い換えた③が適切である。

問五　空欄の直前で「個人が自己の運命を自分で決すること」の重要性を説いていることから、これを「自律性」と取る①と「自由」と取る④とに絞れる。さらに次段落の第一文に「自律的な個人を大事にする人権理念」とあること、また同段落最終文に「女性の権利はまだ限定されていた」とあることから、①が適切である。

問六　まず空欄Ⅱは、直前に「階級や性別を超えた」とあることから、「外集団」が入る。空欄Ⅴは直後に「異教徒」とあるので「外集団」が入る。空欄Ⅶとは、「だけでなく」でつながっているので別のものが入るが、空欄Ⅷの前後に「周りにいる同じ人間と認識された」「広がらなければならない」とあるので、こちらが「外集団」で、空欄Ⅶには「内集団」が入る。以上から①が選べる。

問七　空欄Ⅲは、空欄の前後で「この事件の背景」を列挙していることから、②の「さらには」を選ぶ。空欄Ⅳは「身体のソンゲンを持つ主体はキリスト教徒に限らず、人間誰にでも属する特性であること」が「異教徒や異人種でも拷問に処することは憚られるという考え方」の根拠になっていることから、⑤の「それゆえに」が適切である。

問九　「人権思想のルーツ」と目される「啓蒙主義」についての「思想家の間での」「議論」のあり方が空欄に入るわけだが、それは「当時の大衆文化と呼べる小説や社会的注目を集めた事件」といった具体的なものを通して「一般に広

国語

一

出典　筒井清輝『人権と国家——理念の力と国際政治の現実』＜第1章　普遍的人権のルーツ—普遍性原理の発展史　1　他者への共感と人権運動の広がり＞（岩波新書）

解答

問一　⑤
問二　a―④　b―①　c―③　d―⑤
問三　②
問四　③
問五　①
問六　①
問七　Ⅲ―②　Ⅳ―⑤
問八　②
問九　④
問十　②
問十一　⑤

解説　問一　欠落文が「人権主体の範囲が拡大され」ていることについて述べていることに着目する。〔オ〕の直後に「この人権主体の範囲の拡大は今でも続いており」とほぼ同じ文言が続いていること、それから欠落文に挙がっている「異教徒、異人種、異性」の延長線上に、〔オ〕の後にある「性的マイノリティー」を挙げるのがふさわしいことか

////////////////////// · memo · //////////////////////

//////////////////// · memo · ////////////////////

////////////////////// · memo · //////////////////////

/////////////////// · memo · ///////////////////

教学社 刊行一覧

2025年版 大学赤本シリーズ

374大学556点
全都道府県を網羅

国公立大学（都道府県順）

全国の書店で取り扱っています。店頭にない場合は，お取り寄せができます。

1 北海道大学(文系−前期日程)
2 北海道大学(理系−前期日程) 医
3 北海道大学(後期日程)
4 旭川医科大学(医学部〈医学科〉) 医
5 小樽商科大学
6 帯広畜産大学
7 北海道教育大学
8 室蘭工業大学／北見工業大学
9 釧路公立大学
10 公立千歳科学技術大学
11 公立はこだて未来大学 総推
12 札幌医科大学(医学部) 医
13 弘前大学 医
14 岩手大学
15 岩手県立大学・盛岡短期大学部・宮古短期大学部
16 東北大学(文系−前期日程)
17 東北大学(理系−前期日程) 医
18 東北大学(後期日程)
19 宮城教育大学
20 宮城大学
21 秋田大学 医
22 秋田県立大学
23 国際教養大学 総推
24 山形大学 医
25 福島大学
26 会津大学
27 福島県立医科大学(医・保健科学部) 医
28 茨城大学(文系)
29 茨城大学(理系)
30 筑波大学(推薦入試) 医 総推
31 筑波大学(文系−前期日程)
32 筑波大学(理系−前期日程) 医
33 筑波大学(後期日程)
34 宇都宮大学
35 群馬大学 医
36 群馬県立女子大学
37 高崎経済大学
38 前橋工科大学
39 埼玉大学(文系)
40 埼玉大学(理系)
41 千葉大学(文系−前期日程)
42 千葉大学(理系−前期日程) 医
43 千葉大学(後期日程) 医
44 東京大学(文科) DL
45 東京大学(理科) DL 医
46 お茶の水女子大学
47 電気通信大学
48 東京外国語大学 DL
49 東京海洋大学
50 東京科学大学(旧 東京工業大学)
51 東京科学大学(旧 東京医科歯科大学) 医
52 東京学芸大学
53 東京藝術大学
54 東京農工大学
55 一橋大学(前期日程)
56 一橋大学(後期日程)
57 東京都立大学(文系)
58 東京都立大学(理系)
59 横浜国立大学(文系)
60 横浜国立大学(理系)
61 横浜市立大学(国際教養・国際商・理・データサイエンス・医〈看護〉学部)
62 横浜市立大学(医学部〈医学科〉) 医
63 新潟大学(人文・教育〈文系〉・法・経済科・医〈看護〉・創生学部)
64 新潟大学(教育〈理系〉・理・医〈看護を除く〉・歯・工・農学部) 医
65 新潟県立大学
66 富山大学(文系)
67 富山大学(理系) 医
68 富山県立大学
69 金沢大学(文系)
70 金沢大学(理系) 医
71 福井大学(教育・医〈看護〉・工・国際地域学部)
72 福井大学(医学部〈医学科〉) 医
73 福井県立大学
74 山梨大学(教育・医〈看護〉・工・生命環境学部)
75 山梨大学(医学部〈医学科〉) 医
76 都留文科大学
77 信州大学(文系−前期日程)
78 信州大学(理系−前期日程) 医
79 信州大学(後期日程)
80 公立諏訪東京理科大学 総推
81 岐阜大学(前期日程) 医
82 岐阜大学(後期日程)
83 岐阜薬科大学
84 静岡大学(前期日程)
85 静岡大学(後期日程)
86 浜松医科大学(医学部〈医学科〉) 医
87 静岡県立大学
88 静岡文化芸術大学
89 名古屋大学(文系)
90 名古屋大学(理系) 医
91 愛知教育大学
92 名古屋工業大学
93 愛知県立大学
94 名古屋市立大学(経済・人文社会・芸術工・看護・総合生命理・データサイエンス学部)
95 名古屋市立大学(医学部〈医学科〉) 医
96 名古屋市立大学(薬学部)
97 三重大学(人文・教育・医〈看護〉学部)
98 三重大学(医〈医〉・工・生物資源学部) 医
99 滋賀大学
100 滋賀医科大学(医学部〈医学科〉) 医
101 滋賀県立大学
102 京都大学(文系)
103 京都大学(理系) 医
104 京都教育大学
105 京都工芸繊維大学
106 京都府立大学
107 京都府立医科大学(医学部〈医学科〉) 医
108 大阪大学(文系) DL
109 大阪大学(理系) 医
110 大阪教育大学
111 大阪公立大学(現代システム科学域〈文系〉・文・法・経済・商・看護・生活科〈居住環境・人間福祉〉学部−前期日程)
112 大阪公立大学(現代システム科学域〈理系〉・理・工・農・獣医・医・生活科〈食栄養〉学部−前期日程) 医
113 大阪公立大学(中期日程)
114 大阪公立大学(後期日程)
115 神戸大学(文系−前期日程)
116 神戸大学(理系−前期日程) 医
117 神戸大学(後期日程)
118 神戸市外国語大学 DL
119 兵庫県立大学(国際商経・社会情報科・看護学部)
120 兵庫県立大学(工・理・環境人間学部)
121 奈良教育大学／奈良県立大学
122 奈良女子大学
123 奈良県立医科大学(医学部〈医学科〉) 医
124 和歌山大学
125 和歌山県立医科大学(医・薬学部) 医
126 鳥取大学 医
127 公立鳥取環境大学
128 島根大学 医
129 岡山大学(文系)
130 岡山大学(理系) 医
131 岡山県立大学
132 広島大学(文系−前期日程)
133 広島大学(理系−前期日程) 医
134 広島大学(後期日程)
135 尾道市立大学 総推
136 県立広島大学
137 広島市立大学
138 福山市立大学 総推
139 山口大学(人文・教育〈文系〉・経済・医〈看護〉・国際総合科学部)
140 山口大学(教育〈理系〉・理・医〈看護を除く〉・工・農・共同獣医学部) 医
141 山陽小野田市立山口東京理科大学 総推
142 下関市立大学／山口県立大学
143 周南公立大学 新 総推
144 徳島大学 医
145 香川大学 医
146 愛媛大学 医
147 高知大学 医
148 高知工科大学
149 九州大学(文系−前期日程)
150 九州大学(理系−前期日程) 医
151 九州大学(後期日程)
152 九州工業大学
153 福岡教育大学
154 北九州市立大学
155 九州歯科大学
156 福岡県立大学／福岡女子大学
157 佐賀大学 医
158 長崎大学(多文化社会・教育〈文系〉・経済・医〈保健〉・環境科〈文系〉学部)
159 長崎大学(教育〈理系〉・医〈医〉・歯・薬・情報データ科・工・環境科〈理系〉・水産学部) 医
160 長崎県立大学 総推
161 熊本大学(文・教育・法・医〈看護〉学部・情報融合学環〈文系型〉)
162 熊本大学(理・医〈看護を除く〉・薬・工学部・情報融合学環〈理系型〉) 医
163 熊本県立大学
164 大分大学(教育・経済・医〈看護〉・理工・福祉健康科学部)
165 大分大学(医学部〈医・先進医療科学科〉) 医
166 宮崎大学(教育・医〈看護〉・工・農・地域資源創成学部)
167 宮崎大学(医学部〈医学科〉) 医
168 鹿児島大学(文系)
169 鹿児島大学(理系) 医
170 琉球大学 医

2025年版 大学赤本シリーズ

国公立大学 その他

171 〔国公立大〕医学部医学科 総合型選抜・学校推薦型選抜※ 医 総推
172 看護・医療系大学〈国公立 東日本〉※
173 看護・医療系大学〈国公立 中日本〉※
174 看護・医療系大学〈国公立 西日本〉※
175 海上保安大学校／気象大学校
176 航空保安大学校
177 国立看護大学校
178 防衛大学校 総推
179 防衛医科大学校(医学科) 医
180 防衛医科大学校(看護学科)

※No.171～174の収載大学は赤本ウェブサイト(http://akahon.net/)でご確認ください。

私立大学①

北海道の大学(50音順)

201 札幌大学
202 札幌学院大学
203 北星学園大学
204 北海学園大学
205 北海道医療大学
206 北海道科学大学
207 北海道武蔵女子大学・短期大学
208 酪農学園大学(獣医学群〈獣医学類〉)

東北の大学(50音順)

209 岩手医科大学(医・歯・薬学部) 医
210 仙台大学 総推
211 東北医科薬科大学(医・薬学部) 医
212 東北学院大学
213 東北工業大学
214 東北福祉大学
215 宮城学院女子大学 総推

関東の大学(50音順)

あ行(関東の大学)

216 青山学院大学(法・国際政治経済学部－個別学部日程)
217 青山学院大学(経済学部－個別学部日程)
218 青山学院大学(経営学部－個別学部日程)
219 青山学院大学(文・教育人間科学部－個別学部日程)
220 青山学院大学(総合文化政策・社会情報・地球社会共生・コミュニティ人間科学部－個別学部日程)
221 青山学院大学(理工学部－個別学部日程)
222 青山学院大学(全学部日程)
223 麻布大学(獣医、生命・環境科学部)
224 亜細亜大学
226 桜美林大学
227 大妻女子大学・短期大学部

か行(関東の大学)

228 学習院大学(法学部－コア試験)
229 学習院大学(経済学部－コア試験)
230 学習院大学(文学部－コア試験)
231 学習院大学(国際社会科学部－コア試験)
232 学習院大学(理学部－コア試験)
233 学習院女子大学
234 神奈川大学(給費生試験)
235 神奈川大学(一般入試)
236 神奈川工科大学
237 鎌倉女子大学・短期大学部
238 川村学園女子大学
239 神田外語大学
240 関東学院大学
241 北里大学(理学部)
242 北里大学(医学部) 医
243 北里大学(薬学部)
244 北里大学(看護・医療衛生学部)
245 北里大学(未来工・獣医・海洋生命科学部)
246 共立女子大学・短期大学
247 杏林大学(医学部) 医
248 杏林大学(保健学部)
249 群馬医療福祉大学・短期大学部
250 群馬パース大学 総推
251 慶應義塾大学(法学部)
252 慶應義塾大学(経済学部)
253 慶應義塾大学(商学部)
254 慶應義塾大学(文学部) 総推
255 慶應義塾大学(総合政策学部)
256 慶應義塾大学(環境情報学部)
257 慶應義塾大学(理工学部)
258 慶應義塾大学(医学部) 医
259 慶應義塾大学(薬学部)
260 慶應義塾大学(看護医療学部)
261 工学院大学
262 國學院大學
263 国際医療福祉大学 医
264 国際基督教大学
265 国士舘大学
266 駒澤大学(一般選抜T方式・S方式)
267 駒澤大学(全学部統一日程選抜)

さ行(関東の大学)

268 埼玉医科大学(医学部) 医
269 相模女子大学・短期大学部
270 産業能率大学
271 自治医科大学(医学部) 医
272 自治医科大学(看護学部)／東京慈恵会医科大学(医学部〈看護学科〉)
273 実践女子大学 総推
274 芝浦工業大学(前期日程)
275 芝浦工業大学(全学統一日程・後期日程)
276 十文字学園女子大学
277 淑徳大学
278 順天堂大学(医学部) 医
279 順天堂大学(スポーツ健康科・医療看護・保健看護・国際教養・保健医療・医療科・健康データサイエンス・薬学部) 総推
280 上智大学(神・文・総合人間科学部)
281 上智大学(法・経済学部)
282 上智大学(外国語・総合グローバル学部)
283 上智大学(理工学部)
284 上智大学(TEAPスコア利用方式)
285 湘南工科大学
286 昭和大学(医学部) 医
287 昭和大学(歯・薬・保健医療学部)
288 昭和女子大学
289 昭和薬科大学
290 女子栄養大学・短期大学部 総推
291 白百合女子大学
292 成蹊大学(法学部－A方式)
293 成蹊大学(経済・経営学部－A方式)
294 成蹊大学(文学部－A方式)
295 成蹊大学(理工学部－A方式)
296 成蹊大学(E方式・G方式・P方式)
297 成城大学(経済・社会イノベーション学部－A方式)
298 成城大学(文芸・法学部－A方式)
299 成城大学(S方式〈全学部統一選抜〉)
300 聖心女子大学
301 清泉女子大学
303 聖マリアンナ医科大学 医
304 聖路加国際大学(看護学部)
305 専修大学(スカラシップ・全国入試)
306 専修大学(前期入試〈学部個別入試〉)
307 専修大学(前期入試〈全学部入試・スカラシップ入試〉)

た行(関東の大学)

308 大正大学
309 大東文化大学
310 高崎健康福祉大学
311 拓殖大学
312 玉川大学
313 多摩美術大学
314 千葉工業大学
315 中央大学(法学部－学部別選抜)
316 中央大学(経済学部－学部別選抜)
317 中央大学(商学部－学部別選抜)
318 中央大学(文学部－学部別選抜)
319 中央大学(総合政策学部－学部別選抜)
320 中央大学(国際経営・国際情報学部－学部別選抜)
321 中央大学(理工学部－学部別選抜)
322 中央大学(5学部共通選抜)
323 中央学院大学
324 津田塾大学
325 帝京大学(薬・経済・法・文・外国語・教育・理工・医療技術・福岡医療技術学部)
326 帝京大学(医学部) 医
327 帝京科学大学 総推
328 帝京平成大学 総推
329 東海大学(医〈医〉学部を除く－一般選抜)
330 東海大学(文系・理系学部統一選抜)
331 東海大学(医学部〈医学科〉) 医
332 東京医科大学(医学部〈医学科〉) 医
333 東京家政大学・短期大学部 総推
334 東京経済大学
335 東京工科大学
336 東京工芸大学
337 東京国際大学
338 東京歯科大学
339 東京慈恵会医科大学(医学部〈医学科〉) 医
340 東京情報大学
341 東京女子大学
342 東京女子医科大学(医学部) 医
343 東京電機大学
344 東京都市大学
345 東京農業大学
346 東京薬科大学(薬学部) 総推
347 東京薬科大学(生命科学部) 総推
348 東京理科大学(理学部〈第一部〉－B方式)
349 東京理科大学(創域理工学部－B方式・S方式)
350 東京理科大学(工学部－B方式)
351 東京理科大学(先進工学部－B方式)
352 東京理科大学(薬学部－B方式)
353 東京理科大学(経営学部－B方式)
354 東京理科大学(C方式、グローバル方式、理学部〈第二部〉－B方式)
355 東邦大学(医学部) 医
356 東邦大学(薬学部)

2025年版　大学赤本シリーズ

私立大学②

357 東邦大学(理・看護・健康科学部)
358 東洋大学(文・経済・経営・法・社会・国際・国際観光学部)
359 東洋大学(情報連携・福祉社会デザイン・健康スポーツ科・理工・総合情報・生命科・食環境科学部)
360 東洋大学(英語〈3日程×3カ年〉)
361 東洋大学(国語〈3日程×3カ年〉)
362 東洋大学(日本史・世界史〈2日程×3カ年〉)
363 東洋英和女学院大学
364 常磐大学・短期大学 総推
365 獨協大学
366 獨協医科大学(医学部) 医

な行(関東の大学)

367 二松学舎大学
368 日本大学(法学部)
369 日本大学(経済学部)
370 日本大学(商学部)
371 日本大学(文理学部〈文系〉)
372 日本大学(文理学部〈理系〉)
373 日本大学(芸術学部〈専門試験併用型〉)
374 日本大学(国際関係学部)
375 日本大学(危機管理・スポーツ科学部)
376 日本大学(理工学部)
377 日本大学(生産工・工学部)
378 日本大学(生物資源科学部)
379 日本大学(医学部) 医
380 日本大学(歯・松戸歯学部)
381 日本大学(薬学部)
382 日本大学(N全学統一方式−医・芸術〈専門試験併用型〉学部を除く)
383 日本医科大学 医
384 日本工業大学
385 日本歯科大学
386 日本社会事業大学 総推
387 日本獣医生命科学大学
388 日本女子大学
389 日本体育大学

は行(関東の大学)

390 白鷗大学(学業特待選抜・一般選抜)
391 フェリス女学院大学
392 文教大学
393 法政大学(法〈Ⅰ日程〉・文〈Ⅱ日程〉・経営〈Ⅱ日程〉学部−A方式)
394 法政大学(法〈Ⅱ日程〉・国際文化・キャリアデザイン学部−A方式)
395 法政大学(文〈Ⅰ日程〉・経営〈Ⅰ日程〉・人間環境・グローバル教養学部−A方式)
396 法政大学(経済〈Ⅰ日程〉・社会〈Ⅰ日程〉・現代福祉学部−A方式)
397 法政大学(経済〈Ⅱ日程〉・社会〈Ⅱ日程〉・スポーツ健康学部−A方式)
398 法政大学(情報科・デザイン工・理工・生命科学部−A方式)
399 法政大学(T日程〈統一日程〉・英語外部試験利用入試)
400 星薬科大学 総推

ま行(関東の大学)

401 武蔵大学
402 武蔵野大学
403 武蔵野美術大学
404 明海大学
405 明治大学(法学部−学部別入試)
406 明治大学(政治経済学部−学部別入試)
407 明治大学(商学部−学部別入試)
408 明治大学(経営学部−学部別入試)
409 明治大学(文学部−学部別入試)
410 明治大学(国際日本学部−学部別入試)
411 明治大学(情報コミュニケーション学部−学部別入試)
412 明治大学(理工学部−学部別入試)
413 明治大学(総合数理学部−学部別入試)
414 明治大学(農学部−学部別入試)
415 明治大学(全学部統一入試)
416 明治学院大学(A日程)
417 明治学院大学(全学部日程)
418 明治薬科大学 総推
419 明星大学
420 目白大学・短期大学部

ら・わ行(関東の大学)

421 立教大学(文系学部−一般入試〈大学独自の英語を課さない日程〉)
422 立教大学(国語〈3日程×3カ年〉)
423 立教大学(日本史・世界史〈2日程×3カ年〉)
424 立教大学(文学部−一般入試〈大学独自の英語を課す日程〉)
425 立教大学(理学部−一般入試)
426 立正大学
427 早稲田大学(法学部)
428 早稲田大学(政治経済学部)
429 早稲田大学(商学部)
430 早稲田大学(社会科学部)
431 早稲田大学(文学部)
432 早稲田大学(文化構想学部)
433 早稲田大学(教育学部〈文科系〉)
434 早稲田大学(教育学部〈理科系〉)
435 早稲田大学(人間科・スポーツ科学部)
436 早稲田大学(国際教養学部)
437 早稲田大学(基幹理工・創造理工・先進理工学部)
438 和洋女子大学 総推

中部の大学(50音順)

439 愛知大学
440 愛知医科大学(医学部) 医
441 愛知学院大学・短期大学部
442 愛知工業大学 総推
443 愛知淑徳大学
444 朝日大学 総推
445 金沢医科大学(医学部) 医
446 金沢工業大学
447 岐阜聖徳学園大学 総推
448 金城学院大学
449 至学館大学 総推
450 静岡理工科大学
451 椙山女学園大学
452 大同大学
453 中京大学
454 中部大学
455 名古屋外国語大学 総推
456 名古屋学院大学 総推
457 名古屋学芸大学 総推
458 名古屋女子大学 総推
459 南山大学(外国語〈英米〉・法・総合政策・国際教養学部)
460 南山大学(人文・外国語〈英米を除く〉・経済・経営・理工学部)
461 新潟国際情報大学
462 日本福祉大学
463 福井工業大学
464 藤田医科大学(医学部) 医
465 藤田医科大学(医療科・保健衛生学部)
466 名城大学(法・経営・経済・外国語・人間・都市情報学部)
467 名城大学(情報工・理工・農・薬学部)
468 山梨学院大学

近畿の大学(50音順)

469 追手門学院大学 総推
470 大阪医科薬科大学(医学部) 医
471 大阪医科薬科大学(薬学部) 総推
472 大阪学院大学 総推
473 大阪経済大学 総推
474 大阪経済法科大学 総推
475 大阪工業大学 総推
476 大阪国際大学・短期大学部 総推
477 大阪産業大学 総推
478 大阪歯科大学(歯学部)
479 大阪商業大学 総推
480 大阪成蹊大学・短期大学 総推
481 大谷大学 総推
482 大手前大学・短期大学 総推
483 関西大学(文系)
484 関西大学(理系)
485 関西大学(英語〈3日程×3カ年〉)
486 関西大学(国語〈3日程×3カ年〉)
487 関西大学(日本史・世界史・文系数学〈3日程×3カ年〉)
488 関西医科大学(医学部) 医
489 関西医療大学 総推
490 関西外国語大学・短期大学部 総推
491 関西学院大学(文・法・商・人間福祉・総合政策学部−学部個別日程)
492 関西学院大学(神・社会・経済・国際・教育学部−学部個別日程)
493 関西学院大学(全学部日程〈文系型〉)
494 関西学院大学(全学部日程〈理系型〉)
495 関西学院大学(共通テスト併用日程〈数学〉・英数日程)
496 関西学院大学(英語〈3日程×3カ年〉) 新
497 関西学院大学(国語〈3日程×3カ年〉) 新
498 関西学院大学(日本史・世界史・文系数学〈3日程×3カ年〉) 新
499 畿央大学 総推
500 京都外国語大学・短期大学 総推
502 京都産業大学(公募推薦入試) 総推
503 京都産業大学(一般選抜入試〈前期日程〉)
504 京都女子大学 総推
505 京都先端科学大学 総推
506 京都橘大学 総推
507 京都ノートルダム女子大学 総推
508 京都薬科大学 総推
509 近畿大学・短期大学部(医学部を除く−推薦入試) 総推
510 近畿大学・短期大学部(医学部を除く−一般入試前期)
511 近畿大学(英語〈医学部を除く3日程×3カ年〉)
512 近畿大学(理系数学〈医学部を除く3日程×3カ年〉)
513 近畿大学(国語〈医学部を除く3日程×3カ年〉)
514 近畿大学(医学部−推薦入試・一般入試前期) 医 総推
515 近畿大学・短期大学部(一般入試後期) 医
516 皇學館大学 総推
517 甲南大学 総推
518 甲南女子大学(学校推薦型選抜) 新 総推
519 神戸学院大学 総推
520 神戸国際大学 総推
521 神戸女学院大学 総推
522 神戸女子大学・短期大学 総推
523 神戸薬科大学 総推
524 四天王寺大学・短期大学部 総推
525 摂南大学(公募制推薦入試) 総推
526 摂南大学(一般選抜前期日程)
527 帝塚山学院大学 総推
528 同志社大学(法、グローバル・コミュニケーション学部−学部個別日程)

いつも受験生のそばに―赤本

大学入試シリーズ＋α
入試対策も共通テスト対策も赤本で

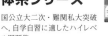

入試対策

赤本プラス

赤本プラスとは，**過去問演習の効果を最大にする**ためのシリーズです。「赤本」であぶり出された弱点を，赤本プラスで克服しましょう。

大学入試 すぐわかる英文法 DL
大学入試 ひと目でわかる英文読解
大学入試 絶対できる英語リスニング DL
大学入試 すぐ書ける自由英作文
大学入試 ぐんぐん読める 英語長文〔BASIC〕DL
大学入試 ぐんぐん読める 英語長文〔STANDARD〕DL
大学入試 ぐんぐん読める 英語長文〔ADVANCED〕DL
大学入試 正しく書ける英作文
大学入試 最短でマスターする 数学I・II・III・A・B・C
大学入試 突破力を鍛える最難関の数学
大学入試 知らなきゃ解けない 古文常識・和歌
大学入試 ちゃんと身につく物理
大学入試 もっと身につく 物理問題集（①力学・波動）
大学入試 もっと身につく 物理問題集（②熱力学・電磁気・原子）

入試対策

英検® 赤本シリーズ

英検®（実用英語技能検定）の対策書。
過去問集と参考書で万全の対策ができます。

▶**過去問集（2024年度版）**
英検®準1級過去問集 DL
英検®2級過去問集 DL
英検®準2級過去問集 DL
英検®3級過去問集 DL

▶**参考書**
竹岡の英検®準1級マスター DL
竹岡の英検®2級マスター CD DL
竹岡の英検®準2級マスター CD DL
竹岡の英検®3級マスター CD DL

CD リスニングCDつき　DL 音声無料配信
新 2024年新刊・改訂

入試対策

赤本プレミアム

赤本の教学社だからこそ作れた、過去問ベストセレクション

東大数学プレミアム
東大現代文プレミアム
京大数学プレミアム〔改訂版〕
京大古典プレミアム

入試対策

赤本メディカルシリーズ

過去問を徹底的に研究し，独自の出題傾向をもつメディカル系の入試に役立つ内容を精選した実戦的なシリーズ。

〔国公立大〕医学部の英語〔3訂版〕
私立医大の英語〔長文読解編〕〔3訂版〕
私立医大の英語〔文法・語法編〕〔改訂版〕
医学部の実戦小論文〔3訂版〕
医歯薬系の英単語〔4訂版〕
医系小論文 最頻出論点20〔4訂版〕
医学部の面接〔4訂版〕

入試対策

体系シリーズ

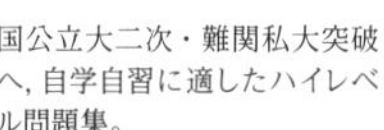

国公立大二次・難関私大突破へ，自学自習に適したハイレベル問題集。

体系英語長文　体系世界史
体系英作文　体系物理〔第7版〕
体系現代文

入試対策

単行本

▶**英語**
Q&A即決英語勉強法
TEAP攻略問題集〔新装版〕DL 新
東大の英単語〔新装版〕
早慶上智の英単語〔改訂版〕

▶**国語・小論文**
著者に注目! 現代文問題集
ブレない小論文の書き方 樋口式ワークノート

▶**レシピ集**
奥薗壽子の赤本合格レシピ

入試対策　共通テスト対策

赤本手帳

赤本手帳（2025年度受験用）プラムレッド
赤本手帳（2025年度受験用）インディゴブルー
赤本手帳（2025年度受験用）ナチュラルホワイト

入試対策

風呂で覚えるシリーズ

水をはじく特殊な紙を使用。いつでもどこでも読めるから，ちょっとした時間を有効に使える！

風呂で覚える英単語〔4訂新装版〕
風呂で覚える英熟語〔改訂新装版〕
風呂で覚える古文単語〔改訂新装版〕
風呂で覚える古文文法〔改訂新装版〕
風呂で覚える漢文〔改訂新装版〕
風呂で覚える日本史〔年代〕〔改訂新装版〕
風呂で覚える世界史〔年代〕〔改訂新装版〕
風呂で覚える倫理〔改訂版〕
風呂で覚える百人一首〔改訂版〕

共通テスト対策

満点のコツシリーズ

共通テストで満点を狙うための実戦的参考書。
重要度の高いリスニング対策は
「カリスマ講師」竹岡広信が一回読みにも
対応できるコツを伝授！

共通テスト英語〔リスニング〕満点のコツ〔改訂版〕DL 新
共通テスト古文 満点のコツ〔改訂版〕新
共通テスト漢文 満点のコツ〔改訂版〕新
共通テスト生物基礎 満点のコツ〔改訂版〕新

入試対策　共通テスト対策

赤本ポケットシリーズ

▶**共通テスト対策**
共通テスト日本史〔文化史〕

▶**系統別進路ガイド**
デザイン系学科をめざすあなたへ

2025 年版　大学赤本シリーズ　No. 443
愛知淑徳大学

2024 年 7 月 30 日　第 1 刷発行
ISBN978-4-325-26502-3
定価は裏表紙に表示しています

編　集　教学社編集部
発行者　上原 寿明
発行所　教学社
〒606-0031
京都市左京区岩倉南桑原町56
電話　075-721-6500
振替　01020-1-15695
印　刷　太洋社

●乱丁・落丁等につきましてはお取替えいたします。
●本書に関する最新の情報（訂正を含む）は，赤本ウェブサイトhttp://akahon.net/の書籍の詳細ページでご確認いただけます。
●本書は当社編集部の責任のもと独自に作成したものです。本書の内容についてのお問い合わせは，赤本ウェブサイトの「お問い合わせ」より，必要事項をご記入の上ご連絡ください。電話でのお問い合わせは受け付けておりません。なお，受験指導など，本書掲載内容以外の事柄に関しては，お答えしかねます。また，ご質問の内容によってはお時間をいただく場合がありますので，あらかじめご了承ください。

●本シリーズ掲載の入試問題等について，万一，掲載許可手続等に遺漏や不備があると思われるものがございましたら，当社編集部までお知らせください。